Wolfgang Hein

Autozentrierte agroindustrielle Entwicklung

SCHRIFTEN
DES DEUTSCHEN ÜBERSEE-INSTITUTS
HAMBURG

-------------------------------------- Nummer 22 --------------------------------------

Wolfgang Hein
in Zusammenarbeit mit
Tilman Altenburg
Jürgen Weller

Autozentrierte agroindustrielle Entwicklung

Eine Strategie zur Überwindung der gegenwärtigen Entwicklungskrise?

Ansätze sozioökonomischer Transformation in Costa Rica
im Vergleich zu südostasiatischen und afrikanischen Gesellschaften

Hamburg 1994

Textverarbeitung: Margita Gutmanis
Gesamtherstellung: Deutsches Übersee-Institut, Hamburg

ISBN 3-926953-21-7

DEUTSCHES ÜBERSEE-INSTITUT

Das Deutsche Übersee-Institut ist ein Institutsverbund bestehend aus:

- dem Institut für Allgemeine Überseeforschung
- dem Institut für Asienkunde
- dem Deutschen Orient-Institut
- dem Institut für Iberoamerika-Kunde
- dem Institut für Afrika-Kunde

Das Deutsche Übersee-Institut hat die Aufgabe, gegenwartsbezogene, regionale und überregionale Forschung zu betreiben und zu fördern. Im Bereich der überregionalen Forschung stehen die Entwicklungen der Nord-Süd- und der Süd-Süd-Beziehungen im Mittelpunkt des Interesses.
Das Deutsche Übersee-Institut ist bemüht, in seinen Publikationen verschiedene Meinungen zu Wort kommen zu lassen, die jedoch grundsätzlich die Meinung des Autors und nicht unbedingt die des Instituts darstellen.

Inhaltsverzeichnis

Verzeichnis der Abkürzungen

(Übersetzungen werden nur bei spanisch- und französischsprachigen Namen angegeben, deren Bedeutung nicht unmittelbar verständlich ist)

ADLI	Agricultural-demand-led industrialization
ALUNASA	Aluminios Nacionales SA (Costa Rica)
ASEAN	Association of South East Asian Nations
BANCOOP	Banco Cooperativo Costarricense
BAT	British-American Tobaccos
BCCR	Banco Central de Costa Rica
BCEAO	Banque de la Communauté Economique d'Afrique de l'Ouest
BIP	Bruttoinlandsprodukt
BSP	Bruttosozialprodukt
CAT	Certificado de Abono Tributario (Zertifikat für eine Steuergutschrift/Costa Rica)
CATIE	Centro Agronómico Tropical de Investigación y Enseñanza (Zentrum für Forschung und Lehre in tropischer Landwirtschaft; Turrialba, Costa Rica)
CATSA	Central Azucarera del Tempisque (Zuckerfabrik in Costa Rica)
CBCR	Compañía Bananera de Costa Rica
CBI	Caribbean Basin Initiative
CCI	Centro de Comercio Internacional (International Trade Centre; UNCTAD/GATT)
CEMPASA	Cementos del Pacífico, S.A. (Costa Rica)
CEMVASA	Cementos del Valle, S.A. (Costa Rica)
CENAP	Centro Nacional de Acción Pastoral (Costa Rica)
CENECOOP	Centro de Estudios y Capacitación Cooperativo (Genossenschaftliches Zentrum für Studien und Weiterbildung, Costa Rica)
CENPRO	Centro de Promoción de Exportación y Inversión (Costa Rica)
CEPAL	Comisión Económica para América Latina y el Caribe (UN-Wirtschaftskommission für Lateinamerika und die Karibik)
CINDE	Coalición Costarricense de Iniciativas de Desarrollo

CITA	Centro de Investigación en Tecnología Alimentaria (Forschungszentrum über Lebensmitteltechnologie, Costa Rica)
CNP	Consejo Nacional de Producción (Nationaler Rat zur Regelung der Grundnahrungsmittelproduktion in Costa Rica)
CODESA	Corporación Costarricense de Desarrollo, S.A.
CONICIT	Consejo Nacional de Investigaciones Científicas y Tecnológicas (Costa Rica)
COOCIQUE	Cooperativa de Ahorro y Crédito refaccionaria de la Comunidad de Ciudad Quesada (Kreditgenossenschaft in Costa Rica)
COOPESA	Cooperativa Autogestionaria de Servicios Agro-Industriales (Costa Rica)
CSSPPA	Caisse de Stabilisation et de Soutien des Prix des Productions Agricoles (Côte d'Ivoire; Stabilisationskasse für Agrarprodukte)
DAISA	Corporación para el Desarrollo Agro-Industrial Costarricense, S.A. (Costa Rica)
DGEC	Dirección General de Estadísticas y Censos (Generaldirektion für Statistiken und Zensus, Costa Rica)
EAC	East African Community
EIU	The Economist Intelligence Unit
ENCOOPER	Empresa Cooperativa Comercializadora de Productos Perecederos (Genossenschaftliches Unternehmen zur Vermarktung verderblicher Produkte, Costa Rica)
FAO	Food and Agricultural Organisation of the United Nations
FCFA	Franc de la Communauté Financière Africaine
FECOSA	Ferrocarriles de Costa Rica (Eisenbahngesellschaft)
FEDECOOP	Federación de Cooperativas de Caficultores (Verband der Genossenschaften der Kaffeeanbauer; Costa Rica)
FEER	Far Eastern Economic Review
FERTICA	Fertilizantes de Centroamérica (Zentralamerikanischer Kunstdünger, Costa Rica)
FINTRA	Fiduciaria de Inversiones Transitorias (Treuhandgesellschaft für vorübergehende Investitionen, Costa Rica)
FOB	Free on Board (Warenpreise ab Ausfuhrhafen)
FODEIN	Fondo de Desarrollo Industrial (Costa Rica)
FOPEX	Fondo para el Financiamiento de las Exportaciones (Costa Rica)
GATT	General Agreement on Tariffs and Trade

GINI	(= Gini; italienischer Statistiker, der diesen Index im Jahre 1912 entwickelte)
GTZ	Gesellschaft für Technische Zusammenarbeit
HDR	Human Development Report
ICAFE	Instituto del Café (Costa Rica)
ICE	Instituto Costarricense de Electricidad
ICO	International Coffee Organization
IICA	Instituto Interamericano de Cooperación para la Agricultura (Costa Rica)
IICE	Instituto de Investigaciones en Ciencias Económicas (Forschungsinstitut für Wirtschaftswissenschaften der Universidad de Costa Rica)
INCIENSA	Instituto Costarricense de Investigación y Enseñanza en Nutrición y Salud (Costa Rica)
INFOCOOP	Instituto Nacional de Fomento Cooperativo (Nationales Institut zur Unterstützung der Genossenschaften, Costa Rica)
ISI	Importsubstituierende Industrialisierung oder: Industrialisierung durch Substitution von Importen
ISIC	International Standard Industrial Classification
IWF	Internationaler Währungsfonds
KANU	Kenya African National Union
KAU	Kenya African Union
KSh.	kenianischer Shilling
KTDA	Kenya Tea Development Authority
LAICA	Liga Agroindustrial de la Caña de Azúcar (Agroindustrielle Liga des Zuckerrohr, Costa Rica)
MCCA	Mercado Común Centroamericano (Zentralamerikanischer Gemeinsamer Markt)
MCA	Malayan Chinese Association
MCP	Malayan Communist Party
MIC	Malayan Indian Congress
MIDEPLAN	Ministerio de Planificación (Costa Rica)
NEP	New Economic Policy (Malaysia)
NICs	Newly Industrializing Countries
NZZ	Neue Zürcher Zeitung
OECD	Organisation for Economic Co-Operation and Development
OFIPLAN	Oficina de Planificación Nacional y Política Económica (Costa Rica)
PAE	Programa de Ajuste Estructural (Strukturanpassungsprogramm)

PAS	Parti Islam Se Malaysia
PCA	Philippine Coconut Authority
PDCI	Parti Démocratique de la Côte d'Ivoire
Philsucom	Philippine Sugar Commission
PIMA	Programa Integral de Mercadeo Agropecuario (Costa Rica)
PINDECO	Pineapple Development Corporation (Del Monte/Costa Rica)
PLN	Partido Liberación Nacional (Costa Rica)
PREALC	Programa Regional del Empleo para América Latina y el Caribe (Regionales Beschäftigungsprogramm für Lateinamerika und die Karibik/ILO)
PUSC	Partido Unidad Socialcristiano (Costa Rica)
RECOPE	Refinadora Costarricense de Petróleo
SEPSA	Secretaría Ejecutiva de Planificación del Sector Agrícola
SEPSEIC	Secretaría Ejecutiva de Planificación del Sector de Economía, Industria y Comercio (Costa Rica)
TDEE	Total domestic extraction effort
TFP	Total factor productivity
TNK	Transnationaler Konzern
TRANSMESA	Transportes Metropolitanos, S.A. (Costa Rica)
UBCo	United Brands Corporation
UCR	Universidad de Costa Rica
UMNO	United Malays National Organisation
UNA	Universidad Nacional (Costa Rica)
UNACOOP	Unión Nacional de Cooperativas (Costa Rica)
UN-ECAFE	United Nations Economic Commission for Asia and the Far East
UNEP	United Nations Environment Programme
UNESUR	Unidad Ejecutora para el Desarrollo de la Zona Sur (Costa Rica)
UNIDO	United Nations Industrial Development Organization
URCIZON	Unión Regional de Cooperativas de la Zona Norte
USAID	United States Agency for International Development
VDE	Verband Deutscher Elektrotechniker
WDR	World Development Report

Verzeichnis der Tabellen

Verzeichnis der Schaubilder

Vorwort

Die hier vorgelegte Untersuchung ist in mehreren Etappen entstanden. Den Ausgangspunkt bildete ein Forschungsprojekt zum Thema "Agroindustrielle Entwicklung als Schlüssel zur Überwindung der gegenwärtigen Wirtschaftskrise in Costa Rica?", das von den Autoren in enger Zusammenarbeit mit Kollegen der *Maestría en Política Económica* an der *Universidad Nacional* in Heredia/ Costa Rica dort und am Lateinamerika-Institut der Freien Universität Berlin ausgearbeitet und in den Jahren 1986-1989 unter Leitung von Thomas Hurtienne und Urs Müller-Plantenberg durchgeführt wurde. Eine ausführliche Publikation der Ergebnisse dieses Projektes ist im Jahre 1990 in Costa Rica erschienen (Altenburg/Hein/Weller 1990).

Es war allerdings von vornherein geplant, in einer deutschsprachigen Veröffentlichung die entwicklungsstrategischen und entwicklungstheoretischen Aspekte unserer Untersuchung stärker in den Vordergrund zu stellen. In diesem Zusammenhang wurde die Costa-Rica-Analyse (Kap. 2-7) erheblich gestrafft sowie durch einige Kapitel ergänzt, verfaßt von Wolfgang Hein in den Jahren 1990 bis 1993 im Rahmen seiner Arbeit am Deutschen Übersee-Institut, so daß der gesamte vorliegende Text nun folgendermaßen strukturiert ist:

1) ein gegenüber der spanischen Version erheblich überarbeitetes theoretisches Einführungskapitel;

2-7) Fallstudie Costa Rica;

8) ein ergänzendes Kapitel zur weiteren Entwicklung in Costa Rica, das auf der Grundlage von zwei Reisen im Jahre 1991 die Ergebnisse dieser Länderfallstudie aktualisiert, wobei der Analyse des Privatisierungsprozesses ein relativ großer Raum gewidmet wird, da die besondere Bedeutung der Genossenschaften im diesem Zusammenhang unter dem Gesichtspunkt autozentrierter agroindustrieller Entwicklung interessant erscheint;

9) ein umfangreiches komparatives Kapitel, das die Ergebnisse der Costa-Rica-Analyse mit den Entwicklungen in einigen südostasiatischen und afrikanischen Ländern vergleicht, um zu einer umfassenderen Einschätzung der Bedeutung autozentrierter agroindustrieller Entwicklung zu gelangen: Einbezogen in diesen Vergleich wurden Malaysia, Thailand, die Philippinen, Kenia und die Elfenbeinküste, wobei sich diese Analyse aus forschungspragmatischen Gründen auf die Auswertung von Sekundärmaterialien beschränken mußte;

XVIII Vorwort

10) eine kurze zusammenfassende Darstellung zur Bedeutung unseres theoretischen Konzeptes auf dem Hintergrund der vorgelegten Fallstudien.

Die Ergebnisse unserer Costa Rica-Studie verdanken wir in hohem Maße der Zusammenarbeit mit unseren Kollegen von der *Universidad Nacional*; Leonardo Garnier und José Manuel Salazar lieferten mit ihren Referaten auf den beiden Workshops, die wir im Rahmen des Forschungsprojektes durchführten, wichtige Beiträge und Materialien zu unserer Studie, und unterstützten die Projektarbeit in Costa Rica in vielerlei Weise. Patricia Henry, Carlos Ledezma, Martín Ugalde und Fabián Trejos integrierten ihre *Tesis de licenciatura* in die Forschungsarbeit des Projektes und leisteten durch die Ergebnisse ihrer Arbeit sowie - gemeinsam mit Riné Vermeer - durch die Kooperation im Bereich der Feldforschung wichtige Beiträge zum Projektergebnis.

Bedanken möchten wir uns auch bei der großen Anzahl an Interviewpartnern in Costa Rica und anderen Ländern, die uns ihre Zeit und Informationen zur Verfügung gestellt haben und die wir an dieser Stelle nicht namentlich aufführen können (vgl. Liste der durchgeführten Interviews), sowie bei den vielen anderen, die uns in Bibliotheken, Informationszentren, Behörden und anderen Institutionen bei der Forschungsarbeit behilflich waren.

Sehr herzlich danken wir auch Joachim Betz, Rolf Hofmeier, Dirk Kohnert und Rüdiger Machetzki vom Deutschen Übersee-Institut sowie Rolf Hanisch vom Institut für Internationale Angelegenheiten der Universität Hamburg für die kritische Lektüre einer oder mehrerer Länderstudien. Daß die eine oder andere Formulierung dieser kurzen Fallstudien weiterhin das Stirnrunzeln von Landeskennern hervorrufen mag, ist natürlich, wie alle anderen Schwächen des Buches, allein von den Autoren zu verantworten. In diesem konkreten Aspekt mag entschuldigend angemerkt werden, daß bei einer aktualitätsbezogenen Arbeit irgendwann weitere Recherchen in einem Bereich die Ergebnisse in einem anderen Bereich der Studie veralten lassen würden und deshalb ein Schlußpunkt gesetzt werden muß, der immer in der einen oder weiteren Weise Wünsche offenläßt.

Last not least gilt unser Dank Margita Gutmanis, die dem Text die definitive Form gegeben hat, sowie Sylvia Steege für die nicht immer erquickliche Arbeit des Korrekturlesens.

Das genannte Forschungsprojekt wurde während der Jahre 1986 bis 1989 voll von der Stiftung Volkswagenwerk finanziert, der wir dafür ebenso danken wie der Deutschen Forschungsgemeinschaft, die durch eine Reisebeihilfe die Voraussetzungen für die Aktualisierung der Projektergebnisse schuf.

Wolfgang Hein
Tilman Altenburg
Jürgen Weller

I "Autozentrierte agroindustrielle Entwicklung": Das theoretische Konzept auf dem Hintergrund der dreifachen "Entwicklungs"krise der 1980er Jahre

1 Krise in Lateinamerika und Afrika, Krise der Entwicklungsstrategien, Krise der Entwicklungstheorien

Dies ist weder ein Buch über globale (Unter-)Entwicklungsprozesse in den 1980er Jahren noch über "Entwicklungsstrategien" im allgemeinen, noch über neuere Auseinandersetzungen zwischen Entwicklungstheoretikern. Es ist ein Buch, das im wesentlichen auf den Ergebnissen eines etwa dreijährigen Forschungsprojektes zu den Prozessen und Perspektiven der Herausbildung eines neuen Entwicklungsmodells im vergleichsweise kleinen mittelamerikanischen Land *Costa Rica* beruht. Es soll aber doch mehr sein als ein Buch über Costa Rica.

Jede verantwortungsbewußte Beschäftigung mit Entwicklungspolitik und -strategien eines Landes setzt ein sorgfältiges Umgehen mit Erfahrungen anderer Länder voraus. Wo zeichnen sich verallgemeinerbare Charakteristika von Entwicklungsprozessen ab? Wo sind typische Unterschiede in den Ausgangssituationen verschiedener Länder feststellbar? Welche positiven Erfahrungen anderer Länder und Regionen sind evtl. übertragbar? Dies sind Fragen von offensichtlicher praktischer Relevanz für die Konzipierung von Entwicklungspolitik, die jedoch gleichzeitig auf die *Notwendigkeit* von Entwicklungs*theorie* verweisen, denn was anderes ist Theoriebildung als die Suche nach generalisierbaren Aussagen über den Zusammenhang zwischen spezifischen Variablen? Gleichzeitig bietet die intensive Beschäftigung mit den Entwicklungsproblemen eines Landes und den Resultaten der hier verfolgten entwicklungspolitischen Strategien wiederum einen Beitrag zur weiteren Theoriebildung, indem bisher postulierte Generalisierungen in Frage gestellt bzw. modifiziert werden. Wir werden weiter unten (Kap. I.3) darauf zurückkommen, wieso in diesem Zusammenhang gerade das Beispiel Costa Rica von erheblichem Interesse ist.

In diesem Sinne ist das Erkenntnisinteresse an einer effektiven Strategie zur Überwindung der costaricanischen Entwicklungskrise mit dem Interesse an der Diskussion und evtl. Weiterentwicklung entwicklungstheoretischer Ansätze sehr eng miteinander verknüpft. Haben wir in der in Costa Rica veröffentlichten Studie (*El desafío económico de Costa Rica*, Die ökonomischer Herausforderung Costa Ricas) die Entwicklungtheorie primär in den Dienst der Suche nach politi-

schen Strategie für Costa Rica gestellt, so kehren wir das Verhältnis hier um:
Wir versuchen, unsere am "Fall" Costa Rica gewonnenen Erkenntnisse zum
spezifischen Entwicklungsprozeß dieses einen Landes einzubringen in die allgemeine entwicklungstheoretische und -strategische Diskussion. Von hieraus ergibt
sich der Aufbau dieser Studie: Wir gehen von einer Bestandsaufnahme dieser
Diskussion aus und postulieren ein Konzept *autozentrierter agroindustrieller Entwicklung*, das versucht, entwicklungstheoretische Erklärung mit entwicklungsstra-
tegischem Ansatz zu verbinden (vgl. Kap. I.2.3). Am Beispiel Costa Ricas werden Erklärungsgehalt und mögliche strategische Bedeutung analysiert. Wir
bemühen uns bereits in der Bestandsaufnahme der Theoriediskussion darum,
Ansätze einzubeziehen, die auf sehr unterschiedlichem historischen Hintergrund
entwickelt sind, um eines der verbreiteten Schwächen zu vermeiden, nämlich
theoretische Zusammenhänge auf der Basis eines sehr begrenzten Erfahrungs-
hintergrund zu explizieren (vgl. zu dieser Kritik: Boeckh 1992, S. 111f.).

Aus demselben Grunde wurde dann im Anschluß an die Costa Rica-Studie
versucht, ausgehend von dem genannten Konzept einige kürzere Fallstudien von
Ländern durchzuführen, die einerseits zwar alle auf eine gewisse Phase erfolgreicher landwirtschaftlicher und agroindustrieller Entwicklung zurückblicken, andererseits aber sich auf sehr unterschiedlichen historischen Fundamenten entwickelt
haben, sowie wiederum seit Ende der 1970er Jahre stark divergierende Entwicklungswege aufweisen (Malaysia, Thailand, die Philippinen, Kenia und die Elfenbeinküste). Dies sollte es also ermöglichen, die paradigmatische Bedeutung
Costa Ricas für eine Strategie "autozentrierter agroindustrieller Entwicklung"
besser abzuschätzen zu können und gleichzeitig die Ergebnisse unserer Fallstudie für die allgemeine entwicklungstheoretische und -strategische Diskussion
fruchtbar zu machen.

Den Ausgangspunkt für die Suche nach entwicklungsstrategischen Alternativen
bildete *die schwere Wirtschaftskrise fast aller Länder Lateinamerikas und des
tropischen Afrikas* , die in den Achtzigerjahren teilweise zum Zusammenbruch
der nationalen Volkswirtschaften, fast überall aber zu anhaltender Stagnation
führte. Die Symptome dieser Krise sind bekannt und bedürfen keiner erneuten
Analyse:

- eine enorme Auslandsverschuldung, die durch das hohe Zinsniveau seit Ende
  der 1970er Jahre verstärkt wurde und für die meisten Länder nicht mehr zu
  bedienen war, verbunden meist mit einer erheblichen öffentlichen Inlands-
  schuld;

- der Verfall der nationalen Währungen, der sich in einer Reihe von Ländern
  mit hohen Inflationsraten spiralenförmig verstärkte;

- eine starke wirtschaftliche Rezession z.T. über das gesamte Jahrzehnt hinweg, die vor allem eine Stagnation der urban-industriellen Entwicklung mit sich brachte;

- eine erhebliche Verschlechterung vor allem der Situation der armen Bevölkerungsschichten, die einerseits von Arbeitslosigkeit bzw. Einnahmeverlusten, andererseits von einem Abbau staatlicher Sozialausgaben betroffen waren;

- eine teilweise regressive Entwicklung zu traditionellen Exportökonomien (bei gleichzeitigem Verfall der urban-industriellen Infrastruktur) als Folge des massiven Drucks, die nationalen Deviseneinnahmen möglichst rasch zu erhöhen.

Eine entwicklungsstrategisch orientierte Analyse wird die Ursachen dieser Krise und die Ansatzpunkte für eine Neuorientierung zunächst einmal bei der zuvor verfolgten Entwicklungsstrategie suchen - sieht man einmal von den politischen Regimen ab, die ohnehin bloße "Bereicherungsdiktaturen" einer kleinen Clique darstellten. Die dominante Entwicklungsstrategie der ersten drei Nachkriegsjahrzehnte in praktisch allen Ländern Lateinamerikas und einer Reihe anderer Länder der Dritten Welt (vor allem in Afrika) wurde gemeinhin als "Industrialisierung durch die Substitution von Importen" (ISI) bezeichnet. "Entwicklung" wurde vor allem als Industrialisierung gesehen, und diese Industrialisierung sollte dadurch gefördert werden, daß zunächst bisher importierte Konsumgüter - nach denen also eine interne Nachfrage bereits bestand - nun im Lande selbst hergestellt werden. Der damit eingeleitete Industrialisierungsprozeß würde dann wiederum zu einer Ausweitung der internen Nachfrage führen und so eine gewisse Eigendynamik in Gang setzen.

Diesem Ziel wurde praktisch die gesamte Wirtschaftspolitik untergeordnet; in einigen der größeren lateinamerikanischen Länder (wie auch in Ägypten und Indien) hatte es während der 1930er und 40er Jahre als Folge von Weltwirtschaftskrise und Weltkrieg zumindest Ansätze einer "spontanen" Importsubstitution gegeben, die gewisse Voraussetzungen für eine weitere erfolgreiche Industrieförderung geschaffen hatten (vgl. etwa Furtado 1970) - in vielen anderen Ländern, vor allem im tropischen Afrika, wurden Industrien auf Kosten der Landwirtschaft "aus dem Boden gestampft".

Auch wenn man angesichts der beträchtlichen Wachstumsraten, die in den meisten dieser Länder über eine relativ lange Zeit hinweg erzielt wurden, nicht ohne weiteres von einem *Scheitern* dieser Strategie sprechen kann, so stimmen doch fast alle Beurteilungen darin überein, daß diese Strategie mit der sich anfangs der 80er Jahre zuspitzenden Verschuldungskrise definitiv *an ihre Grenzen* gestoßen ist.

Das Modell der importsubstituierenden Industrialisierung wurde getragen von politischen und soziokulturellen Strukturen, die - in Opposition zur traditionellen Agrarexportoligarchie - einen eindeutigen urban-industriellen Bias besaßen, auf dessen Hintergrund sich die folgende typische wirtschaftspolitische Konstellation durchsetzte:

- hohe Protektion der nationalen Konsumgüterindustrien,

- generelle Überbewertung der nationalen Währungen,

- Förderung der Investitionen transnationaler Konzerne im Bereich der industriellen Produktion,

- massive Staatsintervention im Bereich des Infrastrukturausbaus, in den Subvention von Industriezweigen, die für strategisch wichtig gehalten wurden, und in der Garantie niedriger Lebensmittelpreise.

Diese wirtschaftspolitische Orientierung führte zu einer Reihe gesellschaftlicher Probleme, die sich weitgehend schon Ende der 60er Jahre abzeichneten:

- Die außenwirtschaftliche Situation wurde längerfristig unhaltbar, da die wachsende Industrieproduktion für den Binnenmarkt einherging mit steigenden Importen von Rohstoffen, Kapital- und Zwischengütern, was im allgemeinen weder durch den Importsubstitutionseffekt noch durch ein entsprechendes Wachstum der Exporteinnahmen kompensiert wurde. Lediglich ein ständig positiver Nettotransfer von Kapital konnte das chronische Zahlungsbilanzdefizit ausgleichen.

- Rohstoffe und Kapitalgüter konnten i.a. nicht nur zollfrei importiert werden, sondern wurden durch die Überbewertung der nationalen Währungen noch zusätzlich verbilligt; dies sowie die durch Kapitalzufluß und Industrieförderungspolitik bewirkte Verbilligung von Kapital im Vergleich zu den Kosten der Arbeitskraft verstärkten die Tendenz zur nationalen wirtschaftlichen Desintegration. Es entwickelten sich kapitalintensive Produktionsbetriebe, die angesichts fehlender Anreize zur Nutzung nationaler Ressourcen vorwiegend mit importierten Rohstoffen arbeiteten und nur wenige Arbeitskräfte integrierten; angesichts ihrer fortgeschritteneren Technologie sowie der Förderung des Imports von Kapitalgütern (Wechselkurs, Zollstruktur) hatten lokale Unternehmen praktisch keine Chance, durch endogene technologische Weiterentwicklungen ihre Konkurrenzfähigkeit zu behaupten.

- Die staatliche Subventions- und Investitionspolitik förderte die Industrie im Vergleich zur Landwirtschaft. Während die Wechselkurspolitik die Rentabilität der landwirtschaftlichen Exportproduktion reduzierte, ließ die Preispolitik für den nationalen Markt auch die binnenmarktorientierte Agrarproduktion nicht besonders attraktiv erscheinen.

- Die Vernachlässigung der Landwirtschaft und die Bevorzugung der Städte beim Ausbau der physischen und sozialen Infrastruktur förderten bei raschem Bevölkerungswachstum eine starke Stadt-Land-Wanderung und das Entstehen riesiger urbaner Zentren mit wachsenden Agglomerationskosten, die ihrerseits die städtischen und staatlichen Haushalte immer mehr überforderten. Der kapitalintensive Charakter der Industrialisierung bot kaum Ansätze, die Marginalisierung großer Teile der zugewanderten Bevölkerung zu verhindern.

Mit gewissen Nuancen sind diese Punkte der Kritik am Modell der importsubstituierenden Industrialisierung inzwischen weitgehend akzeptiert (vgl. z.B. Rodríguez 1981); die in der Dependenz-Diskussion betonten Aspekte der Unterentwicklung (Schlagworte: "Abhängigkeit", "strukturelle Heterogenität", "Marginalisierung") beziehen sich auf Fehlentwicklungen, die geradezu als Konsequenzen dieser Industrialisierungsstrategie - natürlich unter den Voraussetzungen der bestehenden weltwirtschaftlichen Strukturen - angesehen werden können.

Welches entwicklungsstrategische Konzept wird in der Lage sein, wirtschafts- und sozialpolitische Elemente so zu kombinieren, daß sie eine neue Periode dynamischer Entwicklung ermöglichen, kurz ein "neues Entwicklungsmodell"? Die auch im Jahre 1993 bestehende Schwierigkeit, diese Frage zu beantworten, verweist auf die *Krise der Entwicklungsstrategien*. Vor etwa einem Jahrzehnt sahen viele noch die Perspektive einer *sozialistischen Strategie zur Überwindung der sich abzeichnenden Entwicklungskrise* , die den Schwächen der ISI-Strategie eine konsequentere Abkoppelung von Weltmarkt und marktwirtschaftlicher Dynamik sowie einen geplanten, grundbedürfnis-orientierten Entwicklungsprozeß entgegensetzen wollte und sich auf ein Bündnis von sozialen Bewegungen der Unterprivilegierten (städtische Arme, Kleinbauern) mit radikalen Intellektuellen stützen konnte. Konnte das Scheitern sozialistischer Strategien in der ersten Hälfte des Jahrzehnts noch weitgehend auf Wirtschaftsboykotts und Intervention von außen (Nicaragua, südliches Afrika) zurückgeführt werden, so verweist der Zusammenbruch der osteuropäischen Planwirtschaften doch eher auf immanente Schwächen des planwirtschaftlichen Konzeptes.

Andererseits ist aber auch aus der Strukturanpassungspolitik von Weltbank und Internationalem Währungsfonds keine kohärente Entwicklungsstrategie entstanden: Die Kombination einer finanz- und währungspolitischen Konsolidierungsstrategie mit bestimmten ordnungspolitischen Vorstellungen (Reduktion der

Staatsintervention und des Umfangs des Staatsapparats, Förderung des privaten Sektors, verstärkte Integration in die internationale Arbeitsteilung durch Abbau von Handelsbarrieren) reichte offensichtlich noch nicht einmal aus, um das Wirtschafts*wachstum* nachhaltig zu beleben, geschweige denn, um langfristig entwicklungsfördernde sozioökonomische Strukturen entstehen zu lassen. Diese Kritik wird längst nicht mehr nur von den traditionellen Kritikern der Weltbank vorgebracht. In einer kürzlich erschienenen Studie der Weltbank selbst zu den Entwicklungsperspektiven Afrikas südlich der Sahara (World Bank 1989) ist wenig von "Structural adjustment" die Rede; vielmehr steht im Mittelpunkt das Ziel "Sustainable growth with equity".

Der UNIDO-Bericht über "Industrie und Entwicklung" des Jahres 1989 macht an mehreren Stellen auf bedenkliche Implikationen der Strukturanpassungspolitik aufmerksam; so wird u.a. betont, daß "the constant structural change has undermined overall productivity of investment" (S. 19) und "the creation of profitable investment opportunities requires initial investments in seemingly unprofitable projects. This inevitably entails government participation in one form or another" (S. 29). "Strukturanpassung" habe in vielen afrikanischen Ländern keine Umorientierung der verarbeitenden Industrie mit sich gebracht, sondern lediglich die bestehende industrielle Basis geschwächt ("adjustment through de-industrialization", ebda., S. 20-26).

Die *Krise der Entwicklungsstrategien* hängt offenbar eng mit der *Krise der Entwicklungstheorie* zusammen. Waren die späten 1960er und die 1970er Jahre vor allem durch die massive Kritik von seiten der Dependenz- und Weltsystemdiskussion an den wachstums- und modernisierungstheoretischen Ansätzen sowie einer letztlich vor allem durch die positive Wertung der Weltmarktintegration geprägten Antikritik - meist aus Kreisen orthodoxer Ökonomen - gekennzeichnet (vgl. u.a. Hein 1981, Nuscheler 1985), so sahen die 1980er Jahre so etwas wie die Auflösung der Dependenzdiskussion: Zwar hatte es schon zuvor Kritik an einer Reihe von Aspekten dieses Ansatzes gegeben (vor allem: unhistorischer Schematismus in der Zentrum-Peripherie-Gegenüberstellung; mangelnde Berücksichtigung interner, vor allem politischer und kultureller Entwicklungen in der Dritten Welt usw.), doch waren es eine Reihe neuerer Entwicklungen, die an den Grundfesten des Ansatzes rüttelten. Dies betraf einerseits zentrale Aspekte der *Analyse* der "Entwicklung der Unterentwicklung":

- Die Entwicklungsprozesse Südkoreas und Taiwans widerlegten die Grundthese, daß eine Überwindung der Unterentwicklung durch Weltmarktintegration nicht möglich sei (vgl. bereits Asche 1984; Menzel 1985).

- Die Verschuldungskrise - obwohl in vielerlei Hinsicht Ausdruck verstärkter Abhängigkeit der Schuldnerländer von den Industrieländern - schärfte andererseits auch den Blick für das hohe Maß an Eigenverantwortlichkeit der Herrschenden in den Ländern der Dritten Welt im Zusammenhang mit der sich zuspitzenden Krise (vgl. u.a. verschiedene Beiträge in Peripherie, Nr. 33/ 34, 1988).

Noch stärker erschüttert wurden allerdings die *strategischen* Aussagen des Ansatzes:

- Praktisch alle Versuche, einen eigenständigen Entwicklungsprozeß durch eine vollständige oder weitgehende Abkapselung des Binnenmarktes gegen die Dynamik des Weltmarktes in Gang zu bringen, scheiterten (ob aus inhärent ökonomischen oder primär politischen Gründen spielt hier keine Rolle) oder stießen zumindest an ihre Grenzen (wie etwa im Falle der VR China).

- Versuche, Verzerrungen und Benachteiligungen im Zusammenhang internationaler wie nationaler Wirtschaftsstrukturen durch gezielte politische Eingriffe in das Marktgeschehen abzubauen, sind weitgehend gescheitert bzw. wie im Falle des Internationalen Rohstoff-Fonds weit hinter ihrer ursprünglich angenommenen Bedeutung zurückgeblieben. Eine verstärkte politische Steuerung von Wirtschaftsprozessen ist praktisch überall mit Bürokratisierung und Machtmißbrauch einhergegangen.

- Die Forderungen radikaler Vertreter des Dependenzansatzes nach einer sozialistischen Revolution als Voraussetzung für die Überwindung der Unterentwicklung verloren nach den Ereignissen der vergangenen zehn Jahre zunehmend ihre Grundlage (vgl. oben).

Die entwicklungstheoretische Diskussion der letzten Jahre hat weder zu einer kräftigen Wiederbelebung der Modernisierungstheorie noch zu einem neuen entwicklungstheoretischen Paradigma geführt, sie läuft eher auf Sparflamme. Die Diagnosen in Übersichtsartikeln zur Entwicklungstheorie lauten bezeichnenderweise "Theoriekrise" (Boeckh 1992) oder "das Scheitern der großen Theorie" (Menzel 1992, 1992a).

Sicher könnten einzelne, von sehr unterschiedlichen wissenschafstheoretischen und politischen Prämissen ausgehende Arbeiten der Modernisierungstheorie im weitesten Sinne zugeordnet werden. Das gilt für etwa die Einbringung des "Fordismus"-Ansatzes in die entwicklungstheoretische Diskussion (vgl. Hurtienne 1986), oder, von ganz anderer Seite her, auch für die Betonung institutioneller Faktoren als Hindernis für Entwicklung (etwa: Weltentwicklungsbericht 1983; Schwerpunkt: "Entwicklungsmanagement"; North 1989; Morris/Adelman 1989),

sodaß etwa Boeckhs Hinweis auf eine gewisse Renaissance der Modernisierungstheorie (1992, S. 110) durch seine Berechtigung besitzt. Ein beträchtlicher Teil
der Diskussion um strukturelle Anpassung, Ver- und Entschuldung, Handelsliberalisierung ignorierte allerdings weitgehend das Entwicklungsproblem als solches
und zog sich wiederum zurück auf allgemeine neoliberale bzw. neoklassische
Theoriezusammenhänge mit ihrem weitgehenden Vertrauen in die Wirkung von
Markt und freiem Unternehmertum.

Wenn diese - zugegebenermaßen grobe - Charakterisierung der Situation der
entwicklungstheoretischen und -strategischen Diskussion weitgehend zutrifft,
scheint Entwicklungspolitik weiterhin auf der Ebene des "Krisenmanagements"
der 80er Jahre stagnieren zu müssen. Eine der Ausgangsthesen unseres Forschungsprojektes war, *daß in der Abwendung von der Dependenzdiskussion vielfach das Kind mit dem Bade ausgeschüttet worden ist*: Angesichts einiger, jetzt
offensichtlich unhaltbarer Schlußfolgerungen vieler Dependenzanalytiker besteht
die Tendenz, eine ganze Reihe wichtiger Erkenntnisse über die Strukturen der
Weltgesellschaft und die Strukturen von nationalen Gesellschaften in der Dritten
Welt einfach über Bord zu werfen, die im Mittelpunkt jenes Diskussionsstranges
standen und die zu vergessen sich auch keine aktuelle Entwicklungsstrategie
leisten kann.

Interessanterweise gibt es eine gewisse Konvergenz zwischen einigen Autoren,
die diese strukturanalytische Perspektive unter Einbezug kritischer Einwände
weitergeführt haben, wie vor allem Ulrich Menzel und Dieter Senghaas in ihrer
Auseinandersetzung mit den Entwicklungswegen kleiner europäischer Staaten
und den ostasiatischen NICs (vgl. Senghaas 1982, Menzel 1988) und anderen
Autoren, die in den USA sehr viel stärker im Hauptstrom der Strategiediskussion internationaler Entwicklungsinstitutionen stehen, die den Blick zurücklenkt
auf die enorme Bedeutung sozioökonomischer Strukturveränderungen als
inhärentem Bestandteil von Entwicklungsprozessen. Wesentliche Aspekte in
diesem Zusammenhang betreffen die strukturelle Transformation der Landwirtschaft, die Entwicklung von Einkommensniveau und - verteilung in Wechselbeziehung mit dem Wachstum der Produktivität einerseits und der Entwicklung der
Binnennachfrage andererseits, sowie das Entstehen intensiver forward- und
backward linkages zwischen verschiedenen Bereichen der Produktion sowie von
öffentlichen und privaten Dienstleistungen; darüber hinaus wurde der historische
Bezug auf europäische Erfahrungen wieder verstärkt hergestellt (North 1989;
Morris/Adelman 1988, 1989).

Eines der Konzepte, das u.E. aufgrund von Mißverständnissen und theoretischen
Verkürzungen zu früh *ad acta* gelegt wurde, ist das der *autozentrierten Entwicklung*. Zweifellos ist es von seinen bekanntesten Verfechtern (Samir Amin, Dieter

Senghaas) zunächst in einer sehr engen Verbindung mit dem Strategiekonzept der Abkoppelung vom Weltmarkt in die Diskussion gebracht worden; die Vorstellung sozialistischer Entwicklungsländer als Musterbeispiele autozentrierter Entwicklung, sozusagen als legitime Beispiele nachholender Industrialisierung unter den Bedingungen fortgeschrittener Entwicklung des kapitalistischen Weltsystems hat sehr zur letztendlichen Desavouierung des Begriffs der "Autozentriertheit" beigetragen (vgl. etwa Senghaas 1977). Diese Verbindung "autozentrierte Entwicklung" - "Dissoziation vom Weltmarkt" verstellt den Blick für die durchaus legitime Analyse etwa der südkoreanischen Entwicklungsstrategie auf dem Hintergrund der Thesen von Friedrich List, der so etwas wie erfolgreiche Entwicklungspolitik folgendermaßen kennzeichnete:

"Alsdann suchten sie (die großen Reiche, auch im Sinne von "erfolgreichen Ländern", W.H.) durch Restriktionen, Begünstigungen und Aufmunterungen die Kapitale, die Geschicklichkeit und den Unternehmungsgeist der Fremden auf den eigenen Boden zu verpflanzen, und zwar mit größerem oder langsamerem Erfolg, je nachdem die von ihnen angewandten Mittel mehr oder weniger zweckmäßig gewählt und mit größerer oder geringerer Energie und Beharrlichkeit ins Werk gesetzt und verfolgt worden sind." (List 1982/1841, S. 130).

Auf der Ebene dieser Vorstellung erfolgreicher Entwicklungsförderung liegen zweifellos eher die Politik Japans, Südkoreas und Taiwans als die fast vollständige Abkoppelung Chinas (zumindest zeitweise), Nordkoreas oder Albaniens. Die These, daß die kapitalistische Weltwirtschaft mit zunehmender Entwicklung und Integration auch radikalere Formen der Abkoppelung verlange (vgl. Menzel 1980), muß danach allerdings revidiert werden. Im Zusammenhang mit der Erläuterung unseres Konzeptes der autozentrierten agroindustriellen Entwicklung (vgl. Kap. I.2.2) gehen wir auf die Definition des Bergiffs der "Autozentriertheit" detaillierter ein.

Die aktuelle Rolle der Entwicklungsländer in einem sich rasch verändernden globalen Zusammenhang - stichwortartig durch das Ende der "Zweiten Welt", beschleunigte Globalisierung, Krise des Fordismus, Krise der globalen Umwelt gekennzeichnet (vgl. u.a. Hein 1993) - verlangt mehr denn je nach einem entschiedenen Neuansatz der entwicklungstheoretischen Definition und zwar durchaus im Sinne einer "großen Theorie", also einer Theorie, die beansprucht, die Entwicklungsproblematik im Kontext globaler Prozesse, Dependenzen und Interdependenzen zu analysieren, wobei nur "große Theorie" nicht gleichgesetzt werden darf mit großen Verallgemeinerungen, die sowohl im modernisierungstheoretischen als auch im dependenztheoretischen Zusammenhang sehr häufig auf durchaus bescheidenen theoretischen Bemühungen aufbauten.

**2   "Autozentrierte agroindustrielle Entwicklung" - zur Charakterisierung
der Strategie und ihres entwicklungstheoretischen Hintergrundes**

*2.1   Lernen von Europa? Lernen von Südkorea und Taiwan? Die Bedeutung der
Landwirtschaft und ihrer "linkages" in der ersten Phase des Industrialisierungsprozesses*

Wir haben eingangs darauf verwiesen, daß jede Auseinandersetzung mit Entwicklungsstrategien - auch in bezug auf ein einzelnes Land - die Beschäftigung
mit bestimmten entwicklungstheoretischen Fragestellungen und damit gewisse
entwicklungstheoretische Prämissen als Ausgangspunkt voraussetzt. In diesem
Sinne gehen wir von der Beobachtung aus, daß eine der zentralen Thesen der
Dependenzdiskussion weiterhin Bestand hat:

*Die abhängige Integration der Entwicklungsländer in den Weltmarkt hat als Folge
eines starken internationalen Kompetenzgefälles zu erheblichen Strukturdefiziten im
Entwicklungsprozeß dieser Länder geführt. Diese drücken sich vor allem darin aus,
daß ein meist kleines, modernes Segment dieser Gesellschaften in hohem Maße an
die wirtschaftlichen, sozialen und kulturellen Gegebenheiten der Industrieländer
assimiliert (also sozusagen "transnational integriert") ist -, während andererseits die
Marginalisierung großer Bevölkerungsgruppen und ganzer Regionen zu einer tendenziell zunehmenden internen Desintegration abhängiger Gesellschaften führt. Die
Überwindung dieses Desintegrationsprozesses setzt - angesichts des diagnostizierten
Kompetenzgefälles - eine zielgerichtete politische Intervention voraus.*

Diese, sich an Sunkel (1972) sowie an Formulierungen aus verschiedenen Publikationen von Menzel und Senghaas anlehnende These verweist auf die Tatsache,
daß die historisch gegebene Weltmarktintegration gewisse unerwünschte Konsequenzen für nationale Entwicklungsprozesse in der Dritten Welt hatten. Obwohl die Probleme der Marginalisierung und der internen Desintegration durch
die spezifischen Charakteristika der Strategie importsubstituierender Industrali-
sierung verstärkt worden sind, hängen sie ursächlich zunächst mit der allgemeinen Problematik der Öffnung vorkapitalistischer Gesellschaften gegenüber einer
von erheblichen Kompetenzgefällen gekennzeichneten Weltwirtschaft zusammen. Das Phänomen einer wachsenden Kluft zwischen "modernem" und "traditionellem" Sektor wurde sicherlich nicht zufällig bereits in früh im Rahmen
dualismustheoretischer Ansätze diskutiert.

Die Akzeptanz dieser zentralen These impliziert aber weder, daß diese Probleme
im Sinne einer Vertiefung der Strategie importsubstituierender Industrialisierung
durch massive Protektion und ein Ersetzen transnationaler Konzerne durch

Staatsunternehmen zu überwinden seien, noch notwendigerweise die Forderung nach einer weitergehenden Dissoziation aus dem kapitalistischen Weltmarkt. Eine kritische Analyse der ISI-Strategie (in Lateinamerika oft auch als "desarrollismo" bezeichnet) war ja Gegenstand vieler Untersuchungen im Rahmen der Abhängigkeitsdiskussion. Inwieweit für das langjährige Festhalten an dieser Strategie primär interne Interessenkonstellationen oder - wie es von den meisten "dependencia"-Autoren in der einen oder anderen Form behauptet wird - Weltmarktstrukturen und/oder Interessen transnationaler Konzerne kann hier dahingestellt bleiben. Extreme Dissoziationsansätze haben sich jedenfalls auch nicht als attraktive Alternative zur Importsubstitutionsstrategie erwiesen und das weder von den langfristigen ökonomischen Folgen noch von der durchweg implizierten politischen Repression her (vgl. Kößler 1982).

Festzuhalten bleibt, daß eine erfolgversprechende Entwicklungsstrategie in der Lage sein muß, den Marginalisierungsprozeß umzukehren und einen Prozeß der Integration auf sektorieller und regionaler Ebene in Gang zu bringen. Das bedeutet offenbar primär *die Förderung landwirtschaftlicher Entwicklung auf breiter Basis und die bessere Verknüpfung der Landwirtschaft mit der Entwicklung der Industrie und des Dienstleistungssektors*, um den Prozeß der Abkoppelung urban-industrieller Entwicklung von der traditionellen ländlichen Basis umzukehren. Nur von der ländlichen Entwicklung her ist eine effektive Bekämpfung absoluter Armut, ein Bremsen der Land-Stadt-Wanderung und - unterstützt durch beschäftigungsfördernde Maßnahmen in den Städten - eine Re-Integration marginalisierter Bevölkerungsschichten möglich. Ist eine solche Strategie jedoch kompatibel mit der durch die Strukturanpassungspolitik der vergangenen Jahre noch verstärkten Weltmarktabhängigkeit vieler Entwicklungsländer? Ist sie anders als durch eine konsequente Binnenmarktorientierung überhaupt realisierbar?

In diesem Zusammenhang sind die Studien von Dieter Senghaas und Ulrich Menzel zu den nachholenden Entwicklungsprozessen einer Reihe von heutigen Industrieländern interessant, denen es auf der Basis einer dynamischen Agrarexportwirtschaft gelang, das bereits bestehende Konkurrenzgefälle zu Ländern wie Großbritannien, Belgien und den Niederlanden, später auch Deutschland aufzuholen und weitgehend integrierte sozioökonomische Strukturen zu entwickeln - wie etwa Dänemark, Schweden, Finnland und Kanada (vgl. Senghaas 1982; Menzel/Senghaas 1986, Menzel 1988). Mag auch vor allem angesichts der veränderten historischen Rahmenbedingungen - die Übertragbarkeit dieser Erfahrungen vor allem aus der zweiten Hälfte des 19. Jhs. auf heute, also etwa 100 Jahre später stattfindende Entwicklungsprozesse, problematisch erscheinen, so verdeutlicht doch die Studie Menzels zu Südkorea und Taiwan (1985), daß die internen Voraussetzungen für deren Entwicklungserfolge durchaus Ähnlichkeiten mit denjenigen kleinerer europäischer Länder aufweisen.

Menzel und Senghaas kamen in den genannten Studien zunächst einmal zu dem - vor allem auf dem Hintergrund ihrer früheren Thesen - überraschenden - Ergebnis, daß unter bestimmten internen Bedingungen eine weltmarktorientierte Produktion von landwirtschaftlichen bzw. mineralischen Produkten durchaus zu einer "autozentrierten" nachholenden Entwicklung führen kann. "Autozentriert" nennen die beiden Autoren eine Akkumulationsstruktur, "für die eine anhaltende Agrarmodernisierung, die industrielle Produktion von Massenkonsumgütern und von Ausrüstungsgütern als konstitutiv angesehen" werden (Menzel/Senghaas 1986, S. 91; ausführlicher dazu: Senghaas 1977, S. 265-276). Als wesentliche Voraussetzungen für einen erfolgreichen exportorientierten ("assoziativen") autozentrierten Entwicklungsprozeß werden einerseits eine relativ egalitäre Struktur des Landbesitzes (mit einer entsprechenden breiten Streuuung der Exporteinkünfte), sowie andererseits "richtige" politische Weichenstellungen in wichtigen historischen Situationen angesehen, die ihrerseits folgende Entwicklungen fördern:

- das Entstehen von "backward" und "forward linkages", ausgehend vom Exportsektor (Produktion von Maschinen und "inputs"; Weiterverarbeitung von Primärprodukten),

- die Entwicklung technologischer Fähigkeiten, die es erlauben, in spezifischen Bereichen die technologische Abhängigkeit von fortgeschritteneren Ländern zu überwinden,

- eine breite Steigerung der Nachfrage nach Konsumgütern auf dem Binnenmarkt als Folge der relativ egalitären Verteilung wachsender Einkünfte aus dem Exportsektor,

- die Orientierung der Investitionen auf eine Steigerung der Produktivität vor allem in der Landwirtschaft und in der Massenkonsumgüterproduktion (vgl. detailliert zu diesen Punkten vor allem Menzel 1988, S. 523-583).

Dänemark stellt das in diesem Zusammenhang vielleicht interessanteste Beispiel dar (vgl. zum folgenden Menzel 1988, S. 159-270); mit einer Einwohnerzahl von 929.000 im Jahre 1801 und 1,8 Mio. 1870 war der Binnenmarkt zu klein für das Entstehen einer vollständigen nationalen Industriestruktur, wie sie sich zunächst in den großen Industrieländern im Verlauf der Industriellen Revolution herausbildete.

Nachdem Dänemark im 17. und 18. Jahrhundert vor allem eine Handelsnation gewesen war (aufgrund seiner Kontrolle der Zugänge zur Ostsee), verwandelte sich das Land ab 1820 zu einem wichtigen Getreideexportland; im Vordergrund stand der Weizenexport nach England. In den Jahren 1845-49 exportierte Dänemark 30,7% der gesamten nationalen Agrarproduktion; 65,1% davon war Getreide. Als in den 1860er und 70er Jahren in großem Umfang Getreide aus Nordamerika auf den europäische Märkten angeboten wurde (günstig vor allem wegen der erheblichen Verbilligung des transozeanischen Transports in dieser Zeit), konnte Dänemark nicht mehr konkurrieren, war aber in der Lage, seine Landwirtschaft auf Viehzucht umzustellen. Für die Verarbeitung von Milch und Fleisch wurde die Gründung von Kooperativen gefördert. Es gelang innerhalb relativ kurzer Zeit, den Export von Getreide durch den Export von Produkten der Viehzucht zu ersetzen (Schweinefleisch - vor allem Schinken -, lebende Rinder, Butter, Eier). Im Jahrfünft von 1896-1900 waren bereits 80% aller landwirtschaftlichen Exporte tierischen Ursprungs, und der Gesamtwert der Exporte hatte sich im Verlaufe der 1880er und 90er Jahre praktisch verdoppelt.

Für die sozioökonomische Entwicklung des Landes war jedoch das Wachstum eines handwerklichen und industriellen Sektors mit engen Verknüpfungen zur landwirtschaftlichen Produktion einerseits, zur internen Konsumgüternachfrage andererseits von fast noch größerer Bedeutung als diese gelungene externe Anpassung: Während der zweiten Hälfte des 19. Jahrhunderts konnte man ein rasches Wachstum bei praktisch allen Industriezweigen feststellen, die landwirtschaftliche Produkte verarbeiten, aber auch bei der Produktion landwirtschaftlicher Maschinen und von Transportmaterial, das fast ausschließlich für die Landwirtschaft bestimmt war. Die Beschäftigung in der Lebensmittelverarbeitung (einschl. Handwerk) wuchs von 8.489 im Jahre 1855 bis 47.163 im Jahr 1897, im Bereich Maschinenbau und Transportmaterial von 5.567 (1855) auf 23.223 (1897). Die Grundlage dieses Prozesses war nicht allein eine Verschiebung der Konsumgewohnheiten in die Richtung von stärker verarbeiteten Lebensmitteln, sondern vor allem der höhere Verarbeitungsgrad der tierischen Exportprodukte im Vergleich zum Getreide der früheren Periode (vgl. Menzel 1988, S. 267). Das Niveau der Protektion war während dieses Prozesses sehr niedrig; die Zollbelastung gehörte zu den niedrigsten in ganz Europa (vgl. ebda., S. 174 und S. 176).

Menzel betont vor allem die Bedeutung zweier Faktoren als Grundlagen für diesen erfolgreichen, von der Landwirtschaft ausgehenden Industrialisierungsprozeß:

- Das *hohe Bildungsniveau* (bereits seit 1814 allgemeine Schulpflicht; 1850 nur noch 10-15% Analphabeten) förderte einerseits eine Modernisierungsorientierung der Bauern und andererseits die Entwicklung der technologischen Fertigkeiten der Handwerker, die den Übergang zur industriellen Produktion erleichterten.

- Die außerordentlich egalitäre Verteilung von Land und Exporteinkünften (vgl.
  ebda., S. 167 und S. 217) förderte einen umfangreichen Prozeß landwirtschaftlicher Modernisierung und damit eine ausreichende Nachfrage nach landwirtschaftlichen Maschinen, um die Entwicklung einer nationalen Agrarmaschi-
  nenherstellung zu tragen. Darüber hinaus sorgte die günstige Verteilungssitua-
  tion für eine wachsende und relativ homogene Nachfrage nach Konsumgütern.

Der sehr früh einsetzende Prozeß landwirtschaftlicher Modernisierung ermöglichte die Entwicklung einer industriellen Herstellung landwirtschaftlicher Geräte zu einem Zeitpunkt, als es noch keine übermächtige Konkurrenz durch ausländische Hersteller gab, und erforderte daher auch keine besonderen protektionistische Maßnahmen. Die in den mit der Landwirtschaft verknüpften Industrien
gewonnenen technologischen Erfahrungen ermöglichten dann während der
Weltwirtschaftskrise der 1930er Jahre einen raschen und effizienten Prozeß
importsubstituierender Industrialisierung in anderen Industriezweigen als Reaktion auf einen deutlichen Rückgang der Einnahmen aus dem Agrarexport, der
seinerseits eine Folge des wachsenden Protektionismus anderer Nationen darstellte.

Zweifellos ist jeder direkte Vergleich Dänemarks mit heutigen Entwicklungsländern problematisch. Letztere müßten im Fall einer ähnlich gelagerten Strategie
ihre Agroindustrien in einer historischen Situation entwickeln, in der andere
Länder bereits technologisch und in einer Reihe anderer wichtiger Aspekte
(etwa: Infrastruktur, Finanzsystem, Bildungssystem) einen erheblich größeren
Vorsprung besitzen als die damaligen Konkurrenten Dänemarks; darüber hinaus
hatte Dänemark den Vorteil, seinen Prozeß der Agrarexport-orientierten Entwicklung auf der Grundlage der historischen Erfahrungen und gewachsenen
sozioökonomischen Strukturen einer Welthandelsmacht (vgl.o.) entwickeln zu
können. Das dänische Beispiel verweist jedoch auf die außerordentliche Bedeutung *eines guten Bildungssystems* einerseits sowie andererseits *der Einkommensverteilung* als Voraussetzungen für einen eigenständigen ("autozentrierten")
Entwicklungsprozeß, wobei zu berücksichtigen ist, das beides in Dänemark nicht
aufgrund kurzfristiger, radikaler reformerischer oder revolutionärer Prozesse
entstanden sind, sondern langfristige entstandene Charakteristika nationaler
Entwicklung darstellen.

Die dänische Erfahrung illustriert darüber hinaus einen Zusammenhang, der die
Grundlage unserer Formulierung eines Modells "autozentrierter agroindustrieller Entwicklung" bildet: Die sozioökonomische Entwicklung des Landes basierte
auf Prozessen, in die die große Mehrheit der Bevölkerung einbezogen war,
nämlich einer klein- bis mittelbäuerlichen Exportproduktion und einer Industrialisierung, die weder am Luxuskonsum einer kleinen Oberschicht orientiert noch

aufgrund einer abgehobenen politischen Entwicklungsstrategie etabliert worden war, sondern auf Investitions- und Konsumbedürfnisse eines Sektors reagierte, dem die Mehrheit der Bevölkerung angehörte. Das Konzept "agroindustrieller Entwicklung", also *einer Förderung des Industrialisierungsprozesses, aber auch anderer Aspekte sozioökonomischer Entwicklung (Dienstleistungen, Staatsapparat) aufbauend auf Verknüpfungen mit der Landwirtschaft* , erscheint so gesehen für alle diejenigen Gesellschaften der Dritten Welt, die noch vorwiegend ländlichen Charakter besitzen, als vielversprechendster Ansatz - eingeschlossen die großen ländlichen Regionen vieler sog. Schwellenländer (etwa den Nordosten Brasiliens). Das dänische Beispiel verdeutlicht auch das, was Senghaas (1977, S. 266) als *autozentrierte Entwicklung* versteht und woran wir in der Diskussion "autozentrierter agroindustrieller Entwicklung" anknüpfen werden:

"Autozentrierte Entwicklung besteht ... im allgemeinsten Sinne aus der organischen Verbindung folgender Aktivitäten:

- erneute Prospektierung der lokal verfügbaren Ressourcen;
- lokale Nutzung lokaler Ressourcen;
- Aufbau eines eigenen industriellen Sektors für die Produktion von Produktionsmitteln;
- Weiterentwicklung bestehender und Erfindung angepaßter Technologie;
- Produktivitätssteigerung der Landwirtschaft;
- industrielle Produktion von Massenkonsumgütern."

Dies bedeutet *nicht* notwendigerweise ein besonders hohes Maß an Dissoziation aus dem Weltmarkt - weniger als Senghaas das noch 1977 annahm -, wie die Exportorientierung der dänischen Landwirtschaft zeigt,und es bedeutet auch nicht die Förderung *voll integrierter* Industriezweige um jeden Preis. Eine Nutzung der Vorteile internationaler Arbeitsteilung ist durchaus geboten, allerdings nicht um den Preis einer Blockierung der Entwicklung des lokalen technologischen Potentials und einer Desintegration lokaler Wirtschaftsstrukturen. Auf diese Aspekte wird weiter unten zurückzukommen sein.

Die Beispiele *Südkoreas* und *Taiwans* zeigen, daß auch unter den heutigen weltwirtschaftlichen Bedingungen das Entstehen einer kohärenten nationalen Wirtschaft auf der Grundlage der Förderung interner "linkages" eines dynamischen Exportsektors möglich ist. Die Studie von Ulrich Menzel (1985) zeigt, daß im Gegensatz zu weit verbreiteten Ansichten nicht die Tatsache der Exportorientierung dieser beiden Länder die Voraussetzung für ihre erfolgreichen Entwicklungsprozesse geschaffen hat, sondern vielmehr die gezielte staatliche Politik zur Förderung der inneren Integration der nationalen Ökonomien - ja, daß diese innere Integration geradezu die Voraussetzung für die Exporterfolge darstellte.

In beiden Ländern gab es verschiedene Phasen der Expansion der Exportproduktion in Wechselbeziehung mit einer Vertiefung importsubstituierender Industrialisierung. Das Wachstum der Exporte war in der Tat phänomenal: im Falle Koreas von 54,8 Mio. US$ im Jahre 1962 auf 21,853 Mrd. $ zwanzig Jahre später (Menzel 1985, S. 63); im Falle Taiwans von 218 Mio. $ auf 22,204 Mrd. $ bezogen auf dieselben Jahre (ebda., S. 199). Die Ausweitung der Exporte war jedoch begleitet vom Entstehen einer Konsumgüterindustrie, die praktisch die gesamte Konsumgüternachfrage des Binnenmarktes abdecken konnte; auch waren beide Länder in der Lage, in zunehmendem Maße Halbfertigwaren und Kapitalgüter auf dem Weltmarkt konkurrenzfähig anzubieten; importiert werden fast ausschließlich Rohstoffe, die technologisch fortgeschrittensten Kapitalgüter sowie - inzwischen - Billiglohnprodukte anderer Entwicklungsländer.

In beiden Ländern sind die Löhne von einem extrem niedrigen Niveau in den 1950er Jahren auf ein Spitzenniveau für Entwicklungsländer gestiegen: Im Jahre 1988 lagen die durchschnittlichen Monatslöhne in der verarbeitenden Industrie Südkoreas bei etwa 575 US$ (Monthly Statistics of Korea, 12/1989, S. 91 und 156), Taiwans bei 595 US$ (Taiwan Statistical Data Book 1989, S. 18, S. 199). Bereits 1981 gestatteten die Familieneinkommen in Taiwan ein erstaunlich hohes Konsumniveau: 77,9% aller Haushalte besaßen einen Farbfernseher, 94% einen Kühlschrank, 61% ein Telefon, 69% eine Waschmaschine, 67% ein Motorrad, 29,5% eine Stereoanlage (vgl. Menzel 1985, S. 236). In der Analyse der Entwicklungsprozesse dieser beiden Länder fallen vor allem zwei Aspekte auf:

- die Einkommen stiegen im großen und ganzen parallel zum Anstieg der Produktivität (für Korea vgl. Menzel 1985, S. 85);

- die Relation zwischen der Entwicklung der technologischen Fähigkeiten, dem Produktivitäts- und dem Lohnniveau hat es beiden Ländern bis heute ermöglicht, auf dem Weltmarkt technologisch zunehmend anspruchsvollere Produkte immer billiger als die (alten) Industrieländer anzubieten.

Worin besteht nun die Bedeutung "agroindustrieller Entwicklung" im Falle Koreas und Taiwans ? Menzel geht in seiner Analyse von der allgemeinen Bedeutung der Landwirtschaft für den nationalen Entwicklungsprozeß aus und unterscheidet in Anlehnung an eine frühe Studie von Heimpel fünf zentrale Funktionen (vgl. Menzel 1985, S. 168; Heimpel 1967, S. 2f.):

"Die wichtigsten dieser Funktionen sind, ohne sie in der Reihenfolge zu gewichten: Erstens der *Produktbeitrag*, d.h. die Versorgung einer wachsenden Bevölkerung mit Nahrungsmitteln und textilen Rohstoffen bzw. die Versorgung der Leichtindustrien mit Vorprodukten; zweitens der *Devisen-*

beitrag, d.h. die Abzweigung eines Teils der Agrarproduktion für den Export, um so die Devisen für notwendige Importe zu verdienen; drittens der *Marktbeitrag*, d.h. die aus der wachsenden Vermarktung von Agrarprodukten und wachsenden monetären Einnahmen der ländlichen Bevölkerung resultierenden Rolle der Landwirtschaft als Markt für Konsumgüter und landwirtschaftliche Produktions- und Ausrüstungsgüter; viertens der *Arbeitskräftebeitrag*, d.h. das aus der Abwanderung resultierende Angebot von ehemals landwirtschaftlichen Arbeitskräften, die in anderen Sektoren der Volkswirtschaft benötigt werden; und schließlich der *Kapitalbeitrag*, d.h. die Abzweigung landwirtschaftlicher Überschüsse in Form von Steuern, ländlichem Sparen oder Transfers, die über die Austauschrelationen zwischen Agrar- und Industrieprodukten zustande kommen, um die Investitionen in anderen Sektoren zu finanzieren."

Sowohl in Südkorea als auch in Taiwan ist das landwirtschaftliche Potential begrenzt: In Korea sind lediglich 20% des nationalen Territoriums für eine landwirtschaftliche Nutzung geeignet, in Taiwan etwas mehr als 30% - insgesamt nicht mehr als 1,2 Mio. ha. Dennoch zeigt gerade der Entwicklungsprozeß Taiwans bis in die 1960er Jahren sehr deutlich auf, was unter "autozentrierter agroindustrieller Entwicklung" verstanden werden kann:

Auch wenn Taiwan bis in die 1950er Jahre hinein noch eine weitgehend ländliche Gesellschaft war (1956: 55,6% der Arbeitskräfte in der Landwirtschaft und Fischfang, 12,8% in der verarbeitenden Industrie; 30,3% des Bruttoinlandsproduktes aus dem Bereich Land- und Forstwirtschaft und Fischfang, 15% aus der verarbeitenden Industrie; vgl. Ho 1978, S. 302 und 326), so waren doch wichtige Voraussetzungen für einen auf der Landwirtschaft aufbauenden sozioökonomischen Entwicklungsprozeß bereits während der japanischen Kolonialzeit (1895-1945) geschaffen worden:

- Die Japaner förderten die Entwicklung Taiwans zum effizienten Exporteur von Reis und Zucker.

- Auch wenn ein beträchtlicher Teil der Gewinne aus dem Agrarexport nach Japan transferiert wurde, investierte die japanische Kolonialverwaltung auch erhebliche Summen in den Ausbau von Gesundheits- und Bildungssystem sowie der Infrastruktur.

- Die Anfänge der verarbeitenden Industrie knüpften an der Modernisierung des Agrarsektors an; im Jahre 1937 betrug der Anteil der Zuckerverarbeitung an der gesamten Wertschöpfung im Bereich "Industrie und Bergbau" allein 52,15%. Die chemische Industrie, die fast ausschließlich Kunstdünger produ-

zierte, erreichte einen Anteil von 13,0%, andere Bereiche der Lebensmittelverarbeitung 6,6% (vgl. Ho 1978, S. 367; zur frühen industriellen Entwicklung
allgemein ebda., S. 70-90).

Die zweite Hälfte der 1940er Jahre brachte dann nicht nur das Ende der japanischen Herrschaft, sondern schuf mit der Flucht der nationalchinesischen Regierung (zusammen mit mehr als einer Million ihrer Anhänger) nach Taiwan als
Resultat der kommunistischen Revolution auf dem Festland eine Reihe weiterer
günstiger Voraussetzungen für den weiteren Entwicklungsprozeß: (1) Der Abfluß von Kapital nach Japan wurde gestoppt, ein beträchtlicher Teil der zuvor
von den Japanern kontrollierten Unternehmen verstaatlicht; (2) der Abzug von
qualifiziertem japanischen Personal (Verwaltung, Techniker, Unternehmer)
wurde durch Zuwanderer vom Festland ersetzt; (3) eine tiefgreifende Agrarreform - u.a. zur Integration der Zuwanderer - führte zu einer weitgehenden
Abschaffung des Großgrundbesitzes und zu einer Umwandlung von Pächter in
Kleinbauern: der Anteil der Pächter-Haushalte an der Gesamtzahl der Haushalte in der Landwirtschaft sank von 41% im Jahr 1947 auf 21% sechs Jahre
später (und auf 10% im Jahr 1970); (4) der einsetzende Kalte Krieg führte zu
umfangreichen Entwicklungshilfezahlungen der USA an Taiwan, um die dortige
Gesellschaft als Bastion der "freien Welt" zu stabilisieren.

Die Entwicklungspolitik der 1950er Jahre stand nun unter dem Leitsatz: "Entwicklung der Industrie durch die Hilfe der Landwirtschaft und Erweiterung der
Landwirtschaft durch die Unterstützung der Industrie" (vgl. Chang 1984, S. 163).
Berücksichtigt man, daß die Industrialisierung der 50er Jahre vor allem durch
eine Politik der Importsubstitution - mit den typischen Charakteristika von
gezielter Protektion und Überbewertung der nationalen Währung - gekennzeichnet war, dann wird hier bereits die ganz andere Bedeutung, die den Verknüpfungen zwischen Industrie und Landwirtschaft beigemessen wurde, deutlich. Zwar
stagniert auch im Taiwan der 1950er Jahre der Export der traditionellen Agrarprodukte Reis und Zucker, doch wird gerade in dieser Zeit der Importsubstitutionspolitik der Grundstein für ein rasches Wachstum *agroindustrieller* Exporte
gelegt: Der Gesamtexport verarbeiteter Agrarprodukte (ohne Zucker) steigt in
den 50er Jahren langsam (von 13 Mio. US$ 1953 auf 20,7 Mio. 1959), in den 60er
Jahren aber sehr rasch an (auf 122,9 Mio. US$ 1968), was gleichzeitig verbunden
ist mit einer erheblichen Diversifizierung vor allem in Richtung auf Produkte, die
eine sehr intensive Landnutzung bedeuten (Bananen, Ananas, Pilze, Spargel,
Bambussprößlinge u.a. Gemüsearten) (vgl. Liu 1972, S. 74ff.). Die Konserven-
exporte - obwohl bis heute nicht unwichtig - verloren in der zweiten Hälfte der
1960er Jahre aber wieder an relativer Bedeutung im Vergleich mit den rasch
wachsenden Exporten anderer Fertigwaren (vgl. Tabelle 1). Der entwicklungspolitische Leitsatz der 60er Jahre weist auf die verschobenen Prioritäten hin:

"Entwicklung der Landwirtschaft durch die Unterstützung der Industrie und die Expansion der Industrie durch die Förderung der Exporte" (vgl. Sai Chang 1984, S. 163). Von entscheidender Bedeutung ist allerdings, daß in diesen zwei Jahrzehnten die Produktivität der gesamten Landwirtschaft (nur zwischen 6 und 10,5% der landwirtschaftlichen Produktion war für den Export, Liu 1972, S. 75) rasch wuchs - während der Mengenindex der landwirtschaftlichen Produktion von 100 im Jahre 1951 auf 234,8 im Jahre 1970 stieg, wuchs die Anbaufläche lediglich auf 111,4, die eingesetzte Arbeitsmenge (bezogen auf "Mann-Tage") auf 128,8 (vgl. Ho 1978, S. 152) - , sowie daß aufgrund der verbesserten Besitz- und Einkommensverteilung diese Ertragssteigerung im Agrarsektor umgesetzt wurde in eine erhebliche Expansion der Binnennachfrage nach Konsumgüter.

Tabelle 1.1:   **Veränderung der Rangfolge der wichtigsten Exportprodukte Taiwans 1953-1970**

Rang	1953 Güter	%	1955 Güter	%	1960 Güter	%	1965 Güter	%	1970 Güter	%
1	Zucker	67,2	Zucker	49,9	Zucker	44,0	Textil.	14,7	Textil.	27,7
2	Reis	10,6	Reis	23,3	Text.	13,9	Zucker	13,1	Elek.G.	12,3
3	Tee	5,3	Tee	4,4	Konsv.	4,8	Konsv.	11,0	Konsv.	6,1
4	Banan.	2,4	Konsv.	4,2	Banan.	3,7	Banan.	10,8	Sp.holz	5,3
5	Konsv.	1,9	Banan.	3,1	Tee	3,7	Reis	9,1	Plastik	4,9

Quelle: Chang 1984, S. 192 (auf der Basis von Statistiken der taiwanesischen Zollverwaltung

Auch Süd-Korea war bis in die 1960er Jahre hinein weitgehend Agrarland: Noch 1965 waren 58,6% der ökonomisch aktiven Bevölkerung in der Landwirtschaft tätig, 39,6% des BIP stammte noch aus dem Bereich Land- und Forstwirtschaft sowie Fischerei (vgl, Spindler 1978, S. 370). Die während der japanischen Kolonialzeit (1910- 1945) geförderte schwerindustrielle Entwicklung Koreas konzentrierte sich auf die Region der Kohle- und Eisenerzvorkommen im gegenwärtigen Nordkorea (vgl. ebda., S. 366). Im Rahmen der japanischen Expansionsstrategie der Vorkriegszeit spielte zwar Korea ebenfalls als Reislieferant eine Rolle, doch konzentrierte sich die Strategie seit Beginn der 1930er Jahre stärker auf die Versorgung Japans mit den industriellen Rohstoffen aus dem Norden Koreas (vgl. Wontroba/Menzel 1978, S. 104-118).

Angesichts der fehlenden Grundlage für landwirtschaftliche Exporte, fehlender Rohstoffe und der noch nicht ausgebauten industriellen Exportbasis verwundert es nicht, daß das quantitative Niveau der südkoreanischen Exporte 1962 noch erheblich hinter dem Taiwans zurückblieb (insgesamt 54,8 Mio. US$ gegenüber 218 Mio., vgl.o.). Die Phase, in der im weitesten Sinne agroindustrielle Produkte einen relevanten Beitrag zum Wachstum der Exporte lieferten, war sehr kurz (bis 1965). Trotz einer weiteren quantitativen Ausweitung der Exporte verarbeiteter und unverarbeiteter Agrarprodukte spielten praktisch ausschließlich nichtagrarabhängige Industrieprodukte eine wichtige Rolle in der geradezu explosiven Entwicklung der Exportproduktion während der 1970er Jahre.

Tabelle 1.2:   **Veränderung der Rangfolge der wichtigsten Exportprodukte Südkoreas**

Rang	1962 Güter	%	1965 Güter	%	1970 Güter	%	1980 Güter	%
1	Lw.Rohst.	40,3	Lw.Rohst.	22,3	Bekl.	27,9	Bekl.	23,3
2	Nahrungsm.	40,1	Nahrungsm.	16,6	s.Kons.g.	13,8	Met.waren	14,3
3	Holz/Kork	4,2	Text.	15,0	Lw.Rohst.	13,0	Text.	12,6
4	Text.	4,0	Bekl.	14,2	Holz/Kork	11,2	Elektro	10,9
5	Bekl.	2,6	Holz/Kork	10,5	Text.	10,2	Chemie	7,4

Quelle: Menzel 1985, S. 67

Erläuterungen:

Lw. Rohstoffe:	(weitgehend landwirtschaftl.) Rohstoffe einschl. Leder/Pelze	Bekl.:	Bekleidung, Schuhe u. Reisegüter
Nahrungsm.:	Nahrungs- und Genußmittel	s.Kons.g.:	sonstige Konsumgüter
Holz/Kork:	Holz, Kork und Papier	Met.waren:	Metall und Met.waren
Elektro:	Elektrogeräte u.Teile	Text.:	Textilien
		Chemie:	Chemie und Gummi

Auch wenn agroindustrielle Exporte in der Republik Korea selbst zwischenzeitlich kaum einen dynamischen Faktor für den wirtschaftlichen Wachstumsprozeß spielten, so bedeutet das nicht, daß nicht auch hier der Transformationsprozeß der Landwirtschaft von ausschlaggebener Bedeutung für die Struktur der sozioökonomischen Entwicklung gewesen wäre: Zunächst einmal schuf ähnlich wie in Taiwan eine durchgreifende Agrarreform nach Ende des Koreakrieges eine vergleichsweise egalitäre Besitzstruktur auf dem Lande; auch wenn die Wachstumsraten der landwirtschaftlichen Produktion deutlich hinter denen der Industrieproduktion zurückbleiben und kleinbäuerliche Produzenten häufig wirtschaftliche Probleme hatten, ist die Gesamtbilanz keineswegs negativ wie Menzel angesichts der verbreiteten kritischen Analysen des koreanischen Agrarsektors (so etwa auch: Spindler 1978) herausgearbeitet (vgl. Menzel 1985, S. 131-135). So betrug die durchschnittliche jährliche Wachstumsrate der gesamten Agrarproduktion zwischen 1962 und 1979 4,5%; der Getreideertrag pro Hektar stieg von knapp 2 t (1962) auf über 4 t (1981); auch das Agrarprodukt pro Beschäftigtem stieg zwischen 1962 und 1979 real um 4,2% jährlich. Die starke Verbesserung der Kapitalausstattung der Landwirtschaft (Kunstdüngerverbrauch pro ha von 29 kg(1962) auf 377 kg (1980); Einachsschlepper zur Bodenbearbeitung von 93 auf 292.443; motorgetriebene Pumpen von 12.292 auf 193.943 jeweils in den angegebenen Jahren) verweist darauf, daß die wirtschaftlichen Probleme von Kleinbauern eher denen der Industrieländer (hohe Kapitalkosten bei relativ zurückbleibenden Produzentenpreisen) als denen weniger entwickelter Länder der Dritten Welt entsprechen (etwa: niedrige Produktivität, Landmangel, unsichere Vermarktungskanäle etc.). Daß angesichts einer nicht mehr zu erweiternden Kulturfläche, rasch steigender Bevölkerungszahlen und steigender Pro-Kopf-Nachfrage aufgrund von Realeinkommenssteigerungen der Selbstversorgungsgrad der koreanischen Landwirtschaft abgenommen hat, ist nicht erstaunlich (vgl. auch die Daten über die Entwicklung der Wertproduktivität in Landwirtschaft und Industrie bei v.Rabenau 1982, S. 24).

Wichtig für die Entwicklung der Binnennachfrage, aber auch für den weiteren Anreiz zur landwirtschaftlichen Produktion, ist die Tatsache, daß nach einer erheblichen Belastung der Farmhaushalte durch die Niedrigpreispolitik für Grundnahrungsmittel in den 60er Jahren (jährlicher Anstieg der Farmhaushaltseinkommen pro Erwerbstätigen bei 16,7%; Anstieg des Konsumentenpreisindexes für Farmhaushalte bei 15,6%) die Realeinkommen auf dem Land in den 70er Jahren wieder deutlich zunahmen (Anstieg der Farmhaushaltseinkommen um 28,8%, des Preisindexes um 17,9%; vgl. v.Rabenau 1982, S. 27 und 38). Trotz aller Ungleichgewichte ist es also auch in Korea zu keinem strukturellen Graben zwischen landwirtschaftlicher und industrieller Entwicklung gekommen, wie er für viele andere Länder der Dritten Welt typisch ist.

Wenn man die GINI-Indices für die Einkommensverteilung in Taiwan und Südkorea mit denen anderer Länder der Dritten Welt vergleicht, so wird deutlich, daß hier zumindest im Hinblick auf das Entstehen einer relativ homogenen Binnennachfrage nach Massenkonsumgütern und nach industriellen "inputs" für die Landwirtschaft sehr günstige Voraussetzungen gegeben waren; vieles spricht dafür, daß eine solche Struktur der Einkommensverteilung auch darüber hinaus einen guten Ausgangspunkt für einen relativ vollständigen Transformationsprozeß der Gesellschaft im Rahmen der nationalen Industrialisierung schafft, d.h. das Entstehen tiefer Gräben "struktureller Heterogenität" verhindert - daß dies nur *günstige Voraussetzungen*, aber noch längst *keine hinreichenden Bedingungen* für einen erfolgreichen Entwicklungsprozeß sind, versteht sich von selbst.

Durch die Agrarreform auf Taiwan, verringerte sich der GINI-Index für die Konzentration des landwirtschaftlichen Grundbesitzes von 0,618 (1952) auf 0,457 (1960); der entsprechende Index für die Einkommenskonzentration lag 1971 bei nur 0.3505 und 1980 sogar bei dem noch besseren Wert von 0,3242. Die Einkommensverteilung in Südkorea war zwar deutlich ungleicher als in Taiwan (1976: 0,4520), doch ist auch dieser Wert im Vergleich mit anderen Ländern der Dritten Welt noch sehr günstig: Der GINI-Index für die Einkommensverteilung in Costa Rica lag 1971 bei 0,5710 (damit noch eines der "egalitärsten" Länder Lateinamerikas), in Brasilien im selben Jahr bei 0,7060 (vgl. Menzel 1985, S. 233f.).

Welche "Lehren" also können die Entwicklungsländer aus den Erfahrungen der hier kurz vorgestellten Beispiele Dänemark, Taiwan und Südkorea ziehen ? Sind solche Erfahrungen überhaupt übertragbar ? Wie unterschiedlich auch die jeweiligen historischen Zusammenhänge und kulturellen Erbschaften in den verschiedenen Weltregionen sind, so zeichnet sich doch ein grundlegender Zusammenhang in diesen Beispielen ab, der ganz offensichtlich von Relevanz für gesellschaftliche Entwicklungsprozesse ist: Ausgangspunkt war jeweils ein landwirtschaftlicher Entwicklungsprozeß (basierend entweder auf historisch entstandenen kleinbäuerlichen Strukturen bzw. auf durchgreifenden Landreformen), der einen investierbaren Überschuß hervorbrachte, *sowie* die Nutzung eines beträchtlichen Teils dieses Überschusses für die Schaffung zentraler Voraussetzungen für den Industrialisierungsprozeß: den Ausbau von Bildungs- und Gesundheitssystem sowie der verkehrsmäßigen Infrastruktur; gleichzeitig knüpfte dieser Industrialisierungsprozeß meist über Input-Output-Beziehungen, zumindest aber über die Produktion von Konsumgütern für eine zunächst aus dem Agrarsektor kommende Nachfrage an dieser landwirtschaftlichen Entwicklung an. Der Beitrag der Landwirtschaft zur Erwirtschaftung von Devisen, die ihrerseits für den Import von Kapitalgütern und Rohstoffen nötig sind, wird bei Dänemark und Taiwan deutlich - ergänzt allerdings im Falle Taiwans und vollkommen überlagert im Falle Südkoreas durch den beträchtlichen Devisenzufluß über die US-amerikanische Entwicklungshilfe.

Auf die Umsetzung dieser Zusammenhänge in eine aktuelle Entwicklungsstrategie, die Schwierigkeiten soziostrukturelle Voraussetzungen zu schaffen, die im allgemeinen einer längerfristigen historischen Entwicklung bedürfen sowie den ganzen Komplex der politischen Voraussetzungen wird weiter unten (vgl. Kap. I.2.4) genauer einzugehen sein.

2.2 Kopplungseffekte und die Bedeutung der Landwirtschaft für den industriellen Entwicklungsprozeß

"Daß die Landwirtschaft gegenüber der verarbeitenden Industrie inferior sei, wurde sehr häufig auf Grund der vergleichsweisen Produktivität behauptet. Während diese "Anklage" sich als nicht völlig überzeugend erwiesen hat, ist die Landwirtschaft wegen ihres Mangels an direkten Anreizen zur Errichtung neuer Industriezweige durch Kopplungseffekte sicherlich "überführt": die Überlegenheit der verarbeitenden Industrie ist in dieser Beziehung überwältigend." (Hirschman 1967, S. 103)

Auch wenn Hirschman diese These mit dem Enklavencharakter der Plantagenwirtschaft begründet, steht für ihn zum damaligen Zeitpunkt (Jahr der US-amerikanischen Erstauflage 1958) die Überlegenheit der verarbeitenden Industrie - selbst einer Industrie, die zunächst nur importierte Teile montiert - als Ausgangspunkt des wirtschaftlichen Entwicklungsprozesses außer Frage. Seine Grundthese ist einfach, setzt aber in ihrer Betonung realwirtschaftlicher ("stofflicher") Zusammenhänge doch einen wichtigen Akzent gegenüber den typischen makroökonomischen Theorien, die praktisch ausschließlich mit monetär definierten Variablen wie "Wirtschaftswachstum", "Sparrate", "Investitionsrate" usw. operieren (vgl. das berühmte Harrod-Domar-Modell) - ein Akzent, der auch in den 80er Jahren angesichts einer Fixierung der Krisenbewältigungsstrategien auf Variablen wie Reduzierung des staatlichen Haushaltsdefizits, Inflationsbekämpfung, Konsolidierung der Zahlungsbilanz nicht an Bedeutung eingebüßt hat.

In einer etwa zwanzig Jahre später veröffentlichten Revision seines Ansatzes (vgl. Hirschman 1977) geht der Autor von einer breiteren Definition von Kopplungseffekten ("linkage effects") aus, die auch stärker den eher historischen Charakter des Ansatzes im Vergleich zur Logik der "Input-Output-Analyse" betont:

"The linkages capture much of the development story for a reason that has already been given: development is essentially the record of how one thing leads to another, and the linkages are that record, from a specific point of view. They focus on certain characteristics inherent in the productive activities already in process at a certain time. These ongoing activities, because of their characteristics, push or, more modestly, invite some operators to take up new activities. Whenever that is the case, a linkage exists between the ongoing and the new activity" (ebda., S. 80).

In diesem Artikel präsentiert Hirschman eine erheblich differenziertere Einschätzung der Auswirkungen landwirtschaftlicher Exportproduktion für den Entwicklungsprozeß, indem er vor allem auf die weitgehend positiven Kopplungseffekte des brasilianischen und kolumbianischen Kaffeesektors verweist - im Hinblick vor allem auf sog. "fiscal" und "consumption linkages". Ansätze für eine Theorie "autozentrierter agroindustrieller Entwicklung" ergeben sich aber auch hier kaum. Ein wesentlichen Schritt in diese Richtung macht John Mellor allerdings bereits im Jahre 1976 mit seinen "New Economics of Growth" - ein Buch, in dem er am Beispiel Indiens die Perspektiven einer auf der Entwicklung der landwirtschaftlichen Produktivität und dem Entstehen einer breiten Basis ländlicher Industrien ("rural growth linkages") aufbauenden Entwicklungsstrategie darstellte. Diese Strategie entsprach übrigens weitgehend - wenn auch nicht explizit, aber doch de facto (vgl. dazu etwa die Analyse der landwirtschaftlicher Grundlage europäischer Entwicklungsprozesse von Paul Bairoch (1963), aber auch die zu Dänemark zitierte Studie Menzels) - einem Versuch, die historische Ausgangssituation der industriellen Revolution in Europa zu replizieren. Eine kritische Würdigung dieses Buch ist an dieser Stelle nicht möglich; wichtig ist jedoch u.a., daß sie der vor allem in der zweiten Hälfte der 80er Jahre an Bedeutung gewinnenden Diskussion über die Kopplungseffekte zwischen Landwirtschaft und Industrie als Basis sozioökonomischer Entwicklung als Ausgangspunkt diente. Einen entscheidenden Impuls gab in diesem Zusammenhang der Artikel von Irma Adelman "Beyond Export-Led Growth" aus dem Jahre 1984.

Adelman entwickelt ihren Ansatz in Auseinandersetzung mit der Strategie der "exportorientierten Industrialisierung" ("export-led industrialization"), die ihrerseits im Verlaufe der 1970er Jahre die Importsubstitutionsstrategie als dominante Industrialisierungsstrategie mehr und mehr verdrängt hatte - u.a. mit Hinweis auf die Erfolge der südostasiatischen Entwicklungsländer (vgl. etwa Hirsch 1977; Belassa 1978; Havrylyshyn/Alikhani 1982; Movarec 1982). Adelmans Ausgangspunkt war die Feststellung, daß die weltwirtschaftlichen Bedingungen der 1980er Jahre es für alle Entwicklungsländer, die es im Gegensatz zu den sog. NICs noch nicht geschafft hätten, sich stabile Exportmärkte für nichttraditionelle Produkte zu erschließen, sehr schwer machten, auf diesem Wege erfolgreiche Entwicklungsprozesse in Gang zu setzen.

In dieser Situation verspräche eine auf der industriellen Exportproduktion als führendem Sektor aufbauende Strategie wenig Erfolgschancen. Irma Adelman setzt - in Anknüpfung an Hans Singer (1979) - dagegen auf eine Strategie, die der landwirtschaftlichen Entwicklung wieder eine führende Rolle auch für den Industrialisierungsprozeß zuschreibt: Ziel müßte es sein, eine landwirtschaftliche Entwicklung zu fördern, die zum einen über eine dynamische Nachfrage nach intermediären Produkten und Fertigwaren erhebliche Kopplungseffekte erzielt, zum andern über eine Steigerung des Angebots von Grundkonsumgütern sowie über die Verbesserung des Einkommens gerade armer Bevölkerungsgruppen günstige Verteilungseffekte beinhaltet. In diesem Sinne stelle eine derartige Strategie einer "agricultural-demand-led industrialization" (ADLI) gleichermaßen ein Wachstums-, ein Beschäftigungs-, ein Grundbedürfnis- und Ernährungssicherungs-, ein Einkommensverteilungs- und ein Industrialisierungsprogramm dar (Adelman, a.a.O., S. 938).

Die Autorin betont, daß die ADLI-Strategie mit einem System exportorientierter Anreize durchaus vereinbar sei. Wesentlich ist in erster Linie die Förderung der Produktivität der kleinen und mittleren landwirtschaftlichen Produktion, die erfahrungsgemäß stärkere Kopplungseffekte mit der lokalen Industrieproduktion entwickeln würde. Kleinere landwirtschaftliche Betriebe seien im allgemeinen arbeitsintensiver und benutzten eher lokal produzierte Inputs; auch neigten kleinere und mittlere Bauern weniger als Großbauern zum Konsum importierter Produkte - ihr Konsum konzentriert sich vor allem auf i.a. national hergestellte Textilien, Schuhe und Bekleidung sowie auf einfache dauerhafte Konsumgüter (Kühlschränke, Fahrräder, Nähmaschinen). Darüber hinaus investierten sie einen erheblichen Anteil ihrer Einkommen in Aus- und Weiterbildung, was wiederum die Grundlage für die zukünftige Erhöhung der Produktivität in Industrie und Landwirtschaft darstelle.

Als wesentlich für die Produktivität kleinerer und mittlerer Bauern wird vor allem der Ausbau der physischen und institutionellen Infrastruktur der Landwirtschaft angesehen - vom Straßen- und Wegebau über Bewässerungssysteme, die Förderung landwirtschaftlicher Technologie und die Verbreitung entsprechender Kenntnisse bis hin zu Kredit- und Vermarktungsinstitutionen, die vor allem den Bedürfnissen von Kleinbauern entgegenkommen (Adelman 1984, S. 944f.).

In einem fünf Jahre später erschienenen Artikel betonten Irma Adelman und Cynthia Morris die historische Basis ihrer Argumentation zugunsten der entscheidenden Rolle landwirtschaftlicher Entwicklung einerseits, institutioneller Veränderungen andererseits für den Industrialisierungsprozeß; sie werten hier (Morris/Adelman 1989) die Ergebnisse einer komparativen Untersuchung von Entwicklungsprozessen in der Periode zwischen 1850 und 1914 aus (vgl. Morris/Adelman 1988), womit sich der Kreis zu Menzel und Senghaas wieder schließt.

Entscheidend ist offenbar die Verknüpfung von drei Aspekten:

- die Steigerung der Produktivität in der klein- und mittelbäuerlichen Landwirtschaft als einem Sektor, von dem ein beträchtlicher Teil der armen Bevölkerung lebt und in dem Produktivitätsgewinne direkt zu einer Steigerung der
  Masseneinkommen führen;

- die Verbesserung der Einkommen der armen ländlichen Bevölkerung stärkt
  die Nachfrage nach solchen Konsumgütern, die bereits traditionell in Entwicklungsländern hergestellt werden und kann evtl. die ökonomische Grundlage für
  deren Modernisierung bilden;

- kleinbäuerliche landwirtschaftliche Produktion hat sicher nicht das breite
  Spektrum an *potentiellen* Kopplungseffekten wie etwa die Stahlindustrie (vgl.
  das obige Zitat von Hirschman), aber sie hat in den gegenwärtig weniger
  fortgeschrittenen Entwicklungsländern erheblich umfangreichere *aktuelle*
  linkages und trägt damit zur Förderung einer integrierten Wirtschaftsstruktur
  bei.

Im Hinblick auf die politischen und soziostrukturellen Voraussetzungen für
einen derartigen Entwicklungsprozeß gibt es zwischen Morris/Adelman und
Menzel/Senghaas wenig Differenzen:

> "Only where the ownership of human capital, capital goods, and land
> assets
> for responding to expanding economic opportunities is widely diffused can
> one expect policy emphasis on markets to have favorable effects on the
> structure of growth. (...)

> Much of the pernicious impact of political power held by wealthy indigen-
> ous resource owners and of strong foreign economic dependence is that
> these political institutions hamper of prevent the adoption of economic
> policies that are good for a wide spread of the benefits of export expansion."
> (Morris/Adelman 1989, S. 1428).

Die Überlegungen von Adelman/Morris lassen auch Ähnlichkeiten mit dem in
der Bundesrepublik verbreiteten Ansatz von Hartmut Elsenhans anklingen: So
spielt auch bei Elsenhans der Zusammenhang zwischen einer Steigerung der
Arbeitsproduktivität und der Zunahme der Masseneinkommen eine zentrale
Rolle, das gleiche gilt für den Charakter politischer Institutionen (vgl. etwa

Elsenhans 1979, 1982, 1986). Unseres Erachtens jedoch führt der Versuch von Elsenhans, die gesamte Problematik auf die Konzepte der "bürokratischen Entwicklungsgesellschaft" und der "Staatsklassen" zuzuspitzen und alle möglichen Aspekte von "Unterentwicklung" damit zu verknüpfen, zu einer konzeptuellen "Überladung" und damit auch zu Unschärfen des Ansatzes (vgl. etwa die Kritik in Hein 1985), die wiederum klare Differenzierungen in der Analyse erfolgreicher und weniger erfolgreicher Entwicklungsprozesse erschweren. Sicher könnte man auf unterschiedliche Orientierungen und Formen politischer Einbindung der "Staatsklassen" verweisen, um die Erfolge ostasiatischer Länder im Vergleich zur Entwicklung in Lateinamerika und Afrika zu erklären; dabei gehen jedoch die historischen Wurzeln dieser Unterschiede (Geschichte der Integration in die kapitalistische Weltwirtschaft; ganz unterschiedlicher soziokultureller Hintergrund usw.) weitgehend verloren. Darüber hinaus halten wir es für sinnvoller, die Frage nach dem Dominanzverhältnis "Staatsklassen" - "Bourgeoisie" zumindest offen zu lassen, wie es Morris und Adelman in ihren Formulierungen auch tun, um Raum zu lassen für Unterschiede in der Struktur der herrschenden Klassen in verschiedenen Entwicklungsländern (vgl. dazu die vor allem an Peter Evans anschließenden Überlegungen im Kap. I.2.4).

Ganz wesentlich für das im folgenden Abschnitt im Detail vorgestellte Konzept "autozentrierter agroindustrieller Entwicklung" ist allerdings eine Vertiefung der Diskussion über die Verknüpfung der Landwirtschaft mit nicht-landwirtschaftlichen Sektoren im Zusammenhang mit der Entwicklung ländlicher Regionen in Entwicklungsländern - ein Aspekt, der vor allem für die Perspektiven der Entlastung metropolitaner Regionen und einer besseren Nutzung der nationalen Territorien im Rahmen des nationalen Entwicklungsprozesses von Bedeutung ist. Zwei Diskussionszusammenhänge sind in diesem Zusammenhang wichtig: zum einen der Bezug des "linkage"-Ansatzes speziell auf ländliche Regionen, zum anderen der speziell aus der Regionalentwicklungstheorie kommende Ansatz einer "Entwicklung von unten" in Verbindung mit dem Konzept "kleinräumiger Wirtschaftskreisläufe".

Im Auftrag der Weltbank nahmen Steven Haggblade, Peter Hazell und James Brown (1987, 1989) eine Vielzahl von Studien über Kopplungseffekte zwischen landwirtschaftlichen und nicht-landwirtschaftlichen Aktivitäten in ländlichen Regionen des tropischen Afrikas unter die Lupe. Die Autoren sehen die Bedeutung der nicht-landwirtschaftlichen Produktion in ländlichen Regionen im Zusammenhang mit vier Phasen typischer Transformationsprozesse der ländlichen Wirtschaft:

(1) Subsistenzproduktion umfaßt das gesamte Spektrum landwirtschaftlicher und nicht-landwirtschaftlicher Aktivitäten im Rahmen des individuellen Haushalts.

(2) Im Bereich der nicht-agrarischen Produktion findet eine gewisse Spezialisierung zwischen den Haushalten statt, so daß die ländliche Subsistenzproduktion durch eine nicht-agrarische Produktion für den (Natural- oder Markt-) Tausch ergänzt wird (innerhalb desselben Haushalts).

(3) Es kommt zur Ausdifferenzierung nicht-agrarischer Produktionseinheiten, während die traditionellen ländlichen Haushalte immer noch einen beträchtlichen Teil nicht-agrarischer Aktivitäten weiterführen; die Arbeitsteilung bleibt auf die jeweilige Region beschränkt.

(4) Der Anteil nicht-landwirtschaftlicher Aktivitäten an der Arbeit der landwirtschaftlichen Haushalte schrumpft auf einen kleinen Teil zusammen; der größte Teil des Bedarfs an solchen Produkten und Dienstleistungen wird von nicht-landwirtschaftlichen Produktionseinheiten in Dörfern und Landstädten bzw. auch von städtischen (evtl. ausländischen) Industrieunternehmen gedeckt.

Die Autoren betonen die große Bedeutung von Handel und Dienstleistungen für das Entstehen nicht-landwirtschaftlicher Betriebe in ländlichen Regionen:

"In a dynamic situation where farm incomes are increasing, the consumer demand linkages emanating from these increases have the potential to be an important stimulant to the growth of the rural nonfarm economy. As per capita income rise, the demand for local services (especially transport, personal services, home improvement and religious functions) and higher quality foos (especially livestock and horticultural products) typically increase more rapidly than the demand for foodgrains." (Haggblade/Hazell/ Brown 1987, S. 97f.)

Wesentliche Faktoren für die Entwicklung nicht-landwirtschaftlicher Betriebe sind also einerseits die Konsumgüternachfrage, d.h. letztlich die Einkommensentwicklung der ländlichen Haushalte und - damit zusammenhängend - die Bevölkerungsdichte und die Qualität der Transportmöglichkeiten. Kopplungseffekte zwischen Landwirtschaft und ländlichen Industrieunternehmen spielen dagegen nur dort eine Rolle, wo eine primäre, rasche Verarbeitung in der Nähe der landwirtschaftlichen Anbaugebiete unumgänglich ist (etwa: Kaffee, Zucker, Palmöl usw.).

Die Literatur über die Produktion landwirtschaftlicher Inputs sowie über Kapitalgüter für die Lebensmittelindustrie verweist global darauf, daß mit zunehmender Modernisierung der entsprechenden Produktionszweige die Chancen konkurrenzfähiger lokaler Produktion der entsprechenden Vorprodukte (Pestizide, Traktoren und schwere Agrarmaschinen etc.) eher abnehmen und lediglich einige wenige industriell fortgeschrittenere Entwicklungsländer in der Lage sind, in diesen Bereichen mitzuhalten (vgl. etwa UNIDO 1983; Campos Rademacher 1984). Es gibt allerdings auch einige Studien, die daraufhin deuten, daß hier eine differenziertere Betrachtungsweise nötig ist, um vorhandene Entwicklungspotentiale nicht zu übersehen: Dies gilt einerseits für die Produktion sog. "angepaßter Technologie" (vgl. z.B. verschiedene Artikel in Moens/Siepman 1984), aber auch für bestimmte Nischen im Zusammenhang mit spezialisierten Maschinen und Anlagen für die Verarbeitung gewisser tropischer Agrarprodukte. Ein interessanter Artikel von Baklanoff und Brannon (1985) verweist auf das Entstehen einer spezialisierten Maschinenbauindustrie im Zusammenhang mit der Herstellung von Agavenfasern in Yucatan (Mexiko); in unserer Costa-Rica-Studie werden wir auf die Entwicklung und Perspektiven der lokalen Produktion von Ausrüstungsgütern für Kaffee-Aufbereitungsanlagen ("beneficios") genauer eingehen.

Die Vertreter des Ansatzes einer "Entwicklung von unten" im Rahmen der Diskussion über Regionalentwicklung in Entwicklungsländern (vgl. vor allem Friedmann/Weaver 1979 und Stöhr/Taylor 1981) befürworten in ähnlicher Weise wie die ADLI-Strategie eine urban-industrielle Entwicklung, die auf den Bedürfnissen und dem Potential des ländlichen Hinterlandes basiert:

"... the hierarchical urban-industrial system would essentially be sustained 'from below' by the relatively stable (human, social, political, and environmental) needs and potential of their territorial hinterland and its population, rather than by fortuitous and uncontrollable trickling down of impulses 'from above'. Urban centres would develop primarily as a supportive component of their respective hinterlands, rather than the hinterland developing (as in the centre-down strategy), as a function of the selective requirement of the urban system." (Stöhr 1981, S. 45).

Vieles spricht dafür, daß eine solche Strategie nicht nur besser in der Lage ist, die politische Partizipation und ein gewisses Niveau der Grundbedürfnisbefriedigung der Bevölkerung in ländlichen Regionen zu sichern, als eine "trickle-down"-Strategie, sondern daß eine derartige "Entwicklung von unten" auch Voraussetzung dafür ist, bisher marginalisierte Regionen in Prozesse nationaler Entwicklung zu integrieren und damit - u.a. durch eine Entlastung der nationalen Metropolen - das *nationale* Entwicklungspotential zu stärken.

Theo Rauch und Axel Redder (1987a und b) verbinden mit ihrem Ansatz zur "autozentrierten Entwicklung durch kleinräumige Wirtschaftskreisläufe" das Konzept der "autozentrierten Entwicklung" mit dem regionalwissenschaftlichen Ansatz einer "Entwicklung von unten". Sie charakterisieren das Konzept kleinräumiger Wirtschaftskreisläufe durch ein Zitat aus den Leitlinien für die *Entwicklungspolitik der Bundesregierung* in ländlichen Regionen der Dritten Welt:

> "... (es geht) darum, arbeitsintensive Produktionsbereiche in einer Region zu fördern. Dadurch sollen sich tragfähige Wirtschaftskreisläufe, Wirkungsketten und Verbundeffekte ergeben. Mit einer engeren Verzahnung von lokaler Nachfrage und lokalen Produktionspotentialen können Investitionen in vor- und nachgelagerten Subsektoren zu selbsttragenden Investitionsketten führen." (GTZ 1983, S. 43; zitiert nach Rauch/Redder 1987a, S. 111f.).

Rauch und Redder verweisen darauf, daß eine entsprechende Regionalentwicklungspolitik natürlich berücksichtigen muß, daß bestimmte Produkte mit kapitalintensiven Großtechnologien billiger herzustellen sind und damit evtl. auch von außerhalb der Region importiert werden sollten (zu deren Finanzierung die betreffende Region ihrerseits auch ihre eigenen komparativen Vorteile nutzen müsse); andererseits seien häufig die Konkurrenznachteile lokaler Produzenten lediglich in einer modernisierungsorientierten Subventionspolitik der staatlichen Zentralinstanzen begründet. Im Falle der von den beiden Autoren untersuchten Nordwest-Provinz Sambias habe die drastische Abwertung der nationalen Währung in der ersten Hälfte der 1980er Jahre das Entstehen kleinräumiger Wirtschaftskreisläufe gefördert; Rauch und Redder betonen allerdings, daß es zur Absicherung der lokalen Produktion einer *selektiven und stetigen* Abschottung durch eine differenzierte Zoll- und Sektorpolitik bedürfe (Rauch/Redder 1987b, S. 141).

Die Bedeutung einer auf den Kopplungseffekten der Landwirtschaft beruhenden Entwicklungsstrategie läßt sich also aus recht unterschiedlichen Argumentationszusammenhängen begründen. Leider fehlt eine systematische Verknüpfung der Postulate kleinräumiger Wirtschaftskreisläufe mit Ansätzen nationaler Entwicklungsstrategien - etwa vermittelt über den potentiellen Abbau von Agglomerationskosten in den Metropolen und dem Entstehen von Agglomerationsvorteilen in neuen regionalen Unterzentren. Im folgenden Abschnitt soll nun versucht werden, aufbauend auf den vorstehend skizzierten Untersuchungen und Diskussionszusammenhängen, das Konzept einer Strategie *autozentrierter agroindustrieller Entwicklung* systematischer darzustellen und auf die Situation der Entwicklungsländer in der Krise der 1980er Jahre zu beziehen.

Angesichts der zentralen Bedeutung einer breit gestreuten, auf entsprechenden Produktivitätsgewinnen beruhenden Steigerung der Agrareinkommen im Rahmen unserer Argumentation, sind die wesentlichen Zusammenhänge noch einmal in einer Übersicht zusammengestellt.

Skizze: **Agrareinkommen und Entwicklung anderer Wirtschaftssektoren**

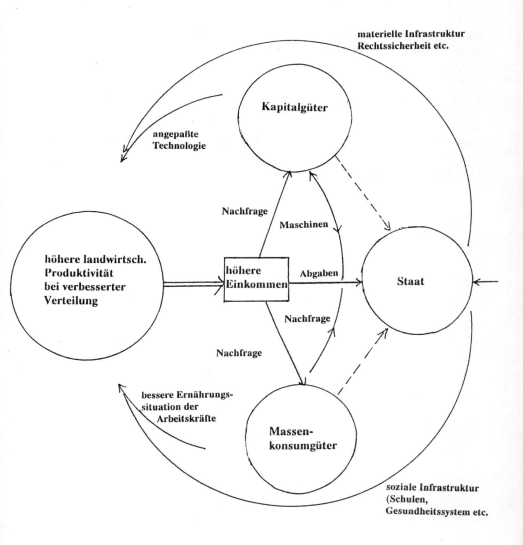

materielle Infrastruktur
Rechtssicherheit etc.

Kapitalgüter

angepaßte
Technologie

Nachfrage

Maschinen

höhere landwirtsch.
Produktivität
bei verbesserter
Verteilung

höhere
Einkommen

Abgaben

Staat

Nachfrage

Nachfrage

bessere Ernährungs-
situation der
Arbeitskräfte

Massen-
konsumgüter

soziale Infrastruktur
(Schulen,
Gesundheitssystem etc.

Die Skizze verweist auf die Bedeutung, die einer funktional effektiven Aufteilung erhöhter Erträge landwirtschaftlicher Produktion in die Bereiche Privatkon-
sum, Investitionen und Staat zukommt. Eine relativ egalitäre Einkommensverteilung sorgt für eine entsprechende Erhöhung der Nachfrage nach Konsumgütern;
eine marktwirtschaftliche Orientierung der landwirtschaftlichen Produktionseinheiten für ein entsprechendes Interesse an Investitionen; eine staatliche Unterstützung des Wachstums landwirtschaftlicher Einkommen (u.a. Rechtssicherheit,
Infrastrukturausbau, Bildungs- und Gesundheitssystem) muß entsprechend den
Möglichkeiten aus den landwirtschaftlichen Überschüssen, aber evtl. auch aus
anderen Bereichen (etwa: Bergbau; Besteuerung von Industrie und Dienstleistungen; Besteuerung des Luxuskonsums) finanziert werden. Wichtig ist, daß die
Entwicklung der internen Konsum- und Kapitalgüterindustrie so gefördert wird,
daß die entsprechenden Nachfrageeffekte möglichst weitgehend durch ein *kon-
kurrenzfähiges* nationales Angebot absorbiert werden können.

2.3 "Autozentrierte agroindustrielle Entwicklung": Grundzüge der Strategie

Rekapitulieren wir noch einmal: Die Landwirtschaft bildete fast überall die Grundlage vorindustrieller Gesellschaften - mit den wenigen Ausnahmen von Völkern, die vorwiegend vom Handel lebten -, der weitaus größte Teil der Bevölkerung lebte von ihr, sie prägte die traditionellen Kulturen. Ausgehend von diesem Hintergrund bedeutet "industrielle Entwicklung" einer Gesellschaft immer zunächst die Transformation ländlicher Strukturen. Daher ist das Studium der landwirtschaftlichen Entwicklung vor und während der industriellen Revolution zweifellos sehr wichtig für das Verständnis gegenwärtiger Entwicklungsprozesse in der Dritten Welt, wie nicht nur die Arbeiten von Menzel und Senghaas zeigen (vgl. vor allem Bairoch 1963, 1973; Mellor 1966). Der Erfolg industrieller Entwicklungsprozesse (Stabilität der industriellen Basis, internationale Konkurrenzfähigkeit, Grundlage dauerhaften Wachstums, Einkommensverteilung, Erhöhung der Lebensqualität, soziale Sicherheit usw.) hängt offensichtlich von einer Reihe von Voraussetzungen ab, die vor allem mit der ursprünglichen Struktur der Landwirtschaft und mit den wichtigsten Trägern des Transformationsprozesses zusammenhängen:

(1) Die Kombination von Produktivitätsniveau (in der traditionellen Landwirtschaft oft - aber nicht überall - primär durch natürliche Bodenfruchtbarkeit und klimatische Bedingungen bestimmt) und Einkommens-/Besitzverteilung beeinflußt sehr stark die Orientierung des Industrialisierungsprozesses, die Entwicklung von Infrastruktur und Dienstleistungssektor (Primat der Produktion für den Massenkonsum/Luxuskonsum/Export; Zentralisierung/Dezentralisierung usw.).

(2) Sozio-kulturelle Faktoren bestimmen sehr stark die Fähigkeit ländlicher Regionen, ohne Verlust von Eigenständigkeit und Selbstbewußtsein an einem industriell geprägten nationalen Entwicklungsprozeß zu partizipieren und ihn mit zu prägen.

(3) Ganz wesentlich ist, wie der Prozeß der industriellen Entwicklung von Anfang an mit der Landwirtschaft verknüpft war, etwa - wie im typischen Fall autozentrierter Entwicklung - über Produktionslinkages (Industrialisierung der Produktion landwirtschaftlicher Geräte; industrielle Verarbeitung landwirtschaftlicher Rohstoffe) und Konsumlinkages (verbessertes Produktivitätsniveau der Landwirtschaft läßt Massennachfrage nach industriell her-

stellbaren Konsumgütern entstehen) oder primär über eine verstärke Nachfrage einer wachsenden urbanen Bevölkerung nach Nahrungsmitteln, was
häufig lediglich zum Entstehen moderner Inseln in einer weiterhin marginalisierten traditionellen Landwirtschaft führt, oder etwa lediglich über die
landwirtschaftlichen Exporterlöse.

(4) Schließlich ist es offensichtlich wichtig, welche soziale Klassen und Gruppen
das politische Institutionensystem und die wirtschafts- und sozialpolitischen
Strategien während des Industrialisierungsprozesses entscheidend prägten.
Gerade vom interkontinentalen Vergleich erwarten wir uns hier wichtige
Ergebnisse. Auf die bisherige Diskussion dieser soziopolitischen Strukturen
werden wir im Kap. I.2.4 ausführlicher eingehen.

Ganz entscheidend für das Verständnis der durch die ISI-Strategie hervorgerufenen strukturellen Deformationen und damit zur Bestimmung der spezifischen
Probleme einer Strategie "autozentrierter agroindustrieller Entwicklung" in
vielen Entwicklungsländern ist nun die Tatsache, daß *die Ungleichzeitigkeit weltweiter Entwicklungsprozesse es möglich gemacht hat, den industriellen Entwicklungsprozeß zumindest zeitweise von seiner landwirtschaftlichen Basis abzukoppeln.*
Industrielles und urbanes Wachstum ist möglich geworden, ohne daß die Versorgung der Städte mit Nahrungsmitteln durch eine Produktivitätssteigerung der
nationalen Landwirtschaft sichergestellt werden mußte und auch ohne daß eine
Einkommenssteigerung der ländlichen Massen eine entsprechende Nachfrage
nach industriell produzierten Konsumgütern geschaffen hätte. Je nach Strategie
und/ oder Entwicklungsphase schuf sich die Politik des "urban bias" (vgl. zu
diesem Begriff Lipton 1977) einen Binnenmarkt für eher gehobene Konsumgüter
bei der fortgesetzten Finanzierung der zu importierenden Kapitalgüter durch
traditionelle Rohstoffexporte (Importsubstitutionsmodell) oder aber der industrielle Sektor produzierte von vornherein Billiglohnprodukte für den Weltmarkt
(Exportförderung).

Diese "Abkoppelung" der industriellen Entwicklung von der nationalen landwirtschaftlichen Basis ließ - wie die Daten zur industriellen Entwicklung in den 50er
und 60er Jahren belegen - durchaus eine Phase raschen industriellen Wachstums
zu. Der Preis dafür war jedoch vorhersehbar: Da die industrielle Entwicklung
weder mit einer gestärkten nationalen Rohstoffbasis noch mit dem Entstehen
einer eigenständigen Kapitalgüterindustrie einherging, führte sie bei durchaus
wachsender interner Nachfrage nach Fertigwaren zu einer sich tendenziell eher
verstärkenden äußeren Abhängigkeit des entstehenden Industriesektors sowohl
von Technologie- als auch von Kapitalimporten. Noch schwerwiegender aller-

dings war die Konsequenz der Marginalisierung großer Teile der nationalen Bevölkerung und des nationalen Territoriums, was einerseits zu politischen Konflikten führen mußte, andererseits aber eine erhebliche Verschwendung nationaler Ressourcen bedeutete: Ein erhebliches Potential an menschlichen Fähigkeiten blieb ungenutzt; große Regionen wurden wirtschaftlich kaum genutzt - und dabei zu allem Überfluß noch nicht einmal ökologisch geschont (man denke an die Brandrodung, die Zerstörung durch Goldsucher, den Charakter extensiver Viehzucht) -, während die immer weitergehende wirtschaftliche Konzentration in den urban-industriellen Ballungsgebieten erhebliche Kosten mit sich brachte (vgl. etwa Lloyd/Dicken 1977, S. 297f; Holland 1976, S. 111ff.; Morales 1982, S. 45ff.).

Auf diesen Überlegungen einschließlich der zu erwartenden synergetischen Effekte einer verbesserten lokalen und nationalen ökonomischen Integration - in vielen Ländern der Dritten Welt nur durch die Rückbindung der Industrie an die Landwirtschaft erreichbar - beruht unsere Argumentation für eine Strategie "autozentrierter agroindustrieller Entwicklung". Nach dem bisher Gesagten bedarf unsere Definition dieses Konzepts keiner detaillierten Begründung mehr:

Als "agroindustrielle Entwicklung" bezeichnen wir den Prozeß der Entwicklung einer Gesellschaft, in dem sowohl die Industrialisierung als auch die Entwicklung eines modernen Dienstleistungssektors und die Weiterentwicklung politischer Institutionen auf Kopplungseffekten beruhen, die sich im Zusammenhang mit der Dynamik landwirtschaftlicher Entwicklung entfalten. Wir bezeichnen diesen Prozeß als "autozentriert", wenn er als Ganzes eine breitenwirksame Agrarmodernisierung mit der industriellen Produktion von Massenkonsumgütern und von Ausrüstungsgütern verknüpft."

Einige Erläuterungen sind zum Verständnis dieser Definition dennoch angebracht:

- Durch die Hinzufügung des Begriffs "autozentriert" (vgl. dazu die obige Definition, S. 15) soll betont werden, daß es nicht "nur" um die Schaffung möglichst vieler linkages zwischen Landwirtschaft und Industrie geht, sondern daß diese Wechselbeziehung zwischen Landwirtschaft und Industrie eine sozioökonomische Eigendynamik schafft, die es rechtfertigt, von einem System mit eigenen Regulierungsformen und -mechanismen zu sprechen, das zwar mehr oder weniger intensive Beziehungen zu seiner "Umwelt" unterhalten kann, aber eben nicht von außen gesteuert wird. In diesem Sinne können transnationale Agrobusinesskonzerne Teile eines Prozesses "autozentrierter agroindustrieller

Entwicklung" darstellen; die bloße Stärkung agroindustrieller linkages durch einige Großinvestitionen des Agrobusiness stellt allerdings - so stark es auch gewisse makroökonomische Größen vor allem in kleinen Ländern beeinflussen mag (etwa: Volumen und Wert nicht-traditioneller Agrarexporte oder: intersektorielle Input-Output-Tabellen) - keinen Entwicklungsprozeß in unserem Sinne dar. Die Herausbildung der genannten "sozioökonomischen Eigendynamik" ist natürlich nicht denkbar ohne eine entsprechende soziopolitische Basis sowie das Entstehen politischer Institutionen, die diese Dynamik tragen (vgl. Kap. I.2.4).

- Wie schon im eben Gesagten impliziert, und vielfach von anderen Autoren betont (vgl. etwa Menzel, Senghaas, auch Rauch/Redder) hat die "Autozentriertheit" eines Entwicklungsprozesses nichts mit "Autarkie" zu tun. Vielmehr kann ein erheblicher Exportanteil der Dynamik eines Prozesses agroindustrieller Entwicklung durchaus förderlich sein, wie die oben skizzierten Beispiele Dänemarks und Taiwans zeigen. Wesentlich ist - im Sinne des zweiten Satzes der Definition -, daß die Exporterlöse eine Nachfrage nach im Inland erzeugten Massenkonsumgütern erzeugen und gleichzeitig auch die nationale technische Entwicklung und industrielle Produktion von Ausrüstungsgütern anregen, also weder primär in den Luxuskonsum fließen noch als Gewinne transnationaler Konzerne ins Ausland transferiert werden.

- Wenn wir die "Dynamik landwirtschaftlicher Entwicklung" als zentralen Ausgangspunkt für "Entwicklung" überhaupt ansehen, dann ist damit die Notwendigkeit einer vertieften Entwicklung ländlicher, d.h. im allgemeinen peripherer Regionen sehr eng verknüpft. Wie oben skizziert, sind die damit verbundene Integration peripherer Territorien sowie das Entstehen dynamischer nichtlandwirtschaftlicher Sektoren in ländlichen Räumen wesentliche Argumente für eine Strategie autozentrierter agroindustrieller Entwicklung (vgl. Mellor 1976; Haggblade/Hazell/Brown 1989).

Wir sind bisher mehr oder weniger implizit davon ausgegangen, daß die "Autozentriertheit" des historischen Entwicklungsprozesses einer Gesellschaft auch "Entwicklung" im normativen Sinne bedeutet. Wir möchten uns hier auch nicht auf die umfangreiche allgemeine Diskussion über den Entwicklungsbegriff einlassen und lassen bewußt den Aspekt der "ökologischen Dauerhaftigkeit" beiseite, wohl wissend, daß dies nicht unproblematisch ist (vgl. Weltkommission für Umwelt und Entwicklung 1987, Harborth 1991, Hein 1993a). Allerdings müssen sich Transformationsprozesse einer Gesellschaft weiterhin im Rahmen einer sich nur sehr langsam (zu langsam ?) in Richtung "dauerhafter Entwicklung" umorientierenden Weltwirtschaft behaupten, so daß es durchaus sinnvoll ist, unseren Ansatz, der auf dem Hintergrund der in diesem Sinne konventionellen entwicklungstheoretischen Diskussion entwickelt wurde, weiterzuverfolgen. Immerhin lassen Überlegungen zu einer "nachhaltigen ländlichen Entwicklung" zumindest die Vermutung zu, daß der hier verfolgte Ansatz umweltverträglicher ist als Strategien einer primär weltmarktorientierten Strukturanpassung.

Im folgenden versuchen wir, durch eine Bestimmung der *wesentlichen Merkmale einer erfolgreichen Strategie autozentrierter agroindustrieller Entwicklung* unser Verständnis von "Entwicklung" über den Aspekt der Autozentriertheit hinaus zu klären. Diese Merkmale lassen sich drei Bereichen zuordnen, denen in unterschiedlichen entwicklungstheoretischen bzw. -strategischen Ansätzen zentrale Bedeutung beigemessen wird und aus denen sich für uns wesentliche Kriterien erfolgreicher Entwicklung ergeben (wobei wir die politische Dimension gesondert in Kap. I.2.4 behandeln werden):

(1) der Grundbedürfnisbefriedigung,
(2) der sozioökonomischen Integration der betreffenden Gesellschaft,
(3) der wirtschaftlichen "Viabilität" der Strategie.

Definieren wir abstrakt Entwicklung als einen "Prozeß der Verbesserung der Bedürfnisbefriedigung aller Menschen innerhalb einer sozialen Einheit (Dorf, Region, nationale Gesellschaft) *sowie der Schaffung (bzw. Erhaltung) der Voraussetzungen für ein langfristiges Fortschreiten dieses Prozesses"*, dann sehen wir - wie in den Kapiteln I.2.1 und I.2.2 begründet - in einer "autozentrierten agroindustriellen Entwicklung" die besten Voraussetzungen für eine langfristig fortschreitende Verbesserung einer möglichst breiten Bedürfnisbefriedigung innerhalb einer Gesellschaft. Dabei ist die *Grund*bedürfnisbefriedigung für alle eine normativ begründete Forderung, während andererseits klar ist, daß die Erwartungen an "Entwicklung" auch die zunehmende Befriedigung weiterer Bedürfnisse voraussetzen. Daß angesichts der wachsenden globalen ökologischen Bedrohung auch die Definition von "Bedürfnissen" (oder anders ausgedrückt "Konsummustern") zu hinterfragen ist, dürfte klar sein, ist aber nicht Thema dieser Arbeit.

Grundbedürfnisbefriedigung

Eine Strategie, die von der Dynamik landwirtschaftlicher Entwicklung ausgeht, bietet eine Perspektive, bei denjenigen anzusetzen, die nach übereinstimmender Meinung am meisten unter einer Nicht-Befriedigung ihrer Grundbedürfnisse leiden, der armen Landbevölkerung. Voraussetzung ist allerdings eine Politik, die sich nicht nur an der Maximierung landwirtschaftlicher Produktion bzw. an den "production linkages" des Agrarsektors orientiert, sondern an einer *umfassenden Transformation der ländlichen Gesellschaft* (vgl. u.a. de Janvry/Sadoulet 1989).

Grundbedürfnisbefriedigung kann auf Dauer nicht allein durch Umverteilungsprozesse gesichert werden - zumindest dann nicht, wenn wie in vielen Ländern der Dritten Welt der Anteil derjenigen, deren Grundbedürfnisse in der einen oder anderen Form nicht befriedigt werden können, sehr hoch ist. Eine Steigerung der Produktivität der ländlichen Produktion *auf breiter Basis* ist Voraussetzung dafür, daß sowohl die Einkommen der armen Landbevölkerung auf Dauer steigen, als auch die Preise der Grundnahrungsmittel für die städtische Bevölkerung sinken können, ohne daß eine ständige staatliche Subvention erforderlich ist (vgl. dazu u.a. den "unimodalen Ansatz" in Johnston/Clark 1982). Dies muß übrigens nicht notwendigerweise durch die Förderung der Grundnahrungsmittelproduktion erreicht werden; so kann durchaus zumindest theoretisch - wie in der Strukturanpassungspolitik angestrebt - die Entwicklung einer effizienten kleinbäuerlichen Exportproduktion zur Verbesserung der ländlichen Einkommen beitragen, während gleichzeitig die Grundnahrungsmittelversorgung für die städtischen Armen durch billige Importe sichergestellt werden. Die Ergebnisse unserer Costa-Rica-Analyse betonen allerdings eher die bereits in der Literatur häufig hervorgehobenen Schwierigkeiten der Durchsetzung kleinbäuerlicher Exportproduktion gegenüber dem Agrobusiness.

Wichtig ist dabei, die vielfältigen Determinanten landwirtschaftlicher Produktivität im Blickfeld zu behalten; eine Konzentration auf die Flächenproduktivität kann dabei in die Irre führen, da häufig eine Steigerung der Hektarerträge durch eine überproportionale Erhöhung der Inputkosten bezahlt wird. Manchmal (wie oben im Falle Südkoreas) wird man dennoch mit Angaben zur Flächenproduktivität arbeiten müssen, wenn andere Daten nicht verfügbar sind.

Ganz entscheidend für das ländliche Produktivitätsniveau sind Faktoren, die häufig unter dem Begriff der "Externalitäten" zusammengefaßt werden: Ausbau des Verkehrs- und Wegenetzes, Elektrizitäts- und Wasserversorgung, Zugang zu bestimmten Dienstleistungen (Handel, Wartung landwirtschaftlicher Geräte, Beratung, Kreditwesen), Ausbildungsangebote, Krankenversorgung usw.; einige dieser externen Produktionsfaktoren werden allgemein zu den Grundbedürfnissen gezählt (sauberes Wasser, Gesundheitsfürsorge), andere tragen offensichtlich dazu bei, durch die Verringerung von Transaktionskosten (Transport, Vermarktung usw.), die Spanne zwischen Verbraucher- und Produzentenpreisen zu verringern und damit die Einkommen der ländlichen Produzenten zu erhöhen.

Grundbedürfnisbefriedigung auf dem Land impliziert nicht nur bessere Einkommen für Kleinbauern bei einer möglichst egalitären Verteilung des Grundbesitzes sondern auch eine Verbesserung der Beschäftigungsmöglichkeiten und der Einkommensniveaus der landlosen ländlichen Bevölkerung (vgl. zur Kritik an der Kleinbauernpolitik der Weltbank in den 1970er Jahren z.B. Feder 1980). Landverteilung ist - abgesehen von der Frage, ob verteilbares, fruchtbares Land zur Verfügung steht - keine Patentlösung; eine Aufteilung von Plantagen an Landarbeiter, die keine Erfahrung in der selbständigen Bewirtschaftung von Land haben, bringt für diese weniger Vorteile als eine effektive gewerkschaftliche Organisation. Angesichts des Wachstums der ländlichen Bevölkerung ist die rasche Vermehrung nicht-landwirtschaftlicher Beschäftigungsmöglichkeiten ein unabdingbarer Bestandteil einer grundbedürfnisorientierten Transformation der ländlichen Gesellschaft. Die Expansion der nicht-landwirtschaftlichen Komponente ländlicher Regionen ist allerdings in der Förderung der externen Bedingungen landwirtschaftlicher Produktion (materieller und sozialer Infrastrukturausbau, s.o.) bereits impliziert; die Entwicklung ländlicher Industrien, z.T. direkter Nebeneffekt der erhöhten Kaufkraft der Bauern, schafft ebenfalls zusätzliche Arbeitsplätze.

Ein notwendiger Bestandteil einer grundbedürfnisorientierten Transformation der ländlichen Gesellschaft ist vor allem auch ihre Integration in die zivile Gesellschaft, vor allem eine Verrechtlichung politischer Verhältnisse: Dies ist einerseits - wie vor allem die häufigen Berichte über die "Wildwest-"Verhältnisse im brasilianischen Norden und Nordosten zeigen (vgl. auch den schon klassischen Roman des venezolanischen Schriftstellers Gallegos "Doña Barbara") - Voraussetzung dafür, Agrarreformen gegen die Interessen von Großgrundbesitzern überhaupt durchsetzen zu können, und wirtschaftliche Förderungsmaßnahmen zu realisieren, die tatsächlich die Armen erreichen und nicht durch die verschiedensten Formen der Korruption umgelenkt werden. Ohne eine solche Durchsetzung staatlicher Rechtsnormen ist ein langfristiger politischer Einfluß von Basisorganisationen ebenso unmöglich wie die reale Durchsetzung von Agrarreformen. Andererseits trägt die Vertiefung kleinräumiger Wirtschaftskreisläufe - ist dieser Prozeß erst einmal angelaufen - zu einer solchen politisch-rechtlichen Transformation der lokalen Gesellschaft bei.

Sozioökonomische Integration der Gesellschaft

Das Konzept *agroindustrieller* Entwicklung impliziert bereits einen zentralen Aspekt sozioökonomischer Integration in Entwicklungsländern, nämlich die Integration zwischen landwirtschaftlicher und industrieller Produktion. Ziel eines autozentrierten Entwicklungsprozesses ist allerdings die generelle Förderung möglichst weitgehender ökonomischer Integration zwischen Landwirtschaft, Industrie und Dienstleistungssektor - ausgehend, wie gesagt, von der Transformation der ländlichen Gesellschaft. Die wesentlichen Formen von "linkages" sind von Hirschman in einer späteren Version seines Ansatzes (1977) dargestellt worden; wir fügen dem die Kategorie der *organisatorisch-institutionellen* linkages hinzu:

- Produktionslinkages: Die Bereiche der Produktion landwirtschaftlicher Geräte und Maschinen sowie laufender "inputs" (Pestizide, Kunstdünger, aber auch Plastikplanen u.ä.) einerseits, der Weiterverarbeitung landwirtschaftlicher Produkte (Lebensmittelindustrie, aber auch Baumwollstoffe, Leder, Holzverarbeitung, pharmazeutische und chemische Produkte auf pflanzlicher bzw. tierischer Basis) andererseits stellen die üblicherweise berücksichtigten Kopplungseffekte der Landwirtschaft dar; Dienstleistungen (Handel, Beratung, Wartung, Kredit), die die beteiligten industriellen Produktionszweige mit der Agrarproduktion vermitteln bzw. Voraussetzungen für den Agrarexport darstellen, sind auch diesem Bereich zuzurechnen.

- Konsumlinkages: Die Schaffung von Kaufkraft durch eine möglichst gleichmäßige Verteilung verbesserter ländlicher Einkommen stellt eine der zentralen Forderungen von Senghaas/Menzel wie auch von Adelman/Morris da; dies würde sowohl die Chancen für die Entwicklung einer ländlichen Konsumgüterindustrie erhöhen als auch die Voraussetzungen dafür verbessern, daß in bisher eher peripheren Mittel- und Kleinstädten ein moderner Dienstleistungssektor entstehen kann.

- Fiskalische linkages: In einer beträchtlichen Anzahl von Entwicklungsländern spielen vor allem die traditionellen Agrarexportsektoren immer noch eine wichtige Rolle bei der Finanzierung des Staatshaushaltes; andererseits werden wichtige Bereiche der Landwirtschaft (Grundnahrungsmittelproduktion, aber teilweise auch nicht-traditionelle Exportzweige) durch öffentliche Subventionen unterstützt, was man evtl. als negative fiskalische linkages bezeichnen könnte.

- Organisatorisch-institutionelle linkages: Zur Regulierung einzelner agroindustrieller Komplexe (häufig traditioneller Agrarexportprodukte wie Kaffee, Zucker und Fleisch) sind oft recht effiziente Institutionen entstanden, die u.a. zu einer gewissen Anpassung der nationalen Produktion an Weltmarkttendenzen, zu einer Abfederung von Preisschwankungen, zur Steigerung der Produktivität und auch zu einer Stärkung des politischen Gewichts von Kleinbauern beitragen können; sie können auch eine Rolle in der Förderung lokaler Weiterverarbeitung dieser Produkte bzw. von Nebenprodukten spielen.

Eine Förderung von linkages muß sich am Ziel gesamtgesellschaftlicher sozioökonomischer Integration orientieren und nicht linkages als Wert an sich ansehen. Im Rahmen der Versuche, den Importsubstitutionsprozeß zu vertiefen, sind in den 1970er Jahren häufig Verarbeitungsprozesse bzw. der Aufbau von Kapitalgüterindustrien politisch (oft durch den Aufbau entsprechender staatlicher Unternehmen) forciert worden, die wenig Chancen hatten, in absehbarer Zeit konkurrenzfähig zu sein, und damit entweder den nationalen Verbrauchern oder den nachgelagerten Betrieben höhere Kosten aufbürdeten (vgl. etwa zu diesen Versuchen der "Vertiefung der importsubstituierenden Industrialisierung" in Venezuela u.a. Hein 1983, S. 119ff., zu Costa Rica Sojo 1984). Es geht darum, die Entwicklung von linkages zu fördern, die das, was betriebswirtschaftlich i.a. als "Fühlungsvorteile" bezeichnet wird (vgl. etwa Behrens 1971, S. 96), schaffen und nutzen, ohne gleichzeitig die Agglomerationskosten in den nationalen Metropolen noch zu verstärken: durch enge Kommunikationsbeziehungen zwischen Unternehmen können Produktion und intermediäre Nachfrage quantitativ und qualitativ aufeinander abgestimmt werden; Kommunikations- und Transportkosten lassen sich so minimieren (vorausgesetzt, die lokale und regionale Infrastruktur ist entsprechend ausgebaut). Die Entwicklung derartiger Komplexe in Verknüpfung mit dem Agrarsektor gibt dabei die Möglichkeit einer integrierten Wirtschaftsförderung etwa im Bereich regionaler Mittelstädte - sie sind lokal verwurzelt, liegen außerhalb der großen Ballungsgebiete und sind keineswegs "weiße Elefanten", wie sie häufig im Zuge sog. Regionalförderungspolitik in die Landschaft gesetzt worden sind.

Einer der zentralen Aspekte einer derartigen verstärkten Verflechtung zwischen den einzelnen Wirtschaftsbereichen ist die Entwicklung lokaler technologischer Kapazitäten - und zwar nicht im Sinne teurer und häufig vergeblicher Versuche, im "high-tech"-Bereich den Anschluß zu gewinnen, sondern im Sinne einer verbesserten lokalen Problemlösungsfähigkeit: Die Fähigkeit, importierte Technologien an lokale Gegebenheiten anzupassen sowie traditionell lokale Technologieproduktion zu modernisieren, sind wichtige Anknüpfungspunkte, die in einzelnen Bereichen durchaus zur Entwicklung auch international konkurrenzfähiger Produkte führen kann (im Falle Costa Ricas etwa bei Ausrüstungsgütern für Kaffeeaufbereitungsanlagen).

"Sozio-ökonomische Integration" impliziert auch *regionale Integration*: Die obige Charakterisierung von Perspektiven ökonomischer Integration in peripheren Regionen verweist auf die Möglichkeit der Förderung "kleinräumiger Wirtschaftskreisläufe" bei gleichzeitig verbesserter nationaler Integration; wesentlicher Aspekt des ersteren ist die Verdichtung des Netzes sozioökonomischer Beziehungen auf lokaler und regionaler Ebene. Eine erfolgreiche Entwicklung dieser Art mag zwar zum Teil Waren, die bisher in anderen Regionen desselben Landes hergestellt wurden, durch lokale Produkte ersetzen, impliziert aber andererseits im Bereich von Ausrüstungsgütern, Infrastrukturentwicklung usw. Importe aus den industriellen Zentren, sei es der nationalen Kapitalgüterindustrie, sei es aus dem Ausland. Darüber hinaus verstärkt das Wachstum der Kaufkraft peripherer Regionen auch die Nachfrage nach Konsumgütern, die in anderen Regionen hergestellt werden; weiterhin werden in den peripheren Regionen in zunehmendem Maße Inputs für Industrien, bzw. Konsumgüter hergestellt, nach denen eine Nachfrage in den nationalen Metropolen besteht.

Wirtschaftliche Viabilität

Entwicklungsstrategien scheitern häufig nicht an "falschen" Zielsetzungen, sondern an einer mangelhaften Konzeptionalisierung des Weges dorthin; die konzipierte Wirtschaftspolitik muß in der Lage sein, zum einen *aktuelle Krisensituationen zu überwinden*, zum andern zu einer *nachhaltigen Erweiterung der wirtschaftlichen Basis der betreffenden Gesellschaft* beizutragen. In diesem Sinne setzt die "wirtschaftliche Viabilität" einer Strategie die Berücksichtigung der gegebenen Rahmenbedingungen bzw. - soweit politisch möglich - ein Konzept zur Veränderung dieser Rahmenbedingungen voraus. Dabei soll der Begriff der "Nachhaltigkeit" oder "Dauerhaftigkeit" der Entwicklung *auch* auf den Aspekt der Umweltverträglichkeit einer solchen Strategie verweisen.

Diese Rahmenbedingungen schränken zunächst einmal für jedes hochverschuldete Entwicklungsland die kurzfristigen entwicklungsstrategischen Optionen sehr stark ein. Darauf, daß praktisch alle Versuche einer eigenständigen Entwicklung durch eine weitgehend Dissoziation aus dem Weltmarkt gescheitert sind, ist oben bereits hingewiesen worden; der weltweite wirtschaftliche Integrationsprozeß ist in den Jahrzehnten seit dem Zweiten Weltkrieg so weit vorangeschritten (vgl. dazu u.a. Hein 1982, Altvater 1987), daß eine einseitige Zahlungsverweigerung ohne Rücksicht auf die Reaktion der Gläubigerländer kein Weg zur Krisenüberwindung sein kann. Jede Überwindung der aktuellen Krisensituation setzt also Übereinkommen mit den Gläubigerländern voraus (Umschuldungsvereinbarungen, neue Kredite, Schuldenerlassung usw.), was angesichts der zentralen Rolle von Weltbank und IWF bei der Regelung der Schuldenproblematik primär einen "modus vivendi" mit diesen internationalen Institutionen impliziert.

Angesichts der verbreiteten Thesen, daß die Strukturanpassungspolitik der Welt-bank mit ihren Grundforderungen nach Währungsabwertung, Exportförderung, Abbau des staatlichen Haushaltsdefizits und Förderung des privaten Sektors vor allem die armen Bevölkerungsschichten träfe, also weder grundbedürfnis-orientiert sei, noch eine Verbesserung der Einkommensverteilung fördere, ist zunächst einmal abzuklären, inwieweit diese Ausgangsbedingungen überhaupt eine Chance für eine Realisierung der vorgeschlagenen Strategie autozentrierter agroindustrieller Entwicklung lassen.

Die gesamte Frage der Kompatibilität der Weltbankkonditionen mit den Erfor-dernissen einer solchen Entwicklungsstrategie wird uns im Zusammenhang mit der Costa-Rica-Fallstudie immer wieder beschäftigen. Ausgehend von den oben-genannten Grundforderungen lassen sich jedoch vorab einige Punkte klären:

- Eine Abwertung der nationalen Währung trifft grundsätzlich diejenigen am meisten, die in höherem Maße importierte Waren (bzw. Waren mit hohem Importanteil) konsumieren. Sie benachteiligt diejenigen Industriezweige, die vor allem auf importierte Vorleistungen angewiesen sind, gegenüber denjeni-gen, die mit nationalen Vorleistungen arbeiten - im Sinne einer verstärkten nationalen Integration ein wünschenswerter Prozeß, der grundsätzlich die Kopplungseffekte zwischen Landwirtschaft und Industrie stärken wird. Pro-bleme sind nur dort zu erwarten, wo die abwertungsbedingte Stärkung der Konkurrenzfähigkeit lokaler Produzenten hinter den Effekten einer eventuel-len Aufhebung protektionistischer Maßnahmen zurückbleibt bzw. wo die Voraussetzungen für die nationale Produktion dieser Vorleistungen überhaupt fehlen.

- Exportförderungsmaßnahmen werden in vielen Ländern der Dritten Welt aufgrund des vorhandenen Exportpotentials bei landwirtschaftlichen und agroindustriellen Produkten ansetzen; solange diese Maßnahmen eine Ex-port*diversifizierung* fördern und nicht einseitig den Export unverarbeiteter Agrarprodukte gegenüber weiterverarbeiteten Erzeugnissen privilegieren (in bestimmten Fällen, etwa bei frischen Früchten, mag der Export unverarbeite-ter Produkte allerdings vorzuziehen sein), widersprechen sie nicht einer Stra-tegie autozentrierter agroindustrieller Entwicklung. Einen entscheidenden Aspekt stellt allerdings die soziale Verteilung der resultierenden Exporterlöse dar.

- Die bevorzugte Förderung des privaten Sektors gegenüber wirtschaftlichen Aktivitäten des Staates steht - angesichts des verbreiteten Scheiterns vieler Staatsbetriebe im produktiven Bereich - der von uns vorgeschlagenen Strategie nicht im Wege. Zwei Aspekte sind allerdings zu beachten: die Betriebsstruktur des Exportsektors (Beteiligung vieler Kleinbetriebe vs. Kontrolle durch wenige Großunternehmen) sowie die Rolle transnationaler Konzerne, deren Tendenz zur Exklavenbildung entgegengesteuert werden muß.

- Sicherlich betrifft eine Reduktion der Staatsausgaben nicht nur arme Bevölkerungsschichten, sondern gerade auch die von der Importsubstitutionspolitik gestützten, ineffizient arbeitenden Unternehmen, sowie die in vieler Hinsicht privilegierten urbanen Mittelschichten. Für die Armen jedoch stellt die Reduktion von Sozialausgaben, staatlichen Beratungsdiensten, von Ausgaben für die Stützung von Produzentenpreisen in der Grundnahrungsmittelproduktion Armen häufig eine *existentielle* Bedrohung dar. Die Staatshaushalte sollten also über eine umfangreiche Umschichtung von Einnahmen und Ausgaben konsolidiert werden, die Luxuskonsum stärker belastet, unproduktive Ausgaben (Militär, Repräsentation, unproduktive Subventionen) reduziert und eine breite Streuung produktiver Aktivitäten fördert - wie u.a. eine intensive, ökologisch angepaßte kleinbäuerliche Produktion.

Gewisse Elemente der Strukturanpassungsstrategie unterstützen also durchaus eine landwirtschaftliche Entwicklung und eine Umorientierung des industriellen Entwicklungsprozesses auf Verknüpfungen mit der Landwirtschaft - wie verschiedentlich von der Weltbank selbst betont (vgl. etwa: World Bank, 1989, S. 89ff.). In Ergänzung zu diesem Aspekt der Strukturanpassungsprogramme wird sich die Aufmerksamkeit auf die Förderung des *autozentrierten* Charakters einer agroindustriellen Strategie - Einkommensverteilung, Förderung peripherer Regionen, Förderung technologischer Kompetenz - zu richten haben. Hier kann eine einseitige Marktorientierung bei weitgehender Zurückdrängung staatlicher Intervention bestehende Grundlagen zerstören und Strukturen entstehen lassen, die häufig im Zusammenhang mit der Analyse des "Agrobusineß" kritisiert worden sind (vgl. zu Lateinamerika insgesamt vor allem verschiedene Arbeiten von Gonzalo Arroyo, zu Peru Lajo Lazo 1986, allgemein Haude 1987) - Konzentrationsprozesse vor allem bei der landwirtschaftlichen Exportproduktion, verstärkte Abhängigkeit der Kleinbauern von Lebensmittelkonzernen, Zurückdrängung traditioneller Nahrungsmittel. Arbeiten, die von der Weltbank selbst veröffentlicht wurden (etwa Haggblade/Hazell/Brown 1989; World Bank 1989 (Afrika-Studie); Morris/Adelman 1988) verweisen darauf, daß bei der Weltbank selbst durchaus eine gewisse Sensibilität gegenüber diesen Problemen besteht und bei entsprechender Verhandlungsführung von seiten der betreffenden Regierungen hier durchaus Spielräume bestehen.

Im Sinne der langfristigen ökonomischen Viabilität ist es also, zunächst einmal zu verhindern, daß durch eine Art von "Überanpassung" an aktuell bestehende komparative Vorteile eines Landes zwar kurzfristig ein rasches Exportwachstum erreicht werden kann, aber doch kaum Grundlagen für einen langfristigen Entwicklungsprozeß im oben gekennzeichneten Sinne gelegt werden. Andererseits kann natürlich aus den oben dargestellten historischen Erfahrungen nicht unbedingt geschlossen werden, daß ein entsprechend kleinbäuerlich orientierter und - zusätzlich - regional ausgeglichener ländlicher Entwicklungsprozeß mit starken linkages zur verarbeitenden Industrie und zum Dienstleistungssektor unter den zukünftigen weltwirtschaftlichen Bedingungen tatsächlich ökonomisch gangbar ist.

Betrachtet man das vorgestellte Konzept autozentrierter agroindustrieller Entwicklung auf dem Hintergrund von Entwicklungstendenzen der vergangenen Jahrzehnte, so stellen sich vor allem drei Fragekomplexe:

(1) Wie kann eine kleinbäuerlich strukturierte Landwirtschaft aussehen, die langfristig sowohl national als auch international konkurrenzfähig ist und gleichzeitig möglichst umweltschonend produziert - d.h. sich nicht am Modell des "modernen" europäischen und nordamerikanischen Familienbetriebs orientiert ?

(2) Wie verhält sich eine Politik, die prioritär linkages zwischen verschiedenen lokalen und nationalen Unternehmen fördern soll, zu den möglichen Vorteilen einer verstärkten internationalen Arbeitsteilung ?

(3) Wie ist die Forderung zu beurteilen, prioritär periphere Regionen zu fördern, wenn a) die Agglomerationsvorteile nationaler Ballungszentren für die Schaffung international konkurrenzfähiger Produktionsstandorte zentral sind und wenn b) auf der anderen Seite das Bewußtsein für die ökologische Notwendigkeit des Schutzes großer Regionen in tropischen Ländern wächst?

Im Zusammenhang mit allen drei Fragen ist zu beachten, daß zweifelsohne im Rahmen der Importsubstitutionspolitik Steuer- und Preispolitik, Subventionen, Infrastrukturpolitik und außenwirtschaftspolitische Maßnahmen im allgemeinen kleinbäuerliche Produktion sowie periphere, ländliche Regionen eher diskriminierten (vgl.u.a. Lipton 1977, Kap. 12 und 13; Weltbank 1986, S. 71ff.) und in vielen Fällen das Entstehen lokaler und nationaler linkages nicht förderten. Eine Abschaffung bzw. teilweise Umorientierung dieser Subventionen kann also u.U. bereits positive Auswirkungen etwa für die Konkurrenzfähigkeit einer arbeitsintensiven kleinbäuerlichen Produktion gegenüber einer kapitalintensiven, bisher u.a. durch staatlich niedrig gehaltene Zinsen subventionierten Plantagen-produktion besitzen. Darüber hinaus liegt ein beträchtlicher Teil der Vorteile des Agrobusiness weniger in Skalenvorteilen als im Bereich der Organisation der Beschaffung von Inputs, von Transport, Vermarktung usw.; hier können eine genossenschaftliche Selbstorganisation der Bauern, aber auch die Entwicklung von Dienstleistungsunternehmen, die sich an den Bedürfnissen der Bauern orientieren, Abhilfe schaffen, wobei sicherlich zunächst eine systematische Förderung im Bereich der Aus- und Weiterbildung sowie komplementäre öffentliche Investitionen im Bereich des Infrastrukturausbaus (Transport und Verkehr, vor allem aber auch Telekommunikation (vgl. dazu etwa Hoffman 1989) nötig sind. Die Problematik der Skalenvorteile kann - dort, wo sie wirklich eine zentrale Rolle spielt - durch genossenschaftliche Produktionsformen bewältigt werden, was je nach lokalen Traditionen und Produktionsstrukturen leichter oder schwerer zu erreichen ist. In diesem Zusammenhang ist allerdings vor allem eine Orientierung auf Produkte hin sinnvoll, bei denen Skalenvorteile eine geringere Rolle spielen und die etwa aufgrund ihres Wertes und der Intensität des Anbaus beträchtliche Erlöse auch auf relativ kleinen Flächen ermöglichen (Obst- und Gemüseanbau, Gewürze usw.).

Die Entwicklung von "linkages" kann zweierlei bedeuten: zum einen den Aufbau vor- und nachgelagerter Produktionszweige, die bisher nicht existierten; zum anderen aber auch die Förderung eines differenzierten Geflechts von Unternehmen dort, wo bisher ein einzelner Großkonzern das Feld beherrschte und sämtliche Produktionsschritte integrierte. Die Tatsache, daß Konzerne selbst immer wieder einzelne Produktionsbereiche aufgeben und kleineren Zulieferbetrieben überlassen (Stichwort: "sub-contracting"), spricht grundsätzlich dafür, daß vertikale Integration nicht immer Konkurrenzvorteile bringt; unter dem Gesichtspunkt sozioökonomischer Entwicklungseffekte ist die Existenz vieler miteinander kooperierender Einzelunternehmen sicherlich vorzuziehen (Lernprozesse im technischen und unternehmerischen Bereich, größere Flexibilität usw.). Andererseits macht es wenig Sinn, durch hohe Subventionen linkages dort zu forcieren, wo Importe erheblich billiger sind oder wo die Weiterverarbeitung im Ausland erhebliche Standortvorteile besitzt. Eine Steigerung der lokalen technologischen Kapazitäten in Bereichen, wo entsprechende Ansätze vorhanden sind, kann aber durchaus zu einer marktangepaßten Importsubstitution auch in weiteren Bereichen führen (im Sinne von spill-over-Effekten); lokale Produzenten haben auch ohne Protektion gewisse Vorteile, etwa bei Kapitalgütern und Vorprodukten wegen der entfallenden Transportkosten (abhängig allerdings von den Beschaffungskosten der wiederum nötigen Inputs, etwa Stahl) und wegen der möglichen Anpassung des Produktes an lokale Bedingungen.

Die Vorteile der Erschließung peripherer Regionen sind bereits oben genannt worden; sie betreffen vor allem die Senkung der Agglomerationskosten in den nationalen Metropolen durch die Förderung regionaler Unterzentren, die - bei entsprechender infrastruktureller Versorgung - bald selbst gewisse Agglomerationsvorteile bieten können. Das heißt natürlich nicht eine uniforme Erschließung des gesamten Territoriums ohne Rücksicht auf naturräumliche Gegebenheiten, die notwendige Ausklammerung von Nationalparks, Forstreservaten usw. Das Problem der ökonomischen Durchsetzung einer entsprechenden Regionalentwicklungspolitik besteht meist in einem durch die staatliche Förderung der traditionellen Metropolen verzerrten "Marktes" von Produktionsstandorten.

Das theoretische Konzept für dieses Forschungsprojekt wurde zu einer Zeit ausgearbeitet (1984-1986) als in Lateinamerika die Diskussion über einen alternativen Ansatz zum Strukturanpassungskonzept von Weltbank und IWF gerade in Gang kam. Inzwischen ist dieser Ansatz unter dem Begriff des *Neostrukturalismus* bekanntgeworden und es sind eine Vielzahl von Veröffentlichungen erschienen, so daß unsere theoretischen und entwicklungsstrategischen Überlegungen nicht ohne einen Versuch abgeschlossen werden können, das Verhältnis unseres Ansatzes zur neueren lateinamerikanischen Diskussion zu klären.

Dabei gibt es zweifellos eine Reihe gemeinsamer Ausgangspunkte im Hinblick auf die Diagnose der Probleme Lateinamerikas in den 1980er Jahren und gewisse allgemeine Grundsätze der Entwicklungsphilosophie. Dies betrifft zum einen die Kritik protektionistischer Strukturen und deren Auswirkungen auf eine die Entwicklung der Produktivität sowie eine die grundsätzliche Akzeptanz der Notwendigkeit, daß sich lateinamerikanische Unternehmen der Weltmarktkonkurrenz stellen müßten. Zum anderen fordert auch die CEPAL, die in ihrer Studie *Transformación productiva y equidad* (CEPAL 1990) die Grundzüge eines neuen "lateinamerikanischen" Ansatzes formiliert, eine nationale Wirtschaftspolitik, die sich nicht primär auf die Freisetzung von Marktkräften hin orientiert, sondern auf die Förderung interner Wirtschaftsstrukturen. Die Bedeutung einer verbesserten Integration zwischen landwirtschaftlicher und industrieller Entwicklung wird ebenso betont wie die Notwendigkeit, der sozialen Gerechtigkeit (*equidad*) und damit primär der Einkommensverteilung ein größeres politisches Gewicht zu geben (vgl. ebda., S. 63ff., S. 134ff.). Fernando Fajnzylber - dessen Arbeiten den CEPAL-Ansatz stark geprägt haben - charakterisiert die Bedeutung der landwirtschaftlichen Transformation sehr ähnlich wie wir:

> "The starting point of the analysis resides in the transformation of the agrarian structure. ... It is a well-known fact that the modalities adopted by that transformation, as well as the social processes in which it is inserted, have been highly varied in historical experience.

The element of convergence, however, would reside in the fact that the transformation has performed a crucial function in the process of the incorporation of the peasantry into modern society, in the modification of agriculture-industry relations, and has specifically influenced the increase in the level of equity. Structural transformation of agriculture has significantly influenced the patterns of income distribution (entitlements), and therefore ther patterns of demands, with which the distinct societies confronted the gestation phase of their industrial structures." (Fajnzylber 1990, S. 56f.)

Trotz dieses Befundes konzentriert sich die lateinamerikanische Diskussion jedoch auf die Frage nach den Bedingungen einer erfolgreichen industriellen Transformation, und zwar speziell nach den Modalitäten einer Weltmarktintegration, die es erlaubt, die komparativen Vorteile der lateinamerikanischen Ökonomien ständig weiterzuentwickeln - eine Strategie, die Leopoldo Mármora im Gegensatz zu einer passiven Anpassung an bestehende Weltmarktbedingungen als *aktive* Weltmarktintegration bezeichnet hat (vgl. etwa Mármora 1991, S. 525). In diesem Zusammenhang werden auch die Ziele der regionalen Integration neu definiert, die nun nicht mehr als mögliche Grundlage einer quantitativen Reduktion der Weltmarkteingliederung gesehen wird, sondern "als ein Baustein für die qualitative Redefinierung der Bedingungen der lateinamerikanischen Eingliederung in das internationale System" (Mármora/Messner 1990, S. 513). Ein zentrales Problem bleibt allerdings bei diesem Ansatz offen: Zwar wird in der großen sozialen Ungleichheit eine wesentliche Grundlage der lateinamerikanischen Entwicklungsprobleme gesehen, doch mit der Konzentration auf die Probleme industrieller Konkurrenzfähigkeit wird die Frage nach der Transformation der Strukturen an der sozialen Basis und der damit zusammenhängenden politischen Kräfteverhältnisse schon wieder ausgeklammert.

In diesem Sinne versteht sich unser Ansatz nicht nur als komplementär zur neostrukturalistischen CEPAL-Diskussion, sondern zu einem gewissen Grad auch als alternativ; er nimmt die kritische Frage von Leopoldo Mármora auf: "Wie kann eine aktive Weltmarktintegration und aktive Industrie- und Sektorpolitik eingeleitet werden, wenn der Staat als Instrument nicht einsatz- und steuerungsfähig ist?" (Mármora 1991, S. 525). In diesem Sinne wird auf der Bedeutung auch einer *nachholenden* Transformation der ländlichen Basis insistiert, da diese auch eine zentrale Voraussetzung für eine Veränderung der gesellschaftlichen Kräfteverhältnisse und damit für die Lösung des Staates aus der Umklammerung durch politische und ökonomische Interessen darstellt, die primär von staatlich gewährten Privilegien und/oder Renteneinkünften leben. Im folgenden Abschnitt wird diese Frage noch einmal aufgenommen.

2.4 Voraussetzungen für "Autozentrierte agroindustrielle Entwicklung": Soziopolitische Konstellationen

Im Anschluß an die oben dargestellten Diskussionsstränge haben wir unser theoretisches Konzept zunächst auch primär von bestimmten sozioökonomischen Zusammenhängen her entwickelt. Dabei wurde allerdings immer wieder deutlich, daß die ökonomischen und politischen Voraussetzungen für "Entwicklung" sehr eng miteinander verflochten sind: Ein wesentlicher Aspekt des Ansatzes besteht darin, daß autozentrierte agroindustrielle Entwicklung nicht nur über die Einkommensverteilung die Voraussetzungen für eine breitgestreute Entwicklung von sog. "Humanressourcen" sowie der Nachfrage nach Industrieprodukten sorgt, sondern ebenso dahin tendiert, politische Institutionssysteme und Machtstrukturen entstehen zu lassen, in denen ein breites Interesse - zunächst einmal abstrakt gesprochen - an "gesellschaftlicher Entwicklung" im Vergleich zu den Selbstbereicherungsinteressen einzelner Gruppen stärker verankert ist. Dieser Zusammenhang soll jetzt noch einmal etwas detaillierter aufgenommen werden, wobei es sowohl um ein Konzept geht, unterschiedliche soziopolitische Konstellationen, die gesellschaftliche Entwicklungsprozesse der vergangenen Jahrzehnte geprägt haben, zu erfassen, als auch darum, die Frage nach den Voraussetzungen für Veränderungen dieser Konstellationen zu explizieren.

Es kann hier nicht darum gehen, die gesamte Diskussion über die Rolle des Staates in der Dritten Welt noch einmal aufzurollen, auch wenn zweifellos die Auseinandersetzung mit der These, daß der periphere Staat angesichts des nicht abgeschlossenen (und evtl. blockierten) Prozesses der Verallgemeinerung der Warenbeziehungen durch eine nur sehr begrenzte Autonomie gegenüber der ökonomischen Sphäre gekennzeichnet ist (vgl. Hein/Simonis 1976, S. 222-230; ausführlicher: Kößler 1993), für die Diskussion der Voraussetzungen autozentrierter agroindustrieller Entwicklung durchaus von Bedeutung ist. Ähnliches gilt für einen anderen Diskussionsstrang, der den Staat als Instanz der Appropriation und Umverteilung von Renten in den Vordergrund stellt (etwa: Elsenhans 1981; Betz 1993).

Zweifellos ist diese Diskussion für unsere Arbeit von Bedeutung: Eine breite Integration von Bauern in Warenbeziehungen als Folge einer kleinbäuerlichen Weltmarktproduktion hat sicherlich andere Implikationen für die Entwicklung politischer Institutionen als die Plantagenproduktion von Großgrundbesitzern, wie ja gerade auch von Morris und Adelman betont wurde (vgl.o.); gleichzeitig spricht einiges für die Annahme, daß diese Basis sowohl von der Struktur der

Nachfrage als auch von der unternehmerischen Entwicklung her Auswirkungen auf die Struktur der industriellen Entwicklung haben wird. Die Voraussetzung für die Besonderung von politischer und ökonomischer Sphäre und das Entstehen einer starken Zivilgesellschaft sind ungleich besser, was wiederum erhebliche Auswirkungen auf den Charakter staatlicher Appropriation und Transferleistungen sowie auf die staatliche Entwicklungspolitik im allgemeinen haben wird.

Der Ausgangspunkt unserer Arbeit ist allerdings historisch sehr viel stärker eingegrenzt, nämlich die Krise der importsubstituierenden Industrialisierung in Lateinamerika im allgemeinen und in Costa Rica im besonderen; auch die Fallstudien zu südostasiatischen und afrikanischen Ländern dienen primär dem Verständnis unterschiedlicher Entwicklungswege vor dem Hintergrund der lateinamerikanischen Krise. Von daher erscheint es sinnvoll, von einem Ansatz politischer Analyse auszugehen, der ausgehend von einer Analyse ökonomisch-politischer Konstellationen in Lateinamerika entwickelt wurde, der jedoch insofern über diesen Kontinent hinausweist, als er das Kräfteverhältnis zwischen drei Akteuren thematisiert, die in der zweiten Hälfte dieses Jahrhunderts in der einen oder anderen Form die politischen Prozesse praktisch überall in der Dritten Welt entscheidend beeinflußt haben. Gemeint ist die These einer *triple alliance* von transnationalen Konzernen, lokalen Unternehmern und dem Staat, die - wie von Peter Evans in einer auf Brasilien bezogenen Studie (Evans 1979) überzeugend analysiert - die abhängige Entwicklung in Lateinamerika entscheidend geformt hat. Evans selbst hat in einem Beitrag zu Südkorea gezeigt, daß dieser Analyseansatz in der Lage ist, die Einflüsse unterschiedlicher Konstellationen dieser drei Akteure auf den sozioökonomischen Entwicklungsprozeß verschiedener Gesellschaften verständlich zu machen und damit eine gute Grundlage für eine komparative Analyse liefert (vgl. Evans 1987).

Mit dem Verhältnis zwischen ausländischem und lokalem Kapital einerseits und dem Staat andererseits werden natürlich auch die Fragen der Autonomie des Staates und der Rolle des Staates als Appropriations- und Umverteilungsinstanz angesprochen, auch wenn dies von Evans zumindest auf theoretischer Ebene nicht thematisiert wird. Evans selbst entwickelt seinen Ansatz aus einer Auseinandersetzung mit der klassischen Imperialismus- und der Dependenztheorie, weniger aus staatstheoretischen Diskussionszusammenhängen; er knüpft schließlich direkt am Konzept der "abhängigen assoziierten Entwicklung" von Fernando Henrique Cardoso (1974) an, wobei dann das Verhältnis der beiden Assoziationspartner, also der transnationalen Konzerne und des lokalen Kapitals zu den staatlichen Unternehmen im Mittelpunkt der Analyse steht:

"Rather than see the state bourgeoisie as a replacement for the national industrial bourgeoisie, we may consider it a sort of class "fraction" which participates in a common project with both the nultinationals and local private capital. Each group may view the project as subject to different constraints and each may have particular interests that contradict those of the others, but they all have an interest in a high rate of accumulation at the local level." (Evans 1979, S. 47)

Evans' Brasilien-Analyse konzentriert sich sehr stark auf die Konzertierung der ökonomischen Interessen innerhalb der *triple alliance*; seine - acht Jahre später veröffentlichten Überlegungen zum Vergleich Lateinamerika-Ostasien - tendieren stärker in die Richtung einer Bestimmung politischer Kräfteverhältnisse zwischen den drei "Partnern":

"In East Asia, as in Latin America, there is clearly a triple alliance behind dependent capitalist development, one in which transnational and local private capital are essential actors, but in East Asia the state is the dominant partner. Latin America produced a variety of evidence in favor of the pro-position that a more active and entrepreneurial state was essential for suc-cessful capital accumulation at the local level. The major East Asian NIC's increase the evidence in favor of this hypothesis by offering cases where both the relative autonomy of the state apparatus and the effectiveness of state intervention are well beyond what can be observe in Latin America - and where the success of local capital accumulation is also more pronounced" (Evans 1987, S. 221)

Zwei Analyseperspektiven eröffnen sich mit der Anwendung des Triple-Alli-ance-Konzept: Zum einen - wie von Evans in der Auseinandersetzung mit Korea selbst betont - die Analyse unterschiedlicher Konstellationen im Verhältnis der drei Akteure aufgrund der spezifischen gesellschaftlichen Strukturen (und ihres jeweiligen historischen Hintergrundes) verschiedener Länder, zum anderen die Analyse von Verschiebungen im Verhältnis zwischen ihnen im Zusammenhang mit grundlegenden Veränderungen im globalen Akkumulationsprozeß.

In den 1950er und 1960er Jahren kann die Strategie der importsubstituierenden (binnenmarktorientierten) Entwicklung sozusagen als spezifische Form peripher-fordistischer Penetration angesehen werden: Sie erlaubte in Verbindung mit einer gezielten Politik des *Urban Bias* und einer Einkommensumverteilung zu-gunsten von Mittelschichten mit europäisch-nordamerikanischen Konsumstan-dards die Schaffung möglichst umfangreicher Binnenmärkte für fordistische

Güter (vgl. etwa Lipietz 1986; Hurtienne 1986). Mit dem eingangs charakterisierten ISI-Politikpaket lieferte der Staat - gestützt auf die genannten modernisierungsorientierten Mittelschichten sowie eine aufstrebende lokale Industriebourgeoisie (vgl. etwa zu Costa Rica und Venezuela Hein 1989) - die Voraussetzungen für die gleichzeitige Allianz mit lokalem und transnationalem Kapital.

Die Krise des ISI-Modells und die Politik der Strukturanpassung hängen mit der Krise des Fordismus in den Metropolen eng zusammen; Finanzkrise des Staates, Deregulierung und Privatisierung stehen nicht zufällig auch in den Metroplen auf der Tagesordnung. Die technologische und organisatorische Neuorientierung transnationaler Unternehmen (vgl. etwa Meyer-Stamer 1990, Töpper 1993), die in der zweiten Hälfte der 1970er Jahre beginnt, *world-wide sourcing* im Sinne einer globalen Suche nach optimalen Standorten für eine nicht auf nationale Märkte beschränkte Produktion tritt zunehmend in den Vordergrund, eine protektionistische und staatsdirigistische Einbindung wird damit eher zum Hemmschuh für TNKs, so attraktiv auch die Reservierung sicherer Märkte sein mag. Das lokale Kapital, das im Rahmen der traditionellen *triple alliance* in Lateinamerika noch die Rolle eines relativ gleichberechtigten Partner spielen konnte (vor allem wegen seiner lokalen politischen Bedeutung), versucht diesen Transformationsprozeß zu bremsen, um privilegierte Positionen zu halten; erst in der zweiten Hälfte der 1980er Jahre zeichnete sich eine langsame und vielfach schmerzliche Umorientierung ab.

Von dieser Perspektive her verwundert es nicht, daß sich in dieser veränderten Konstellation der Prozeß der Differenzierung innerhalb der Dritten Welt verstärkt: In Ostasien war bereits - u.a. durch eine gezielte Politik des Staates - eine starke lokale Bourgeoisie entstanden, die jetzt obendrein aus einer Position der Stärke heraus gezielte Allianzen mit TNKs eingehen konnte; die forcierte Produktivitätsentwicklung hatte die Länder offenbar als Standorte interessant gemacht. In Afrika dagegen war die Situation noch prekärer als in Lateinamerika: ein relevantes lokales Unternehmertum war praktisch nicht vorhanden; die Staatsklasse hatte auf der Basis von Rohstoffeinkünften eine binnenmarktorientierte Allianz mit TNKs geschlossen, die ihrerseits jedoch unter den veränderten globalen Bedingungen kaum Interesse an weiteren Investitionen in Afrika hatten. In den vergleichenden Fallstudien werden wir dieser Fragestellung weiter nachgehen.

Evans geht wenig auf die Frage des Verhältnisses der Triple Alliance zur ländlichen Entwicklung ein, was er allerdings in seinem Ostasien-Artikel selbst kritisiert:

"Recent analyses of the 'pact of domination' in Latin America, especially my own (...), have tended to neglect rural elites. The East Asian cases show that this neglect is dangerous. The degree to which the state apparatus was decoupled from landed elites is even more important to the development successes of the major East Asian NICs than is the relative autonomy of the state vis-à-vis the industrial bourgeoisie." (Evans 1987, S. 214)

Wir haben verschiedentlich auf die große Bedeutung einer breiten ländlichen Entwicklung für den Prozeß der politischen Institutionenbildung verwiesen; erst eine solche Entwicklung schafft auch die Voraussetzung für die Ablösung des Staates von traditionellen Oligarchien und die Durchsetzung seiner relativen Autonomie gegenüber der Ökonomie. Sie kann damit zugleich die Voraussetzungen für das Entstehen eines breiteren Unternehmertums *und* für einen gegenüber diesem Unternehmertum (wie auch gegenüber transnationalen Konzernen) starken Staat schaffen. Sind diese Voraussetzungen historisch nicht gegeben, muß eine Strategie autozentrierter agroindustrieller Entwicklung praktisch eine Lösung des Staates aus der Umklammerung durch TNKs und privilegiertem lokalen Unternehmertum erreichen. Dies ist sicherlich ein schwieriger und langwieriger Prozeß, der das Entstehen neuer, ökonomisch unabhängiger sozialer Akteure vor allem im ländlichen Bereich voraussetzt - ohne eine solche Transformation ist jedoch zu befürchten, daß ein vor allem auf wirtschaftliche Liberalisierung abzielender Strukturanpassungsprozeß zu einer neu formierten triple alliance führt, die bei einem weiter geschwächtem Nationalstaat eine noch wachsende soziale Polarisierung mit sich bringen wird. In diesem Zusammenhang wird die Bedeutung dessen, was wir unter "Autozentriertheit" verstehen, noch einmal deutlich. Agro-industrielle Entwicklung im Sinne einer durch einige große Firmen des Agrobusiness vermittelten Verknüpfung von Landwirtschaft und Industrie wäre eben nicht in der Lage, die Entstehung einer breiten sozialen und ökonomischen Basis zu fördern, die nicht nur die Grundlage einer eigenständigen wirtschaftlichen Dynamik bildet, sondern auch als Träger spezifischer Interessen dem Staat *gegenübertreten* kann.

3   Zur Begründung, zum methodischen Ansatz und zum Stellenwert der Fallstudien

Im Mittelpunkt dieses Buches wird die Analyse des Transformationsprozesses Costa Ricas seit Beginn der 1980er Jahre stehen: Gibt es nach dem faktischen Zusammenbruch der binnenmarktorientierten Industrialisierungsstrategie Anfang der 1980er Jahre Ansätze eines Prozesses, den man als nachholende autozentrierte agroindustrielle Entwicklung bezeichnen könnte? Die von dieser Fragestellung her aufgearbeiteten Erfahrungen Costa Ricas werden dann im letzten Teil der Studie verglichen mit den im ganzen - zumindest im untersuchten Zeitraum - erfolgreichen Entwicklungsprozessen Malaysias und Thailands sowie mit den erheblich weniger erfolgreichen Transformationsansätzen der Philippinen, Kenias und der Elfenbeinküste. Bevor wir in diese Fallstudien einsteigen, gilt es zu klären, warum gerade diese Länder ausgewählt worden sind.

Eine stichwortartige Charakterisierung *Costa Ricas* rückt das Land durchaus in die Nähe der kleineren europäischen Länder, deren Entwicklungsprozesse von Ulrich Menzel und Dieter Senghaas untersucht worden sind (vgl.o.): Von Einwohnerzahl und Fläche her ist es ein kleines Land mit etwa 2,8 Mio. Einwohnern auf gut 50.000 qkm, mit relativ günstiger Einkommensverteilung (vgl. oben S. 22) und einem vergleichsweise hohen Niveau des Sozial- und Bildungswesens bei noch relativ starker Bedeutung der Landwirtschaft für Beschäftigung und vor allem Exporte. Die oben zusammengefaßten Ergebnisse Menzels zu den Voraussetzungen der erfolgreichen Entwicklungsprozesse in Taiwan und Korea deuten auch daraufhin, daß trotz der veränderten historischen Rahmenbedingungen im Vergleich zum 19. Jahrhundert in Europa die internen Strukturen und entwicklungspolitischen Prioritäten durchaus Ähnlichkeiten mit denjenigen der kleineren europäischen Länder aufwiesen. Ein entsprechendes Frageraster kann also durchaus auch für andere Entwicklungsländer sinnvoll sein.

Eine historisch gewachsene bäuerliche Kultur - wie in den europäischen Ländern und, wenn auch durch die Umwälzungen der Nachkriegszeit modifiziert, ebenfalls in Taiwan und Korea - gibt es in Costa Rica allerdings nur im Bereich des zentralen Hochlandes (die Region um die Hauptstadt San José, vgl. Schaubild 1), während der größte Teil der peripheren Regionen überhaupt erst im Verlaufe dieses Jahrhunderts besiedelt worden ist. Immerhin gibt es im Gegensatz zu vielen anderen lateinamerikanischen Ländern auch keine ausgeprägte Kultur des

Großgrundbesitzes (mit der Ausnahme des traditionellen Viehzuchtgebiets Guanacaste im Nordwesten des Landes), so daß sich in der historischen Entwicklung der politischen Institutionen der Einfluß der kleineren und mittleren Bauern (vor allem aus dem Kaffeesektor) sowohl gegen die mächtiger werdenden Besitzer von "beneficios" (Kaffeeaufbereitungsanlagen) sowie die Exporthändler als auch gegen die Latifundisten Guanacastes einigermaßen behaupten konnte (vgl. u. die Kap. II und IV).

Erscheinen somit in Costa Rica einige grundlegende Voraussetzungen für eine erfolgreiche autozentrierte agroindustrielle Entwicklung eher gegeben als in vielen anderen Ländern der Dritten Welt, so stellt sich nach gut zwei Jahrzehnten relativ erfolgreichen industriell-urbanen Wachstums - zumindest in quantitativer Hinsicht - die Frage, ob es nicht für eine Rückorientierung auf die Landwirtschaft hin zu spät sei. Der für die Jahre 1982 - 1986 entworfene Entwicklungsplan "Volvamos a la tierra" (wörtlich: "Kehren wir zur Erde/zum Boden zurück" - d.h. zur Landwirtschaft) wurde von vielen Costaricanern nicht besonders ernst genommen. In der Diskussion dieser Frage ist zunächst zu bedenken, daß eine Strategie agroindustrieller Entwicklung nicht eine Umorientierung aller nationalen Entwicklungsanstrengungen auf die Landwirtschaft bedeutet, sondern - neben Anstrengungen zur Steigerung der Produktivität landwirtschaftlicher Produktion - vor allem eine Umorientierung innerhalb von Industrie- und Dienstleistungssektor auf Verknüpfungen mit dem Agrarsektor im Sinne der Förderung der nationalen wirtschaftlichen Integration. Zwei Faktoren sind es vor allem, die eine solche Umorientierung während der Krise der 80er Jahre als sinnvoll und möglich erscheinen ließen:

- Das Problem der mangelnden nationalen Integration der Industrie (sowohl im Hinblick auf die Beziehung zwischen verschiedenen Industriezweigen als auch zwischen verschiedenen nationalen Sektoren), das oben bereits als typischer Aspekt der ISI-Strategie dargestellt wurde, stellte sich in einem kleinen, Ende der 1950er Jahre über nur minimale industrielle Ansätze verfügenden Land wie Costa Rica besonders extrem. Im wesentlichen wurden Industrieprodukte für den nationalen und zentralamerikanischen Markt unter Nutzung eines erheblichen Anteils importierter Vorprodukte hergestellt; die meisten größeren Unternehmen waren Töchter transnationaler Konzerne, eine nationale Kapitalgüterproduktion war praktisch inexistent. Der Aufbau einer soliden industriellen Basis, die das in Ansätzen aufgrund des relativ guten Bildungswesens durchaus vorhandene innovative Potential nutzen und zumindest in einigen Bereichen - jenseits der bloßen Ausnutzung billiger Arbeitskräfte - konkurrenzfähig sein könnte, erforderte also in jedem Falle eine gründliche Umorientierung der industriellen Entwicklung (vgl. dazu detaillierter im Kap. II).

- Der weitgehende Zusammenbruch des zentralamerikanischen Marktes, dem neben dem Binnenmarkt wichtigsten Absatzgebiet der costaricanischen Industrie, bedeutete, daß der industrielle Sektor von der Wirtschaftskrise am stärksten getroffen wurde, aber von daher selbst gezwungen wurde, nach einer strukturellen Umorientierung zu suchen. Die Enge des Binnenmarktes ließ im wesentlichen zwei Möglichkeiten: Die Orientierung spezialisierter Kleinunternehmen auf die Binnennachfrage - u.a. im Bereich einer angepaßten Kapitalgüterproduktion gerade für den Agrarsektor - und der Versuch, Waren anzubieten, die auch auf den Industrieländermärkten konkurrenzfähig sein könnten, was am ehesten im Bereich der Verarbeitung einheimischer landwirtschaftlicher Rohstoffe erfolgversprechend zu sein schien.

Diese Überlegungen lassen erkennen, daß im Costa Rica der 1980er Jahre gewisse Voraussetzungen für einen Prozeß "autozentrierter agroindustrieller Entwicklung" gegeben waren und daß eine solche Orientierung durchaus Perspektiven für eine Stabilisierung und langfristige Verbesserung der Grundbedürfnisbefriedigung sowie eine Verbesserung der strukturellen Integration verspricht. Die Diskussion der ökonomischen Viabilität einer solchen Strategie wird ein wesentlicher Teil der eigentlichen Studie darstellen. Zu klären wird auch sein, inwieweit überhaupt Perspektiven zur *politischen* Durchsetzung der entsprechenden wirtschafts- und sozialpolitischen Maßnahmen bestehen (vgl. Kap. III). Vorliegende Studien zum politischen System Costa Ricas und zu den politischen Auseinandersetzungen im Verlauf der gegenwärtigen Krise weisen daraufhin (vgl. etwa zum historischen Hintergrund Vega Carballo 1983, zur Gegenwart Rovira Mas 1987), daß diese Frage zumindest nicht schon vorab negativ zu beantworten ist - trotz der bekannten Orientierung der von Weltbank und Internationalem Währungsfonds geforderten Strukturanpassungsprogramme in Richtung auf eine rasche Expansion der Exportproduktion sowie eine weitgehende Liberalisierung der Außenwirtschaftsbeziehungen.

Zu Aufbau und methodischem Ansatz der Costa Rica-Studie

Im folgenden Kapitel II wird es zunächst einmal darum gehen, die bisher gemachten Bemerkungen über die historischen Voraussetzungen Costa Ricas für ein Modell autozentrierter agroindustrieller Entwicklung zu vertiefen, um zu einer möglichst präzisen Charakterisierung der Situation des Landes um 1980, also zu Beginn des gegenwärtigen Krisenjahrzehnts, im Hinblick auf die Perspektiven für die Durchsetzung eines solchen Entwicklungsmodells zu gelangen.

Die Kapitel III bis VI stellen die Ergebnisse der empirischen Untersuchungen des Projektes dar. Im Kapitel III geht es um die politischen Rahmenbedingungen für "autozentrierte agroindustrielle Entwicklung" sowie um die Konflikte zwischen den Protagonisten verschiedener entwicklungsstrategischer Alternativen zum Modell der importsubstituierenden Industrialisierung. Dem ISI-Modell selbst wird als solchem von keiner relevanten politischen Kraft des Landes eine Zukunft gegeben, andererseits hat der Widerstand gegen eine kompromißlose Durchsetzung einer neoliberalen, exportorientierten Wirtschaftspolitik, seine wichtigste Basis in der Verteidigung gewisser Elemente der ISI-Politik (Subventionen der Grundnahrungsmittelproduktion; Stärke des staatlichen Sektors), was angesichts der wirtschaftlichen und politischen Verankerung der *Triple alliance* auch in Costa Rica nicht verwundert. Die Untersuchung der Dynamik dieser Konflikte und ihrer wahrscheinlichen wirtschaftsstrategischen Resultate stehen im Mittelpunkt dieses Kapitels.

Im Kapitel IV werden dann vier agroindustrielle Komplexe Costa Ricas auf ihren Stellenwert für *autozentrierte* agroindustrielle Entwicklung untersucht. Diese Komplexe weisen jeweils unterschiedliche Formen der Marktorientierung (Weltmarkt/Binnenmarkt), des Grades industrieller Verarbeitung, der sozioökonomischen Struktur (Formen der ländlichen und industriellen Produktion: Kleinbauern/Kooperativen/Plantagen einerseits, nationale Klein- und Mittelunternehmen/Genossenschaften/Transnationale Konzerne andererseits) und der organisatorisch-politischen Struktur des Verhältnisses zwischen landwirtschaftlicher Produktion, industrieller Weiterverarbeitung und Vermarktung auf. Dabei handelt es sich um folgende Ausgangsprodukte: Kaffee, Ölpalmen, Milch und Ananas.

Kapitel V untersucht den Zusammenhang zwischen der Entwicklung bestimmter agroindustrieller Komplexe und der Entwicklung bestimmter Regionen außerhalb der Kernregion des zentralen Hochlandes. Im Vordergrund steht dabei die Fragestellung, welche Perspektiven sich aus der Förderung einzelner dieser Komplexe bzw. spezifischer Produktions-, Vermarktungs- und Verarbeitungsformen innerhalb dieser Komplexe für eine möglichst autozentrierte Regionalentwicklung ergeben. Schaubild 1 zeigt die geographische Lage dieser Regionen innerhalb Costa Ricas.

Das folgende Kapitel versucht dann, die komplex- und regionalspezifischen Fallstudien wieder in den Zusammenhang der sozioökonomischen Entwicklung der 1980er Jahre auf nationaler Ebene zu stellen. Dabei geht es einerseits darum, zu untersuchen, ob die Krise der ISI und die bisherige Krisenüberwindungsstrategie, die vor allem durch das Strukturanpassungskonzept der Weltbank geprägt wurde, gewisse Akzentverschiebungen der sozioökonomischen Entwicklungslinien hin zu agroindustriellen Verflechtungen hervorgebracht hat; andererseits wird auf dem Hintergrund der Ergebnisse der Fallstudien nach den Möglichkeiten der Verstärkung wirtschaftspolitischer Impulse in Richtung auf einen autozentrierten Entwicklungsprozeß gefragt, also vor allem der Förderung interner sozioökonomischer Integration und einer verbesserten Einkommensverteilung, die das Niveau der Grundbedürfnisbefriedigung hebt und selbst wiederum zur Erweiterung der internen Nachfrage nach Massenkonsumgütern beiträgt.

Kapitel VII faßt die Ergebnisse der Fallstudie in ihren vier Untersuchungsbereichen zusammen und strebt eine abschließende Bewertung dieser Ergebnisse im Hinblick auf die Perspektiven an, daß sich ein Modell "nachholender" autozentrierter agroindustrieller Entwicklung zumindest in denjenigen Entwicklungsländern, die wie Costa Rica noch relativ stark rural-landwirtschaftlich geprägt sind, durchsetzt und Prozesse in Richtung auf eine nationale sozioökonomische Reintegration mit stärker eigenständigem Charakter in Gang setzt.

Die Kapitel II bis VII beruhen weitestgehend auf den in den Jahren 1986 bis 1989 durchgeführten empirischen Studien. Sie werden ergänzt durch ein weiteres Costa-Rica-Kapitel, das die bisher präsentierte Analyse in zweierlei Hinsicht aktualisiert: Zum einen durch den Einbezug neuerer Entwicklungen - auf den Basis von zwei weiteren Forschungsreisen im Jahre 1991 - der Frage nachgegangen, ob eindeutige Tendenzverschiebungen zwischen den beiden Polen autozentrierter agroindustrieller Entwicklung einerseits und einer modernisierten Agrarexportökonomie andererseits zu erkennen sind; zum anderen wird eine für unseren Ansatz zentrale Frage aufgenommen, die in den Jahren zuvor noch nicht sinnvoll zu behandeln war: Hat der inzwischen fortgeschrittene Privatisierungsprozeß aufgrund der Bedeutung, die dem Genossenschaftssektor in diesem Rahmen von der damaligen Regierung zugedacht war, einen Beitrag zur Stärkung der kleinbäuerlichen Ökonomie leisten können und lassen sich darin evtl. Ansätze eines Modells der "Entwicklung durch Kooperativisierung" erkennen?

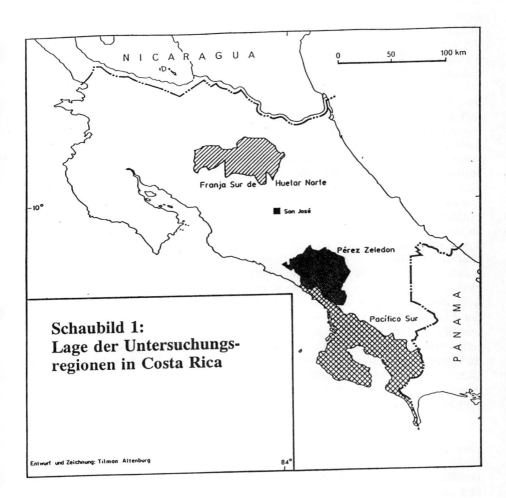

Schaubild 1:
Lage der Untersuchungs-
regionen in Costa Rica

Entwurf und Zeichnung: Tilman Altenburg

In *methodischer Hinsicht* orientiert sich die Studie vorwiegend daran, den nationalen Entwicklungsprozeß bzw. die Bereiche, zu denen Fallstudien erstellt wurden, in ihrer Komplexität zu erfassen. Eine möglichst holistische Herangehens-
weise erscheint uns vor allem unter dem Gesichtspunkt entwicklungspolitischer
Verantwortlichkeit geboten, um nicht einen Fehler zu wiederholen, der so häufig
einzelne Entwicklungsvorhaben wie ganze -strategien zum Scheitern gebracht hat
- den Glauben an die exakte Wiedergabe der Realität durch quantitative Metho-
den. Das Aufzeigen vielfältiger, häufig in der Politik nicht beachteter Zusammenhänge erschien uns wichtiger, als eine möglichst exakte quantitative Bestimmung einzelner Aspekte, die die Leser dazu verleiten mögen, andere, quantitativ
nicht so leicht erfaßbare Aspekte zu übersehen. Wir haben daher vorwiegend
versucht, die durch Veröffentlichungen bzw. durch Gespräche mit staatlichen
Institutionen zugänglichen quantitativen Informationen zu ergänzen durch eine
Vielzahl (über 300) nicht-standardisierter Interviews mit staatlichen und privaten
Institutionen, Verbänden, Bauernorganisationen und privaten Unternehmen in
praktisch allen Bereichen, die im Felde der "linkages" von Landwirtschaft und
Industrie von Bedeutung sind (vgl. die "Liste der Interviews" im Anhang). Dies,
sowie Kurzinterviews mit Kunden in regionalen Zentren, die Auswertung von
Katasterunterlagen in Teilen der Untersuchungsregionen und je ca. 20 halb-
standardisierte Interviews mit Landwirten bzw. Landarbeitern in diesen drei Regionen, ermöglichte es uns durchaus, einen wesentlichen Teil unserer Aussagen
quantitativ zu belegen, doch liegen die typischen Aussagen dieser Studie eher auf
der Ebene der drei Schaubilder über "Verknüpfungen" zwischen Landwirtschaft
und Industrie in den drei Untersuchungsregionen (vgl. Kap. V) als in der quantitativen Bestimmung der relativen Stärke von "linkages". Letzteres halten wir für
durchaus wünschenswert, doch hätte die Ermittlung der dafür notwendigen
Daten entweder extrem selektiv erfolgen müssen - und damit die Vernachlässigung wichtiger anderer Aspekte agroindustrieller Entwicklung impliziert - oder
sie hätte ein Projekt ungleich größeren Ausmaßes verlangt.

Zum Stellenwert der vergleichenden Kurzstudien und zur Länderauswahl

Die Entscheidung, bestimmte Länder in vergleichende Fallstudien einzubeziehen
und andere nicht, enthält immer ein gewisses Element von Willkür, zumal wenn
sich diese vergleichende Studie nicht auf die quantitative Auswertung einzelner,
leicht zugänglicher Datenreihen beschränken will. Im Sinne des dargestellten
theoretischen Ansatzes muß versucht werden, nationale Entwicklungsprozesse
als komplexes Zusammenwirken einer Vielzahl von gesellschaftlichen Elementen
zu verstehen (soziokultureller Hintergrund, lokale politische Traditionen, Auswirkungen des Kolonialismus, Formen der Weltmarktintegration, regionale
Differenzierung, Einkommensverteilung, Entwicklung neuerer politischer Institutionen, politische Konfliktkonstellationen usw.), so daß schon von daher nur eine
begrenzte Anzahl von Ländern berücksichtigt werden konnte.

Wie eingangs erwähnt, sollte es im Sinne einer theoretischen Klärung des Konzepts der autozentriertern agroindustriellen Entwicklung darum gehen, Länder zu berücksichtigen, die sich auf sehr unterschiedlichen historischen Fundamenten entwickelt haben; von daher sollten dem lateinamerikanischen Land Costa Rica Fallstudien aus Afrika und Asien gegenübergestellt werden. Darüber hinaus sollten es Länder geringerer oder mittlerer Größe sein, die nicht durch ganz spezifische Merkmale von vornherein nur sehr schwer mit Costa Rica vergleichbar wären (wie etwa Indien und die VR China, oder aber auch die kleinen Inselstaaten des Pazifik); schließlich sollten auch Länder ausgeschlossen werden, in denen aufgrund längerer Bürgerkriege Fragen der Rekonstruktion die Probleme der wirtschaftlichen Transformation überdeckten.

Unter Berücksichtigung dieser Restriktionen sowie der Orientierung unseres theoretischen Ansatzes wurden Länder ausgewählt,

a) die im Vergleich zu anderen Entwicklungsländern in den vergangenen zwei Jahrzehnten als Beispiele für eine relativ erfolgreiche Entwicklungspolitik "gehandelt" wurden;

b) deren Entwicklungsprozeß durch eine starke Ausweitung nichttraditioneller Agrarexporte bzw. verarbeiteter agroindustrieller Erzeugnisse gekennzeichnet ist und nicht in erheblichem Maße durch Exporte von Bergbau-Erzeugnissen beeinflußt worden ist.

c) und deren Agrarentwicklung wichtige interne linkage-Effekte mit sich gebracht hat.

Unter diesen Gesichtspunkten sind die südostasiatischen Länder Malaysia, Thailand und die Philippinen sowie die afrikanischen Länder Kenia und die Elfenbeinküste in den Vergleich einbezogen worden.

Dabei werden - unter Bezug auf das theoretische Konzept sowie auf die Erfahrungen Costa Ricas - folgende Aspekte im Vordergrund stehen:

(1) Worin bestehen die anfänglichen Erfolge in der wirtschaftlichen und sozialen Entwicklung der betreffenden Länder vor der Krise der 1980er Jahre? Auf folgende Aspekte soll dabei das Hauptaugenmerk gerichtet werden:

  - das Wachstum der gesamten Volkswirtschaft sowie einzelner Sektoren,
  - die Entwicklung von Verknüpfungen zwischen der Landwirtschaft und anderen lokalen und nationalen wirtschaftlichen Aktivitäten,
  - die Grundbedürfnisbefriedigung der ländlichen und der städtischen Armen?

(2) Welche Faktoren haben die Herausbildung lokaler linkages und die Entwicklung ländlicher Regionen gefördert bzw. behindert ? Lassen sich etwa parallele Effekte spezifischer agroindustrieller Komplexe wie in Costa Rica identifizieren ? Welche Bedeutung haben spezifische Charakteristika einzelner Agrarprodukte im Vergleich zu Aspekten der sozioökonomischen Organisation der Produktion?

(3) In welchem Ausmaß und in welcher konkreten Form wurde das Land von der Wirtschaftskrise der 1980er Jahre betroffen (Verschuldung und ihre Implikationen, Charakter von Strukturanpassungsmaßnahmen usw.)? Konnte ein sozioökonomischer Transformationsprozeß eingeleitet bzw. weitergeführt werden, der einen weiteren gesellschaftlichen Entwicklungsprozeß im oben gekennzeichneten Sinne ermöglicht hat?

(4) In wieweit und in welcher Form sind die aktuellen sozioökonomischen und politischen Strukturen von gesellschaftlichen Voraussetzungen bestimmt, die weit in die Geschichte zurückreichen (etwa: Einfluß konfuzianischer Kultur in Südost- und Ostasien; unterschiedliche Artikulation zwischen Kolonialismus und lokalen Strukturen usw.)?

Dieses komparative Schlußkapitel soll schließlich auch helfen, in bezug auf die hier diskutierte Strategie "autozentrierter agroindustrieller Entwicklung" zu einer besseren Einschätzung des zentralen methodischen Problems eines Ansatzes zu gelangen, der von erfolgreichen historischen Beispielen her entwicklungsstrategische Ansätze zu bestimmen sucht: Welche Perspektiven gibt es für solche Länder, deren Voraussetzungen sich von denen der historischen Beispiele erheblich unterscheiden ? Gemeinsam ist allen Ländern die Notwendigkeit nachholender Entwicklung angesichts einen bestehenden erheblichen Kompetenzvorsprunges anderer nationaler Ökonomien sowie - im Falle der gegenwartsbezogenen Fallstudien - eine noch stark ländlich geprägte Struktur der Gesellschaft. Welche Bedeutung kann aber die vorgeschlagene Strategie im Falle von Ländern mit einer extrem ungleichen interpersonellen und regionalen Verteilung von Land, Einkommen, Bildungsniveau, sozialer und physischer Infrastruktur haben ? Führt kein Weg daran vorbei, diese Voraussetzungen durch tiefgreifende Reformen zu schaffen ? Wie lassen sich dann aber die politischen Voraussetzungen für solche Reformen schaffen ? Die Fallstudien zu den weniger erfolgreichen Ländern sollten zumindest helfen können, diese Fragen etwas weiter zu präzisieren und einige vorläufige Thesen zu formulieren.

II Historische Voraussetzungen: Zur Entwicklung Costa Ricas bis zur Krise von 1981/82

1 Rohstoffexporte und ihre Bedeutung für die Entwicklung der costaricanischen Wirtschaftsstruktur

Costa Rica hat bis heute zwar eine recht stark diversifizierte Wirtschaftsstruktur erreicht, dennoch ist das Land immer noch sehr stark durch den Kaffee-Anbau geprägt - das betrifft nicht nur die wirtschaftliche Bedeutung des Kaffees im engeren Sinne, sondern vor allem auch die historischen Auswirkungen des Kaffee-Anbaus auf die soziale und politische Struktur des Landes. Dies rechtfertigt zunächst einen etwas ausführlicheren Blick auf diesen Wirtschaftsbereich.

Praktisch beginnt die Wirtschaftsgeschichte des unabhängigen Costa Rica mit dem raschen Aufschwung der Kaffee-Exportproduktion. Die lediglich 50.000 Einwohner des Landes, die sich zu Beginn des 19. Jahrhunderts vor allem im zentralen Hochland um die alte Hauptstadt Cartago und die neue Hauptstadt San José konzentrierten, waren innerhalb des spanischen Kolonialreiches fast vollständig marginalisiert und lebten, abgesehen von geringfügigen Exporten von Kakao, Tabak und Zucker im wesentlichen von der Subsistenzproduktion. Die Idee einer egalitären Gesellschaft von wenn auch armen, so doch unabhängigen Kleinbauern, die die Basis des sich zwischen 1821 und 1848 herausbildenden costaricanischen Staates darstellen, bildet den zentralen Mythos der Geschichte Costa Ricas. Sicher war auch die Kolonialgesellschaft nicht so egalitär, wie es dieser Mythos will, doch schufen die kleinbäuerlichen Strukturen in Verbindung mit einem recht früh entwickelten demokratischen Selbstverständnis wichtige Voraussetzungen für den Charakter des mit der Entwicklung der Kaffee-Exportwirtschaft unvermeidlich einhergehenden sozialen Wandels (vgl. u.a. Stone 1975; Vega Carballo 1982; Romero P. 1982).

Nach der forcierten Förderung des Kaffee-Anbaus in den 1820er und 30er Jahren wurde der Kaffee in der zweiten Hälfte des 19. Jahrhunderts zum eindeutig dominierenden Exportprodukt; zwischen 1843 und 1880 fluktuierte sein Anteil an den Gesamtexporten zwischen 85 und 95% (Araya Pochet 1982, S. 32). Erst in den letzten beiden Jahrzehnten des 19. Jahrhunderts spielten Bananenexporte eine zunehmende Rolle, die dann im 20. Jahrhundert verschiedentlich, aber nie für längere Zeit sogar den Brutto-Exportwert des Kaffees überstiegen (vgl. Mitchell 1983; Tab. F 3). Angesichts des Exklavencharakter der Bananenproduktion (vgl. u.) waren die Netto-Deviseneinnahmen des Landes aus dem Kaffeesektor allerdings immer höher als aus den Bananenexporten. Costa Rica wurde aus einer marginal in den Weltmarkt integrierten spanischen Provinz zu einer immer stärker von ihren Außenwirtschaftsbeziehungen abhängigen Gesellschaft, gelangte aber auch bis Ende des Jahrhunderts zu einem bescheidenen Wohlstand. So stiegen zwischen zwischen 1820 und 1850 die Bodenpreise im - wie gesagt, kleinbäuerlich strukturierten - Kaffee-Hauptanbaugebiet rund um San José um das 20 bis 30fache und die Löhne von Landarbeitern und Tagelöhnern von 7 Pesos (1844) auf 25-30 Pesos im Jahre 1870 (Araya Pochet 1982, S. 27f.).

Die Kaffee-Exportproduktion führte zweifelsohne zu einer verstärkten Differenzierung der ländlichen Gesellschaft in Costa Rica. Die größeren Kaffeeproduzenten, die über genügend Kapital verfügten, um die Aufbereitung des Kaffees in den "beneficios" sowie den Transport zu den Häfen zu organisieren, kontrollierten bald auch den Export, wobei in diesem Bereich dann zusätzlich Einwandererfamilien aus den Kaffee-Importländern eine beträchtliche Rolle spielten. Andererseits kam es trotz einer gewissen Konzentration des Landbesitzes nicht zu einer umfangreichen Verdrängung von Kleinbauern aus dem Kaffee-Anbau selbst. Da praktisch bis in die 1960er Jahre hinein ausreichend Land vorhanden war, standen selbst die von ihrem ursprünglichen Landbesitz verdrängten Bauern nicht als Landarbeiter zur Verfügung. Diese Knappheit an Arbeitskräften begrenzte also den Konzentrationsprozeß und führte gleichzeitig dazu, daß die größeren Produzenten gezwungen waren, Landarbeiter möglichst dauerhaft an sich zu binden, was z.T. durch die Verknüpfung von Kaffee- und Zuckerrohr-Anbau wegen der zeitlich unterschiedlichen Ernteperioden ermöglicht wurde. Diese Situation stärkte auch die relative Position der Kleinbauern gegenüber den Beneficios und Exporteuren, so daß im Laufe der Zeit institutionelle Strukturen zur Regelung des Kaffeesektors entstanden sind, die den kleinen Produzenten einen relativ weitgehenden Schutz gewährleisten (vgl. u., Kap. IV). Darüber hinaus hat diese Entwicklung auch das Entstehen eines bedeutsamen Kooperativen-Sektors ermöglicht. In den deutlichen Unterschieden der Einkommensverteilung Costa Ricas gegenüber den anderen zentralamerikanischen Kaffee-Exportländern spiegelt sich noch immer diese Entwicklung wider (vgl. Tabelle 1). Die Struktur des politischen Systems und das Entstehen einer für ein Land der Dritten Welt sehr gut ausgebauten sozialen Infrastruktur haben geholfen, bis in die Gegenwart eine immerhin vergleichsweise günstige Einkommensverteilung zu erhalten.

Tabelle 2.1: **Einkommensverteilung und -niveau in Costa Rica, Nicaragua und El Salvador 1980 (in % des Gesamteinkommens und in US$ von 1970)**

| | ärmste 20% | | 30% unter Mitte | | 30% über Mitte | | reichste 20% | |
	%	US $	%	US $	%	US $	%	US $
Costa Rica	4,0	176,7	17,0	500,8	30,0	883,8	49,0	2165,2
Nicaragua	3,0	61,9	13,0	178,2	26,0	356,2	58,0	1199,8
El Salvador	2,0	46,5	10,0	155,1	22,0	341,2	66,0	1535,5

Quelle: Gallardo/Lopez 1986, S. 153 und 157.

Weitere wichtige Aspekte des historischen Entwicklungsprozesses Costa Ricas sind darin zu sehen, daß zum einen die im Zusammenhang mit dem Kaffee entstandene Infrastruktur nicht spezialisiert war, sondern im folgenden auch für andere Wirtschaftssektoren von Nutzen war, und daß zum anderen die Einnahmen aus dem Kaffee über den Staat in Bereiche kanalisiert wurden, die allgemeine Grundlagen für den wirtschaftlichen und sozialen Entwicklungsprozeß schufen. Die Anfänge einer modernen Verkehrsinfrastruktur sind im Zusammenhang mit dem Kaffee-Anbau und -Export entstanden. Dabei handelt es sich vor allem um die beiden Eisenbahnlinien zum Atlantik und zum Pazifik und den damit zusammenhängende Ausbau der Häfen Limón und Puntarenas (vgl. Hall 1982, 1983) sowie um den Ausbau lokaler Wegenetze, um einen - zwecks Erhaltung der Qualität des Kaffees - möglichst raschen Transport des geernteten Kaffees zu den "beneficios" zu gewährleisten. Da das zentrale Hochland gleichzeitig wichtigstes wirtschaftliches und soziales Zentrum des Landes und wichtigste Kaffee-Anbauregion war und ist, diente diese Infrastruktur von Anfang an der Integration des Landes und auch der Entwicklung anderer wirtschaftlicher Sektoren.

Bereits sehr früh wurde allerdings ein Teil des neu gewonnenen Reichtums auch in andere Bereiche der sozialen und physischen Infrastruktur investiert, in denen Costa Rica auch heute noch im Vergleich zu anderen Ländern der Dritten Welt einen Entwicklungsvorsprung besitzt, wobei vor allem das Erziehungssystem und die Elektrifizierung zu nennen sind. So gab das Land im Jahr 1913 sehr viel mehr für das Erziehungswesen aus als seine zentralamerikanischen Nachbarn (vgl. Cardoso/Brignoli 1977, S. 307), und San José war die erste Hauptstadt in Zentralamerika mit elektrischer Straßenbeleuchtung (vgl. Stone 1975, S. 91). Im Jahre 1963 produzierte Costa Rica bei einer erheblich geringeren Bevölkerung deutlich mehr Elektrizität als etwa Guatemala und El Salvador (vgl. Mitchell 1983, S. 514f.).

Ein weiterer Bereich ist schließlich noch zu nennen, in dem die Entwicklung der Kaffeeproduktion eine stimulierende Wirkung hatte, nämlich die Produktion von Ausrüstungsgütern für die Beneficios (Kaffeeschäl- und -sortiermaschinen, Trockner usw.) sowie von Transportmaterial. Die handwerkliche Produktion dieser Waren - wie auch von landwirtschaftlichen Werkzeugen - nahm im 19. Jahrhundert einen erheblichen Aufschwung, stagnierte jedoch dann wegen fehlender politischer Unterstützung (vgl. Herrero/Garnier 1981, S. 31-46). Die Strategie der importsubstituierenden Industrialisierung ging ebenfalls ganz andere Wege (s.u.), doch überlebten Bereiche dieser Produktion bis heute und konnten einen Ausgangspunkt für einen technologisch interessanten Bereich agroindustrieller linkages bilden (vgl. u. Kap. VI).

Die weiteren vier wichtigen sog. traditionellen Exportprodukte, die z.t. seit Ende des vorigen Jahrhunderts die Kaffee-Exporte ergänzten - *Bananen, Kakao, Rindfleisch und Zucker* - spielten im sozioökonomischen Entwicklungsprozeß Costa Ricas eine ganz andere Rolle. Die Produktion von Rohrzucker, ein frühes Exportprodukt des Landes, das aber dann bis Ende der 1950er Jahre weitgehend an Bedeutung verloren hatte, expandierte infolge des US-amerikanischen Boykotts des kubanischen Zuckers; die Produktion stieg von 500.000 Quintales in der ersten Hälfte der 1950er Jahre auf über 4 Mio. qq. im Erntejahr 1976/77. Die traditionellen Zuckerrohranbauregionen liegen am Rande des zentralen Hochlandes in der Region von Turrialba im Osten sowie westlich von Alajuela, wo Zuckerrohr im wesentlichen eine komplementäre Funktion zum Kaffee-Anbau spielt (vor allem im Sinne einer besseren Ausnutzung der Arbeitskräfte); dasselbe ist in einigen Regionen neuerer landwirtschaftlicher Kolonisation der Fall (San Carlos im Norden, Valle de El General südl. des zentralen Hochlandes)(vgl. zum Zucker vor allem Bermúdez M./Pochet 1986).

Die wesentliche Bedeutung des Bananenanbaus lag über Jahrzehnte hinweg in der Erschließung peripherer Regionen des Landes: Er breitete sich zunächst seit den 1880er Jahren in der Atlantikregion aus, verlagerte sich dann in den 1930er Jahren - aufgrund der Ausbreitung der sog. Panama-Krankheit am Atlantik - zunehmend in die mittlere (Parrita-Quepos) und südliche Pazifikregion (zwischen Palmar und Coto Sur an der Grenze zu Panama), beides Regionen, die zuvor kaum besiedelt waren. Die Infrastruktur der Bananenplantagen (Eisenbahnen und die Häfen von Quepos und Golfito an der Pazifikküste) war allerdings ausschließlich auf die Bedürfnisse der Bananenkonzerne (zunächst nur: United Fruit Co., später auch Standard Fruit und Del Monte) zugeschnitten und leistete keinen Beitrag zur Integration dieser Regionen in den nationalen Wirtschaftsraum.

Auch in anderer Hinsicht erreichte der Bananenanbau nie dieselbe Bedeutung für den nationalen Entwicklungsprozeß wie der Kaffee: Die Vorprodukte (Kunstdünger, Pestizide) wurden praktisch ausschließlich importiert; eine Weiterverarbeitung in Costa Rica fand nicht statt - erst mit der Einführung einer neuen Bananenart, die "Cavendish"-Banane, wurde überhaupt eine Verpackung in Kartons notwendig (wegen der höheren Empfindlichkeit) -; die Gewinne wurden weitgehend von den transnationalen Bananenkonzernen in die USA transferiert. Bis 1930 blieben auch die Steuereinnahmen aus der Bananenproduktion minimal (0,02 $/Staude); mit der Einführung einer Grundsteuer in jenem Jahr erhöhten sie sich, doch erreichten sie erst im Jahre 1949 durch die Einführung einer 15%igen Einkommenssteuer (1954 erhöht auf 30%) für die Konzerne eine wirtschaftliche Relevanz.

Selbst im Hinblick auf die beschäftigten Arbeitskräfte blieb der Beitrag der Bananenproduktion bis 1948 marginal: man beschäftigte vor allem schwarze Einwanderer aus der Karibikregion, denen bis zum genannten Jahr nicht gestattet wurde, in andere Regionen des Landes zu migrieren; angesichts der zunächst sehr niedrigen Löhne und der wirtschaftlichen Isolation der Bananenregionen spielte auch die Nachfrage dieser Landarbeiter nach Konsumgütern praktisch keine Rolle. Erst die wachsende Kampfkraft der kommunistischen Gewerkschaften in den Bananenregionen seit den 1930er Jahren führte über einige Jahrzehnte hinweg dazu, daß die Bananenarbeiter zu den mit Abstand bestbezahlten Landarbeitern wurden; seit den 50er Jahren läßt sich somit auf verschiedenen Ebenen eine stärkere Integration der Bananenregionen in die nationale Wirtschaftsstruktur feststellen (vgl. zum Bananensektor vor allem Araya P. 1982, S. 50-58; Ellis 1985; Churnside 1985, S. 186-198 und 292-328; López 1986).

Kakaoproduktion und -exporte gewannen seit den 1920er Jahren eine gewisse Bedeutung, als United Fruit aufgrund der Probleme mit der Panama-Krankheit in den Bananenplantagen den Kakaoanbau als alternative Form der Nutzung ihres Grundbesitzes und der Arbeitskräfte ausbaute. Im Jahre 1939 erreichte Kakao einen Anteil von über 12% an den Gesamtexporten des Landes. Auch wenn Kakao somit ebenfalls zunächst Exportenklaven bildete, und den durch die Aufgabe des Bananenanbaus in den 30er Jahren verursachten Niedergang der Atlantikregion kaum bremsen konnte, so wandelte er in den Jahrzehnten nach dem Krieg seinen Charakter vom Exportprodukt zum Rohstoff einer expandierenden nationalen Süßwarenindustrie.

Die Rinderzucht und Rindfleischproduktion in der nordwestlichen Provinz Guanacaste stellte zwar schon seit dem 19. Jahrhundert einen wichtigen Teil der nationalen Nahrungsmittelproduktion dar, doch entwickelte sie sich erst durch die seit Ende der 1950er Jahre stark wachsenden Nachfrage nach Rindfleisch in den Industrieländern zu einem wichtigen Exportsektor. Obwohl der Anteil des nationalen Konsums und der nationalen Verarbeitung im Fall des exportierten

Fleisches von Anfang an wichtiger waren als im Falle der Bananen (und die Eigentümer der Rinderfarmen vorwiegend Costaricaner waren und sind), hat auch die Viehzucht in sehr widersprüchlicher Weise zur Erschließung peripherer Regionen beigetragen: Die Expansion der Rindfleischproduktion während der letzten Jahrzehnte fand vorwiegend in extensiver Form in peripheren Regionen statt, in denen der Regenwald erst kurz zuvor gerodet worden war - vor allem in der Nordregion, aber auch in Teilen des Valle de El General und in den Randgebieten des Bananenanbaugebietes der südlichen Pazifikregion. Die extensive Viehzucht trug in erheblichem Maße zur Verringerung der Regenwaldflächen in Costa Rica bei und stellte andererseits - eben wegen ihrer extensiven, auf Großgrundbesitz beruhenden Form - wenig zur Entwicklung einer tragfähigen wirtschaftlichen Basis der entsprechenden Regionen bei; es blieb weitgehend bei einer oberflächlichen Nutzung der natürlichen Ressourcen. Erst die staatliche Förderung einer gemischten Milch- und Fleischviehwirtschaft seit Ende der 1970er Jahre hat in einigen Gebieten zu einer intensiveren Bodennutzung und einem stärkeren Beitrag zur Regionalentwicklung geführt (zur Entwicklung der Viehzucht: vgl. Gudmundson 1983; Aguilar/Solís 1988).

Die Entwicklung des *verarbeitenden Gewerbes* kam bis Ende der 1950er Jahre über handwerkliche Formen nur in wenigen Ausnahmefällen heraus. Größere Betriebe entwickelten sich lediglich in der Aufbereitung von landwirtschaftlichen Exportprodukten (Kaffee-Beneficios, Zuckermühlen und Schlachthäuser, von denen einige auch in der Zeit, als noch ausschließlich für den Binnenmarkt produziert wurde, industriellen Charakter erreichten), in der Herstellung von Bau- und Transportmaterialien (etwa Holzwagen) sowie vereinzelt in der Konsumgüterindustrie (so hatten etwa 1907 die drei bestehenden Schuhfabriken im Durchschnitt 73 Beschäftigte, und vier Branntweinfabriken brachten es immerhin noch auf einen Schnitt von 32 Beschäftigten). Interessant und wichtig für die gegenwärtigen Ansätze im Bereich des Maschinenbaus ist eine gewisse Tradition in der Produktion von Maschinen für Kaffee-Aufbereitungsanlagen und Zuckermühlen, die weitgehend jedoch handwerklichen Charakters war.

Im Jahre 1957 hatte die gewerbliche Produktion einen Anteil am Bruttoinlandsprodukt von lediglich 14,1%; 70,3% davon waren Konsumgüter, 13,0% Halbfertigwaren und 16,7% Kapitalgüter. Die große Bedeutung der kleineren und mittleren Betriebe (mit weniger als 30 Beschäftigten) kommt darin zum Ausdruck, daß 1958 97,3% der Betriebe, 64,6% der Beschäftigten und immerhin noch 42,5% des Produktionswertes diesem Bereich zuzuordnen sind (OFIPLAN 1982).

2 Das Entwicklungsmodell der importsubstituierenden Industrialisierung und die Veränderung sozioökonomischer Strukturen bis 1980

Für die Durchsetzung und die sozioökonomischen Auswirkungen der Modells der importsubstituierenden Industrialisierung (ISI) sind vor allem zwei Rahmenbedingungen von zentraler Bedeutung:

(1) *Der Bürgerkrieg von 1948* führte zu einer Machtverschiebung innerhalb des costaricanischen politischen Systems weg von der - allerdings auch bereits vergleichsweise liberalen und reformorientierten - traditionellen Oligarchie zu einem politisch und wirtschaftlich modernisierungsorientiertem Bürgertum um José Figueres, organisiert in verschiedenen politischen Gruppen, die wenige Jahre später die PLN (Partido Liberación Nacional) gründeten; diese Partei - obwohl durchaus nicht ständig Regierungspartei - prägte entscheidend die costaricanische Politik der vergangenen Jahrzehnte. Dabei ging es nicht nur um die konsequente Durchsetzung parlamentarisch-demokratischer Spielregeln, sondern gleichzeitig um die Realisierung weitreichender Modernisierungvorhaben im Bereich der Infrastruktur (vor allem der Elektrifizierung des Landes und des Ausbaus des Straßennetzes) sowie der Wirtschaftsstruktur (vor allem Förderung des Aufbaus einer modernen Industrie). Das neue Bündnis aus modernem Bürgertum und urbanen Mittelschichten (vor allem im expandierenden Staatsapparat) entsprach im wesentlichen den politischen Kräften, die auch in anderen lateinamerikanischen Ländern das ISI-Modell unterstützten (vgl. Hein 1989).

(2) Die Binnenmärkte der einzelnen zentralamerikanischen Länder waren allerdings zu klein, um eine erfolgversprechende ISI-Strategie in Gang zu bringen (Costa Rica hatte 1950 gerade 858.000 Einwohner). Bereits im Jahre 1952 wurde durch Vermittlung der CEPAL (UN-Wirtschaftskommission für Lateinamerika) ein "Komitee für wirtschaftliche Zusammenarbeit des zentralamerikanischen Isthmus" gegründet, in dessen Rahmen das Konzept für eine Freihandelszone ausgearbeitet wurde, das schließlich 1960 zum Abschluß des Vertrages über wirtschaftliche Integration und damit zur Gründung des *Zentralamerikanischen Gemeinsamen Marktes* (Mercado Común Centroamericano, MCCA) führte. Aufgrund gewisser nationaler Bedenken angesichts der damals schon weiter fortgeschrittenen Industrialisierung in El Salvador und Guatemala trat Costa Rica erst im Jahre 1963 diesem Gemeinsamen Markt bei, der - trotz aller Probleme in den Beziehungen zwischen den fünf zentralamerikanischen Ländern - zur effektiven Schaffung eines gemeinsamen Marktes für Industrieprodukte führte. Das Volumen des Handels zwischen den fünf beteiligten Ländern stieg von 32,7 Mio US$ im Jahre 1960 auf 299,4 Mio. $ zehn Jahre später.

Beide Faktoren förderten in Costa Rica einen raschen Prozeß importsubstituierender Industrialisierung mit den weitgehend bekannten Stärken und Schwächen, nämlich einer erfolgreichen sozioökonomischen Modernisierung bei hohen

Wachstumsraten vor allem der Industrieproduktion (vgl. Tab. 2), aber einer sich verstärkenden Abhängigkeit von den Industrieländern und Tendenzen zur internen Desintegration des nationalen Produktionsapparates.

Tabelle 2.2:　　Bruttoinlandsprodukt nach Wirtschaftssektoren (in %)
**　　　　　　　　　(1950-1978)**

Sektor	1950*	1954*	1958	1962	1966	1970	1974	1978
Land-/Forstwirtsch., Fischfang	40,9	40,6	28,6	25,8	23,2	22,5	19,4	20,4
Bergbau u. verarb. Industrie	13,4	13,4	14,1	14,0	17,0	18,3	20,8	18,7
Elektrizität u. Wasser			0,9	1,1	1,5	1,7	1,6	1,8
Bauindustrie			5,1	5,3	4,3	4,3	5,2	5,5
Handel	19,1	19,0	21,0	20,5	20,5	21,0	21,1	19,7
Staat	5,4	5,8	8,1	9,3	10,6	10,6	11,9	14,0
Transport u. Kommunikation			3,7	4,1	4,2	4,2	4,5	4,2
andere	21,1	21,2	18,5	19,9	18,7	17,4	15,5	15,6

* Bis 1957 unterschied sich die Klassifikation der einzelnen Sektoren in den costaricanischen Statistiken von der Zeit danach; die Kategorien "Elektrizität u.Wasser", "Bauindustrie" und "Transport u. Kommunikation" sind in den Daten für 1950 und 1954 in der Kategorie "andere" enthalten. Die später einzeln aufgeführten Sektoren "Finanzinstitutionen, Versicherungen und Dienste für Unternehmen", "Immobilien" und "andere persönliche Dienstleistungen" werden in der vorliegenden Tabelle durchgehend für alle Jahre in der Kategorie "andere" zusammengefaßt.

Quelle:　Banco Central de Costa Rica 1986, S. 127f.

Der zurückgehende Anteil der Landwirtschaft sowie die steigende Bedeutung von verarbeitender Industrie, Infrastruktur (Elektrizität/Wasser; Transport/ Kommunikation) und Staat dokumentieren den typischen Entwicklungsprozeß lateinamerikanischer Gesellschaften in der ISI-Phase - und in dieser Allgemeinheit entspricht der in diesen Daten zum Ausdruck kommende Strukturwandel natürlich auch dem historischen Entwicklungsprozeß der Industrieländer (die Daten für 1978 signalisieren keine Umkehr der Tendenzen, sondern sind Resultat der in jenem Jahr stark angestiegenen Kaffee-Weltmarktpreise). Typisch für die importsubstituierende Industrialisierung sind auch die Verschiebungen innerhalb der Branchenstruktur weg von den traditionellen Industrien (Lebensmittel, Textil-und Bekleidung, Holz und Möbel) hin zu den "modernen" Industriezweigen Chemie und Metallverarbeitung (vgl. Tabelle 2.3):

Tabelle 2.3:   **Anteil der verschiedenen Industriezweige am Produkt der verarbeitenden Industrie (in %, auf der Basis laufender Preise in Colones)**

ISIC*	Industriezweig	1957	1960	1965	1970	1975	1980
31	Lebensmittel, Getränke, Tabak	60,5	59,8	52,3	47,3	44,1	45,6
32	Textilien, Bekleidung, Leder	12,8	14,2	13,4	12,3	11,7	10,1
33	Holz und Möbel	10,8	9,8	8,1	6,7	9,3	7,1
34	Druck und Papier	3,1	2,7	4,0	4,8	3,9	4,8
35	Chemie, Gummi	4,4	5,6	8,7	12,8	16,9	16,8
36	Steine u. Erden	4,2	3,8	5,8	5,2	3,6	3,8
37	metall. Grundstoffe	0.0	0.0	0.0	0.3	0.5	0.5
38	Metallverarbeitg., Maschinenbau, Elektro	2,4	2,4	5,8	9,1	8,4	10,3
39	andere	0,5	0,5	0,8	0,9	0,4	0,3
23-29	Bergbau	1,3	1,2	1,1	0,6	1,2	0,8

* Industriezweige nach International Standard Industrial Classification
Quellen: OFIPLAN 1982, S. 89-100; SEPSEIC 1988, S. 10.

Hier hört bereits die Parallelität der Entwicklung mit den Industrieländern auf, denn dort dominierten die Industriezweige 31-33, verbunden mit dem Bergbau, der Herstellung metallischer Grundstoffe und einzelner Metallwaren - Produktionszweige, die vor allem mit dem Primärsektor sowie der Verkehrsentwicklung (Eisenbahn-, Schiffsbau) verknüpft waren. Eine genauere Aufgliederung der Kategorie 38 zeigt, daß auch hier in Costa Rica im Jahre 1980 die sog. "modernen" Produkte - im wesentlichen dauerhafte Konsumgüter - dominieren: Einfache Metallprodukte machen lediglich 15,9% des im gesamten Industriezweig erzeugten Wertes aus, die Automobilindustrie dagegen 30,0%, Radio, Fernsehen und Telekommunikation 16,3%, Elektromaschinen und -geräte 9,5%, Flugzeugteile immerhin noch 6,6% (nach BCCR 1988, Tabellen 01 und 04). Eine genauere Betrachtung des Charakters dieser Produktion macht nun deutlich, daß diese Daten keineswegs ein rasches Aufholen des Entwicklungsvorsprunges der Industrieländer belegen; vielmehr handelt es sich lediglich um den Transfer meist der letzten Phasen industrieller Produktion (Montage, Mischung bzw. Formulierung chemischer Endprodukte usw.) in den zentralamerikanischen Markt hinein unter Umgehung des hohen Außenzolls für Fertigprodukte. So kamen etwa im Bereich der Herstellung von Kunstharzen 85,1% der Vorprodukte von außerhalb des MCCA; bei den Plastikprodukten waren es 72,4%, bei pharmazeutischen Produkten 77,0%, bei Metallprodukten (nicht-Maschinen) 86,9%, bei elektrischen Geräten 94,0%.

Tabelle 2.4 verweist auf die große Bedeutung, die die Produktion transnationaler Konzerne vor allem in diesen modernen Industriezweigen besitzt, wobei typischerweise der Anteil der TNKs am Brutto- höher ist als am Nettoproduktionswert und dieser allerdings immer noch höher ist als der Anteil an der Beschäftigung im entsprechenden Sektor (Ausnahmen bilden die chemische Industrie, da hier ein beträchtlicher Teil der nationalen Produktion aus der extrem kapitalintensiven Erdölraffinerie stammt, sowie die traditionellen Industriezweige Lebensmittelverarbeitung und Textil und Bekleidung, wo andere Faktoren eine Rolle spielen - natürliche Standortbedingungen; Auslagerung arbeitsintensiver Produktionsbereiche -, insgesamt aber TNKs nur eine vergleichsweise geringe Bedeutung besitzen).

Tabelle 2.4: **Anteil transnationaler Konzerne an der costaricanischen Industrieproduktion 1979/80 (in %)**

Industriezweig (ISIC)	Anteil am Bruttoprod.wert	Anteil am Nettoproduktswert	Anteil an der Beschäftigung
31	5,0	3,8	5,3
32	9,9	11,3	10,8
33 + 34	8,5	7,9	4,7
35	24,1	20,3	25,6
36	47,4	44,4	17,8
37 + 38	31,1	24,8	11,8
3	13,0	11,5	9,9

Quellen: Eigene Berechnungen nach Richter u.a. 1982, S. 84; BCCR 1988, Tabellen 01 und 04; World Development Report 1987, Statistical Appendix, Tab. 5.

Da gerade in den modernen Industriezweigen nationale wie transnationale Unternehmen in höchstem Maße auf importierte Vorprodukte angewiesen sind und praktisch keine eigene Technologieentwicklung in Costa Rica stattfindet, muß die durch die ISI-Politik induzierte Industrialisierung als extrem *oberflächlich* bezeichnet werden. Die Verknüpfung mit der historisch entstandenen nationalen Produktionsstruktur in Landwirtschaft und Handwerk blieb minimal; der kleine Kapitalgütersektor stagnierte und erreichte 1985 (nach einer allerdings relativ günstigen Entwicklung in den Krisenjahren, vgl. Kap. VI) gerade einen Anteil von 1,7% an der Gesamtbeschäftigung im industriellen Sektor (vgl. Ramos 1987).

In einer Hinsicht unterschied sich die Entwicklung in Costa Rica allerdings deutlich von anderen lateinamerikanischen Ländern. Trotz des relativen Bedeutungsverlustes konnte von einer Krise der Landwirtschaft keine Rede sein. Die relativ

günstige Konstellation einer expandierenden Weltmarktnachfrage nach traditionellen und neuen Exportprodukten Costa Ricas in Verbindung mit zunächst
noch erheblichen Landreserven für landwirtschaftliche Kolonisation ermöglichte
ein erhebliches quantitatives Wachstum der Agrarexporte sowie eine Diversifizierung der Exportstruktur - letzteres noch verstärkt durch das rasche Anwachsen industrieller Exporte in die anderen Länder des "Mercado Comun" (vgl.
Tabelle 2.5):

Tabelle 2.5:   **Wert der costaricanischen Exporte in Mio. US$**
                    (fob,laufende Preise), 1950-1980

Jahr	Gesamtexp.	Kaffee	Bananen	Kakao/Zucker/ Fleisch	andere lw Prod.	Industrie- produkte
1950*	54,1	17,8	31,5	2,0		2,8
1955	81,0	37,4	33,2	6,5	2,4	1,6
1960*	84,3	45,4	20,3	11,9		6,7
1965	111,8	46,6	28,3	10,1	7,4	19,4
1970	231,1	73,1	66,8	30,1	7,8	53,5
1975	493,3	96,9	144,1	85,6	30,1	136,6
1980	1.107,8	246,4	201,2	115,2	80,4	374,6

* Für die Jahre 1950 und 1960 werden in der Quelle "andere landwirtschaftliche Produkte" und
  "Industrieprodukte" in der Kategorie "Rest" zusammengefaßt.

Quelle: OFIPLAN 1982, S. 268

Die landwirtschaftliche Binnenmarktproduktion trat zunächst gegenüber der
Exportproduktion in den Hintergrund, wurde dann jedoch ab Anfang der 1970er
Jahre durch eine produzentenfreundliche Preispolitik angekurbelt, was dazu
führte, daß Costa Rica in der zweiten Hälfte der 70er Jahre sogar Reisüber-
schüsse (allerdings mit Verlust) exportierte; auch bei weißem Mais und schwarzen Bohnen ("frijoles") erhöhte sich der Grad der Selbstversorgung. Diese Ausweitung der Agrarproduktion ging einher mit einer erheblichen Expansion der
landwirtschaftlichen Nutzfläche von 946.385 ha im Jahre 1950 auf 2,049 Mio. ha
im Jahre 1973 (davon: Ackerbau: von 316.175 ha auf 490.458 ha; Viehzucht von
630.210 ha auf 1,558 Mio. ha zwischen den genannten Jahren; vgl. OFIPLAN
1982, S. 82) aufgrund der Kolonisation der peripheren Regionen.

Dieser Prozeß einer ökonomisch relativ erfolgreichen - wenn auch in mehrerer
Hinsicht ökologisch problematischen (vgl. dazu u.a. Hein 1987) - Agrarkolonisation hatte in zweierlei Hinsicht positive Auswirkungen:

(1)   Die importsubstituierende Industrialisierung führte nicht zu einer über-
      mäßigen Bevölkerungszusammenballung in den urban-industriellen Regio-

nen; der Anteil der Bevölkerung des Landes, die im zentralen Hochland lebte, nahm von 1927 (71%) bis 1963 (60%) kontinuierlich ab und stieg auch bis 1973 nur leicht an (63%) (vgl. Hall 1983, S. 152-155).

(2) Die Expansion der modernen Landwirtschaft begrenzte die Marginalisierung der ländlichen Bevölkerung und damit auch den Migrationsdruck in Richtung urbane Zentren. Nach einer Studie des PREALC (Regionales Beschäftigungsprogramm für Lateinamerika und die Karibik) waren 1980 lediglich 10% der landwirtschaftlich Beschäftigten dem traditionellen Sektor zuzurechnen (im zentralamerikanischen Durchschnitt: 27%) und 9% der nicht-landwirtschaftlich Beschäftigten dem informellen Sektor (Zentralamerika: 13%) (vgl. PREALC 1985, S. 51).

In Verbindung mit der bereit erwähnten relativ weitgehenden sozialpolitischen Orientierung ermöglichte es diese vergleichsweise günstige ländliche Entwicklung, bis 1982 soziale Indikatorenwerte zu erreichen, die mit zu den besten der ganzen Dritten Welt zählen und z.t. denjenigen der Industrieländer nahekommen. Der Vergleich mit Argentinien zeigt die Verbesserung der Position Costa Ricas zwischen 1960 und 1982:

Tabelle 2.6:   **Soziale Indikatoren 1960 - 1982**

	1960			1982		
	Costa Rica	Argentinien	Ind. länder	Costa Rica	Argentinien	Ind. länder
Lebenserwartg. b. Geburt						
- Männer	60	62	68	72	66	71
- Frauen	63	68	73	76	73	78
Säuglingssterblichkeit						
(u. 1 Jahr; auf 1000)	74	61	29	18	44	10
Kindersterblichkeit						weniger
(1-4 J.; auf 1000)	8	5	2	1	2	als 1
Einw./Arzt	2740	740	816	1460	430	554
Schüler/ Sekundarschulen						
(% der Altersgruppe)	21	23	64	48	59	90
Studenten (% der Bevöl-						
kerung zw. 20-24)	5	11	16	26	25	37

Quelle: World Development Report 1984, Tab. 23-25

Diese relativ günstige Entwicklung des Agrarsektors sowie der Einkommensverteilung und sozialen Infrastruktur sollte eigentlich günstige Voraussetzungen für
eine autozentrierte agroindustrielle Entwicklung schaffen (relativ breite Nachfrage nach Konsumgüter; Nachfrage des Agrarsektors nach Maschinen und
Inputs; Angebot an landwirtschaftlichen Rohstoffen; Bildungsniveau als Voraussetzung für eigenständige Technologieentwicklung in einfacheren Bereichen
usw.). Einen Versuch, eine stärkere Integration der Wirtschaftsstruktur und vor
allem eine Vertiefung der industriellen Entwicklung zu erreichen, unternahm die
costaricanische Regierung mit der Förderung eines "agroindustriellen Entwicklungsmodells" (vgl. Bolaños M. u.a. 1987, S. 23) bereits in den 1970er Jahren, als
sich erste Anzeichen einer Erschöpfung der Dynamik des ISI-Modells zeigten.
Dieser Versuch, durch staatliche Investitionen über eine Staatsholding
(CODESA: Corporación Costarricense de Desarrollo S. A.) ohne große Veränderungen der sonstigen wirtschaftspolitischen Rahmenbedingungen die Integration zwischen Landwirtschaft und Industrie zu fördern, erwies sich jedoch als
kostspieliger Fehlschlag: Die zu einem beträchtlichen Teil aufgrund einer Über-
forderung der Entwicklungsbürokratie scheiternden Unternehmen erwiesen sich
vielmehr als schwere Hypothek für die Entwicklung der 80er Jahre, da die Projekte von CODESA in erheblichem Maße zur Erhöhung der Auslandsverschuldung beitrugen. Weiter oben (Kap. VIII.3.1) werden diese Ansätze des *estado
empresario*, die Gründe ihres weitgehenden Scheiterns sowie der Prozeß der
Privatisierung dieser Unternehmen detaillierter dargestellt.

Im folgenden Abschnitt wird nun zu untersuchen sein, inwieweit die veränderten
wirtschaftspolitischen Rahmenbedingungen nach dem Tiefpunkt der Krise von
1981/82 einen Neuansatz agroindustrieller Entwicklung mit größeren Erfolgs-
aussichten ermöglichten; gleichzeitig wurde die Frage nach den Perspektiven für
eine autozentrierte Orientierung dieser Entwicklung gestellt.

III Die politischen Rahmenbedingungen für autozentrierte agroindustrielle Entwicklung in Costa Rica (Jürgen Weller)

Jeder nationale Entwicklungsprozeß resultiert aus den komplexen Wechselbeziehungen zwischen historisch entstandenen ökonomischen und soziostrukturellen Voraussetzungen und den daraus entspringenden Dynamiken einerseits und Politiken andererseits, die auf der Grundlage der jeweils herrschenden Kräfteverhältnisse bestimmte, mehr oder wenig theoretisch reflektierte Entwicklungsstrategien umsetzen sollen. Bei der Frage nach den Perspektiven einer autozentrierten agroindustriellen Entwicklung ist es daher unumgänglich, die verschiedenen in der Diskussion befindlichen Entwicklungsstrategien, ihre sozialen und politischen Träger zu skizzieren, sowie die Veränderungen der politischen Kräfteverhältnisse zu untersuchen.

Die Bedeutung unterschiedlicher politischer Konstellationen für erfolgreiche Entwicklung ist seit geraumer Zeit Gegenstand der entwicklungstheoretischen Diskussion. Hier sei nur auf die Auseinandersetzung um die Beziehungen zwischen Demokratie und Entwicklung hingewiesen, in der eine Extremposition lautet, nur eine "Entwicklungsdiktatur" könne die Anstrengungen einer Gesellschaft so lenken, daß die mit der Modernisierung und Entwicklung verbundenen Opfer erbracht werden können. Die Gegenposition geht davon aus, daß die wirtschaftliche Entwicklung umso erfolgreicher verlaufe, je demokratischer das Gesellschaftssystem ist. Letztere Position wird durch die Arbeiten von Senghaas und Menzel bestätigt, die in vergleichenden Untersuchungen Entwicklungswege von Gesellschaften in mehreren Kontinenten studierten. Danach waren die Entmachtung oligarchischer Gruppen, die Organisation und Interessenvertretung breiter Gesellschaftsschichten (u.a. in Bauernverbänden, Genossenschaften, Gewerkschaften), eine damit im Zusammenhang stehenden nicht polarisierende Agrarmodernisierung und Umverteilungsmaßnahmen stets Voraussetzungen für die breitenwirksame Erschließung der Binnenmärkte (vgl. z.B. Senghaas 1982, S. 252f). Eine Grundbedingung autozentrierter Entwicklung ist somit ein relevanter politischer Einfluß der Kräfte, die daran ein Interesse haben. Historisch ist beobachtet worden, daß entweder das politische System eine derartige "Offenheit" aufwies, welche einen entsprechenden evolutionären Umbau ermöglichte, oder daß die entsprechenden Kräfte sich mittels revolutionärer Umbrüche durchsetzten. Ob diese Kräfte politisch oder militärisch die Oberhand gewinnen konnten, war nach den Untersuchungen von Senghaas und Menzel entscheidend dafür, ob sich die entsprechenden Gesellschaften auf autozentrierte oder periphere Entwicklungswege begaben.

Um die Realisierungschancen für die Strategie autozentrierter agroindustrieller Entwicklung in Costa Rica zu erkennen, ist es folglich notwendig, zum einen die "Offenheit" des politischen Systems für unterschiedliche Kräfte zu analysieren und zum anderen zu einer Einschätzung der politischen Kräfteverhältnisse zu gelangen. Dabei steht die Frage im Vordergrund, welche gesellschaftliche Interessenkonstellation die wesentlichen politisch-ökonomischen Weichenstellungen bestimmt. In Anlehnung an Gramscis Hegemoniekonzept kann für demokratisch verfaßte kapitalistische Staaten von einem historisch entstandenen Basiskonsens ausgegangen werden, der vor allem die Interessen der jeweils herrschenden sozialen und politischen Koalition zur Grundlage hat, die anderen gesellschaftlichen Gruppen jedoch nicht ausschließt. Auch wenn von der lateinamerikanischen Dependenzdiskussion die strukturelle Unmöglichkeit bürgerlich demokratischer Verhältnisse behauptet wurde (vgl. Lechner 1977, Evers 1977), ist für die gesellschaftliche und politische Entwicklung Costa Ricas - wie unten noch erläutert wird - von einem vorherrschend auf Hegemonie beruhenden politischen System auszugehen. Der Basiskonsens eines hegemonial strukturierten politischen Systems kann jedoch durch den Verlust der ökonomischen Basis der hegemonialen Konstellation und durch schwere soziale Konflikte verloren gehen.

Eine solche Hegemoniekrise und ein entsprechender Wechsel der gesellschaftlichen Leitvorstellungen fanden in Costa Rica zu Beginn der 80er Jahre statt. Bis zu jenem Zeitpunkt war es einer Interessenkoalition unter der ideologischen Vorherrschaft der Partido Liberación Nacional (PLN) gelungen, einen gesellschaftlichen Basiskonsens aufrechtzuerhalten, der die verschiedensten sozialen Gruppen zu integrieren vermochte. Dieser war nach dem Bürgerkrieg von 1948 entstanden, in dessen Folge die alte Kaffee-, Handels- und Finanzoligarchie die wirtschaftliche, politische und ideologische Vorherrschaft verlor und sich ein neues hegemoniales System herausbildete. Es beruhte wirtschaftlich auf einer diversifizierten und modernisierten Agrarexportwirtschaft und der importsubstituierenden Industrialisierung im Rahmen des Zentralamerikanischen Gemeinsamen Marktes (vgl. Kap. II). In diesem Zusammenhang gelang es dem diese Entwicklung vorantreibenden "neuen" Bürgertum, sowohl die traditionelle Oligarchie wirtschaftlich einzubinden, als auch über eine Vielzahl von Integrationsfaktoren bei breiten Teilen der Bevölkerung Zustimmung zum neuen Entwicklungsmodell zu erhalten. Bei diesen Faktoren handelte es sich im wesentlichen um politische Partizipationsmechanismen (Wahlen, paternalistische und klientelistische Kanäle der Interessenvertretung, gewerkschaftliche Organisierung), die Verbesserung der materiellen Lebensbedingungen (höhere Löhne, Arbeitsgesetzgebung, Sozialprogramme usw.) und um vielfältige Möglichkeiten des sozialen Aufstiegs (Ausbau des Bildungswesens, zunehmende Beschäftigungsmöglichkeiten im Staatsapparat, Möglichkeiten zur Eigentumsbildung). Die

Politik war geprägt durch eine starke Expansion des Staatsapparates, der in viele Bereiche des wirtschaftlichen und sozialen Lebens eingriff, und die politische und ideologische Dominanz der PLN als dem politische Träger des neuen Entwicklungsmodells (Solís/Esquivel 1980, Sojo 1986).

Berücksichtigt man darüber hinaus die bedeutende Rolle des ausländischen Kapitals in Costa Rica, so kann man auch hier vom Aufbau einer typischen *Triple alliance* im Sinne von Peter Evans (vgl.o., Kap. I.2.4) sprechen, wobei es - ebenfalls typisch für lateinamerikanische Gesellschaften - dem Staat mit dem Versuch, die Importsubstitution durch den Aufbau staatlicher Unternehmen zu vertiefen, nicht gelang, die Dominanz in dieser Allianz zu gewinnen. Im Unterschied zu anderen Gesellschaften gelang es den dominanten politischen Gruppen jedoch, ihre Strategie weitgehend über hegemoniale Formen, vermittelt über gut entwickelte zivilgesellschaftliche Strukturen und ohne einen Rekurs auf einen repressiven Umbau des politischen Systems durchzusetzen.

Die Probleme des Entwicklungsmodells importsubstituierender Industrialisierung (vgl. Kapitel I und II) mündeten Ende der siebziger und Anfang der achtziger Jahre in eine schwere Krise. Die soziale und politische Integrationskraft des von der PLN repräsentierten Entwicklungsmodells nahm ab. Von Seiten der Unternehmerschaft wurde zunehmend Kritik am Umfang des Staatsapparates laut; die Möglichkeiten politischer Partizipation, sozialen Aufstiegs und materieller Besserstellung stießen sich zunehmend an finanziellen Beschränkungen. Im Zusammenhang mit der Verschlechterung der Lebensbedingungen als Folge der Krise und der Verteidigung ökonomischer Interessen brachen soziale Konflikte aus, und es kam zu Kampfmaßnahmen seitens Stadtteilbewohnern, Bauernverbänden, Kammern und sogar Gemeindeverwaltungen. Die von der PLN politisch repräsentierte, jahrzehntelang funktionierende hegemoniale Konstellation war grundsätzlich in Frage gestellt (Weller 1986). Im Zusammenhang mit unserem Forschungsprojekt stellt sich die Frage, inwieweit sich ein neuer gesellschaftlicher Basiskonsens herausgebildet hat und welche Bedeutung er für die Perspektiven autozentrierterter agroindustrieller Entwicklung hat.

Obwohl die Wirtschaftskrise im wesentlichen Ausdruck der strukturellen Krise des Entwicklungsmodells war, das die PLN repräsentierte, gewann die Partei 1982 und erneut 1986 die Präsidentschafts- und Parlamentswahlen - nicht zuletzt, weil beim Ausbruch der Krise ein heterogenes, gegen die PLN gerichtetes Parteienbündnis die Regierung gestellt hatte, welche von vielen Wählern für die wirtschaftliche Lage verantwortlich gemacht wurde. Nach 1982 gelang es zunächst mit einer heterodoxen Stabilisierungspolitik und kräftigen US-Finanzhilfen die wirtschaftlichen Basisdaten zu stabilisieren (Fürst 1988, vgl. Kap. VI).

Dennoch hatte die PLN die ideologische Hegemonie verloren. Diese zeichnete sich in den Auseinandersetzungen ab, die v.a. seit 1984 um die zukünftige Entwicklungsstrategie Costa Ricas geführt werden. Dabei haben sich drei Hauptströmungen herauskristallisiert (nach Herrero/Rodríguez 1987):

1) Die *neoliberale Position* zielt auf die "Entfesselung der Marktkräfte" (vgl. z.B. Céspedes/ di Mare/ Jiménez 1985). Nach dieser Position sind politische Eingriffe in das Marktgeschehen zu vermeiden, da sie die optimale Ressourcenallokation verhinderten. Entsprechend wird eine Deregulierung sowohl für den Binnenmarkt (Streichung von Subventionen und Garantiepreisen, Senkung der Steuern auf Produktion, Einkommen und Gewinne, Liberalisierung des Finanzwesens), als auch für den außenwirtschaftlichen Bereich (Abbau von Schutzzöllen, Freigabe des Wechselkurses und der Devisenmärkte usf.) gefordert. Staatsunternehmen sollen privatisiert werden. Die Produktion soll sich an den aus der Deregulierung entstehenden komparativen Kostenvorteilen des Landes orientieren. Kein Gut, dessen Herstellung relativ weniger rentabel ist, solle weiterhin produziert werden, denn es sei billiger, es mittels der Exporterlöse aus den relativ rentableren Branchen zu importieren.

Die neoliberale Position wird in Costa Rica von jenen gesellschaftlichen Gruppen vertreten, die von einer entsprechenden Strukturanpassung profitieren, wie der Agrarexport- oder der private Finanzsektor. Politische Repräsentation findet sie vor allem in der Oppositionspartei Partido Unidad Socialcristiana (PUSC), aber auch in der PLN hat sie Eingang gefunden. Gestärkt wird sie schließlich durch den Einfluß internationaler Finanzinstitutionen wie IWF, Weltbank und USAID, welche ihre finanzielle Unterstützung von entsprechenden Reformen abhängig machen. Unterschiedliche Interessenschwerpunkte führen jedoch dazu, daß v.a. USAID, der besonders an einer umfassenden Stabilität des Landes gelegen ist, eine pragmatischere Politik verfolgt, die sich der zweiten Hauptströmung annähert:

2) Die *Position der Exportförderer* (formuliert v.a. in den regelmäßigen Artikeln des damaligen Präsidenten der Industriekammer, Jorge Woodbridge, in der führenden Tageszeitung La Nación) geht wie die neoliberale davon aus, daß eine Öffnung der nationalen Wirtschaft und vermehrte Exportanstrengungen erforderlich seien. Auch werden Verzerrungen der nationalen Kostenstrukturen kritisiert, wie sie etwa durch Steuern oder eine überbewertete Währung entstehen. Ebenso wird unterstrichen, daß die Höhe des costaricanischen Lohnniveaus die Konkurrenzfähigkeit gegenüber anderen Ländern der Region senkt. Vom Staat werden - im Gegensatz zu den Neoliberalen - jedoch aktive Regulierungsmaßnahmen erwartet, indem er z.B. die o.g. Benachteiligungen nationaler Produ-

zenten durch Exportsubventionen kompensiert. Zudem sollen öffentliche Struk-
turhilfen gegeben werden, da der Aufbau einer effizienten exportorientierten
Wirtschaft durch die Entfesselung der Marktkräfte allein keineswegs gewährleistet sei. Es geht also um die Schaffung neuer Kostenvorteile als Grundlage einer
neuen, diversifizierten Exportstruktur. Diese Position wird von den Exporteuren
nichttraditioneller Produkte vertreten, wobei insbesondere die Industriekammer -
einst starke Stütze des Modells importsubstituierender Industrialisierung - von
Bedeutung ist.

3) Die *neo-strukturalistische Position* (vgl. z.B. Herrero/Rodríguez 1987,
Rodríguez 1987) schließlich betont stärker die strukturellen Bedingungen langfristig tragfähiger Entwicklung; sie entspricht im wesentlichen den Positionen, wie
sie in den später veröffentlichten CEPAL-Dokumenten zum Ausdruck kommen
(vgl.o., S. 47f.). Sie erkennt zwar an, daß es verstärkter Exportanstrengungen
bedarf, um das nationale Zahlungsbilanzdefizit abzubauen, aber die Exporte
werden nicht als zentrales Strategieelement verstanden. Im Vordergrund stehen
vielmehr die Umstrukturierung des Produktionsapparates in Richtung auf die
Befriedigung der Bedürfnisse der breiten Masse der Bevölkerung und eine umfassende Produktivitätserhöhung auf der Basis technologischen Fortschritts und
qualifizierter Arbeitskraft. Auf diese Weise soll das Land befähigt werden, mit
den reichen Nationen zu konkurrieren, anstatt mit den unterentwickelten Ökonomien in Wettbewerb um das billigste Angebot unqualifizierter Arbeitskraft zu
treten (Garnier 1987). Es geht also um die Schaffung neuer komparativer
Kostenvorteile, wobei nicht nur Devisengesichtspunkte eine Rolle spielen, sondern vor allem die langfristige binnenorientierte Strukturverbesserung. Beson-
derer Wert wird dabei auf die internen Kopplungseffekte gelegt, wobei der Agroindustrie und der Produktion von Kapital- und Zwischengütern ein spezielles
Gewicht beigemessen wird. Der Staat spielt in dieser Strategie eine zentrale
Rolle, indem er in Zusammenarbeit mit dem Privatsektor wirtschaftspolitische
Ziele definiert und z.B. eine aktive Technologiepolitik und Ausbildungsförderung
betreibt. Die Neostrukturalisten haben zweifellos z.Zt. die schwächste soziale
Basis. Außerhalb akademischer Zirkel haben die Exponenten dieser Strategie
lediglich innerhalb der PLN, des Planungsministeriums und des Ministeriums für
Wissenschaft und Technologie einigen Einfluß.

Nach den Erfolgen der Stabilisierungspolitik der Jahre 1982 und 1983 wurde
1984 zum Ausgangspunkt der Auseinandersetzungen um ein zukünftiges Entwicklungsmodell. Zum einen wurde unter Federführung des Planungsministers
Villasuso, der einen vorsichtigen, neostrukturalistisch inspirierten Strukturwandel
auf der Basis des bestehenden Produktivapparates befürwortete, über Lohnerhöhungen, staatliche Ausgabenerhöhungen und eine Kreditexpansion die Nachfrage ausgeweitet, so daß mittels der Auslastung bestehender Kapazitäten jahre-
lang nicht mehr erreichte Wachstumszahlen erzielt wurden. Gleichzeitig nahm
jedoch die Inflation wieder etwas zu, und die externen Defizite verschärften sich.

Auf der anderen Seite wurden im selben Jahr erste tiefgreifende Schritte zur Strukturanpassung nach Weltbankkonzept unternommen, vor allem institutionelle Reformen zur Senkung der Staatsausgaben und ihrer Konzentration in der Hand der Zentralregierung, eine Stärkung der Privatbanken auf Kosten der Stellung der staatlichen, ein weitgehendes Anreizsystem für nicht-traditionelle Exporte auf Drittmärkte, eine Umstrukturierung des Zollsystems und die Einleitung des Verkaufs der Unternehmen der Staatsholding CODESA. Um diese Maßnahmen gab es harte Konflikte, wobei der Widerstand dagegen v.a. auf eine Verteidigung der Grundzüge des von der PLN repräsentierten Entwicklungsmodells zielte, ohne daß ein wirksames Gegenkonzept vorgelegt worden wäre, das die Schwächen dieses Modells auf andere Weise angegangen wäre. Auch innerhalb von PLN und Regierung gewannen vielmehr - unter dem Druck des Schuldendienstes und mit Unterstützung durch AID und Weltbank - die Befürworter einer Öffnungspolitik in den beiden skizzierten Varianten an Gewicht. Dies wurde auch deutlich in der sich verändernden Zusammensetzung der Regierung Arias, aus der die profiliertesten Kritiker einer verschärften Öffnungspolitik, Landwirtschaftsminister Esquivel (im Konflikt um die Agrarliberalisierung) und Planungsminister Solís (im Zusammenhang mit der Privatisierung des Finanzsektors) 1987 bzw. 1988 ausschieden.

Im Kontext einer Strategie, die die herrschenden komparativen Kostenvorteile zugunsten der exportfähigen Produktion verändern will, indem diese eine Vielzahl Vergünstigungen erfährt, während die Rentabilität der Produktion für den Binnen- und den zentralamerikanischen Markt gesenkt wird, und die die staatlichen Aktivitäten zugunsten des privaten Sektors zurückdrängen will, wurden v.a. die folgenden Maßnahmen ergriffen:

1) Das seit den siebziger Jahren bestehenden Anreizsystem für den Export nicht-traditioneller Produkte in Drittmärkte wird ausgeweitet. Neben Steuer- und Zollbefreiungen sowie günstige Kredite stehen hier übertragbare Steuerzertifikate im Mittelpunkt, die den Exporteuren in der Höhe eines bestimmten Prozentsatzes des Exportwertes zustehen. Mit einem Programm Freier Produktionszonen werden Investitionen in der Lohnveredelung angereizt, die - gefördert durch die "Initiative für das karibische Becken - CBI" - vor allem eine stärkere Verflechtung mit dem Markt der USA erbringen sollen.

2) Mit regelmäßigen Mini-Abwertungen soll nicht nur die Inflationsdifferenz zwischen Costa Rica und seinen wichtigsten Handelspartnern ausgeglichen, sondern - durch angestrebte reale Abwertungen - die Konkurrenzfähigkeit der costaricanischen Exporte kontinuierlich verbessert werden.

3) Mit der Zollreform von 1986 und den im zweiten Strukturanpassungspro-
gramm festgelegten Zollsenkungen soll die Produktion für den Binnenmarkt der
Importkonkurrenz ausgesetzt und die einheimische Wirtschaft damit zu erhöhter
Produktivität gezwungen werden. Die Zollsenkungen wurden anfangs durch
spezielle Importsteuern ausgeglichen - nicht zuletzt, um die externen Defizite zu
begrenzen.

4) Das Finanzsystem wurde dergestalt liberalisiert, daß staatliche Eingriffe in
die Zinspolitik der Banken stark reduziert und die Zuweisung von Krediten in
bestimmter Gesamthöhe auf die verschiedenen Wirtschaftsaktivitäten durch die
Zentralbank aufgegeben wurde. Ziel ist es, daß allein die Rentabilität der Investitionen den Kreditfluß reguliert.

Neben Auseinandersetzungen um das zukünftige Entwicklungsmodell, die innerhalb und zwischen den Parteien sowie innerhalb der Regierung geführt wurden,
kam es jedoch auch im außerparlamentarischen Raum zu Protesten und Widerstand gegen die zunehmend Einfluß gewinnende Öffnungsstrategie. Vor allem in
der Landwirtschaft, wo nach den Vorstellungen der Neoliberalen die Ausrichtung auf komparative Kostenvorteile subventionierte Kredite und staatlich bestimmte Garantiepreise ersetzen sollten (Lizano 1986), kam es zu häufigen
Konflikten. In deren Verlauf wurden nicht nur seitens der Protestierer für costaricanische Verhältnisse militante Kampfmethoden angewandt (wie Blockaden,
Hungerstreiks und Besetzungen), sondern auch von seiten der Sicherheitskräfte
mit ungewohnter Härte vorgegangen - ohne daß es jedoch zu Gewaltexplosionen
wie in anderen lateinamerikanischen Ländern gekommen wäre.

Bei den Konflikten im Zusammenhang mit der Landwirtschaftspolitik ging es vor
allem um die Zukunft der Produktion der Grundnahrungsmittel Reis, Mais und
schwarze Bohnen. Die Strategie der Öffnung setzt auf den Export nicht-traditioneller Produkte, in der Landwirtschaft v.a. Früchte, Zierpflanzen, Gemüse - in
frischer oder verarbeiteter Form. Gemäß dem Prinzip der Nutzung komparativer
Kostenvorteile wird der Produktion vieler Grundnahrungsmittel für den Binnenmarkt dagegen die Unterstützung entzogen, da sie unter Berücksichtigung
der Weltmarktpreise als unrentabel angesehen werden.

Um Importe zu substituieren, hatte die Regierung Costa Ricas in den siebziger
Jahren und erneut zu Anfang der achtziger Jahre eine Preis-, Kredit- und Ernte-
versicherungspolitik betrieben, die den Anbau der erwähnten Grundnahrungsmittel attraktiv machte. Die nationale Produktion war infolgedessen kräftig
expandiert, was sowohl auf die Steigerung der Anbaufläche, als auch - beim
Reis - auf wachsende Flächenerträge zurückzuführen war. Der Reisanbau wurde

stark modernisiert, gleichzeitig kam es jedoch zu starken Konzentrationsprozessen, da kleinere Produzenten das notwendige Kapital nicht aufbringen konnten. Mais und schwarze Bohnen hingegen blieben die typischen Kleinbauernprodukte. Costa Rica wurde durch die Förderpolitik zum Selbstversorger und erwirtschaftete zeitweise Überschüsse, die mit Verlust exportiert werden mußten (Weller 1990).

Im Rahmen der Strukturanpassung im Verlaufe der 80er Jahre wurde die staatliche Förderpolitik zurückgenommen, vor allem wurden die Garantiepreise z.T. gesenkt, z.T. aufgegeben, und der subventionierte Kleinbauernkredit gekürzt. Sowohl seitens der vor allem großbäuerlichen Reisproduzenten als auch der Maisbauern wurden eine Vielzahl von Protestaktionen unternommen, mit denen jeweils bestimmte Zugeständnisse und Kompromisse erlangt wurden, welche jedoch an den Grundzügen der Politik wenig änderten (CENAP et al. 1988). Dabei konnten die Bauernverbände stets auf ihren Anliegen grundsätzlich wohlgesonnene Vertreter in der Regierung hoffen, was sich u.a. im vom damaligen Landwirtschaftsminister Esquivel vorgelegten Dokument "Ein permanenter Dialog" niederschlug, das die prioritäre Förderung nicht-traditioneller Produkte (unter dem Motto "agricultura de cambio" - Landwirtschaft im Wandel) mit der nationalen Selbstversorgung an den im Lande produzierten Grundnahrungsmitteln zu verbinden suchte. Wie bereits erwähnt, stürzte Esquivel jedoch in der Auseinandersetzung mit dem Zentralbankchef Lizano, der als Kopf der Neoliberalen in der Regierung gelten kann.

Auch andere Kompromisse und Dokumente, die einen Strukturwandel skizzierten, der die bestehenden Produktionsstrukturen nicht durch neue ersetzt, sondern weiterentwickelt, erzielten keine dauerhafte Wirkung. So wurde nach Protestaktionen und Verhandlungen zwischen Bauernverbänden und Regierungsvertretern für den Zeitraum 1987-1989 ein "Maisplan" beschlossen, mit dem mittels der Kooperation von staatlichen Stellen und Bauernverbänden die erforderlichen Rahmenbedingungen für eine umfassende Steigerung der Produktivität der Maisproduktion gesichert werden sollte. Diese sollte so auch unter verschärften Konkurrenzbedingungen überlebensfähig sein. Der "Maisplan" wurde jedoch nicht umgesetzt.

Als Ergebnis der neuen Politik fiel die nationale Produktion der erwähnten Grundnahrungsmittel drastisch, so daß 1988 ein beträchtlicher Teil des nationalen Bedarfs importiert werden mußte. Zu diesem Zeitpunkt waren die Weltmarktpreise bei Reis allerdings stark angezogen, woraus dem costaricanischen Staat wiederum beträchtliche Verluste entstanden. Gleichzeitig vollzog sich beim Reis sowohl in der landwirtschaftlichen Produktion als auch in der industriellen

Verarbeitung ein weiterer Konzentrationsschub. Die wirtschaftliche Lage der Mais und Bohnen produzierenden Kleinbauern hat sich deutlich verschlechtert, und es werden massive Landverluste durch Überschuldung befürchtet. Diese Problematik wird im Zusammenhang mit der Kritik an der Liberalisierungspolitik im Kapitel VII nochmals aufgenommen.

Welche Perspektiven ergeben sich nun mit der vorherrschenden Politik für die Durchsetzung autozentrierter agroindustrieller Entwicklung?

Das politische System Costa Ricas ist traditionell relativ offen und gewährt verschiedensten sozialen und politischen Strömungen Einflußmöglichkeiten auf die Gestaltung der Politik - nach Senghaas eine der Voraussetzungen für autozentrierte Entwicklung. Andererseits sind jene gesellschaftlichen Kräfte, die für eine solche Entwicklung eintreten, weit davon entfernt, die Hegemonie zu erringen. Im Gegenteil sind die Exponenten einer nach außen orientierten Wirtschaftspolitk ideologisch in die Offensive gegangen. Die Orientierung am Strukturanpassungsmodell der Weltbank dominiert die Wirtschaftspolitik, wenn auch nicht ohne Brüche. Im Widerstreit der Interessen von Neoliberalen und Exportförderern hat sich ein pragmatischer Kurs herausgebildet, der neben wirtschaftsliberalen Elementen staatliche Stützungsmaßnahmen, insbesondere im Bereich der Exportförderung, beinhaltet. Zudem wird die Strukturanpassung durch den Widerstand verschiedenster Interessengruppen gebremst. In der Praxis wird daher eine Politik der allmählichen Liberalisierung betrieben, die versucht, die sozialen Kosten der Strukturanpassung zu begrenzen (*"gradualismo"*).

Diese neue Politik steht in vielerlei Hinsicht im Widerspruch zu einer Strategie autozentrierter agroindustrieller Entwicklung. Vor allem werden zwei zentrale Elemente dieses Konzepts vernachlässigt bzw. geschwächt:

1. Die eingeleitete Ausrichtung auf den Export ist ebenso von einer Desintegration des nationalen Produktivapparates gekennzeichnet wie es die Strategie der importsubstituierenden Industrialisierung war. Die mit Blick auf eine Senkung der Produktionskosten gewährten Zoll- und Steuerbefreiungen von Vorprodukten für Exporte benachteiligen etwa die nationale Konkurrenz. Halbherzige Versuche, durch eine Ausweitung der Exportförderung auf die nationalen Produzenten von Vorprodukten der dadurch bestehende Gefahr von Exportenklaven zu begegnen, haben bislang nur geringe Erfolge gezeitigt.

2. Die Spezialisierung nach Maßgabe komparativer Kostenvorteile, wie sie gegenwärtig verfolgt wird, läuft darauf hinaus, in erster Linie niedrige Lohnkosten zu nutzen. Löhne werden dabei einseitig als Kosten betrachtet und nicht als

Nachfrage generierende Einkommen. Das neue Modell beinhaltet eine Umverteilung des gesellschaftlichen Reichtums, da die ökonomischen Kosten der Strukturanpassung, wie sie z.B. durch die Exportförderung entstehen, z.T. durch Einsparungen im Sozialbereich finanziert werden. Infolge dieser Umverteilung haben sich die sozialen Disparitäten im Verlaufe der Wirtschaftskrise verschärft, so daß die Chancen, den Binnenmarkt über eine breitenwirksame Nachfragesteigerung zu entwickeln, sinken.

Bezüglich der ökonomischen Viabilität dieser Politik seien an dieser Stelle nur kurz folgende Punkte vermerkt (vgl. Kapitel VII):

- Ein zentrales Ziel der Politik, die Devisenerwirtschaftung zum Zweck der Begleichung der Auslandsschulden, stößt sich am Umfang der Belastung durch diese Schulden - unabhängig von der zugrundegelegten Entwicklungsstrategie. Das Schuldenproblem bedarf einer politischen Lösung (wie sie schließlich ansatzweise, aber sicher noch nicht abschließend durch die 1989 erfolgte Umstrukturierung der Schulden im Rahmen des Brady-Plans gefunden wurde) und kann nicht durch noch so starke Exportanstrengungen überwunden werden.

- Die Liberalisierungspolitik und die Exportförderung haben die Importe stark erhöht. Es hat sich ein "Wettlauf" zwischen Importen und Exporten entwickelt, der die angestrebten Außenhandelsüberschüsse zumindest in näherer Zukunft nicht realisierbar erscheinen läßt.

- Die nicht-traditionellen Exporte hängen häufig von großzügigen Subventionen ab, deren Finanzierung in der Zukunft ungewiß erscheint.

- Die costaricanischen Exporte konzentrieren sich zunehmend auf den US-Markt, wobei ihr Zugang z.T. von politisch bedingten Konzessionen (Caribbean Basin Initiative) abhängt und Widerstände seitens der US-Produzenten die Stabilität des Marktzugangs und die weitere Expansion der Exporte bedrohen.

- Verschiedene Faktoren haben zu einem Rückgang der Weltmarktpreise für landwirtschaftliche Produkte geführt. Angesichts der Krise in vielen Ländern der Region und ihrer Exportanstrengungen bei häufig denselben Produkten ist von einem - z.T. schon zu beobachtenden - Preisverfall auch bei vielen nicht-traditionellen Exportprodukten zu rechnen.

Während zentrale Elemente einer autozentrierten agroindustriellen Entwicklung durch verschiedene gegenwärtig verfolgte Politiken geschwächt werden, hat der oben skizzierte neostrukturalistische Ansatz viele Berührungspunkte zu der von

uns vorgeschlagenen Strategie. Wie erwähnt, hat dieser Ansatz, der auf lateinamerikanischer Ebene schon breit diskutiert wird (vgl. Eßer 1987), in Costa Rica
jedoch noch keine starke gesellschaftliche Basis. Noch kann sich die Öffnungspolitik als einzige Alternative gegenüber dem krisenhaften Modell der importsubstituierenden Industrialisierung darstellen, die gleichzeitig in der Lage sei, auf die
veränderten externen Bedingungen angemessen zu reagieren (Lizano 1988).

Durch Schaffung eines Netzes privater, extern finanzierter Institutionen, die eine
Schlüsselrolle bei der Umstrukturierung der costaricanischen Wirtschaft und bei
der Kanalisierung der externen Finanzierung spielen und von einem Berater der
Regierung als "Parallelstaat" kritisiert worden sind (Inforpress no.795, S. 5f), wird
zudem beabsichtigt, den Einfluß einer Vielzahl sozialer Kräfte - wie oben erläutert charakteristisch für das politische System Costa Ricas der vergangenen
Jahrzehnte - auf die politischen Entscheidungen zu begrenzen. Gleichzeitig
findet über die Kontrolle der öffentlichen Finanzen eine Zentralisierung politischer Macht statt, die den Spielraum der verschiedenen staatlichen und halbstaatlichen Institutionen verengt. Der politische Protest, der sich an die demokratisch legitimierten Institutionen wendet, trifft daher stärker als früher auf Ver-
handlungspartner, die kaum Entscheidungsgewalt haben, weswegen zunehmend
direkt der Präsident angesprochen wird - eine Verstärkung der präsidentialisti-
schen Züge des politischen Systems, die der von der Regierung Arias propagier-
ten Dezentralisierung über die Stärkung der Kantone entgegensteht. Die
Abschottung der politischen Entscheidungen von der Einflußnahme gesellschaftlicher Kräfte außerhalb des Wahlvorgangs wird auch durch die Konditionen
verstärkt, die die internationalen Finanzinstitutionen mit der Kreditvergabe
verbinden. Die herrschende Strukturanpassungspolitik schafft sich somit ein
institutionelles Gerüst, welches die erwähnte traditionelle Offenheit des politischen Systems als positive Ausgangsbedingung für die Durchsetzung einer autozentrierten agroindustriellen Entwicklung relativiert.

Angesichts der ökonomischen, sozialen und politischen Kosten dieser Form der
Strukturanpassung ist es jedoch fraglich, ob die Koalition von Neoliberalen und
Exportförderern mittel- und langfristig in der Lage sein wird, eine stabile politi-
sche Hegemonie aufzubauen. Die auf diese Kosten zurückzuführende Schwäche
und die fortdauernde, wenn auch untergeordnete Präsenz neostrukturalistischer
Positionen im Staatsapparat beinhaltet bereits jetzt eine Chance, Elemente einer
Strategie autozentrierter agroindustrieller Entwicklung zu realisieren. Auf solche
Ansatzpunkte wird im Kapitel VII zurückzukommen sein. Ob es darüber hinaus
möglich sein wird, eine solche Strategie integral umzusetzen, hängt davon ab, ob
es den Neostrukturalisten gelingt, Forderungen jener Basisbewegungen zu integrieren, die sich gegen die heutige Strukturanpassungspolitik wenden, und ein
kohärentes politisches Projekt anzubieten, und ob jene Basisbewegungen selbst
schließlich in der Erkenntnis fortschreiten, daß eine Strukturanpassung notwendig ist, es jedoch auf das Wie ankommt.

IV Agroindustrielle Komplexe als Entwicklungspole? Ihr Beitrag zur autozentrierten agroindustriellen Entwicklung (Jürgen Weller)

Wie eingangs erläutert wurde, steht die Dynamisierung der Landwirtschaft im Mittelpunkt der Strategie autozentrierter agroindustrieller Entwicklung. Von ihr sollen Kopplungseffekte ausgehen, die dem verarbeitenden Gewerbe, dem Dienstleistungssektor und politischen Institutionen Entwicklungsimpulse geben.

Im folgenden Abschnitt sollen ausgewählte agroindustrielle Komplexe hinsichtlich ihres Beitrags zur autozentrierten agroindustriellen Entwicklung untersucht werden. Als agroindustrielle Komplexe oder Sektoren bezeichnen wir die Gesamtheit der Wirtschaftselemente und -prozesse, die mit bestimmten land- oder viehwirtschaftlichen Aktivitäten verknüpft sind. Dazu gehören also die eigentliche Primärproduktion, die industrielle Verarbeitung des entsprechenden Produkts, diesen vor- und nachgelagerte Produktionszweige sowie alle Dienstleistungen, die mit ihnen in Verbindung stehen.

Verschiedene agroindustrielle Komplexe leisten in der Regel sehr unterschiedliche Beiträge zur gesamtgesellschaftlichen Entwicklung. Zentrales Analyseinstrument zu ihrer Bewertung war das linkage-Konzept Hirschmans (Hirschman 1958, 1977), wobei wir die aus der Literatur bekannten Typen der production, consumption und fiscal linkages um die "organization linkages" erweitert haben. Wie auch Hirschman selbst (Hirschman 1977, S. 70f) sind wir einer quantitativen Interpretation der linkages gegenüber skeptisch. Wir haben uns vielmehr auf ihre qualitative Bewertung konzentriert, ohne jedoch aussagekräftige quantitative Daten zu ignorieren. Die Entwicklung eines agroindustriellen Komplexes sowie die Intensität und die sozio-ökonomischen Folgen seiner linkages ergeben sich aus dem sich gegenseitig beeinflussenden Zusammenspiel von Eigenschaften, die den jeweiligen Ausgangsprodukten innewohnen (Bsp.: geringe Arbeitsintensität bei Ölpalmen bedeutet eine Restriktion bezüglich der consumption linkages), und den sozio-ökonomischen und politischen Rahmenbedingungen, unter denen sich die sektorale Entwicklung vollzieht. Die Berücksichtigung dieses Verhältnisses ermöglicht es auch, die linkages dynamisch zu interpretieren und sowohl die Beschränkungen der Kopplungseffekte als auch die Spielräume zu ihrer Weiterentwicklung zu erfassen. Welchen Beitrag ein agroindustrieller Komplex zur gesamtgesellschaftlichen Entwicklung leistet, hängt im wesentlichen von den folgenden, häufig miteinander verknüpften Faktoren ab:

- der allgemeinen Wirtschafts- und Entwicklungspolitik des Lande;
- den wirtschaftlichen Rahmenbedingungen des Komplexes, v.a. der Marktentwicklung;
- dem Potential zur Bildung von production linkages;
- der wirtschaftlichen Beziehung zwischen dem Staat und dem Komplex (incl. fiscal linkages);
- der sozioökonomischen Struktur des Komplexes (einschl. consumption linkages);
- der Organisations- und politischen Struktur des Komplexes (einschl. organization linkages).

Der erstgenannte Faktor wurde bereits im vorangegangenen Abschnitt ausführlich behandelt. Der Einfluß der fünf übrigen soll im folgenden diskutiert werden.

1. Die ökonomischen Rahmenbedingungen eines agroindustriellen Komplexes beeinflussen stark seine Entwicklungsmöglichkeiten und damit die Möglichkeiten zur Entwicklung von Kopplungseffekten. Im Mittelpunkt steht dabei, ob es die Marktkonditionen erlauben, relativ stabile (oder wachsende) Mengen der Produkte zu Preisen, die innerhalb einer bestimmten Marge stabil bleiben, zu vermarkten, und welche Konkurrenzbedingungen (etwa hinsichtlich der Qualität) der Markt für den Vertrieb der entsprechenden Produkte setzt.

2. Die production linkages sind jene Kopplungseffekte, die ein bestimmter Sektor über input- und output-Beziehungen entwickelt, wobei die entstehenden Vorwärts- und Rückwärtsverflechtungen jeweils landwirtschaftliche, industrielle und tertiäre Aktivitäten umfassen können. Besonders interessant ist in diesem Zusammenhang die Beziehung zur technologischen Entwicklung: Bestimmte Notwendigkeiten des agroindustriellen Komplexes (Qualitätssteigerung, die Entwicklung neuer Produkte) können Forschung und Entwicklung anreizen; technologische Aktivitäten, die etwa zur Nutzung von Nebenprodukten führen, schaffen neue linkages innerhalb des Komplexes.

3. Aus dem Steueraufkommen, das der Staat von den verschiedenen agroindustriellen Komplexen erhält, finanziert er investive oder konsumtive Ausgaben, die zu weiteren linkages führen. Gleichzeitig kann der Staat eine Förderpolitik zugunsten der Entwicklung des Komplexes betreiben, die etwa aus einer Preis- und Kreditpolitik und in Forschungs- und Beratungsaktivitäten besteht.

4. Wie auch Hirschman in einer neueren Veröffentlichung unterstreicht (Hirschman 1984, S. 98), ist bei der Einschätzung von Kopplungseffekten die Sozialstruktur des Komplexes und ihre Dynamik zu berücksichtigen. Dies impli-

ziert zum einen die Bedeutung der consumption linkages des entsprechenden Komplexes, zum anderen die im Rahmen einer Strategie autozentrierter agroindustrieller Entwicklung besonders wichtige Frage nach der Zukunft von Mittel- und Kleinbauern im Rahmen agroindustrieller Komplexe.

5. Dieselbe Frage macht es notwendig, das Verhältnis zwischen Landwirtschaft und Agroindustrie im engeren Sinne, also der land- oder viehwirtschaftliche Erzeugnisse verarbeitenden Industrie zu untersuchen. Hier geht es zum einen um die Formen, wie das direkte Verhältnis landwirtschaftlicher Produzent/Agroindustrie organisiert ist, zum anderen um die Effekte von Koordinationsbemühungen auf sektoraler Ebene, wie sie z.T. unter Mitwirkung des Staates stattfinden.

Im Rahmen des Forschungsprojekts wurden vier agroindustrielle Komplexe sehr detailliert hinsichtlich ihres Beitrages zur autozentrierten agroindustriellen Entwicklung untersucht. Dies sind Komplexe, die sich um die landwirtschaftlichen Erzeugnisse Kaffee, Milch, Palmöl und Ananas gebildet haben. Die vier Komplexe wurden ausgewählt, da sie bezüglich der o.g. Kriterien sehr verschiedene Strukturen repräsentieren. Im folgenden sollen zunächst kurz die wesentlichen Ergebnisse dieser sektoralen Studien dargestellt und abschließend die Restriktionen und Möglichkeiten einer effektiven Rolle agroindustrieller Komplexe für die sozioökonomische Entwicklung beurteilt werden (zu den genauen Quellenangaben für die Sektorstudien vgl. Altenburg/Hein/Weller 1990, Kap.IV).

Der agroindustrielle Komplex des *Kaffees* hat sich um ein klassisches Agrarexportprodukt herum entwickelt, das die Entwicklung Costa Ricas ökonomisch, sozial und politisch geprägt hat und bis heute das wichtigste Exportgut ist. Der Kaffeeweltmarkt ist seit langem durch eine strukturelle Überproduktion gekennzeichnet, die nur vorübergehend durch klimatisch bedingte Produktionseinbrüche abgebaut wird. Das Internationale Kaffeeabkommen hat bis zu seiner Suspendierung 1989 mit einem Mengen- und Preisregulierungsmechanismus für eine gewisse Stabilität gesorgt. Dank der guten Qualität des costaricanischen Kaffees gelang es, auch die nicht im Rahmen des Kaffeeabkommens zu vermarktende exportfähige Ernte auf dem Weltmarkt zu verkaufen - wenn auch zu niedrigeren Preisen. Unter diesen Bedingungen wurde die Kaffeeproduktion stetig ausgeweitet (vgl. für den Zeitraum zwischen der letzten Agrarzensen Tabelle 4.1).

Tabelle 4.1:   Wachstum des costaricanischen Kaffeesektors

	1973	1984	1983/1973
Anzahl der Betriebe ("Fincas")	32.400	34.500	+ 6,5%
Kaffee-Anbaufläche (ha)	83.400	89.900	+ 7,8%
Produktion (in t)	369.200	562.200	+ 52,3%
Erträge (t/ha)	4,74	7,01	+ 47,9%

Quellen: eigene Berechnungen nach Dirección General de Estadísticas y Censos (DGEC),
Censo Agropecuario 1973, San José 1974 und DGEC, Censo Agropecuario 1984,
San José 1987.

Die Bedeutung des Kaffeeabkommens für die wirtschaftliche Stabilität kleiner Erzeugerländer wie Costa Rica war bereits in früheren Phasen der Aussetzung des Abkommens deutlich.

Entgegen den herkömmlichen Vorstellungen von Agrarexportprodukten hat der agroindustrielle Komplex des Kaffees in Costa Rica intensive production linkages hervorgebracht (vgl. Schaubild 2). Hervorzuheben sind dabei zum einen die Forschungs- und Entwicklungsaktivitäten, die dazu beigetragen haben, daß Costa Rica Spitzenwerte bei der Flächenproduktivität erzielt, nämlich vor allem durch den Einsatz neuer Sorten, Anbaumethoden und Agrochemikalien; zum anderen hat sich ein auf die Herstellung von Maschinen zur Kaffeeverarbeitung spezialisierter Sektor der metallverarbeitenden Industrie entwickelt, der seine Erzeugnisse auch exportiert und in der Lage ist, neue technologische Entwicklungen (z.B. Mikroelektronik) zu integrieren. Bei den Vorwärtsverflechtungen gibt es interessante Versuche zur Nutzung von Nebenprodukten, etwa zur Herstellung von organischem Dünger; diese Ansätze zur Ausweitung der Kopplungseffekte sind allerdings quantitativ noch nicht sehr bedeutsam. Sowohl die Rückwärts- als auch die Vorwärtsverflechtungen der Kaffeeindustrie (Aufbereitungsanlagen) fallen im Vergleich zum Durchschnitt der costaricanischen Industrie in überdurchschnittlichem Maße bei der nationalen Wirtschaft an.

Der Kaffee ist eine bedeutende Einnahmequelle des Staates: Zwischen 1983 und 1986 trugen die Produktions- und Exportsteuern auf Kaffee zwischen 7,8% und 14,3% zu den gesamten Steuereinnahmen bei. Der Staat seinerseits hat über die Durchführung bzw. Förderung von Forschungsaktivitäten, sowie durch ein vergleichsweise gutes Beratungswesen stark zur technologischen Entwicklung des Kaffeesektors beigetragen. Weitere wichtige staatliche Leistungen in diesem Zusammenhng waren Infrastrukturmaßnahmen und Erntekredite.

Schaubild 2:
Linkages des agroindustriellen Komplexes "Kaffee"

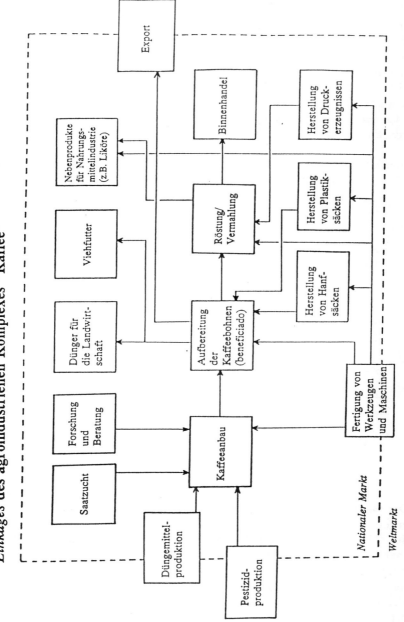

Der costaricanische Kaffeesektor ist traditionell von einer starken Präsenz mittlerer und Kleinbauern gekennzeichnet (vgl. Tabelle 4.2). Obwohl das gern gepflegte Bild einer egalitären, idyllischen Kaffeewirtschaft nicht zutrifft und es eine bedeutsame Zahl großer Kaffeeplantagen gibt, ist es in der Vergangenheit zu keinen massiven Verdrängungsprozessen von Kleinproduzenten gekommen. Die Einkünfte aus dem Kaffeexport werden daher relativ breit verteilt. Außerdem ist der Kaffee sehr arbeitsintensiv, so daß zusätzliche consumption linkages entstehen. Die Entlohnung der Land- und Erntearbeiter und -arbeiterinnen ist jedoch vergleichsweise niedrig.

Tabelle 4.2: **Anzahl der Betriebe, Anbaufläche, Produktion und Hektarerträge nach Betriebsgrößenklassen im Kaffeesektor 1973 und 1984**

Größe der Betriebe (ha)	Zahl der Betriebe (in %)		Durchschnittl. Kaffeeanbaufl./ Betrieb (ha)		Anteil an Gesamtkaffeeanbaufl.(%)		Gesamtproduktion %)		Flächenertrag (t/ha tragender Kaffeepflanzen)		Zunahme des Flächenertrags 1973/84 in %
	1973	1984	1973	1984	1973	1984	1973	1984	1973	1984	
unter 1	24,4	25,5	0,37	0,38	3,4	3,8	2,6	3,7	3,61	6.97	93,1
1- 5	34,0	40,4	1,39	1,48	18.3	22,9	15,3	20,8	3,95	6.42	62,5
5- 10	13,6	13,6	2,53	2,73	13.3	14,2	12,5	12,9	4,39	6,43	46,5
10- 50	21,1	16,5	3,78	4,38	31,0	27,8	30,8	26,5	4,69	6,82	45,4
50-100	3,9	2,6	6,85	10,95	10.5	10,6	12,6	13,1	5,60	8.75	56,3
100-500	2,4	1,3	15,35	24,64	14,5	12,6	16,0	13,0	5,34	7,53	41,0
über500	0,3	0,2	87,36	106,95	8,7	8,1	10,0	9,9	5,60	8.34	48,9
insgesamt	100	100	2,58	2,61	100	100	100	100	4,74	7,01	47,9

Quellen: eigene Berechnungen nach DGEC, Censo agropecuario 1973 und ibid., Censo agropecuario 1984.

Die Hauptgründe für die Stabilität der mittel- und kleinbäuerlichen Wirtschaft liegen - neben historischen Faktoren wie Arbeitskräfteknappheit und Landüberfluß - im organisatorisch-politischen Bereich (vgl. Schaubild 3): Ein mit staatlicher Unterstützung entstandener starker Genossenschaftssektor bietet den privaten Kaffeeaufbereitungsfirmen Konkurrenz und wirkt stabilisierend. Das Instituto del Café regelt unter der Beteiligung von Staat, Kaffeeproduzenten, Verarbeitern und Exporteuren die Beziehungen zwischen den verschiedenen beteiligten Gruppen (v.a. die Preisbildung) und hat im Laufe der Jahrzehnte viele Möglichkeiten der Verarbeiter, den Produzentenpreis zu drücken, aufgeho-

Schaubild 3:
Wirtschaftliche und organisatorische Struktur des
agroindustriellen Komplexes "Kaffee"

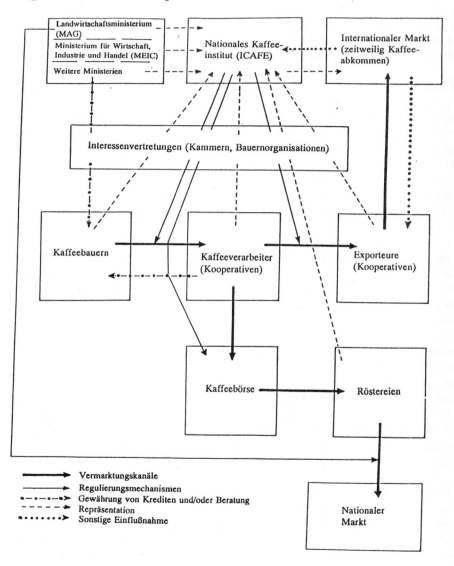

ben. Die Genossenschaften und das Landwirtschaftsministerium haben durch ihre Beratungstätigkeit dazu beigetragen, daß auch Kleinproduzenten ihre Produktivität in den letzten Jahren und Jahrzehnten stark verbessert haben. Neben den Genossenschaften haben sich seit Anfang der achtziger Jahre Bauernorganisationen gebildet, in denen Kaffeebauern eine große Rolle spielen. Die Land- und Erntearbeiter sind jedoch aus diesem organisatorischen Geflecht ausgeschlossen, das für die Entwicklung des Kaffeesektors so wichtig ist.

Schließlich hat das Ende des Internationalen Kaffeeabkommens und der darauf folgende Sturz der Weltmarktpreise gravierende Auswirkungen auf den Komplex, z.b. was die Einkommen der Kaffeebauern und die Staatseinnahmen betrifft (Streichung der Steuer auf die Produktion). Ein anderes Problem, das beginnt, die agro-technologischen Voraussetzungen des Kaffeesektors infragezustellen, sind die immer deutlicher werden ökologischen Implikationen. Das betrifft ganz besonders die Verschmutzung vor allem durch die Abwässer der Aufbereitungsanlagen, die bedenklichen Umfang erreicht hat, ohne daß dagegen bisher entschiedene Schritte unternommen würden.

Trotz dieser z.T. externen, von Costa Rica aus kaum zu überwindenden, z.T. intern lösbaren Probleme bietet der Kaffee ein Beispiel dafür, daß auch eine Branche der Agrarexportwirtschaft sich zu einem dynamischen agroindustriellen Komplex entwickeln und somit eine wichtige Rolle in einer Strategie autozentrierter agroindustrieller Entwicklung spielen kann. Die dafür grundlegenden Bedingungen wurden deutlich: Eine relativ günstige Marktposition, eine Sozialstruktur, die eine breite Verteilung der Erträge und Löhne fördert, eine Spezialisierung der über Kopplungseffekte verbundenen Industrie, die in der "Nische" internationale Konkurrenzfähigkeit erreicht, organisatorische Strukturen, die zum einen die Interessenvertretung der beteiligten sozialen Gruppen ermöglichen und die zum anderen Koordinationsmechanismen zur Konfliktlösung bereitstellen, staatliche Intervention auf den Ebenen Koordination, Forschungsförderung, Beratung u.a.m. Bestimmte Produktspezifika, wie die hohe Arbeitsintensität, fördern - in diesem Fall über die consumption linkages - den positiven Beitrag zur gesamtgesellschaftlichen Entwicklung.

Die *Milchwirtschaft* Costa Ricas ist in den achtziger Jahren stark expandiert (vgl. Tabelle 4.3). Dies lag zum einen an den Absatzproblemen der Fleischviehwirtschaft, weswegen sich viele Viehzüchter auf Milchvieh bzw. auf eine kombinierte Milch- und Fleischproduktion umstellten, und zum anderen an einer aktiven Förderpolitik des Staates. Milch und andere Milchprodukte aus nationaler Produktion werden fast ausschließlich auf dem Binnenmarkt vermarktet, wo durch eine traditionell konsumentenfreundliche staatliche Preispolitik der Milchverbrauch um mehr als 140% höher als der in allen zentralamerikanischen Ländern (einschl. Panama) liegt. Die niedrigen Milchpreise konnte die Milchwirtschaft durch hohe (freie) Preise bei den anderen Milchprodukten ausgleichen. Mit der Expansion der achtziger Jahre gelangte der Binnenmarkt jedoch an die Grenze der Sättigung. Auf dem internationalen Markt, der aufgrund der subventionierten Exporte verschiedener Produzentenländer (v.a. EG und USA) äußerst niedrige Preise aufwies, stiegen diese gegen Ende der achtziger Jahre, so daß die costaricanische Milchwirtschaft sich Hoffnung macht, ihre Überschüsse zumindest ohne Verluste exportieren zu können.

Tabelle 4.3: **Entwicklung von Volumen und Wert der Milchproduktion sowie der relativen Bedeutung der Milchverarbeitung**

	1977	1980	1982	1983	1984	1985	1986
Volumen (Mill. Liter)	290,3	308,3	297,7	326,9	345,8	360,7	390,7
Bruttoprod.wert (in Mill. Colones v.1966)	260,7	276,8	267,5	293,7	310,7	328,3	351,0
Anteil am Bruttoprod.wert der Landwirtschaft (%)	11,2	11,1	11,0	12,2	11,3	12,7	13,0
Anteil der Milchverarbeitg. am Nettoprod.swert der Lebensmittel -u.Getränkeind.(%)	6,5	7,6	5,1	7,8	7,7	8,1	7,5

Quellen: BCCR 1988 und BCCR 1988a.

Bezüglich der production linkages sind in diesem Komplex für Costa Rica v.a. die Vorwärtsverflechtungen von Bedeutung, wo gerade in den letzten 10-15 Jahren mit der Markteinführung immer neuer Milchprodukte, der Ausweitung der Vermarktung in ländlichen Gebieten und der Nutzung von Milchprodukten als industriellen Rohstoffen der Lebensmittelindustrie linkages in Produktion und Handel entstanden sind (vgl. Schaubild 4). Die Rückwärtsverflechtungen der Milchviehwirtschaft beziehen sich v.a. auf Futter- und Düngemittel, Saatgut, Arzneimittel sowie auf Melkmaschinen und Kühleinrichtungen. Mit Ausnahme der Düngemittel und der Kühltanks ist der Importanteil bei allen diesen Inputs hoch. In der milchverarbeitenden Industrie, bei der 80% der Produktionskosten auf das Konto der Frischmilch gehen, gibt es zwar durch den wachsenden Maschineneinsatz beträchtliche Rückwärtsverflechtungen, diese kommen jedoch nur in sehr geringem Maße der nationalen Wirtschaft zugute, da fast der gesamte Maschinenpark importiert wird. Die technologische Entwicklung, die von diesem Komplex angereizt wird, beschränkt sich auf industrieller Ebene weitgehend auf

Schaubild 4

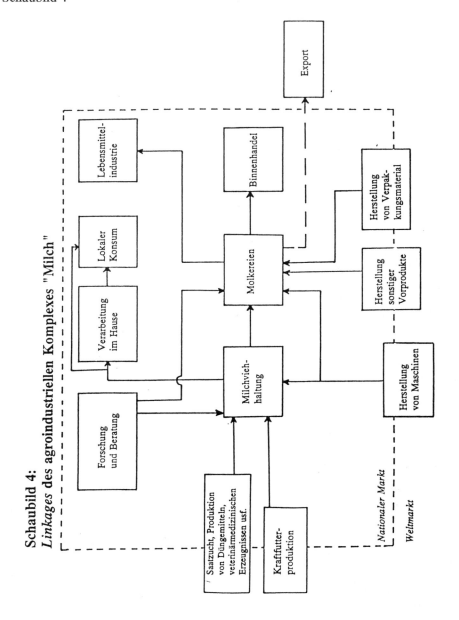

Schaubild 4:
Linkages des agroindustriellen Komplexes "Milch"

die Entwicklung neuer Produkte (innerhalb der Unternehmen). Auf der viehwirtschaftlichen Ebene wird im staatlichen und halbstaatlichen Bereich u.a.
der Verbesserung des Milchviehs und des Futters gearbeitet, letzteres auch um
den (hohen) Anteil importierter Inputs an den Futtermitteln zu senken.

Wie bereits erwähnt, geht die Expansion der Milchviehwirtschaft in den achtziger
Jahren u.a. auf die staatliche Förderpolitik zurück, die vor allem durch die
Anhebung der Produzentenpreise, Kreditprogramme, Maßnahmen im Rahmen
von Programmen zur ländlichen Entwicklung und die Einführung neuer Technologien die Anfang der achtziger Jahre zum Ziel gesetzte Selbstversorgung in
diesem Bereich erlangt hat. Im Zuge der Liberalisierungspolitik in der Landwirtschaft geriet - verstärkt durch die drohende Überproduktion - auch die Preispolitik im Milchsektor unter Druck. In Verhandlungen mit den Vertretern der
Milchwirtschaft wurde jedoch ein neues Preisfestlegungssystem entwickelt, das
auf die Produktionskosten Rücksicht nimmt, jedoch eine ständige Produktivitätssteigerung der Viehwirtschaft erfordert. Die vom Komplex ausgehenden fiscal
linkages sind gering, da lediglich Territorial- und Wegesteuern anfallen, deren
Gewicht auf ca. 1% der Produktionskosten geschätzt wird.

Tabelle 4.4: **Milchproduzierende Betriebe, Milchkühe und Milchkühe pro**
Betrieb nach Betriebsgrößenklasse, 1973 und 1984

Betriebsgröße (in ha)	Zahl d.Betriebe(%) 1973	1984	Milchkühe (%) 1973	1984	Milchkühe/Betrieb 1973	1984
unter 5	42,5	38,0	6,1	10,9	3,6	5,7
5- 10	13,5	16,8	4,5	7,3	8,1	6,8
10- 20	12,4	16,8	6,4	12,1	12,5	11,2
20- 50	15,4	15,1	17,9	19,4	28,3	20,0
50- 100	8,5	7,0	18,5	16,3	53,3	36,4
100- 500	6,8	5,8	34,0	26,9	121,4	72,9
über 500	1,0	0,7	12,6	7,2	291,9	170,4

Quelle: eigene Berechnungen nach DGEC, Censo Agropecuario 1973 und Censo Agropecuario 1984

In der Sozialstruktur des Komplexes herrschten traditionell große und mittlere
Viehzüchter vor. Die Förderpolitik des Staates hat jedoch eine relative Expansion kleiner und mittlerer Viehzüchter ermöglicht. So stieg der Anteil der Höfe
unter 50 ha am Milchkuhbestand zwischen 1973 und 1984 von 35% auf 50% (vgl.
Tabelle 4.4). Gleichzeitig weiteten die großen Höfe aber ihren Bestand an Kühen

zur gemischten Milch- und Fleischproduktion aus. Angesichts der von der Marktsättigung erzwungenen Politik zur Produktivitätssteigerung, welche u.a. eine bessere Auslastung der Installationen durch größere Herden und einen vermehrten Einsatz industriell gefertigter Futtermittel erfordert, droht jetzt ein erneuter Konzentrationsprozeß. Wegen der in der Viehwirtschaft naturgemäß geringen Arbeitsintensität und der relativ niedrigen Löhne sind die consumption linkages des Sektors eher begrenzt, sie wurden jedoch durch die erwähnte Expansion kleiner Milchbauern verstärkt.

Der Komplex der costaricanischen Milchwirtschaft wird auf industrieller Ebene von wenigen Unternehmen gebildet, von denen die meisten (darunter das größte) Genossenschaften sind. Diese Genossenschaften haben - auch wenn es Tendenzen zur Abschottung von industrieller Genossenschaft und viehwirtschaftlichen Genossen gibt - viel für die Stabilisierung der Milchwirtschaft gerade in entlegeneren Gebieten getan. Zwar sehen sich auch die Genossenschaften in einer Situation der Marktsättigung gezwungen, die Expansion ihrer Produktion und damit die Abnahmen von Milch ihrer Genossen zu begrenzen, diese haben jedoch zumindest die Garantie, eine Mindestproduktion verkaufen zu können. Die Milchbauern haben sich in einer Kammer zusammengeschlossen, die zu einem wirksamen Interessenvertretungsorgan geworden ist. Zur Lösung der Probleme des Komplexes - v.a. angesichts des Problems der Überproduktion - ist die Gründung einer Oficina de Leche ("Milchbüro") vorgeschlagen worden, die ähnlich dem Instituto del Café die Arbeit von Staat, Milchproduzenten und milchverarbeitender Industrie koordinieren soll. In der Comisión de la Actividad Lechera besteht bereits ein Vorläufer dieses Koordinationsgremiums (zur Organisationsstruktur des Komplexes vgl. Schaubild 5).

Die Milchviehwirtschaft war bis zum Ende der achtziger Jahre ein Beispiel für effektive staatliche Intervention auf dem Binnenmarkt: Durch niedrige Konsumentenpreise wurde der Konsum dieses Grundnahrungsmittel breiten Schichten der Bevölkerung zugänglich; durch hohe Produzentenpreise (die die Industrie über die Preise für andere Milchprodukte finanzierte) und andere Fördermaßnahmen kam es zu einer Produktionssteigerung, die die Binnennachfrage zunehmend decken konnte. Die starke Präsenz von Genossenschaften stabilisierte den Komplex zusätzlich. Die Sättigung des Binnenmarktes erzeugte neue Probleme. Im Gegensatz zur Entwicklung bei Mais, Reis und schwarzen Bohnen (vgl. Kap. III) konnten die Forderungen nach Liberalisierung aufgrund des hohen Organisationsgrades der Produzenten zumindest zunächst abgewehrt werden. Stattdessen bemüht man sich - unter der Kooperation der betroffenen sozialen Gruppen - um eine Entwicklung, die Stabilität und Entwicklung über

Schaubild 5:
Wirtschaftliche und organisatorische Struktur des
agroindustriellen Komplexes "Milch"

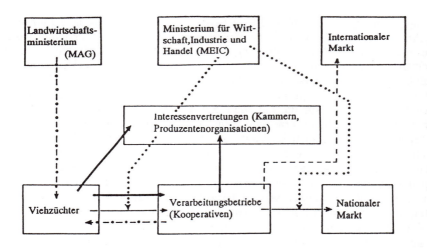

Vorherrschende Vermarktungskanäle
Untergeordnete Vermarktungskanäle
Preisregulierung
Gewährung von Krediten und/oder Beratung
Repräsentation

den Produktivitätsfortschritt miteinander verbindet. Ähnlich wie beim Kaffee gibt es jedoch externe Probleme, die solche Lösungen beschränken (Subventionspolitik anderer Länder); außerdem stellt sich die Frage, inwieweit die relativ breite soziale Basis, die nicht zuletzt durch die staatliche Förderpolitik der achtziger Jahre entstanden ist, im Zuge dieser neuen Politik nicht einer erneuten Konzentration weichen muß. Ohne Zweifel sind die Bemühungen im Milchsektor aber ein positives Beispiel gegenüber der krassen Liberalisierungspolitik in anderen Bereichen.

Der agroindustrielle Komplex, der in Costa Rica seit den vierziger Jahren um den Anbau der *Ölpalmen* und die Verarbeitung ihrer Früchte errichtet wurde, steht bezüglich der Marktbedingungen vor einer ähnlichen Situation wie die Milchwirtschaft. Über mehrere Jahrzehnte ein reines Binnenmarktprodukt (zur Produktion v.a. von Speisefett und Margarine), wurde in der ersten Hälfte der achtziger Jahre ein Programm zur Ausweitung der Produktion beschlossen, welches jedoch nicht nur die nationale Selbstversorgung sichern, sondern auch exportfähige Überschüsse erzeugen sollte. Die zu jener Zeit noch hohen Weltmarktpreise sanken jedoch im Laufe des Jahrzehnts wegen der Expansion des Ölpalmenanbaus v.a. in Asien und der Expansion auch anderer Ölfrüchte drastisch ab. Die costaricanische Produktion stieg aufgrund der staatlichen Förderungsmaßnahmen im Laufe des Jahrzehnts deutlich an (vgl. Tab. 4.5); Ende 1987 kam es erstmals zu nennenswerten Exporten an Palmöl. Die drei wichtigsten Stufen des Komplexes - landwirtschaftliche Produktion, Gewinnung des Palmöls aus den Früchten der Ölpalme, Gewinnung von Speisefett und anderen Produkten aus dem Palmöl - waren über lange Zeit Monopol von Tochterfirmen der United Brands Co. (UBCo). Lediglich im Anbau der Ölpalmen hat sich bisher insofern etwas geändert, daß zunächst "assoziierte Produzenten" der UBCo Tochterfirma CBCR (Compañia Bananera de Costa Rica), dann Produzenten in staatlichen Entwicklungsprojekten die Produktion aufgenommen haben (s. unten).

Tabelle 4.5:   **Anbaufläche von Ölpalmen und Produktion von rohem Palmöl 1970-1987**

	1970	1974	1979	1983	1986	1987
Anbaufläche (ha)	8.275	9.064	11.704	14.275	18.784	21.144
Produktion von rohem Palmöl (1000t)	14,4	27,5	30,8	43,4	49,4	52,3

Quellen: eigene Berechnungen und Schätzungen nach unveröffentlichten Quellen der Banco Nacional, des SEPSA und verschiedener Papiere

Im Komplex der Ölpalme bestehen bedeutende production linkages, v.a. in der Palmöl-, Speisefett- und Margarineproduktion sowie in der Herstellung von Vorprodukten der Lebensmittel- und der Kosmetikindustrie. Es bestehen somit intensive Vorwärtsverflechtungen. Die Rückwärtsverflechtungen auf industrieller Ebene fallen im wesentlichen im Ausland an, da u.a. die Maschinerie fast vollständig importiert wird. Sowohl Vorwärts- als auch Rückwärtsverflechtungen in Costa Rica selbst werden zum Teil von weiteren Tochterfirmen der UBCo (in der Lebensmittel- und in der Verpackungsindustrie) kontrolliert. Die Rückwärtsverflechtungen in der Landwirtschaft sind eher begrenzt, da die Pflanzungen relativ wenige Inputs benötigen (vgl. Schaubild 6). Vor allem in der Sortenentwicklung und in der Weiterverarbeitung des Palmöls haben die erwähnten Tochterfirmen bedeutende Prozeß- und Produktinnovationen eingeführt. Diese Innovationen bleiben jedoch Monopol der entsprechenden Unternehmen. Ein begrenzter Transfer von know how findet lediglich im landwirtschaftlichen Bereich statt, wo den "assoziierten Produzenten" als den Zulieferen der Ölmühlen der CBCR technische Hilfe gegeben wird. Insgesamt ist die Verflechtung des Ölpalmenkomplexes mit der costaricanische Wirtschaft sehr begrenzt.

Die staatlichen Aktivitäten in diesem Komplex beschränkten sich lange Zeit auf die Preispolitik, mit der gesichert werden sollte, daß das Basisprodukt Speisefett (und früher auch die Margarine) zu günstigen Preisen an den Konsumenten und die Konsumentin gelangte. Die Preisfestlegung geschieht auf den verschiedenen Stufen der Produktions- und Handelskette (Ölfrüchte, Palmöl, Speisefett im Groß- und Einzelhandel) und sah sich stets vor dem Problem, angesichts eines monopolistischen Anbieters die von diesem angegebenen Produktionskosten zur Grundlage nehmen zu müssen. Erst mit der Integration von Ölpalmen in einige Projekte zur ländlichen Entwicklung wurden staatliche Kreditprogramme aufgelegt, Anbauberater ausgebildet bzw. angeworben usw. Gleichzeitig wurden die Konditionen festgelegt, nach denen Exporte durchgeführt werden sollen. Die fiscal linkages sind minimal; im Mittelpunkt stehen Territorial-, Wege- und andere kommunale Steuern.

Die Unternehmensstruktur im Ölpalmenkomplex wurde bereits kurz angesprochen: Auf industrieller Ebene herrscht ein Monopol (wobei im Rahmen eines Entwicklungsprojekts der Bau einer unabhängigen Ölmühle zur Verarbeitung der Früchte begonnen wurde); wie aus Tabelle 4.6 hervorgeht, hält die UBCo-Tochterfirma CBCR noch etwa zwei Drittel der Ölpalmenplantagen, während das restliche Drittel sich auf folgende Produzentengruppen verteilt:

- individuelle "assoziierte Produzenten", die seit den siebziger
  Jahren - über Kontrakt geregelt - die Ölmühlen der CBCR beliefern;

Schaubild 6

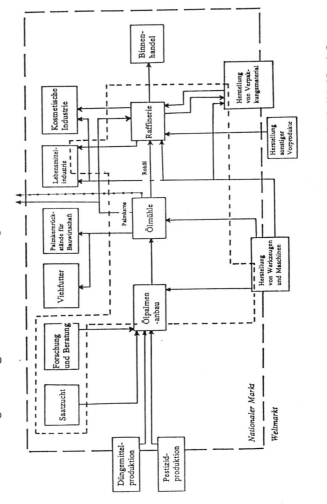

Schaubild 6:
Linkages des agroindustriellen Komplexes "Palmöl"

- - - Tochtergesellschaften der United Brands Co.

⟶ Beginn von Palmöl-Exporten

- selbstverwaltete Genossenschaften, die zumeist aus ehemaligen Arbeitern der CBCR bestehen und zum Teil im Rahmen von Entwicklungsprojekten gegründet wurden;
- Genossenschaften mit starkem Anteil von Lohnarbeit;
- Parzellenbauern, die ebenfalls im Rahmen von Entwicklungsprojekten mit dem Anbau von Ölpalmen begannen.

Tabelle 4.6: **Anbauflächen von Ölpalmen in den Regionen Pacífico Sur und Pacífico Central nach Unternehmensformen (1987, in ha)**

Unternehmensform	Pacífico Sur	Pacífico Central	Insgesamt
CBCR	6.834	8.034	14.868
individuelle assoziierte Prod.	554	873	1.427
Selbstverwaltete Genossensch.	1.254	1.791	3.045
Genossenschaften mit starkem Anteil v. Lohnarbeit	246	0	246
Parzellenbauern (auf Parzellen des Agrarreforminstituts IDA)	1.597	0	1.597
Insgesamt	10.446	10.698	21.144

Quellen: Eigene Interviews mit SEPSA, CBCR, UNESUR, Proyecto de Desarrollo Rural Integrado Osa-Golfito (EG-Projekt).

Da bislang noch keine andere Ölmühle in Funktion ist, sind alle Produzentengruppen über Kontrakte an die CBCR gebunden. Die sozioökonomische Lage ist aus zwei Gründen schwierig: Viele Pflanzungen sind noch nicht in Produktion, wobei es Probleme bei der Überbrückung dieser Phase durch andere Produkte oder Kredite gibt; der Preissturz für Ölprodukte hat die Produzenten auf den staatlich fixierten Mindestpreis zurückgeworfen, der für neue Pflanzungen kaum rentabel ist. Die Lohnarbeiter der CBCR waren zuvor meist in den Bananenplantagen desselben Unternehmens beschäftigt, und mußten bei deren Schließung deutliche Lohneinbußen hinnehmen. Da die Ölpalme wenig arbeitsintensiv ist, wurden bei diesen Umstellungen (in den achtziger Jahren Region Pacífico Sur, in den vierziger Jahren Region Pacífico Central) außerdem viele Arbeiter entlassen, was insgesamt zu einem deutlichen Rückgang der consumption linkages führte (siehe Kapitel V).

Wie schon erwähnt, ist die Organisation des Komplexes zum einen von der vertikalen Integration der Produktionskette in den Händen der Tochterfirmen eines transnationalen Konzerns, zum anderen von der kontraktvermittelten Anbindung

Schaubild 7:
Wirtschaftliche und organisatorische Struktur des agroindustriellen Komplexes "Palmöl"

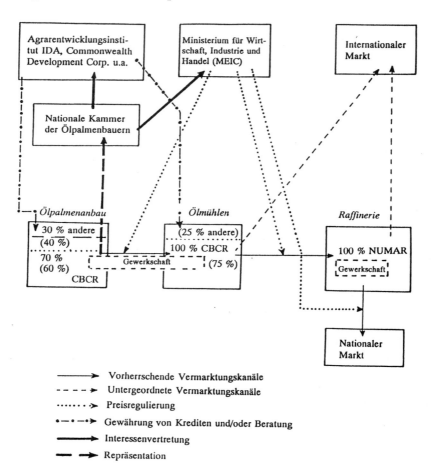

Agrarentwicklungsinstitut IDA, Commonwealth Development Corp. u.a.

Ministerium für Wirtschaft, Industrie und Handel (MEIC)

Internationaler Markt

Nationale Kammer der Ölpalmenbauern

Ölpalmenanbau

30 % andere
(40 %)
70 %
(60 %)
CBCR

Ölmühlen

(25 % andere)
100 % CBCR
Gewerkschaft
(75 %)

Raffinerie

100 % NUMAR
Gewerkschaft

Nationaler Markt

———▶ Vorherrschende Vermarktungskanäle

– – – ▶ Untergeordnete Vermarktungskanäle

·······▷ Preisregulierung

•—•—•▶ Gewährung von Krediten und/oder Beratung

———▶ Interessenvertretung

— —▶ Repräsentation

"assoziierter Produzenten" verschiedenen Typus gekennzeichnet (vgl. Schaubild 7). Die Bedingungen der Kontrakte spiegeln die starke Machtstellung der CBCR gegenüber diesen Produzenten wider. Seitens der CBCR scheint (offensichtlich nicht zuletzt aufgrund der niedrigen Rentabilität) die Tendenz zu bestehen, die Agrarproduktion verstärkt an andere Produzentengruppen abzugeben. Unter den "assoziierten Produzenten" gibt es verschiedene Genossenschaftstypen, die aufgrund der bestehenden Struktur bislang jedoch extrem abhängig von der CBCR sind. Es bleibt abzuwarten, ob der Bau einer Ölmühle (die später von einer Genossenschaft verwaltet werden soll) Veränderungen im innersektorialen Machtgefälle erbringt. Die Lohnarbeiter der CBCR sind zu einem recht hohen Prozentsatz gewerkschaftlich organisiert, beklagen aber häufig die Abhängigkeit der Gewerkschaft vom Unternehmen und ihre geringe Kampfkraft, die die Verschlechterung ihrer Einkommen nicht verhindern konnte. 1988 wurde unter Beteiligung der CBCR eine Kammer der Ölpalmenproduzenten gegründet, die deren Interessen (v.a. in der Preispolitik gegenüber dem Staat) vertreten soll, womit der Vorschlag staatlicher Stellen zunächst scheiterte, eine Koordinationsinstanz unter Beteiligung des Staates zu schaffen, in der u.a. ein gewisses Gegengewicht zur CBCR bestanden hätte.

Der agroindustrielle Komplex um Ölpalme und Palmöl charakterisiert einen binnenmarktorientierten Sektor, der gleichwohl relativ geringe Kopplungseffekte für die nationale Wirtschaft hervorbringt. Dies liegt v.a. an der monopolistischen Struktur des Komplexes, die die production linkages in den Unternehmen internalisiert, und dem Charakter des Unternehmens als transnationalem Konzern mit vielfältigen Möglichkeiten zu Gewinntransfer sowie am wenig arbeitsintensiven Charakter der Urproduktion, die die consumption linkages begrenzt. Die Monopolstruktur gibt dem Konzern eine starke Machtstellung sowohl gegenüber dem Staat (den der Konzern mit Drohungen von bestimmten preispolitischen Maßnahmen abbringen konnte), gegenüber den "assoziierten Produzenten" (die gemäß den bestehenden Kontrakten eine schwache Position haben) und gegenüber den Arbeitern, die nach dem Niedergang der bis 1984 bestehenden Gewerkschaftsorganisation keine starke Interessenvertretung mehr haben. Die Ergebnisse der Bemühungen, über die Aufweichung des bestehenden Monopols zunächst auf der Ebene der landwirtschaftlichen Produktion, dann bei den Ölmühlen diese Machtposition zu relativieren, bleiben abzuwarten; gerade die augenblicklichen niedrigen Preise stärken jedoch den transnationalen Konzern mit seinem Zugang zu internationalen Vermarktungskanälen weiter.

Die *Ananas* wird in Costa Rica seit langem als Binnenmarktprodukt angebaut. Die Preise unterliegen dabei extremen saisonalen Schwankungen, die z.T. den Nachfrageveränderungen, v.a. aber dem ungleichmäßigen Angebot geschuldet sind. Die Vermarktung läuft entweder über Zwischenhändler, die die Höfe befahren, über den Großmarkt oder über Direktvermarktung auf den "ferias del agricultor" (Bauernmärkten). Seit längerem gibt es Versuche, Ananas zu exportieren, welche aber erst mit dem Einstieg der Del Monte-Tochterfirma PINDECO, die auf die wachsende Nachfrage nach frischen Früchten auf dem Weltmarkt reagierte, zahlenmäßig bedeutsam wurden. 1986 wurde bereits über die Hälfte der Produktion exportiert, während ca. 14% zu Marmeladen, Säften usw. verarbeitet wurden. Die Produktionsentwicklung zeigt Tabelle 4.7:

Tabelle 4.7: **Anbaufläche und Produktion von Ananas: 1973, 1984 und 1986**

	1973	1984	1986
Anbaufläche (ha)	738,0	2.473,9	4.288
Produktion (t)	k.A	k.A	71.307
Produktion (1000 Ananas)	5.310	13.470	47.600

Quellen: DGEC, Censo agropecuario 1973 und 1984; SEPSA 1987

Die production linkages in den Bereichen der Frischvermarktung und des Exports - als den wichtigsten Vermarktungsformen - sind gering. Am bedeutsamsten sind in der landwirtschaftlichen Produktion Agrochemikalien, in der Verpackung - der eine Klassifizierung und eine Fungizidbehandlung vorangeht - Kartons. Bei PINDECO, das die Produktion großflächig und zum Teil mechanisiert durchführt, fallen weitere linkages an, die aber in starkem Maße aus importierten Inputs bestehen. Neben der Nutzung der Früchte in der Lebensmittelindustrie gibt es keine Vorwärtsverflechtungen, Nebenprodukte wie die Schalen werden nicht genutzt (vgl. Schaubild 8). PINDECO führt Untersuchungen zur Verbesserung von Produktion und Produktivität durch, wobei es zu keiner Diffusion der Ergebnisse kommt. Seit wenigen Jahren gibt es auch seitens des Landwirtschaftsministeriums und der Universidad de Costa Rica Forschungen, etwa zur Düngung, Unkraut- und Krankheitsbekämpfung. Staatliche und halbstaatliche Stellen bieten darüber hinaus in begrenztem Umfang Beratungsdienste an. Insgesamt sind die spezifischen staatlichen Aktivitäten in diesem Komplex begrenzt, nachdem in den siebziger Jahren ein staatliches Unternehmen bei dem Versuch gescheitert war, Ananas als Saft oder in Dosen zu exportieren. Die fiscal linkages sind im Bereich der Exportproduktion "negativ", da die Ananas als nichttraditionelles Exportprodukt großzügige Subventionen und Steuervergünstigungen genießt (siehe Kap. III), wodurch die geringen anfallenden kommunalen Steuern bei weitem ausgeglichen werden.

Schaubild 8:
Linkages des agroindustriellen Komplexes "Ananas"

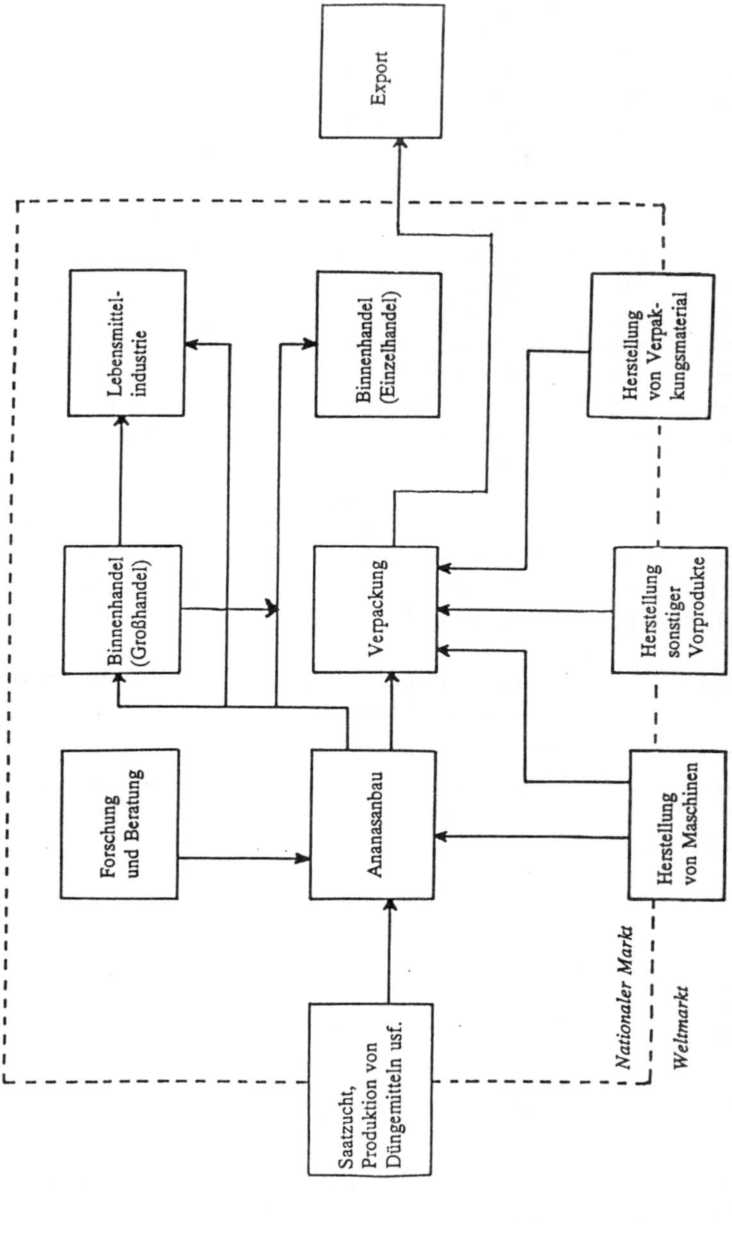

Mit dem Einstieg von PINDECO in die Ananasproduktion in Costa Rica hat sich
eine deutliche Polarisierung entwickelt, wobei auf der einen Seite der transnationale Konzern steht, der ähnlich der traditionellen Enklavenökonomie für den
Export produziert, während eine Vielzahl kleiner und mittlerer Produzenten je
nach Vermarktungsmöglichkeiten (Nachfrage, Preise) den Binnenmarkt oder
Exporteure beliefern. Die Tabelle 4.8 zeigt das Wachstum der Produktion in
der Größenklasse über 200 ha, wobei festzuhalten ist, daß die Expansion von
PINDECO danach fortgesetzt wurde, und das Unternehmen bis Anfang 1988
2400 ha erworben hat. Neben PINDECO sind auch andere mittlere und große
Unternehmen verstärkt in die Ananasproduktion eingestiegen. Die sozioökonomische Lage vieler Kleinproduzenten ist wegen des instabilen Binnenmarktes
und der schwankenden Möglichkeiten der Vermarktung über Exporteure sehr
schwierig, zumal es an technischer Beratung mangelt, für die v.a. wegen der
Vielfalt von Krankheiten und Schädlingen ein Bedarf besteht. Die Arbeitsintensität ist in der Ananasproduktion ein wenig höher als bei der Ölpalme. PINDECO
hat durch die Konzentration einer relativ großen Zahl von Lohnarbeitern in
einer Gegend, die vorher von extensiver Viehzucht geprägt war, trotz relativ
niedriger Löhne vergleichsweise starke consumption linkages geschaffen, die
jedoch in einer für die entsprechende Gegend gefährlichen Weise von diesem
einem Unternehmen abhängen (vgl. Kap. V).

Tabelle 4.8:   **Anzahl der Betriebe, Anbaufläche und Produktionsvolumen im**
                       Ananasanbau 1973 und 1984 nach Betriebsgrößenklassen (in %)

Betriebsgröße	Anzahl der Betriebe		Anbaufläche		Produktionsvolumen	
	1973	1984	1973	1984	1973	1984
unter 5	34,3	28,1	20,9	12,4	20,5	11,5
5- 10	14,6	17,5	14,1	12,5	17,5	11,8
10- 20	16,1	23,4	15,4	18,1	17,3	16,0
20- 50	20,3	17,9	13,5	9,0	11,8	10,8
50- 100	8,3	7,2	4,1	4,7	4,3	5,8
100- 200	4,2	3,5	3,7	7,5	3,5	2,9
über 200	2,2	2,3	28,2	35,8	25,2	41,1

Quellen: DGEC, Censo agropecuario 1973 und 1984.

Bezüglich der Organisationsstruktur des Komplexes gilt es drei Formen der
Beziehung Landwirtschaft/Industrie zu unterscheiden:

Schaubild 9:
Wirtschaftliche und organisatorische Struktur des agroindustriellen Komplexes "Ananas"

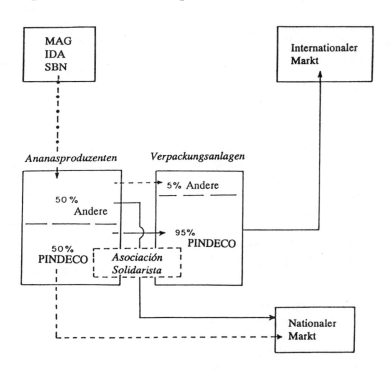

Vorherrschende Vermarktungskanäle
Untergeordnete Vermarktungskanäle
Gewährung von Krediten und/oder Beratung
MAG   Landwirtschaftsministerium
IDA   Agrarentwicklungsinstitut
SBN   Nationales Bankwesen

1. Die integrierte Produktion und Verpackung bei PINDECO: Das Unternehmen hat die Gründung einer Gewerkschaft verhindert und fördert die Entwicklung einer "Asociación Solidarista", einer betriebspartnerschaftlich strukturierten
Organisation zur Verbesserung der sozialen Lage der Beschäftigten.
2. Eine Art von "satellite farming", bei der eine kleine Bauernorganisation mit
einem langfristigen Vertrag und unter direkter Anleitung und Kontrolle von
PINDECO Ananas für den Export liefert; ein ähnliches Modell mit einer anderen Gruppe scheiterte am Widerstand in der örtlichen Bevölkerung.
3. Die Verbindung von kleinen und mittleren Produzenten mit Verpackern und
Exporteuren, wobei zum Schaden beider Seiten wegen der Unsicherheit der
Exportmöglichkeiten keine stabilen Konditionen vereinbart werden können.
Über die genannten Regelungen zwischen Landwirtschaft und Industrie hinaus
sind im Sektor keine Koordinationsmechanismen etabliert (vgl. Schaubild 9).

Die Ananas gehört bezüglich der Deviseneinnahmen zu den erfolgreichsten
nicht-traditionellen Exportprodukten, den Pfeilern der neuen Entwicklungsstrategie Costa Ricas. Gleichwohl ist festzustellen, daß die gesamtwirtschaftlichen
Effekte jenseits der Deviseneinnahmen und der Schaffung lokal konzentrierter
consumption linkages minimal sind. Es handelt sich hier um eine doch eher
traditionelle Enklavenökonomie, die wohl Wachstums-, jedoch kaum Entwick-
lungsbeiträge leistet - und das unter Aufwendung hoher Subventionen. Gleichzeitig zeigen sich am Beispiel Ananas die gravierenden Vermarktungsprobleme
von kleinen Exporteuren, auf die in der Folge noch einmal einzugehen sein wird.

In methodischer Hinsicht hat die Untersuchung von vier agroindustriellen Komplexe zunächst drei Erkenntnisse erbracht:

1. Bei der Untersuchung der production linkages wurde die Relevanz der Unterscheidung zwischen Mindestverflechtungen einerseits, die etwa dadurch entstehen, daß bestimmte Produkte direkt nach der Ernte verarbeitet werden müssen, da sie sonst an Qualität verlieren, und zusätzlichen Verflechtungen andererseits bestätigt, die durch neue Verarbeitungsmethoden, die Entwicklung weiterer
Nutzungsmöglichkeiten usw. entstehen. Dabei ist jedoch festzuhalten, daß die
Mindestverflechtungen historisch veränderbar sind, da sich aus Faktoren wie der
Konkurrenz, Hygienegesetzgebung u.ä. neue Ansprüche an die Mindestverflechtungen ergeben können.

2. Eine ähnliche Unterscheidung ist bei den consumption linkages sinnvoll, die
zum einen durch bestimmte Charakteristika der jeweiligen Produkte (v.a.
Arbeitsintensität) geprägt sind, zum anderen von der sozio-ökonomischen Struktur abhängen, die über die Verteilung von Einkommen aus dem Komplex ent-

scheidet. Auch hier ergibt sich ein historisches Moment dadurch, daß durch Veränderungen der Sozialstruktur, Lohnerhöhungen u.ä. die consumption linkages stärker oder schwächer werden können.

3. Für die Frage nach dem Beitrag eines agroindustriellen Komplexes zur gesamtgesellschaftlichen Entwicklung ist es weiterhin von Bedeutung zu untersuchen, wo die Kopplungseffekte anfallen. Wo hohe Erlöse weder in fiscal noch in consumption linkage transformiert, sondern etwa ins Ausland transferiert werden, oder wo production linkages nur Importe hervorrufen, ist die dynamisierende Wirkung eines Komplexes offensichtlich geringer als in Komplexen, bei denen das nicht der Fall ist.

Wie erläutert, sollen abschließend einige Ergebnisse des Projekts zu der Frage zusammengefaßt werden, welche Hemmnisse und Möglichkeiten für eine Integration der Landwirtschaft in agroindustrielle Komplexe bestehen, die zu einer autozentrierten agroindustriellen Entwicklung beiträgt.

Zunächst ist ist auf die Rolle der *Marktstruktur* bei der Herausbildung des konkreten Verhältnisses von Landwirtschaft und Industrie hinzuweisen. Eine zunehmende Ausrichtung auf die Agroindustrie als dem Abnehmer landwirtschaftlicher Produkte beschneidet die Autonomie der Landwirtschaft (vgl. Schaubild 10). Wie die Anforderung des Marktes bezüglich Qualität, Quantität und Preis die Produktion von Frischprodukten beeinflußt (Stufe 3), so kommen bei der Belieferung der Agroindustrie (Stufe 4 und 5) die Anforderungen hinzu, die aus deren ökonomischen und technischen Bedingungen erwachsen. Diese richten sich auf einen Höchstpreis, eine bestimmte Quantität, eine Mindestqualität und eine möglichst kontinuierliche Belieferung. Das Interesse des landwirtschaftlichen Produzenten richtet sich entsprechend auf einen Mindestpreis, eine zu vermarktende Mindestmenge und die Kontinuität der Absatzmöglichkeiten. Das Verhältnis Landwirtschaft/ Agroindustrie ist bei ausschließlichem Verkauf der Rohstoffe an die Agroindustrie (Stufe 5 in Schaubild 10) - aber auch bei ungünstigen Marktbedingungen auf dem Markt für Frischprodukte - durch ein strukturelles Übergewicht der Agroindustrie gekennzeichnet, da diese angesichts fehlender Vermarktungsalternativen die Konditionen dieses Verhältnisses bestimmen kann.

In zahlreichen Befragungen konnten wir feststellen, daß zu den Hauptproblemen der Agroindustrien Probleme in der Rohstoffversorgung gehören, während Bauern häufig unter unsicheren Vermarktungsmöglichkeiten leiden. Grundsätzlich besteht daher ein Interesse, die Schnittstelle zwischen Landwirtschaft und Agroindustrie, den Kauf, bzw. Verkauf der Rohstoffe zu stabilisieren. Es zeigt sich jedoch, daß es wegen der angesprochenen strukturell starken Stellung der

Schaubild 10:
Produktionsformen in der Landwirtschaft

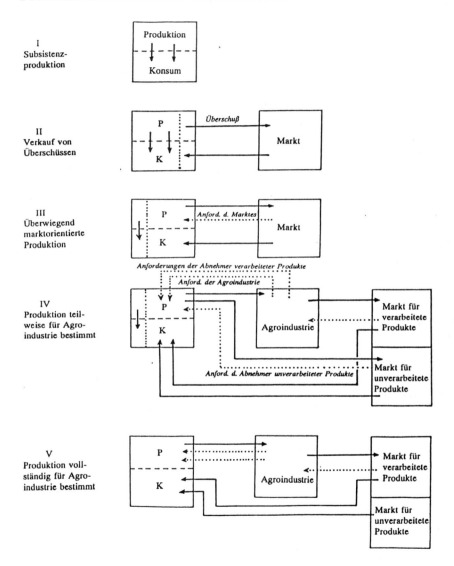

I
Subsistenz-
produktion

II
Verkauf von
Überschüssen

III
Überwiegend
marktorientierte
Produktion

IV
Produktion teil-
weise für Agro-
industrie bestimmt

V
Produktion voll-
ständig für Agro-
industrie bestimmt

Agroindustrie in dieser Beziehung nur dann zu stabilisierenden Mechanismen kommt, wenn deren konkrete Situation es erfordert. Dies wiederum hängt von der Struktur des Marktes für das entsprechende agroindustrielle Produkt ab. Agroindustrien können gegenüber den landwirtschaftlichen Rohstoffproduzenten überhaupt nur Bindungen eingehen, wenn sie einen zumindest relativ gesicherten Markt für die agroindustriellen Produkte haben - sei es über eine starke Marktstellung oder über Marktregulierungsmechanismen. Ist dies nicht der Fall, kann es zu einem Teufelskreis kommen, zumal wenn - wie im Fall der Ananasproduktion durch Kleinbauern - auch das Angebot starken saisonalen Schwankungen unterliegt. Ein Beispiel mag das verdeutlichen: Eine kleine, nationale Exportverpackerei für Ananas erhält unregelmäßig Aufträge aus dem Ausland. Diese können häufig nicht bedient werden, da die Bauern der Region entweder gerade nicht genügend erntefähige Ware anzubieten haben, oder weil ihnen auf dem Binnenmarkt in diesem Moment höhere Preise gezahlt werden. Kurze Zeit später ist die Situation umgekehrt: Ananas ist reichlich verfügbar, kann aber nicht exportiert werden, da der Kunde im Ausland mittlerweile einen Vertrag mit einem zuverlässigeren Lieferanten abgeschlossen hat. Die Bauern müssen ihre Ernte vernichten.

Hat die Agroindustrie relativ stabile Vermarktungsbedingungen, hängt ihr Interesse an festen Lieferbindungen mit den Bauern von der Struktur des Marktes für das entsprechende Frischprodukt ab. Hat der Bauer als Anbieter eines knappen Agrarproduktes mehrere Abnehmer zur Auswahl (seien es Agroindustrien oder Märkte für das frische Produkt), so hat die Industrie ein Interesse an der Regulierung der Lieferbeziehungen. Ein solcher Anbietermarkt findet sich beim Kaffee, wo die Kaffeeaufbereitungsanlagen, um ihre Kapazitäten auslasten zu können, die Bauern zu binden versuchen. Häufiger ist dagegen der Fall, daß ein tendenzielles Überangebot an Agrarprodukten besteht und den wenigen Verarbeitungsbetrieben stets billige Rohstoffe zur Verfügung stehen (Nachfragermarkt). Unter diesen Umständen hat es die Industrie nicht nötig, die Lieferbeziehungen vertraglich zu regeln, es sei denn, um saisonale Engpässe zu vermeiden, oder etwa weil sonst keine gleichbleibende Qualität gewährleistet werden kann. Für den Bauern bedeutet das, daß er keinen gesicherten Absatz für seine Ernte hat. Die Struktur des Marktes kann natürlich schwanken (z.B. zyklische Schwankungen zwischen Anbieter- und Nachfragermarkt in Costa Rica bei Yuca (Maniok)) bzw. sich dauerhaft ändern (Wechsel vom Anbieter zum Nachfragermarkt nach der Einführung und Verbreitung eines neuen Produkts, in Costa Rica z.B. bei bestimmten Zierpflanzen).

Welche Vor- und Nachteile haben nun die verschiedenen *Regelungsmechanismen* des Verhältnisses zwischen Landwirtschaft und Industrie?

1. Die engste Koordination zwischen Landwirtschaft und Industrie besteht offensichtlich in vertikal integrierten Unternehmen, wie sie in Costa Rica in den Ölpalmen- und Ananasplantagen bestehen. Das Plantagensystem hat den Vorteil, daß die Erntemengen unmittelbar den Anforderungen des Marktes angepaßt werden können. Gerade bei der Ananas zeigt sich die betriebswirtschaftliche Überlegenheit des Plantagensystems gegenüber kleinen Produzenten. Letztere können zwar exportfähige Ware produzieren, scheitern jedoch immer wieder daran, Produktion und Vermarktung aufeinander abzustimmen. Die Plantagenökonomie ist jedoch nur sehr beschränkt mit autozentrierter Entwicklung vereinbar. Sie neigt zur Enstehung von Enklaven, obgleich die heutigen Plantagen bereits viel stärker in die Volkswirtschaft integriert sind, als das noch vor wenigen Jahrzehnten (als international vergleichende Studie siehe Sajhau/von Muralt 1987) der Fall war. Dennoch gehen von diesem agrarsozialen System in der Regel wenige Kopplungseffekte aus. Hinzu kommt eine Reihe weiterer unerwünschter Effekte der Plantagenökonomie, wie etwa die Abhängigkeit einer ganzen Region von einer Monokultur, die Transnationalisierung der Wirtschaft, der Verlust des unternehmerischen Innovationspotentials zugunsten der Lohnarbeit in einem einzigen Produktionszweig usw. Eine Variante der vertikalen Integration findet sich dort, wo die Agroindustrie ergänzend zu den aufgekauften Rohstoffen eigene Produkte verarbeitet, was u.a. zur Begrenzung saisonaler Schwankungen geschieht (etwa beim Zuckerrohr).

2. Ein günstigeres Entwicklungspotential als die vollintegrierte Produktion bringt die Kontraktproduktion mit sich. Hier schließt ein Verarbeitungs- oder Exportunternehmen Verträge mit Agrarproduzenten, die sich in der Regel verpflichten, ihre Ernte nicht an andere potentielle Kunden zu verkaufen. Umgekehrt garantiert das Unternehmen den Bauern, ihre Produktion zu festgelegten Bedingungen abzunehmen. Der Industrie- oder Exportbetrieb kann selbst Pflanzungen unterhalten und zusätzlich Produktion von Kontraktbauern aufkaufen ("Satellite Farming") oder die Landwirtschaft ganz den assoziierten Produzenten überlassen. Die Kontraktproduktion bietet eine Möglichkeit, Kleinbauern in die spezialisierte Produktion von Rohstoffen für Agroindustrie oder Exportmärkte einzubinden. Vorteile für den Bauern bestehen darin, daß vielfach nicht nur der Absatz garantiert wird, sondern auch Produktionsmittel, Technologie, Kredite und Beratung geliefert werden. Allerdings ist das Kontraktsystem keineswegs unproblematisch für die Bauern. Zum einen können sie einen Teil ihrer bäuerlichen Eigenständigkeit verlieren, da ihnen vielfach Produktionsbedingungen diktiert werden. Zudem ist die Industrie meist in einer stärkeren Position und kann etwa die Klassifizierung und preisliche Einstufung der von den Bauern gelieferten Waren manipulieren. Gerade bei bäuerlichen Familienbetrieben kann

die Industrie die Preise häufig sehr weit drücken, da die Produktionskosten durch Ausbeutung unbezahlter Frauen- und Kinderarbeit viel niedriger sind als in Lohnarbeitsbetrieben.

Ob die Vor- oder Nachteile für die Kontraktbauern überwiegen, hängt von den Vertragsbedingungen im Einzelfall ab. Die Kontrakte zwischen der CBCR und ihren "assoziierten Produzenten" etwa lassen letzteren im Konfliktfall wenig Spielraum, ihre Interessen gegenüber der Agroindustrie zu verteidigen. Grundsätzlich ist das Kontraktsystem jedoch als eine Chance anzusehen, Kleinbauern in agroindustrielle Produktionszusammenhänge einzubinden, die ihnen andernfalls unzugänglich blieben. Häufig wäre eine staatliche Regulierung der Beziehungen zwischen Agroindustrie und Bauern hilfreich, um annehmbare Bedingungen auch für die Bauern zu garantieren. Auch in anderen Ländern durchgeführte Untersuchungen kamen zu dem Ergebnis, daß trilaterale Projekte unter Beteiligung von Agroindustrie, Bauern und Staat unter den Aspekten der Verteilungsgerechtigkeit, des Technologietransfers u.a. erfolgversprechend sind (vgl. z.B. Glover 1984, Oman/Rama 1986).

Angesichts der Tatsache, daß die Agroindustrie in der Regel in einer sehr viel stärkeren Position ist als ihre Kontraktpartner, ist es außerordentlich wichtig, daß die Bauern organisiert in die Verhandlungen gehen. Unabhängig davon, ob Individual- oder Kollektivverträge abgeschlossen werden, kann die Organisierung verhindern, daß die Industrie einzelne Produzenten gegeneinander ausspielt. Die Vertretung der Interessen der landwirtschaftlichen Produzenten durch eigene Organisationen ist auch in anderen agroindustriellen Zusammenhängen wichtig, bei der Kontraktproduktion jedoch entscheidend für eine für die Bauern nutzbringende Kooperation.

3. Als ein weiterer Schritt ist auch die direkte Beteiligung der Agrarproduzenten an der Verarbeitung oder dem Export ihrer Agrarprodukte über unternehmerische Zusammenschlüsse wie etwa Genossenschaften. Eine eigene industrielle Verarbeitung durch Betriebe der landwirtschaftlichen Produzenten kann auf anderer Ebene den erwähnten Autonomieverlust der Landwirtschaft relativieren, die Wertschöpfung und die Einkommen der Bauern erhöhen. Es gibt in Costa Rica sehr viele Produktionsgenossenschaften im agroindustriellen Bereich. Darunter sind erfolgreiche und erfolgversprechende Unternehmen. Auf der anderen Seite ergeben sich bei diesem Unternehmenstyp in der Praxis eine Vielzahl von Problemen: So sind etwa einige dieser Unternehmen nur noch formal Genossenschaften; angesichts fehlender unternehmerischer Erfahrungen

ist es oft schwierig, die Konkurrenzfähigkeit zu erlangen - das gilt besonders bei selbstverwalteten Genossenschaften; die Marktlage kann die Genossenschaft zu Maßnahmen zwingen, die gegen die unmittelbaren Interessen der Genossen verstoßen, was nicht ohne Konflikte abgehen kann usw.

4. Im Bereich der Exportlandwirtschaft kann ein joint-venture von organisierten Bauern und etablierten Unternehmen erfolgversprechend sein. Für das markteingeführte Unternehmen ist das Modell attraktiv, da es einen direkten Zugriff auf die Agrarproduktion garantiert. Für die Bauern, denen allein nur in den seltensten Fällen eine Direktvermarktung im Ausland gelingt, hat es den Vorteil, daß der Zugang zum Absatzmarkt, aber auch zu moderner Technologie, erleichtert wird. Gegenüber dem Export über Zwischenhändler hat das joint-venture-Modell den Vorzug, daß der Partner der Agrarproduzenten ein unmittelbares Interesse an der Stabilität der gesamten Produktionskette (Anbau, Verarbeitung und Vermarktung) hat.

Es ist unschwer abzusehen, daß die zukünftige Entwicklung die meisten Kleinbauern Costa Ricas dazu zwingen wird, sich in agroindustrielle oder exportwirtschaftliche Produktionszusammenhänge zu integrieren, wenn sie wirtschaftlich überleben wollen. Das kann leicht auf die völlige Unterordnung der Agrarproduzenten unter die Bedingungen der Industrie hinauslaufen, sofern es nicht gelingt, partizipative Modelle zu entwickeln. Zahlreiche Ansätze, aus deren Erfahrungen gelernt werden kann, sind in Costa Rica vorhanden.

Dem *Staat* kommt im Rahmen autozentrierter agroindustrieller Entwicklung eine wichtige Rolle zu. Zum einen nimmt er mittels der allgemeinen Wirtschaft- und Entwicklungspolitik Einfluß, zum anderen kann er bestimmte agroindustrielle Komplexe durch gezielte Sektorpolitiken fördern. Eine besonders wichtige Rolle spielt dabei die Forschung und Anbauberatung. Zum anderen muß er auf die Kooperationsmöglichkeiten zwischen Landwirtschaft und Industrie einwirken und dabei partizipative Modelle fördern, wie etwa im Kaffeesektor.

V Autozentrierte agroindustrielle Entwicklung - eine Perspektive auch für periphere Regionen? (Tilman Altenburg)

Im theoretischen Kapitel hatten wir betont, daß die Integration der nationalen sozioökonomischen Strukturen zu den zentralen Forderungen an die autozentrierte agroindustrielle Entwicklung gehört. Dieses bedeutet nicht nur, daß verschiedene Wirtschaftssektoren miteinander zu verschränken sind (wie in den vorangegangenen Abschnitten dargelegt wurde), sondern beinhaltet darüber hinaus die räumliche Integration der Wirtschaft. Soziale wie ökonomische Argumente sind für die stärkere Integration peripherer Landesteile in die Volkswirtschaft anzuführen: zu den ersteren zählt die Schaffung gleichwertiger Lebensbedingungen in allen Landesteilen, die als politisches Ziel allgemein anerkannt ist. So ist dieses Ziel etwa unter der Bezeichnung "geographische Demokratisierung" im aktuellen nationalen Entwicklungsplan Costa Ricas verankert. In wirtschaftlicher Hinsicht ist die räumliche Integration insbesondere für ein Entwicklungsmodell, das an der Dynamisierung der internen Strukturen ansetzt, von hervorragender Bedeutung. Zum einen erweitert sie, indem wenig genutzte Ressourcenpotentiale peripherer Regionen inwertgesetzt werden, die territoriale Grundlage der nationalen Kapitalakkumulation. Zum anderen wird der Binnenmarkt beträchtlich vergrößert, wenn die bislang nur am Rande ökonomisch integrierte Bevölkerung der Peripherie stärker an der nationalen Wirtschaftsentwicklung teilhat. Diese Erweiterung des Binnenmarktes ist nicht hoch genug einzuschätzen, wenn man berücksichtigt, daß fehlende Märkte und unausgelastete Produktionskapazitäten zu den größten Problemen fast aller Wirtschaftszweige zählen. Schließlich spricht für eine stärkere Integration der Peripherie auch die Überlastung der Hauptstadtagglomeration, die bereits heute vor vielen schweren Umweltproblemen steht. Das Wachstum dieses Ballungsraumes geht zudem auf Kosten der produktivsten Kaffeeanbauflächen des Landes.

Costa Rica kennzeichnen starke regionale Disparitäten, insbesondere zwischen dem zentralen Hochland und den übrigen Landesteilen (Schaubild 11). In der Zentralregion leben 60 % der Bevölkerung, und 80 % des BIP werden hier erwirtschaftet (Brugger 1982, S. 165). 87 % der nationalen Industriebetriebe haben sich in der Zentralregion angesiedelt (Jung 1986, S. 47).

Das Hochland war bereits in der Kolonialzeit Zentrum der damaligen Provinz Costa Rica. Die heutige Polarisierung der Raumstrukturen zeichnet sich jedoch erst Mitte des vorigen Jahrhunderts, als sich Costa Rica als kaffeeproduzierendes

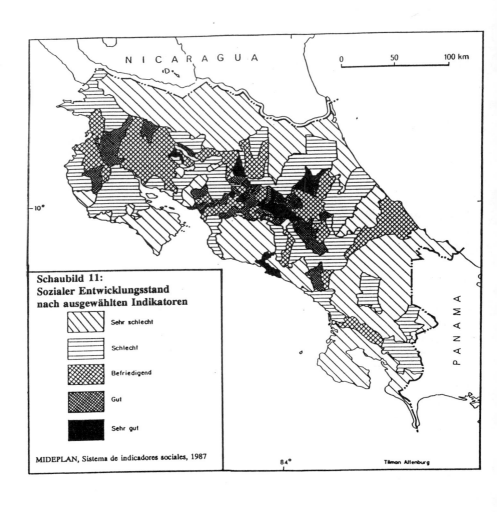

Schaubild 11:
Sozialer Entwicklungsstand
nach ausgewählten Indikatoren

Sehr schlecht

Schlecht

Befriedigend

Gut

Sehr gut

MIDEPLAN, Sistema de indicadores sociales, 1987

Tilman Altenburg

Land in die Weltwirtschaft eingliederte. Die für den Anbau geeignete Zentralregion entwickelte sich auf der Grundlage der Agrarexportwirtschaft rasch, die
anderen Landesteile blieben jedoch für lange Zeit weitgehend isoliert. Als das
auf Agrarexporten fußende Entwicklungsmodell durch jenes der importsubstituierenden Industrialisierung (ISI) abgelöst wurde, war Costa Rica bereits ein
räumlich polarisierter Staat. Das neue, am Aufbau einer Konsumgüterindustrie
für städtische Mittelschichten orientierte Modell vertiefte die durch die Kaffeewirtschaft angelegten Disparitäten, da sich natürlich die Industrie dort ansiedelte,
wo sich die Nachfrage konzentrierte und wo darüber hinaus ein Minimum an
Infrastruktur für die industrielle Entwicklung vorhanden war. Wie auch in anderen Ländern der Dritten Welt bildete außerdem die Exportlandwirtschaft der
peripheren Regionen eine wichtige materielle Basis für das Entstehen der industriellen Agglomeration im Zentrum: Ein beträchtlicher Teil der investierbaren
Überschüsse wurde in den peripheren Regionen erwirtschaftet, nämlich von den
dortigen Bananenplantagen, der Fleischviehzucht und der jetzt immer mehr in
die Peripherie hinein expandierenden Produktion von Kaffee und Zucker, und
zur Förderung der Akkumulation im zentralen Hochland benutzt. Dies gilt vor
allem für die Erwirtschaftung von Devisen in den genannten Produktionszweigen, da die importsubstituierende Industrialisierung (wie im Kap. I dargestellt)
inhärent defizitäre Auswirkungen auf die Devisenbilanz besitzt.

Allein die Agrarkolonisation war dem allgemeinen Zentralisierungstrend entge-
gengesetzt. Die ländlichen Regionen der Meseta Central - auf die sich bis ins 19.
Jahrhundert hinein mit ganz wenigen Ausnahmen die spanischsprachige Bevölkerung konzentrierte - setzten jahrzehntelang bäuerliche Bevölkerung frei, die in
die Peripherie auswanderte. Mitte des vergangenen Jahrhunderts begann der
Kolonisationsprozeß im Nordwesten des Landes (Guanacaste, mittlere Pazifikregion), wo große Viehhazienden entstanden. Gegen Ende des Jahrhundert
setzte dagegen verstärkt eine vorwiegend kleinbäuerliche Emigration aus dem
zentralen Hochland zunächst in die umliegenden Bergtäler, später in die Ebenen
nördlich der zentralen Kordillere (Region von San Carlos) sowie ins südlich
gelegenen Valle de El General ein. In der gleichen Zeit vollzog sich die ökonomische Inwertsetzung großer Teile der feuchtheißen Küstenregionen durch den
Aufbau von Bananen-, später z.T. auch Ölpalmenplantagen durch transnationale
Konzerne, zunächst seit den 1890er Jahren in der Atlantikregion, später seit den
1930er Jahren im südlichen Teil der zentralen Pazifikregion (Quepos, Parrita)
sowie in der südlichen Pazifikregion zwischen Palmar und der Grenze Panamas.

Bis in die 60er Jahre dieses Jahrhunderts wuchs daher die Bevölkerung der
Peripherie schneller als jene der Zentralregion. Seit jedoch keine freien Waldre-
serven mehr zur Agrarkolonisation zur Verfügung stehen, hat sich dieser Trend

umgekehrt, und die Abwanderung aus der Peripherie überwiegt. Dieser Trend zeigt, daß die private Aneignung unerschlossener Waldregionen, obgleich sie eine Zeitlang als Ventil für im Hochland nicht absorbierten Bevölkerungszuwachs funktionierte, nicht zur Entstehung einer nachhaltigen Wirtschaftsentwicklung in den meisten Peripherräumen geführt hat. Heute sind die Wanderungssalden außerhalb des Ballungsraumes um San José nur noch in wenigen kleinen Teilräumen positiv (vgl. Möller 1987).

Im Gegensatz zur relativ differenzierten Struktur des zentralen Hochlandes ist die Wirtschaftsstruktur der einzelnen Peripherieregionen wenig diversifiziert. Ganze Regionen werden weiterhin vom Bananenanbau in Plantagen oder von der extensiven Rinderhaltung dominiert. Die Entwicklungschancen dieser Regionen hängen damit von einzelnen Produktionszweigen der Landwirtschaft ab, und im Extremfall der Plantagen zusätzlich von den wirtschaftlichen Entscheidungen eines oder weniger transnationaler Konzerne. Dementsprechend ist die Regionalentwicklung sehr krisenhaft, so daß sinkende Preise einzelner Agrarprodukte oder die Aufgabe eines Produktionszweiges unmittelbar regionale Strukturkrisen verursachen können.

Die *wissenschaftliche Diskussion über Regionalentwicklung* reflektiert zunehmende Skepsis gegenüber Strategien, die auf räumliche Spezialisierung nach dem Prinzip komparativer Kostenvorteile zielen - eine Spezialisierung, wie sie sich offenbar im Rahmen der historischen Entwicklung der peripheren Regionen Costa Ricas weitgehend durchgesetzt hatte. Demgegenüber gewinnen jene Positionen an Gewicht, die räumliche Polarisierung als logische Folge der funktionalen Unterordnung unter die Bedürfnisse der nationalen und/oder internationalen Ökonomie interpretieren. Stellvertretend für diese Positionen seien die Konzepte von Stöhr/Taylor (1981) - "Entwicklung von unten" - und Friedmann/Weaver (1979) - "agropolitane Entwicklung" - genannt. Beide Konzepte interpretieren die räumliche Polarisierung als logische Konsequenz einer funktionalen Unterordnung der peripheren Regionen unter die Mechanismen der nationalen bzw. internationalen wirtschaftlichen Dynamik. Die genannten Autoren empfehlen dagegen, die wirtschaftliche Eigenständigkeit der Regionen zu fördern, um die sich meist selbst verstärkenden Polarisierungsprozesse zu unterbinden. Vorhandene Ressourcen sollen möglichst vielfältig genutzt werden, um die Regionalökonomie zu diversifizieren und die Wertschöpfung in der Peripherie zu erhöhen. Durch die Verschränkung vielfältiger Aktivitäten (intraregionale Kopplungseffekte) sollen kleinräumige Wirtschaftskreisläufe entstehen. Das Schaubild 12 (nach Rauch/Redder 1987, S. 111) zeigt die grundlegenden Unterschiede zwischen Strategien "von oben" und "von unten" auf.

Schaubild 12:
Schematische Gegenüberstellung außenorientierter und
autozentrierter Regionalentwicklung

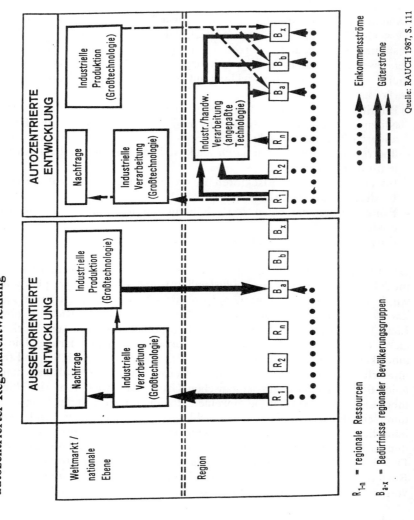

Quelle: RAUCH 1987, S. 111

Die Förderung kohärenter regionaler Wirtschaftsstrukturen darf jedoch nicht (wie es leider häufig geschieht) mit regionaler Abkopplung verwechselt werden. Gerade in einem Land wie Costa Rica, das unter erheblichem Druck steht, seine Zahlungsbilanz zu sanieren, wäre das vollkommen unrealistisch. Zudem haben die sektoralen Untersuchungen gezeigt, daß Exportsektoren (wie Kaffee) unter bestimmten Bedingungen durchaus günstige Auswirkungen auf die Entwicklung der jeweiligen ländlichen Region haben können. In diesem Sinne hat autozentrierte agroindustrielle Entwicklung auf regionaler Ebene folgende Elemente zu berücksichtigen:

- Priorität für die Grundbedürfnisbefriedigung der regionalen Bevölkerung;
- Nutzung eines breiten Spektrums regionaler Ressourcen, um Importe aus anderen Regionen zu substituieren;
- überregionale Integration durch selektive Nutzung komparativer Kostenvorteile für den Export;
- Integration der Exportsektoren in die regionale Wirtschaft durch gezielte Förderung intersektorieller linkages;
- Erhöhung der regionalen Wertschöpfung durch Verarbeitung von Primärprodukten in der Region;
- Entwicklung intraregionaler Wirtschaftskreisläufe.

Der Frage nach den Implikationen des von uns vorgeschlagenen Entwicklungsmodells autozentrierter agroindustrieller Entwicklung für periphere Regionen wurde im Rahmen des Forschungsprojekts sehr viel Raum gegeben. Zu diesem Zweck wurden drei Regionalstudien durchgeführt. Costa Rica ist, obwohl das Land fünfmal kleiner ist als die Bundesrepublik, räumlich sehr stark differenziert. Teilweise beruht das auf der naturräumlichen Gliederung. Die Zentralamerikanische Kordillere durchzieht das Land von NW nach SO und trennt das immerfeuchte Atlantiktiefland von der wechselfeuchten Pazifikabdachung, wobei jeder der drei landschaftsökologischen Großräume wiederum vielfältig gekammert ist. Zudem wurden die einzelnen Regionen nicht zeitgleich und unter sehr unterschiedlichen Bedingungen erschlossen. So sind einige Landesteile kleinbäuerlich geprägt, in anderen dominiert die extensive Viehwirtschaft in Hacienden und wieder andere Regionen werden von Plantagenökonomien bestimmt. Die Auswahl der Untersuchungsregionen mußte dieser strukturellen Vielfalt Rechnung tragen. Sie wurde aufgrund von vier wirtschaftsräumlichen Kriterien vorgenommen, nach denen sich die Regionen unterscheiden sollten:

a) der Agrarstruktur,
b) dem Entwicklungsniveau im Sinne der Grundbedürfnisbefriedigung der regionalen Bevölkerung,
c) der Strukturstärke der regionalen Wirtschaft und
d) der überwiegenden Ausrichtung der Produktion auf den Binnenmarkt, bzw. den Export.

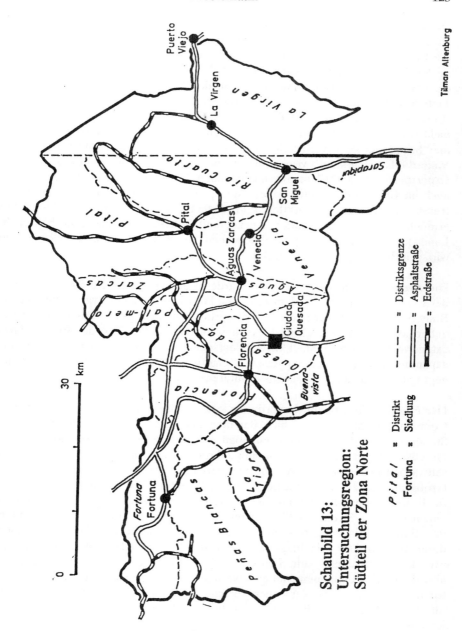

Schaubild 13:
Untersuchungsregion:
Südteil der Zona Norte

Pital = Distrikt
Fortuna = Siedlung

‒ ‒ ‒ = Distriktsgrenze
═══ = Asphaltstraße
▬▬▬ = Erdstraße

Tilman Altenburg

Die erste Untersuchungsregion umfaßt *elf Distrikte im Süden der Planungsregion Huetar Norte* (vgl. Schaubild 13). Huetar Norte erstreckt sich vom Gebirgszug der Cordillera Central bis zum Río San Juan, dem Grenzfluß zu Nicaragua. Der in der Gebirgsfußzone gelegene Südteil der Region stellt eine Übergangszone dar zwischen bäuerlicher Agrarstruktur des Hochlands und Latifundien des Tieflands. Da hier überdies die naturgeographischen Verhältnisse auf kleinem Raum sehr variabel sind, ist die Landwirtschaft entsprechend diversifiziert. Die nicht-traditionellen Exportprodukte, deren Anbau massiv gefördert wird, sind hier besonders stark vertreten. In diesem Bereich sind sehr interessante Kontraktarbeitsverhältnisse zwischen im allgemeinen mittelgroßen, oft ausländischen Exportbetrieben und Kleinbauern entstanden. Darüber hinaus sind in der Region auch im Bereich der traditionellen Agrarproduktion solche Produkte stark vertreten, die kleinen und mittleren Produzenten das wirtschaftliche Überleben ermöglichen (vor allem Kaffee, Zucker und Milch), so daß sich die bäuerliche Landwirtschaft neben den Großbetrieben behaupten konnte; die Region ist wirtschaftlich vergleichsweise stabil.

Die zweite Region, *Pérez Zeledón*, wurde in der ersten Hälfte dieses Jahrhunderts von Kleinbauern aus dem zentralen Hochland besiedelt (vgl. Schaubild 14). Binnen kurzer Zeit wurde dieses Gebirgstal zum wichtigsten Kaffeeanbaugebiet außerhalb der Meseta Central. Auch wenn ein großer Teil der Fläche durch extensive Viehzucht genutzt wird, bildet der auch in den 1980er Jahren weiter expandierende Kaffeeanbau das wirtschaftliche Rückgrat einer kleinbäuerlich geprägten (allerdings keineswegs egalitären) Agrarregion.

Der *Pacífico Sur* schließlich wurde Ende der 1930er Jahre von der United Fruit Company erschlossen, um hier Bananen anzubauen (vgl. Schaubild 15). Der Standort wurde für den Bananenanbau jedoch zunehmend unrentabel und die Gesellschaft gab diesen seit den 60er Jahren schrittweise auf, stellte z.T. auf die sehr arbeitsextensive Ölpalme um und verkaufte andere Teile ihres Besitzes an Großgrundbesitzer (Viehzüchter, Reisproduzenten) bzw. an den Staat, der sie für Kolonisationsprojekten mit Kleinbauern nutzte. 1984 wurden kurzfristig nach einem längeren Streik der Plantagenarbeiter die letzten, immer noch bedeutenden Bananenpflanzungen aufgegeben. Das wirtschaftliche Leben der Region, deren Infrastruktur, Siedlungssystem usf. durch die Enklavenökonomie geprägt war, kam weitgehend zum Erliegen. Die - wie gesagt - wenig Arbeitskräfte absorbierenden Ölpalmenplantagen wurden zum beherrschenden Wirtschaftsfaktor der Region. Heute versuchen verschiedene, teils grundbedürfnisorientierte und teils auf *cash crop* Produktion abstellende Entwicklungsprojekte, die Verelendungs- und Abwanderungstendenzen aufzuhalten.

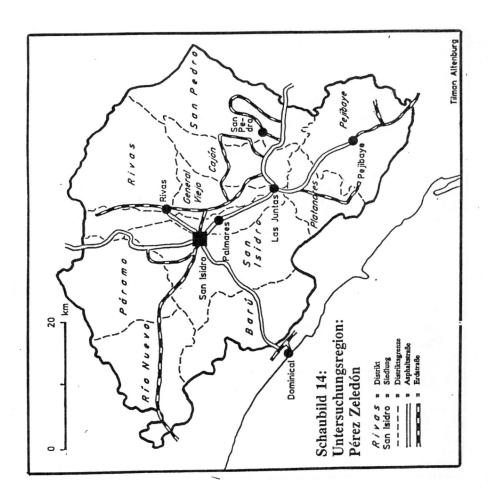

Schaubild 14:
Untersuchungsregion:
Pérez Zeledón

Rivas = Distrikt
San Isidro = Siedlung
= Distriktsgrenze
= Asphaltstraße
= Erdstraße

Tilman Altenburg

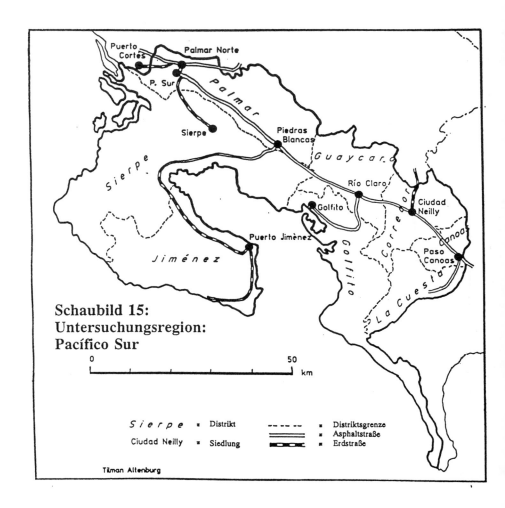

Schaubild 15:
Untersuchungsregion:
Pacífico Sur

0   50
└─────┴─────┴─────┴─────┴─────┘
                                km

Sierpe	=	Distrikt	------ =	Distriktsgrenze
Ciudad Neilly	=	Siedlung	═══ =	Asphaltstraße
			▬▭▬ =	Erdstraße

Tilman Altenburg

Keine der drei Peripherieregionen hat im Inneren bedeutende agroindustrielle Kopplungseffekte hervorgebracht. Zwar existiert in allen Regionen eine Vielzahl von Kleinstunternehmen, die unmittelbar mit Land- und Forstwirtschaft verschränkt und weitgehend dem informellen Sektor zuzurechnen sind - etwa Bäkkereien, Tortilla (Maisfladen)-"Fabriken", Gerbereien, Sattlereien, Möbeltischlereien und *trapiches* zur Rohzuckergewinnung; größere Industriebetriebe dagegen gibt es nur wenige. Dieses sind in erster Linie solche, die an den Standort der Rohstoffgewinnung gebunden sind, da die Rohstoffe entweder nicht lagerfähig sind (Zuckerrohr, Kaffeekirschen) oder der Transportaufwand im Rohzustand zu hoch ist (so bei Frischmilch gegenüber Milchpulver oder etwa bei Baumstämmen gegenüber Brettern). Das technologische Niveau ist in den handwerklichen wie in den größeren Betrieben generell niedrig. Die Arbeitskräfte in diesen Branchen sind fast durchweg ungelernt. So wird das "Humankapital" nicht fortentwikkelt und Innovationen finden auf regionaler Ebene kaum statt.

Besonders wenige Impulse für Industrie und Handwerk gehen von der Plantagenwirtschaft und den vielen der in letzter Zeit massiv geförderten sog. nicht-traditionellen Exportprodukten (vor allem bei frischen Früchten) aus. Im Falle der Plantagen hat nur die binnenmarktorientierte Palmölproduktion nennenswerte production linkages (Vorwärtsverflechtungen in der Weiterverarbeitung des Palmöls), die allerdings vor allem im zentralen Hochland wirksam werden. Bananen- und Ananaspflanzungen beeinflussen die regionale Wirtschaft fast ausschließlich über die konsumptive Verwendung der Lohneinkommen. Erreichen diese Einkommen ein gewisses Niveau (wie etwa in der Bananenproduktion seit den 50er Jahren), fördert dies den Einzelhandel, dazu kommen gewisse Aktivitäten im Bereich der weitgehend firmeneigenen Infrastruktur (Eisenbahnwerkstätten, Hafenanlagen) sowie im öffentlichen Sektor.

Das Beispiel des *Pacífico Sur* hat in drastischer Weise die Anfälligkeit einer Regionalökonomie vor Augen geführt, die fast ausschließlich von dieser Art von Lohneinkommen lebt. Nach dem Rückzug von United Brands aus der Bananenproduktion verelendete ein bedeutender Teil der regionalen Bevölkerung, viele mußten abwandern, die Einkommen im Dienstleistungssektor gingen deutlich zurück. Wegen der relativ hohen Löhne im Plantagensektor hatte jahrzehntelang kaum ein Anreiz bestanden, die regionale Wirtschaftsstruktur zu diversifizieren. Schaubild 18, erstellt auf der Grundlage der uns zur Verfügung stehenden Materialien zur regionalen Ökonomie sowie der von uns durchgeführten Interviews, zeigt die geringen intraregionalen Verflechtungen sowohl der Bananen als auch der Ölpalmen. Einzelne Verflechtungsketten sind im Zusammenhang mit dem regionalen Konsum entstanden (Reis, Fleisch, Holz) - verglichen mit den Verflechtungsstrukturen in den anderen beiden Untersuchungsregionen (vgl. u. die Schaubilder 17 und 18) bleiben sie jedoch bescheiden und obendrein prekär,

Schaubild 16

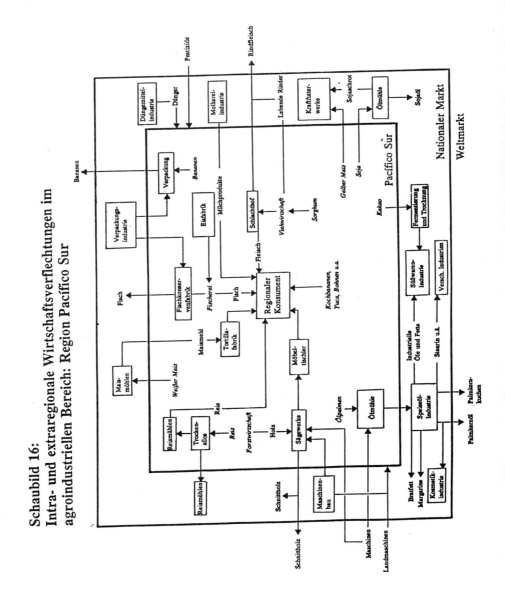

Schaubild 16:
Intra- und extraregionale Wirtschaftsverflechtungen im agroindustriellen Bereich: Region Pacifico Sur

solange die Nachfrage nach Konsumgütern nicht von einer sehr viel größeren Palette von Einkommensquellen abhängt. Zur Reaktivierung der Region sind heute unternehmerische Initiative und bäuerliche oder handwerklich-industrielle Fertigkeiten gefragt, die nach fast einem halben Jahrhundert der Lohnarbeitsverhältnisse weitgehend verloren gegangen und auch durch die Vielzahl von Entwicklungsprojekten, durch die gegenwärtig versucht wird, die Wirtschaft der Region wieder zu stabilisieren, nicht kurzfristig wiederzubeleben bzw. neu zu entwickeln sind.

Bei nicht-traditionellen Exportprodukten der Landwirtschaft kommen kaum Vorwärtsverflechtungen zustande, soweit diese Produkte unverarbeitet ausgeführt werden. Dies ist in der Regel bei frischen Früchten und einigen Gemüsesorten der Fall. Zudem wurde für diesen Bereich eine liberale Gesetzgebung geschaffen, die den Import von Produktionsmitteln von allen Steuern und Zöllen befreit. So werden diese vorwiegend im Ausland beschafft und inländische Rückwärtsverflechtungen verhindert.

In der Region *Huetar Norte*, die in steigendem Maße von der *agricultura de cambio* geprägt ist, hat das verarbeitende Gewerbe daher kaum neue Impulse erhalten. In der Landwirtschaft dagegen haben die nicht-traditionellen Produkte neue Einkommensquellen auch für Kleinbauern geschaffen, da die Kontraktproduktion zwischen überwiegend ausländischen Exporteuren und Bauern der Region sehr verbreitet ist. Tabelle 5.1 zeigt, daß die Exportunternehmen - außer im Falle der Zierpflanzen - im allgemeinen nur einen Teil der exportierten Produkte selbst anbauen; der Rest wird von Klein- und Mittelbauern der Region aufgekauft:

Darüber hinaus besteht aber weiterhin eine differenzierte Struktur traditioneller landwirtschaftlicher Produkte mit relativ vielfältigen intraregionalen Verknüpfungen sowie ein sehr viel breiterer Bereich von wirtschaftlichen Aktivitäten im landwirtschaftlichen wie im gewerblichen Bereich, die auf den lokalen Konsum ausgerichtet sind, als im Falle des Pacífico Sur. Tabelle 5.2 zeigt die Vielfalt der traditionellen landwirtschaftlichen Produkte, die in der Region wirtschaftliche Bedeutung besitzen, Schaubild 17 verdeutlicht dieses erheblich dichtere Netz intraregionaler linkages. Die Integration einer beträchtlichen Zahl kleiner Produzenten in spezialisierte und rentable landwirtschaftliche Aktivitäten hat zu einer umfangreichen, schon recht differenzierten Nachfrage nach industriellen Produkten geführt, die ihrerseits einen prosperierenden tertiären Sektor in der Region hervorgebracht hat. Das rasche Wachstum von Ciudad Quesada und einiger kleinerer Zentren in der Region hat gleichzeitig das Entstehen eines dynamischen regionalen Bürgertums gefördert.

Schaubild 17

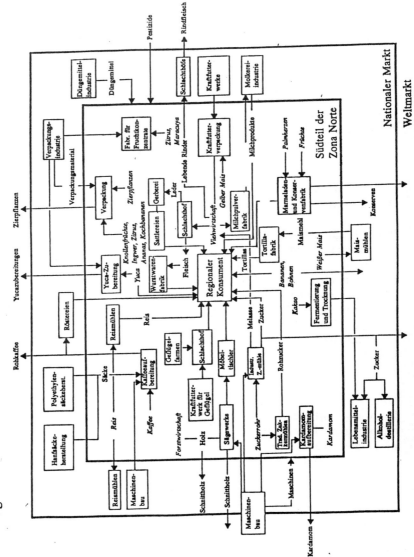

Schaubild 17:
Intra- und extraregionale Wirtschaftsverflechtungen im agroindustriellen Bereich: Südteil der Zona Norte

Tabelle 5.1: **Herkunft der nicht-traditionellen Exportprodukte der Región Norte am Beispiel einiger Exportunternehmen**

Nr. des Unternehmens	Exportprodukt	100%	mehr als 50%	weniger als 50%	0 %
1	Zierpflanzen	x			
2	Zierpflanzen	x			
3	Zierpflanzen	x			
4	Zierpflanzen		x		
5	Wurzel-und Knollengemüse			x	
6	dto.				x
7	dto. + Ingwer			x	
8	dto. + Ananas				x
9	Ananas		x		
10	Kardamom		x		
11	Palmherzen			x	
12	Zitrusfrüchte		x		
13	Zitrus- und and. Früchte			x	
14	Zitrusfrüchte, Maracuyá		x		
15	verschiedene			x	

Quelle: eigene Interviews

Tabelle 5.2: **Canton San Carlos[1]: Anbaufläche, Anzahl der Betriebe und Produktionswert nach Produkt (1984)**

Produkt	Anbaufläche (ha)	Anzahl der Betriebe	Prod.wert (1000 Col.)	Prod.wert (%)
Kaffee	2.222	1.338	125.231	7,3
Zuckerrohr	4.021	519	176.242	10,3
Yuca	1.334	955	52.745	3,1
Ananas	512	571	24.062	1,4
Schw.Bohnen(2)	564	539	20.734	1,2
Reis(2)	1.040	740	13.118	0,8
Papayas	76	k.A.	12.656	0,7
Kochbananen	480	k.A.	12.003	0,7
Weißer Mais(2)	961	k.A	10.962	0,6
Viehzucht	205.070	4.980	--	--
- Rindfleisch	--	--	650.172	37,6
- Milch	--	--	596.069	34,7
andere	3.318	--	28.107	1,6
Insgesamt(3)	219.557	6.686	1.722.101	100,0

(1) Der Canton San Carlos entspricht nicht genau der von uns untersuchten Region (Südteil
     der "Región Norte"); abgesehen von der extensiven Fleischviehzucht dürfte sich allerdings
     der größte Teil der landwirtschaftlichen Aktivitäten des Cantons auf den Südteil konzen-
     trieren, während andererseits der nicht zu San Carlos gehörende Teil unserer Region
     relativ klein ist. Insgesamt ist also der Anteil der Rindfleischproduktion an der Gesamt-
     agrarproduktion im Südteil der Nordregion erheblich, der Milchproduktion etwas kleiner,
     während der Anteil fast aller anderen Produkte entsprechend größer ist als in San Carlos
     insgesamt.
(2) Schließt nur die Winterernte ein (Regenzeit: Mai-Okt.).
(3) Dauerkulturen, Acker- und Weideland.

Quellen: Eigene Berechnungen nach Oficina del Café 1985; Programa Integral de Mercadeo
          Agropecuario (PIMA), Jan.-Dez.1984; nicht publizierten Informationen von Banco
          Central de Costa Rica, Consejo Nacional de Producción und Dirección General de
          Estadísticas y Censos.

In der Region *Pérez Zeledón* wiederum haben die breit gestreuten Einkommen
aus dem Kaffeeanbau zu einer raschen Expansion und Diversifizierung der
regionalen Produktionsstruktur geführt (vgl. Schaubild 18). Mais, schwarze
Bohnen, Fleisch und Milch vor allem für den Konsum innerhalb der Region
(zum Teil, vor allem beim Rindfleisch, auch für den Export), Tabak für den
nationalen Markt und Zuckerrohr als vom Erntezyklus her typisches komple-
mentäres Produkt zum Kaffee sind in der Folge der Entwicklung des Kaffeeanbaus zu weiteren Einkommensquellen für die Bauern der Region geworden (vgl.
Tabelle 5.3).

**Tabelle 5.3:   Anbaufläche, Anzahl der Betriebe und Produktionswert nach
                 Produkten in Pérez Zeledón (1984)**

	Anbaufläche (ha)	Anzahl der Betriebe	Produktionswert (1000 Col.)	(%)
Kaffee	8.134	4.568	523.483	48,2
Zuckerrohr	1.766	812	65.572	6,0
Tabak	256	225	46.985	4,3
weißer Mais(1)	1.032	765	40.462	3,7
schw. Bohnen(1)	1.475	1.604	58.306	5,4
Ananas	219	299	14.642	1,4
Viehzucht	56.210	4.310	---	---
- Rindfleisch	---	---	144.276	13,3
- Milch	---	---	121.870	11,2
andere	---	---	69.734	6,4
Insgesamt(2)	83.224	6.904	1.085.330	100,0

(1) Schließt nur die Winterernte ein (während der Regenzeit, Mai-Okt.)
(2) Dauerkulturen, Acker- und Weideland

Quellen: eigene Berechnungen nach Oficina del Café 1985 sowie nach nicht-publizierten
           Daten der Zentralbank, des Consejo Nacional de Producción, der Dirección General
           de Estadísticas y Censos und der Federación de Cámaras de Ganaderos de Costa
           Rica.

Sehr expansiv haben sich auch die tertiären Aktivitäten entwickeln können. Welche Wachstumsimpulse für Handel und Dienstleistungen von einer breit gestreuten Einkommenssteigerung in der Landwirtschaft ausgehen können, zeigt sich etwa in San Isidro, dem Hauptort Pérez Zeledóns. Aufgrund des wachsenden Tertiärsektors verdoppelte die Stadt ihre Einwohnerzahl binnen elf Jahren, wobei ein eindeutiger Zusammenhang zwischen der Umsatzentwicklung in diesem Sektor und den Ernteperioden des Kaffees besteht. Die Entwicklung der Kantonshauptstadt San Isidro de El General hat darüber hinaus von seiner geographischen Lage unmittelbar hinter dem etwa 3400 m hohen Paß "Cerro de la Muerte" profitiert, wodurch sich die Stadt nach dem Ausbau der Carretera Panamericana zum Tor und regionalen Einkaufszentrum für den gesamten Süden des Landes entwickeln konnte (Nähe zum zentralen Hochland, aber aufgrund des Passes doch gut zwei Autostunden von der nächsten größeren Stadt, Cartago, und knapp drei Stunden von San José entfernt) - über 1.000 Handelsgeschäfte besitzen in San Isidro Konzessionen. Durch die Ansiedlung verschiedener Behörden der Planungsregion Brunca, die den gesamten Süden des Landes umfaßt, wurde es auch zu einem Zentrum öffentlicher Dienstleistungen mit etwa 1.500 Beschäftigten im öffentlichen Sektor.

Die Konzentration der regionalen Nachfrage auf San Isidro hat hier nicht nur ein sehr diversifiziertes Handwerk, sondern auch kleinere Betriebe der Lebensmittelindustrie entstehen lassen, die praktisch ausschließlich für die regionale Nachfrage produzieren, aber im wesentlichen mit moderner, grundsätzlich konkurrenzfähiger Technologie arbeiten (Molkerei, Wurst-, Viehfutter-, Nudelfabrik). Darüber hinaus gibt es einige größere Werkstätten, die auch einzelne Ausrüstungsgüter für die lokalen Beneficios produzieren (vgl. Schaubild 18).

Vergleicht man einige Indikatoren zur Entwicklung des Lebensstandards in den drei Untersuchungsregionen (vgl. Tab. 5.4), so bestätigt dies die Einkommenseffekte, die die zusammenfassende Beschreibung der Wirtschaftsstrukturen der drei Regionen erwarten läßt. In einer Reihe von Aspekten liegen Pérez Zeledón und San Carlos (Nordregion) kaum unter dem nationalen Durchschnitt; deutliche Abweichungen zeigen sich lediglich im relativ niedrigen Elektrifizierungsgrad in Pérez Zeledón (und damit zusammenhängend die hohe Zahl der Haushalte ohne Kühlschrank) sowie im noch schlecht ausgebauten Wasserleitungsnetz in San Carlos (vor allem in Norden des Cantons, also die eigentliche Untersuchungsregion nicht betreffend). Die Region Pacífico Sur liegt dagegen in allen Werten erheblich schlechter als der nationale Durchschnitt sowie mit wenigen Ausnahmen auch unter den Werten der beiden anderen Untersuchungsregionen.

Tabelle 5.4:   **Vergleich einiger sozialer Indikatoren in den Entwicklungsregionen (in %)**

Region	Arbeitslosig. keit	Wohng.in Elendsviertel	fl. Wasser	elektr. Licht	Radio	Herd	Kühlschrank
				Wohnungen ohne			
Costa Rica insg.	7,1	1,8	14,8	18,1	19,5	33,9	46,1
Pérez Zeledón	4,9	1,0	17,3	44,7	22,5	45,5	70,0
San Carlos	4,7	0,8	29,1	29,4	22,5	38,8	54,2
Pacífico Sur (einzelne Distrikte)							
- Corredores	9,1	2,2	45,5	45,7	40,0	60,6	69,1
- Golfito	10,1	5,2	43,8	51,2	42,4	68,0	73,0
- Osa	11,9	2,7	30,2	42,4	41,8	59,4	65,4

Quelle: Dirección General de Estadísticas y Censos, Censo de Población 1984.

Im Hinblick auf die Entwicklung der regionalen Wirtschaftsstrukturen ist zusammenfassend festzuhalten, daß die vom Agrarsektor ausgehenden *production* linkages auf regionaler Ebene bislang nur schwach entwickelt sind, was allerdings zum Teil auf politische Rahmenbedingungen zurückzuführen ist, die die Enstehung von Enklaven geradezu ermutigten. Offenbar sind die Standortvorteile im Ballungsraum um San José in fast allen weiterverarbeitenden Branchen sehr groß. Nicht nur lebt hier mehr als die Hälfte der costaricanischen Bevölkerung und besteht hier inzwischen eine relativ gute Infrastruktur - auch die vielfältigen Fühlungsvorteile zu Regierungsstellen, Institutionen von Forschung und Ausbildung und nicht zuletzt zu anderen Unternehmen im Industrie-wie im Dienstleistungssektor spielen eine wichtige Rolle. Etwas optimistischer sind die Dezentralisierungschancen lediglich in jenen Produktionszweigen einzuschätzen, für die diese Regionen als Absatzmarkt interessant sind und bei denen Skalenvorteile keine so große Rolle spielen.

Noch vor wenigen Jahrzehnten war die costaricanische Peripherie als Absatzmarkt unbedeutend. Kaufkräftige Bevölkerung gab es allein im Hochland, wo der Staatsapparat, die Industrie und der Kaffeeanbau konzentriert waren. Mit der weitgehenden infrastrukturellen Erschließung Costa Ricas ist praktisch das gesamte Land - mit Ausnahme ganz weniger größerer zusammenhängender Gebiete in der Ebene von Tortuguero sowie der Kordillere von Talamanca - mit Lastkraftwagen erreichbar und damit auch mit industriellen Produkten zu ver-

Schaubild 18:
Intra- und extraregionale Wirtschaftsverflechtungen im agroindustriellen Bereich: Region Pérez Zeledón

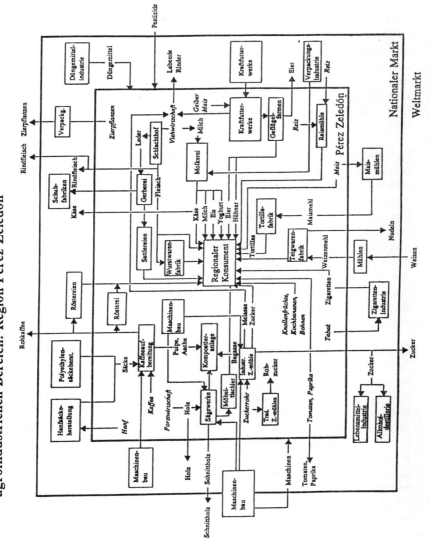

sorgen. Die Besiedelung dieser Regionen, die Entwicklung der landwirtschaftlichen Produktion vor allem in Richtung auf intensive Landnutzungsformen und schließlich die Dezentralisierung öffentlicher Institutionen und der Ausbau der sozialen Infrastruktur hat zu einem deutlichen Anstieg der Kaufkraft der Bevölkerung in den Peripherieregionen geführt. Die Einkommen der ländlichen Bevölkerung wuchsen in den letzten Jahren schneller als die der städtischen (wenn auch letztere weiterhin deutlich höher liegen) (IICE/UCR 1985). Die 35 % der nationalen Bevölkerung, die außerhalb der Zentralregion leben, stellen somit einen wachsenden Markt für Konsumgüter dar (vgl. etwa die sozialen Indikatoren in Tabelle 5.4).

Der größte Teil dieser Nachfrage wird weiterhin durch im Hochland ansässige Industrien gedeckt. In vielen Bereichen wird die traditionelle handwerklich-kleinindustrielle Produktion auf regionaler Ebene (Maismühlen, Tortillaherstellung, trapiches, Schuhproduktion) zunehmend durch industrielle Massenproduktion, die fast stets in der Zentralregion angesiedelt ist, verdrängt. Dennoch sind, insbesondere im Bereich der Lebensmittelherstellung, Keimzellen einer dezentralisierten Konsumgüterindustrie zu beobachten. Ob und in welchen Branchen Industrien in der Peripherie bestehen können, hängt von den *economies of scale* und der regionalen Kaufkraft ab.In den letzten Jahren sind Betriebe entstanden, die auf regionaler Ebene produzieren und den großen Anbietern aus dem Hochland Märkte streitig machen, wie vor allem die Entwicklung in Pérez Zeledón zeigt.

Handel und Dienstleistungen in der Peripherie sind mit der Landwirtschaft in erster Linie über *consumption* linkages verknüpft. Tertiäre production linkages, wie Anbauberatung, Handel mit Agrarprodukten und Produktionsmitteln für die Landwirtschaft sowie Transportleistungen spielen zwar in der Entwicklung der Landstädte eine gewisse Rolle, sind dagegen wenig beschäftigungs- und einkommenswirksam. Dementsprechend sind die Landstädte auch eher Umschlagsplätze für industrielle Konsumgüter denn Marktorte für Agrarprodukte. In Costa Rica gelangt nur ein kleiner Teil der landwirtschaftlichen Erzeugnisse auf Bauernmärkte. Weitaus mehr wird - unter Umgehung der Landstädte - direkt an die Industrie oder staatliche Institutionen geliefert. In erster Linie hängt die Entwicklung der Landstädte also vom Kauf von Konsumgütern und Dienstleistungen ab, den die ländliche Bevölkerung hier tätigt. Das bedeutet wiederum, daß Veränderungen im Einkommen der landwirtschaftlichen Produzenten sehr direkte Auswirkungen auf die Dynamik dieser Landstädte besitzt.

Ein drastisches Beispiel für diesen Zusammenhang bildete die Aufgabe der Bananenplantagen der UBCo. im Pacífico Sur: Die Entlassung von Tausenden von Arbeitern sowie die Reduktion der Löhne der weiterhin in den Ölpalmenpflanzungen des Unternehmens verbleibenden Beschäftigten führte zu einer schweren Krise in den Dienstleistungszentren der Region, der erst durch das massive Einströmen von öffentlichen Hilfsleistungen (im allgemein finanziert durch Entwicklungshilfe aus dem Ausland) entgegengewirkt werden konnte. Schaubild 19 - beruhend auf eigenen Auswertungen der Patentregistraturen durch das Projekt - zeigt ein starkes Ansteigen der Zahl der Geschäftszusammenbrüche in den Jahren 1984 und 1985 sowie ein Rückgang der Neugründungen in Palmar Norte, dem kommerziellen Zentrum im nördlichen Teil der Bananenregion. Innerhalb der Region gab es eine Verlagerung weg von den Zentren der Plantagenproduktion (Golfito, Palmar) hin zu den kleineren Verkehrsknoten an den Panamericana (Ciudad Neilly, Rio Claro) sowie nach Paso Canoas und La Cuesta, am Grenzübergang nach Panama, die vor allem vom legalen und illegalen Grenzhandel profitieren. Tabelle 5.5 verdeutlicht dies am Beispiel der Bevölkerungsentwicklung zwischen dem Census von 1973 und 1984; die entsprechenden Tendenzen dürften sich auch nach 1984 fortgesetzt haben.

Tabelle 5.5:   **Demographische Entwicklung der wichtigsten Bevölkerungszentren im Pacífico Sur 1973-1984**

	Einwohner 1973	Einwohner 1984	Veränderung (%)
Golfito	6.962	5.894	- 15,3
Palmar Sur	923	875	- 5,2
Palmar Norte	1.834	2.377	+ 29,6
Puerto Cortés	2.425	3.178	+ 31,3
Ciudad Neilly	3.200	5.206	+ 62,7
Río Claro	1.192	2.212	+ 85,6
Puerto Jiménez	577	1.072	+ 85,8
La Cuesta	490	954	+ 94,7
Paso Canoas	532	2.309	+334,0
Pacífico Sur insg.	59.656	76.335	+ 28,0

Quellen: Eigene Ausarbeitung auf der Grundlage von DGEC, Cartografía censal 1973 und 1984.

Die Abhängigkeit des Handels von den Einkommen der landwirtschaftlichen Bevölkerung wurde auch in den Interviews in Pérez Zeledón deutlich: Hier reflektieren die Umsatzzahlen des Handels die Entwicklung der Kaffeepreise sowie - im Jahreszyklus - die Phasen der Zahlungen von Vorschüssen und der Endabrechnung der Kaffee-Ernte einerseits, der dazwischenliegenden Phasen geringerer Konsumausgaben andererseits. Im südlichen Teil der Nordregion dagegen

Schaubild 19:
Entwicklung der Handelsunternehmen in zwei Kleinstädten
des Pacífico Sur

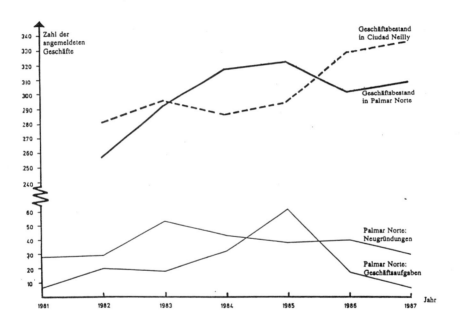

führt der hohe Grad der Diversifizierung der Landwirtschaft zu einer Stabilisierung der Handelsgeschäfte im jahreszeitlichen Rhythmus und zu einer weitgehenden Unabhängigkeit von der Weltmarktpreisentwicklung einzelner Produkte.

Die wirtschaftliche Entwicklung der peripheren Regionen Costa Ricas hing also in ihrer ersten Phase primär von einer landwirtschaftlichen Entwicklung ab, die relativ differenzierte Strukturen und breit gestreute Einkommen schuf. Diese Entwicklung wiederum förderte das Entstehen eines mehr oder weniger umfangreichen und diversifizierten privaten und öffentlichen Dienstleistungssektors auf der Basis primär von consumption, teilweise aber auch von production linkages. Dieses Projektergebnis bestätigt die Ergebnisse einer umfangreichen Weltbankstudie über "farm/non-farm linkages" in Afrika südlich der Sahara (vgl. Haggblade/Hazell/Brown 1987).

Eine Vertiefung dieser Entwicklung hängt dann in erster Linie davon ab, ob es gelingt, den Aufbau von Produktionsstätten zur Deckung der ländlichen Konsumgüternachfrage in den einzelnen Regionen zu fördern. Hier tut sich ein weites Feld für regionalpolitisches Engagement des Staates auf. Angesichts des zentralen Einflusses ländlicher Kaufkraft auf die Regionalentwicklung sollte in diesem Zusammenhang noch einmal auf die Bedeutung einer redistributiven Agrarreform hingewiesen werden. Das Wachstum der regionalen Nachfrage und die Verbesserung der externen Produktionsbedingungen in den peripheren Regionen (bessere physische und soziale Infrastruktur, bessere Kontaktmöglichkeiten mit staatlichen Stellen über den regionalen Planungsapparat, beginnende Komplementaritäten mit anderen Unternehmen) verbessern auch die Konkurrenzfähigkeit der lokalen Industriebetriebe. Bei wachsenden Agglomerationskosten im zentralen Hochland können sie in einzelnen Branchen zu effektiven Konkurrenten der dortigen Unternehmen werden und damit zur Verbreiterung der wirtschaftlichen Basis der jeweiligen peripheren Region einerseits, darüber hinausgehend aber auch zur Expansion der räumlichen Basis des *nationalen* Industrialisierungsprozesses andererseits beitragen.

Die weitere Entwicklung der in diesem Kapitel skizzierten Regionen bis 1991 wird im Kapitel VIII noch einmal aufgenommen. Eine ausführliche Darstellung findet sich in Altenburg (1992).

VI Aktuelle sozioökonomische Entwicklungstendenzen: Ansätze für die Durchsetzung "autozentrierter agroindustrieller Entwicklung" als Entwicklungsmodell ?

In den Kapiteln III bis IV haben wir drei zentrale Aspekte eines Modells autozentrierter agroindustrieller Entwicklung genauer analysiert, wobei wichtige Voraussetzungen für einen erfolgreichen Entwicklungsprozeß entlang der im Kap. I skizzierten Grundlinien dieses Entwicklungsmodells aufgezeigt worden sind: (1) eine eindeutige politische Weichenstellung in Richtung auf einen stärker autozentrierten Entwicklungsprozeß, (2) eine Weiterentwicklung von Institutionen im Bereich der Beziehungen zwischen landwirtschaftlichen und industriellen Produzenten und/oder Exporteuren bzw. anderen Vermarktungsorganisationen, die sowohl eine günstige Einkommensentwicklung und -verteilung bei den Produzenten als auch eine günstige Absatzentwicklung der einzelnen Produkte ermöglicht, und (3) schließlich eine auf der Stärkung der regionalen Massenkaufkraft beruhende Diversifizierung der Wirtschaftsstrukturen peripherer Regionen. Im folgenden geht es darum, diese einzelnen Aspekte in den Gesamtzusammenhang der sozioökonomischen Entwicklung des Landes seit dem Tiefpunkt der Wirtschaftskrise in den Jahren 1981/82 zu stellen, wobei zunächst die wesentlichen makroökonomischen Daten dargestellt werden soll, um daran anschließend auf spezifische Entwicklungstendenzen der einzelnen Wirtschaftssektoren einzugehen. Die Suche nach Ansätzen und die Frage nach den Perspektiven für eine *integrale* Durchsetzung "autozentrierter agroindustrieller Entwicklung" als das die Dynamik der sozioökonomischen Entwicklung *auf nationaler Ebene* bestimmende Entwicklungsmodell bilden den Leitfaden dieses Kapitels.

Die akute Krise von 1981/82 ergab sich aus dem Zusammentreffen einiger Faktoren, die zum Teil Folge der Strukturprobleme des Importsubstitutionsmodells waren (strukturelles Zahlungsbilanzdefizit; wachsendes Defizit des Staatshaushaltes), zum Teil aus einer Verschlechterung der internationalen Rahmenbedingungen (Anstieg der Zinsraten, Verdreifachung der Ölpreise, Krise des zentralamerikanischen Marktes) resultierten und schließlich durch eine inkohärente Wirtschafts- und Währungspolitik der christlich-sozialen Regierung Carazo verstärkt wurden (vgl. u.a. Rivera U., 1982). Der nachfolgenden PLN-Regierung unter Luis Alberto Monge gelang es allerdings innerhalb erstaunlich kurzer Zeit, die wirtschaftliche Situation zu stabilisieren. Die in der Tabelle 6.1 zusammengefaßten makroökonomischen Daten der 80er Jahre dokumentieren auf praktisch allen Ebenen den Einbruch von 1981/82 und - wie es in Costa Rica verbreitet heißt - die "relative Stabilisierung" in den darauffolgenden Jahren. Wesentliche Aspekte dieser Stabilisierung waren:

- Eine erfolgreiche Wechselkurspolitik, die nach einer ca. 450%igen Abwertung des Colons während eines Jahres den Wert der Währung stabilisierte und die Wechselkursentwicklung aufgrund etwa monatlicher Miniabwertungen berechenbar machte.
- Die Politik einer gradualen Strukturanpassung ("gradualismo"), die einerseits Abkommen mit IWF und Weltbank ermöglichte, andererseits aber die sozialen Effekte der Liberalisierung der Außenwirtschaftspolitik abfederte.
- Eine relativ großzügige - wenn auch mit ordnungspolitischen Auflagen (Stichwort "Privatisierung") verbundene - Wirtschaftshilfe der USA, die ein Interesse an der politischen Stabilisierung von Costa Rica als demokratischem "Aushängeschild" in der Karibik hatten.

Das Bruttoinlandsprodukt begann nach der schweren Rezession in den Jahren 1981/82 bereits 1983 wieder zu steigen, die Inflationsrate sank und pendelte sich ab 1984 auf jährliche Werte um 15% ein. Die bereits 1982 drastisch gesunkenen Importe führten zu einer ausgeglichenen Handelsbilanz (bei ab 1984 wieder steigendem Außenhandelsvolumen), die erst ab 1987 wieder leicht defizitäre Tendenzen zeigt. Auch die für die soziale Entwicklung relevanten Indikatoren (Arbeitslosigkeit, Reallohnentwicklung, Familien mit niedrigem Einkommen) zeigten ab 1984 wieder eine deutlich positive Entwicklung, so daß im allgemeinen die Werte der zweiten Hälfte der 70er Jahre wieder erreicht wurden, wobei allerdings die globalen Daten Tendenzen zu einer Verstärkung sozialer Ungleichheit überdeckten: So bedeutete das Wachstum der Beschäftigung zumindest in den Jahren 1983-85 vorwiegend ein Wachstum des informellen Sektors; der Anteil der ärmsten 10% der Bevölkerung am Gesamteinkommen sank von 2,1% im Jahre 1971 über 1,5% 1983 bis 1986 weiter auf 1,2% (MIDEPLAN 1986, S. 11 und dies. 1988, S. 37), und der - gerade auch von den internationalen Finanzinstitutionen ausgeübte - Druck auf eine Verringerung der Staatsausgaben schlug sich auch in einer Reduzierung der Ausgaben für die soziale Infrastruktur nieder (Schulen und Universitäten; Gesundheitssystem).

Auch einige andere Daten weisen daraufhin, daß die Achtzigerjahre eher eine Periode einer "relativen Stabilisierung" der wirtschaftlichen Situation darstellen als den Aufbruch in eine neue Phase sozioökonomischer Entwicklung. Die Wachstumsraten des BIP sind zwar seit 1983 durchweg positiv, bleiben aber im Durchschnitt bescheiden und liegen nur knapp über dem Bevölkerungswachstum; die Exporte steigen relativ kontinuierlich, bleiben jedoch hinter den Erwartungen zurück (im Plan von 1982 wurden bis 1986 allein Warenexporte von 1,5 Mrd. US$ erwartet, was angesichts der enormen Anstrengungen zur Förderungen von Exporten nicht total unrealistisch erschien); die Verschuldung stabilisiert sich zwar ab 1984, kann aber auch nicht abgebaut werden, so daß die Leistung

Tabelle 6.1:   **Wichtigste Wirtschaftsindikatoren 1980-1987**

	1980	1982	1983	1984	1985	1986	1987*
Bruttoinlandsprodukt (1) (in Mio. Col. von 1966)	9648	8743	8993	9665	9785	10316	10719
BIP: jährliche Wachstumsrate (%)	0,8	-7,3	2,9	7,5	1,2	5,4	3,9
Arbeitslosigkeit (%) (2)	5,9	9,4	9,0	7,9	6,8	6,2	5,5
Verbraucherpreise (mittlere jährl. Veränderg. (%))	18,1	90.1	32,6	12,0	15,0	11,8	16,8
Staatseinnahmen (jährl. Veränderung (%))	21,0	73,7	62,6	26,1	18,5	18,8	17,0
Haushaltsdefizit/ gesamte Staatsausgaben (%)	41,8	20,5	23,9	20,3	15,0	21,2	14,2
Haushaltsdefizit/BIP (%)	9,1	3,4	5,1	4,2	2,9	4,1	2,6
Durchschnittl. Reallöhne (jährl. Veränderg. (%))	0,8	-19,8	10,9	7,8	9,0	6,1	-2,5
Familien mit niedrigem Eink. (% aller Fam.) (3)	39,0	59,6	49,2	42,3	36,7	.	.
Wechselkurs (Colones pro US $) (4)	9,24	39,77	41,56	44,40	50,45	56,03	62,78
Exporte von Waren und Dienstleistungen(Mio. $) (5)	1198	1116	1133	1275	1220	1390	1459
- Waren	1001	869	853	997	939	1085	1114
- Reale Dienstleistgn. (Transport, Reisen usw.)	198	247	280	278	282	305	345
Importe von Waren und Dienstleistungen (Mio. $)	1658	1043	1149	1252	1264	1352	1590
- Waren	1375	805	898	997	1005	1049	1253
- Reale Dienstleistgn.	283	238	251	255	259	303	337
Handelsbilanz (Saldo)	-460	73	-16	24	-45	38	-131
Nettotransfer von Gewinnen und Zinsen	-218	-377	-337	-321	-289	-283	.
Saldo der Kapitalbilanz	745	400	377	212	455	256	337
Veränderung der Währungsreserven (netto)	33	125	64	-84	150	59	-5
Öfftl. Ausl.verschuldg.(6)	1797	2807	3184	3419	3425	3432	.
Priv. Ausl.verschuldg.	412	381	348	332	317	307	.
Auszahlg. v. Krediten	535	299	481	272	315	193	.
Schuldendienst	389	807	680	725	692	736	.

*) vorläufige Angaben

Quellen: (1) Für 1980-84: BCCR 1986 (Estadísticas 1950-1985), S. 131f.; für 1985-87: MIDEPLAN
1988, S. 5.

(2) Daten zu Arbeitslosigkeit, Staatseinnahmen und -defizit, Reallöhne: CEPAL 1988,
S. 25 (Anexo estadístico, Tab.1). (3) MIDEPLAN 1986 (Evolución social en Costa
Rica 1980-1985), S. 14, Tab. 4; nach der Methodologie der Interamerikanischen
Entwicklungsbank gelten als "Familien mit niedrigem Einkommen" solche Familie,
deren Gesamteinkommen unter der doppelten Summe des Warenkorbs für Grund-
nahrungsmittel ("Canasta Básica Alimentaria") liegt (vgl. ebda., S. 13, Anm.1).

(4) CEPAL 1988, S. 33 (Anexo estadístico, Tab.9).

(5) Daten zur Zahlungsbilanz: ebda., S. 38 (Anexo estad., Tab.14).

(6) Daten zur Auslandsverschuldung: ebda., S. 39 (Anexo estad., Tab.15).

des Schuldendienstes weiterhin von Umschuldungen und neuen Krediten abhängig bleibt. Die Umstrukturierung der Schulden nach dem Brady-Plan im Jahre
1989 (teilweiser Rückkauf der Schulden zum aktuellen Marktwert, finanziert
durch Kredite von der Weltbank) brachte hier eine gewisse Entspannung mit
sich, wie sie durch eine Steigerung der Exporterlöse nicht hätte erreicht werden
können. Gesamtwirtschaftlich ist also noch kaum das Einsetzen einer neuen
Entwicklungsdynamik zu konstatieren; die Frage nach erkennbaren Ansätzen für
ein neues Entwicklungsmodell verlangt nach einer detaillierten Analyse von
Veränderungen in einzelnen Wirtschaftsbereichen.

1 Die Entwicklung der sektoriellen Struktur der costaricanischen Wirtschaft

Die Wachstumsraten der verschiedenen Sektoren der costaricanischen Wirtschaft lassen zwar eine unterschiedliche Reaktion der einzelnen Sektoren auf den
Fast-Zusammenbruch der Wirtschaft in den Jahren 1981/82 erkennen - mit
einem starken Anstieg der relativen Bedeutung der Landwirtschaft, sowie Einbrüchen in der Bauwirtschaft, im Finanz- und Immobiliensektor sowie in den
Staatsausgaben -; in den Jahren darauf wird jedoch die Tendenz zurück zu den
alten Relationen deutlich (vgl. Tabelle 6.2). Im Vergleich der Jahre 1987 und
1974 fallen deutlich höhere Anteile der Sektoren "Elektrizität und Wasser" sowie
"Banken, Versicherungen und Dienstleistungen an Unternehmen" auf; die
Staatsausgaben liegen 1987 zwar höher als 1974, doch niedriger als 1980, und
weisen seit 1985 (nach der "Erholung" vom Einbruch der Jahre 1981/82) eine
wieder sinkende Tendenz auf. Das Sinken des landwirtschaftlichen Anteils von
19,4% (1974) auf 17,8% (1987) entspricht dem langfristigen historischen Trend
und spricht nicht gegen die Perspektiven eines agroindustriellen Entwicklungsmodells. Auch in typischen Agrarexportländern unter den Industrieländern wie
Dänemark und die Niederlande ist der Anteil der Landwirtschaft am BIP ziemlich kontinuierlich zurückgegangen.

Tabelle 6.2:   **Bruttoinlandsprodukt nach Sektoren (1974-1987)**

| | Mio. C. von 1980 | | | Prozentuale Zusammensetzung | | | | | |
	1980	1985	1987	1974	1980	1982	1985	1986	1987
BIP	41406	41872	45634	100	100	100	100	100	100
Land- und Forstwirt-schaft, Fischerei	7372	8210	8118	19,4	17,8	24,5	19,6	19,2	17,8
Verarb. Industrie u. Bergbau	7701	7874	8838	20,8	18,6	20,3	18,8	19,1	19,4
Bauindustrie	2584	1806	1919	5,2	6,2	3,1	4,3	4,1	4,2
Elektrizität/Wasser	882	1137	1281	1,6	2,1	2,3	2,7	2,7	2,8
Transport/ Kommuni-kationswesen	1744	1840	2048	4,5	4,1	4,6	4,4	4,4	4,5
Handel und Tourismus	8315	7750	8749	21,1	20,1	21,7	18,5	18,7	19,2
Banken, Versicherg., Dienstlstg. an Unternehmen	2192	2527	2826	4,8	5,3	4,9	6,0	6,0	6,2
Immobilien	2494	2666	2831	5,9	6,0	3,3	6,4	6,2	6,2
Öffentl. Sektor	6289	6241	6398	11,9	15,2	11,6	14,9	14,4	14,0
Sonst. Dienstlstg.	1835	1820	1894	4,7	4,4	3,6	4,3	4,2	4,1

Quellen: Für 1974-1982: BCCR 1986 (Estadísticas 1950-1985), S. 128; für 1985-1987: CEPAL 1988, S. 27 (Anexo estadístico, Tab.3)

Auch die Daten im Bereich der Kapitalbildung und Kreditvergabe - die uns leider nur für jeweils einige Jahre vorliegen - deuten auf eine ähnliche Entwicklung hin: Der Anteil der Landwirtschaft an der Bruttokapitalbildung lag 1982 (8,5%) und 1984 (8,4%) über dem Vorkrisenniveau (1974: 7,1%; 1980: 7,3%; vgl. BCCR 1986 (Estadísticas 1950-85), S. 139-141); andererseits reduzierte sich ihr Anteil an der Kreditvergabe zwischen 1985 und 1987 deutlich, wobei in diesen Jahren vor allem eine Verlagerung in die Bereiche von Handel und Dienstleistungen festzustellen ist (vgl. MIDEPLAN 1988, S. 68). Die Daten über die Entwicklung der groben Sektorstruktur der costaricanischen Wirtschaft lassen also in den 1980er Jahren noch keine klare Tendenzen erkennen, sondern verstärken eher den Eindruck einer richtungsmäßig noch relativ unentschiedenen "relativen Stabilisierung".

2 Zur Entwicklung der Exportstruktur

Wie im Kapitel III herausgearbeitet, setzt die costaricanische Wirtschaftspolitik nach 1982 ihre wesentlichen Akzente im Bereich der Förderung nicht-traditioneller Exporte und hier speziell von landwirtschaftlichen Produkten im Rahmen des Aufbaus einer "Agricultura de Cambio" (soviel wie "Landwirtschaft im Wandel"). Wie schon oben angemerkt, wurden die ursprünglichen ehrgeizigen Ziele nicht erreicht: Statt für 1,5 Mrd. US$ im Jahre 1986 exportierte man auch 1988 erst für etwas mehr als 1,2 Mrd.. Hierfür sind im wesentlichen zwei Faktoren verantwortlich:

- der weitgehende Zusammenbruch der Exporte innerhalb des Zentralamerikanischen Marktes: machten diese in den 70er Jahren fast immer über 20% der Gesamtexporte aus (1980 sogar 27,1%; 271 Mio.$ in absoluten Zahlen), so sanken sie in den 80er Jahren bis auf 6,3% ab (absolut: 67,4 Mio.$) (vgl. Colburn/Patiño 1988, S. 1029).

- die Überschätzung der Möglichkeit, innerhalb kurzer Zeit auf Drittmärkten (also außerhalb des "Mercado Común") konkurrenzfähig zu sein bzw. neue Zweige der landwirtschaftlichen Exportproduktion in wenigen Jahren aufbauen zu können.

Trotz dieser Einschränkungen ist nicht zu verkennen, daß während der 1980er Jahre eine Veränderung der Exportstruktur im Sinne einer Diversifizierung der Exportmärkte als auch der Produktstruktur der Exporte gelungen ist. Lag der Anteil der nicht-traditionellen Exporte (d.h. aller Produkte außer Kaffee, Bananen, Zucker, Kakao und Rindfleisch) in Drittländer in der zweiten Hälfte der 1970er Jahre noch zwischen 11 und 16%, so erreichte er 1987 bereits 36,4% der Gesamtexporte des Landes. Dadurch konnte trotz des starken Rückgangs der industriellen Exporte nach Zentralamerika, des zuvor wichtigsten Postens nicht-traditioneller Exporte, die Abhängigkeit von traditionellen Exportprodukten weiterhin reduziert werden (1971-75: 67,2%; 1976-80: 63,6%; 1981-87: 60,2%).

Tabelle 6.3 zeigt Veränderungen in der Produktstruktur der Exporte, wobei vor allem die nicht-traditionellen landwirtschaftlichen und die agroindustriellen Exporte detaillierter dargestellt werden. Die Daten zeigen einen erheblichen Anstieg der Exporte nicht-traditioneller Agrarexporte (ohne industrielle Verarbeitung) im Vergleich zu 1978, wobei damals noch ein Drittel der Exporte dieser Kategorie auf Produkte entfiel, die im Bereich der heutigen Förderung nicht-traditioneller Agrarprodukte im Rahmen der sog. "Agricultura de Cambio" keine Rolle spielen (Honig, Lebendvieh) bzw. sogar bewußt unterbunden werden (Reis).

Tabelle 6.3:　Exportstruktur nach wichtigsten Produktgruppen
(in 1.000 US$ und %)

Produkte	1978 Wert	%	1986 Wert	%	1987 Wert
Gesamtexporte	864.907	100	1.117.702	100	(1.114.000)
Nicht-traditionelle Exp.	280.412	32,4	413.441	37,0	
nicht- trad.Agrarprodukte	31.091	3,6	100.947	9,0	
(ohne Verarbeitung)					
agroindustrielle Prod.	42.147	4,9	67.549	6,0	
andere industr. Exp.	207.174	24,0	244.945	21,9	
lw. und agroind. Exporte(n.-trad.):					
- frische Früchte	3.412	0,4	17.974	1,6	26.824
- Gemüse, Hülsenfrüchte*	2.239	0,3	11.326	1,0	11.528
- Gewürze	219	0,03	1.974	0.2	2.033
- Blumen/Zierpflanzen	7.775	0,9	27.718	2,5	33.262
- Fisch u.andere Meerestiere	7.329	0,8	34.274	3,1	32.132
- andere Agrarprod.**	10.117	1,2	7.681	0,7	
- Lebensmittelindustrie	20.483	2,4	35.159	3,1	
- Lederwaren	6.810	0,8	10.458	0,9	
- Holzverarb. Industrie	9.475	1,1	13.726	1,2	
- Papier	5.379	0,6	8.207	0,7	

() vorläufiger Wert
* nur frische Gemüse, vor allem Wurzel- und Knollenfrüchte und Bohnen (frijoles)
** vor allem: lebende Tiere, Honig, Reis

Quellen:　für
1978: Direccion General de Estadisticas y Censos 1983 sowie darauf beruhende
　　　　eigene Berechnungen
　　für 1986: eigene Berechnungen auf der Basis nicht-veröffentlichter Daten des Banco
　　　　　　Central, von Briceno/Leiva 1988 sowie Alternativas de Desarrollo/ Oikos
　　　　　　Asesores, o.J.
　　für 1987: Salazar X. et.al. 1988, S. 24.

Die Exporte agro*industrieller* Produkte nahmen in geringerem Umfange zu, da
die bereits in den 1970er Jahren eine gewisse Rolle spielenden agroindustriellen
Exporte in den Mercado Común stark zurückgingen. Dieser Rückgang wurde
dennoch durch Exporte in Drittländer mehr als kompensiert. In noch stärkerem
Maße wurden die Exporte anderer Industrieprodukte von dieser Entwicklung
betroffen, doch auch hier sorgten die Exporte in Drittmärkte dafür, daß der
Exportwert absolut gegenüber 1978 gestiegen ist.

Ins Auge fallen das rasche Wachstum der Exporte von Fischereiprodukten, frischen Früchten und Blumen/Zierpflanzen, wobei sich offenbar bei den beiden letztgenannten Produktgruppen das Wachstum zwischen 1986 und 1987 noch einmal beschleunigt hat. An den Exporten von Fisch und anderen Meerestieren sowie von Blumen und Zierpflanzen ist eine beträchtliche Zahl von Exporteuren beteiligt (bei Blumen und Zierpflanzen im Jahre 1986 insgesamt 92, wobei die drei größten Exporteure lediglich auf einen Anteil von 35,6% an den Gesamtexporten kommen; vgl. Salazar X., 1988). Bei den frischen Früchten dominiert allerdings ein Produkt und ein transnationales Unternehmen, nämlich Ananas und Del Monte (PINDECO: Pineapple Development Corporation). Von einem Exportwert von 15,4 Mio. US$ im Jahre 1986 wurden 94,9% von PINDECO getätigt; nach einem von uns durchgeführten Interview exportierte PINDECO 1987 für ca. 19 Mio. US$ Ananas, für noch etwa eine weitere Million Papayas und Mangos, so daß etwa 3/4 aller Exporte von frischen Früchten über einen einzigen Konzern liefen.

Tabelle 6.4 gibt genaueren Aufschluß über die aktuelle Struktur der industriellen Exporte. Noch 1986 - als die Gesamtexporte innerhalb des Zentralamerikanischen Marktes noch gut doppelt so hoch wie 1987 waren - gingen etwa die Hälfte der industriellen Exporte in die anderen zentralmerikanischen Staaten. Die industriellen Exporte in Drittmärkte stiegen allerdings von etwa 60 Mio. US$ im Jahre 1978 auf über 150 Mio.$ 1986. Dabei spielten offenbar nicht nur die seit 1982 deutlich gestiegenen Exporte der Lohnveredlungsindustrien (vor allem Textil- und Bekleidung; vgl.u.) eine wichtige Rolle, sondern auch eine ganze Reihe anderer Branchen wie die Lebensmittelindustrie, andere Bereiche der Textilindustrie, die chemische Industrie (vor allem Plastik und Raffinerieprodukte) sowie einige Bereiche der metallverarbeitenden Industrie. Die primäre Bedeutung der USA als "Drittmarkt" für industrielle Produkte läßt erwarten, daß zumindest im Falle Costa Ricas die sog. "Caribbean Basin Initiative", die den Ländern der Karibik einen weitgehend freien Zugang zum US-Markt gewährt, gewisse Früchte getragen hat. Allerdings gibt es einzelne Bereiche, in denen die USA bereits wieder gewisse Rückzieher macht und damit eine weitere Expansion der Exportproduktion erschwert - das betrifft vor allem die Einführung von Quoten für einzelne costaricanische Textilexporte sowie sog. Strafzölle für frische Blumen, da die - z.T. mit US-Hilfe finanzierten - Exportanreize angeblich den costaricanischen Produzenten unfaire Wettbewerbsvorteile geben. Interessant ist auch die relativ große Bedeutung industrieller Exporte in "andere" Länder (d.h. weder Zentralamerika, noch USA oder Westeuropa), was offenbar eine wachsende Bedeutung des intraregionalen Handels mit anderen lateinamerikanischen Ländern (vor allem allerdings Panama) signalisiert.

Tabelle 6.4: **Industrielle Exporte nach Branche und Importland (1986; in 1000 US$)**

Industriezweig	MCCA	USA	EG	and. Länder	insgesamt
- Lebensmittelind.	13.637	14.849	1.627	5.043	35.159
- Lederind.	6.478	1.666	1.213	1.103	10.458
- Holzverarbeitg. (außer Papier)	9.209	3.114	126	1.277	13.726
- Papier (auf Holzbasis)	3.698	3.350	0	1.158	8.207
- Druckerzeugnisse	3.276	433	0	804	4.514
- Textilien, Bekleidung (ohne Schuhe)	31.783	32.287	189	3.229	67.488
- Chem. Ind.	56.625	26.105	447	27.676	110.849
- Steine und Erden	5.849	2.475	13	3.240	11.580
- Metallische Grundstoffe	8.237	510	146	3.519	12.412
- Metallverarbeitung und Elektro; davon:	21.687	9.028	1.702	3.895	36.310
-ISIC 3819*	5.499	731	11	393	6.634
-3822	542	1	5	346	893
-3829	2.318	283	-	1.181	3.782
-3831	231	1.193	1.682	66	3.171
-3839	12.182	4.512	4	1.811	18.509
- andere Produkte der verarbeitenden Ind.	1.022	4.565	620	98	6.305
Insgesamt	161.501	98.382	6.083	51.042	317.008

(Spaltenüberschrift: Exporte nach)

* Die aufgeführten ISIC-Codes repräsentieren folgende Zweige der metallverarbeitenden Industrie:
3819: Nicht-spezifizierte Metallwaren außer Maschinen und Ausrüstungsgüter
3822: Maschinen und Ausrüstungsgüter für die Landwirtschaft
3829: Nicht-spezifizierte Maschinen und Ausrüstungsgüter außer elektrischen Maschinen (u.a. Ausrüstungsgüter für Beneficios, auch Haushaltselektrogeräte)
3831: Elektrische Maschinene und Geräte für die Industrie
3832: Nicht-spezifizierte Elektrogeräte und -materialien

Quelle: Eigene Berechnungen auf der Basis von Briceño/Leiva 1988.

Diese Entwicklung der Exportproduktion wird weiter unten in den Zusammenhang der Entwicklung der wichtigsten Wirtschaftssektoren gestellt. Auch wenn auf der Basis der bisher diskutierten Daten noch nicht sehr viel über den autozentrierten Charakter dieser neuen Entwicklungstendenzen gesagt werden kann, so zeigt sich doch eine günstige Exportentwicklung im agroindustriellen (einschl. landwirtschaftlichen) Bereich. Im folgenden sollen kurz die Perspektiven für die weitere Exportentwicklung in diesen Branchen untersucht werden, um in der Einschätzung des agroindustriellen Entwicklungspotentials einen weiteren Schritt voranzukommen.

Die *traditionellen Agrarexporte* werden weiterhin ein wichtige Rolle spielen, vor allem Kaffee und Bananen - selbst wenn der Exportwert beider Produkte bei gegenwärtig etwa 500 bis 600 Mio.$ stagnieren sollte und der Wert der nicht-traditionellen Exporte sich in den kommen Jahren verdreifachen würde (also auf gut 1,2 Mrd.$), läge der Anteil von Kaffee und Bananen immer noch bei etwa 30% (da bei den anderen drei traditionellen Produkten Kakao, Zucker und Rindfleisch ebenfalls keine großen Zuwachsraten zu erwarten sind (vgl.u.)). Zusätzlich zum Devisenbeitrag wird vor allem die bereits mehrfach betonte strukturelle Bedeutung des Kaffeesektors für die costaricanische Gesellschaft noch für einige Zeit erhalten bleiben; mit der zunehmenden "Nationalisierung" des Bananenanbaus (teilweiser Rückzug der transnationalen Konzerne aus der Produktion; Ansätze zur Weiterverarbeitung nicht "exportfähiger" Früchte; stärkere regionale und nationale Integration der Bananenanbaugebiete) stabilisiert sich auch dessen interne Bedeutung.

Die Weltmarktpreise für Bananen sind seit einiger Zeit relativ stabil, die Nachfrage ist in den achtziger Jahren im Zuge des allgemeinen Trends zu einem höheren Konsum *frischer* Früchte gestiegen. Deutsche Importeure sprechen darüber hinaus von einem "Tschernobyl-"Effekt, der in den vergangenen Jahren den Bananenkonsum im Vergleich zum Verzehr heimischer bzw. aus dem Mittelmeergebiet stammenden Früchte erhöht hat. Die Kaffeepreise sind mit dem Scheitern der Verhandlungen um ein neues Kaffeeabkommen im Frühsommer 1989 zusammengebrochen (der täglich von der International Coffee Organization berechnete ICO-Index sank von Werten um 120 US cents/pound im Frühjahr 1989 auf Werte unter 70 cents im September und auf Werte unter 50 cents Anfang 1993); da Costa Rica allerdings einen sehr gefragten hochwertigen Arabica-Kaffee exportiert, dürften die Preise für costaricanischen Kaffee nicht ganz so stark gesunken sein. Längerfristige Prognosen erwarten allerdings zumindest eine gewisse Stabilisierung des Kaffee-Weltmarktes aus, so daß man davon ausgehen kann, daß der Kaffee-Export auch in Zukunft seine Bedeutung für Costa Rica nicht ganz verlieren wird.

Eher noch unklarer ist die Entwicklung bei Zucker und Rindfleisch - beides sind Produkte, bei denen Costa Rica mit den Industrieländern konkurriert. Die costaricanischen Zuckerexporte haben vor allem von speziellen, über dem Weltmarktpreisniveau liegenden Importpreisen der USA profitiert. Mit der Entwicklung von Zuckerersatzstoffen vor allem für den industriellen Bedarf, haben die USA die Importquoten in den letzten Jahren kontinuierlich gesenkt; je nach Entwicklung der Zuckerweltmarktpreise eröffnet sich allerdings die Möglichkeit, daß die costaricanische Produktion auch zu normalen Weltmarktpreisen ohne Verlust exportiert werden kann. Die costaricanische Rindfleischproduktion steckt in einer Strukturkrise, die ganz unabhängig von der Weltmarktentwicklung zurückgehende Exporterlöse erwarten läßt; angesichts der von der extensiven Viehzucht hervorgerufenen ökologischen Schäden (vgl. etwa Centro Científico Tropical 1982) ist die stärkere Förderung der intensiveren Milchviehzucht eher begrüßenswert. Die Kakao-Produktion hat die durch eine Krankheit hervorgerufene Krise von Anfang der 1980er Jahre noch nicht überwunden; bei gleichzeitigem Wachstum der nationalen Nachfrage nach Kakao (einschl. der Exportproduktion der Süßwarenindustrie) ist ein erhebliches Ansteigen der Kakaoexporte kaum zu erwarten - und angesichts der niedrigen Kakao-Preise auf dem Weltmarkt auch nicht unbedingt anzustreben. Zusammengefaßt bedeutet dies, daß die Exporterlöse aus diesen drei Produkten langfristig deutlich hinter dem 1980 erreichten Wert von 115,2 Mio. US$ zurückbleiben werden (1986: 83 Mio.$; 1987: 76 Mio.$; CEPAL 1988, S. 35) und damit kaum größere Bedeutung haben werden. Das bedeutet nicht, daß diese drei Produkte ihre Bedeutung auf dem Binnenmarkt verlieren werden, besonders auch unter dem Gesichtspunkt von erweiterungsfähigen linkages mit der Lebensmittel- und, im Falle des Zuckers, auch mit der chemischen Industrie.

Wesentlich für die außenwirtschaftliche Basis eines Modells agroindustrieller Entwicklung erscheint somit die Entwicklung der nicht-traditionellen landwirtschaftlichen und agroindustriellen Exporte. Trotz der relativ günstigen Entwicklung in den letzten Jahren, sehen auch Experten der AID - für die die Förderung nicht-traditioneller *Exporte* im Vordergrund steht - keine Perspektiven für einen explosiven "take off" in diesem Bereich. Für etwa 1992 sahen sie folgendes Exportpotential (Interview mit Neil Billig und William Barbee vom 16.7.1987):

- Farne u.a. (Schnittgrün):	25-30 Mio. US$
- Zierpflanzen	25 Mio.$
- frische Schnittblumen	6-10 Mio.$
- Limonen, Orangensaft	2-3 Mio.$
- Maracuya	wenig
- Macadamia-Nüsse	75 Mio.$
- Erdbeeren	einige Mio.$
- Mangos	15 Mio.$
- Papayas	15 Mio.$
- Ananas	25 Mio.$
- Gewürze	einige Mio.$

Geht man jeweils von den optimistischeren Werten aus, kommt man auf eine Summe von knapp über 200 Mio.$, was einer Vervierfachung gegenüber 1986 entsprechen würde. Angesichts der Dynamik der sog. "ethnischen" Märkte in den USA (Nachfrage durch Einwanderer) liegt eine Vervierfachung der Exporte von entsprechenden Gemüsesorten (etwa: Chayote) und Wurzel- und Knollenfrüchten (wie Yuca) durchaus im Bereich des Möglichen. Im Bereich des Fischfangs erscheinen ähnliche Steigerungsraten unwahrscheinlich, da dies eine erhebliche Modernisierung der Flotte voraussetzen würde, die angesichts der relativ geringen Unterstützung dieses Sektors bisher nicht in Sicht ist; im Bereich der Agro-*industrien* im engeren Sinne zeichnet sich nach unseren Erkenntnissen (Interviews mit Firmen und Verbänden in diesem Sektor) eine ähnliche Expansion ebenfalls nicht ab.

Insgesamt lassen sich unter günstigen Umständen in vier bis fünf Jahren also Exporte von etwa 400-450 Mio.$ an nicht-traditionellen agroindustriellen Produkten im weitesten Sinne realisieren:

- oben aufgezählte Früchte, Gewürze und Pflanzen:	205 Mio.$
- Gemüse- und Knollenfrüchte	40-50 Mio.$
- Fischfang	50-60 Mio.$
- agroindustrielle Produkte i.e.S.	110-130 Mio.$

Nach den Erfahrungen der Jahre seit 1982 sind allerdings auch die Exportchancen für nichtagroindustriell orientierte Industriezweige nicht schlecht:

- Costaricanische Unternehmen haben Erfahrungen mit der Erforschung von Marktchancen, mit Qualitätsstandards und mit Vermarktungsmethoden für ihre Produkte im Ausland, vor allem in den Industrieländern gewonnen.
- Vor allem in der Metallverarbeitung und in der Elektro-/Elektronikindustrie gibt es noch ungenutzte Kapazitäten in Bereichen, in denen ein gewisses Exportpotential gegeben ist (vgl. CENPRO/CCI 1986).
- Es ist zu erwarten, daß Transnationale Konzerne, die von Costa Rica aus exportieren - angesichts der politischen Stabilität - ihre Aktivitäten ausdehnen werden, ohne notwendigerweise costaricanische Exporteure zu verdrängen.
- Die stabile interne Situation hat der costaricanischen Industrie weitere Wettbewerbsvorteile gegenüber der verarbeitenden Industrie der anderen zentralamerikanischen Länder verschafft, so daß das Land von einer Reaktivierung des "Mercado Común" kurzfristig wahrscheinlich am meisten wird profitieren können.

Vergleicht man allerdings die Vorteile, die Costa Rica angesichts der günstigen natürlichen Voraussetzungen und einer z.t. auf die 1970er Jahre zurückgehende Förderungspolitik nichttraditioneller Agrarexporte hat, mit der internationalen Konkurrenzsituation und der Langfristigkeit des Aufbaus einer wissenschaftlich-technologischen Basis im Bereich der verarbeitenden Industrie, so ist in den nächsten 4-5 Jahren im günstigsten Falle (d.h. mit einer effektiven Aktivierung des Mercado Común und weiteren Exporterfolgen in den Industrieländern u.a. auch durch ein Wachstum der Lohnveredlungsindustrien) mit einer Verdoppelung der Exporte außerhalb des agroindustriellen Bereiches, also insgesamt Exporten von max. 500 Mio.$ zu rechnen. Das ergäbe dann folgende Exportstruktur:

- Kaffee und Bananen:	550- 650 Mio. US$
- Kakao, Zucker, Rindfleisch:	50- 100 Mio. US$
- nicht-traditionelle Agrarexp.:	295- 315 Mio. US$
- agroindustrielle Prod.:	110- 130 Mio. US$
- andere Industrieprodukte:	450- 500 Mio. US$
insgesamt	1455-1695 Mio. US$

Selbst diese Spanne zwischen 1450 Mill und 1700 Mio. US$ geht bereits von einer relativ günstigen Entwicklung in allen nicht-traditionellen Bereichen aus; bei einer Dauerkrise auf dem Kaffee-Weltmarkt, Schwierigkeiten bei der Reaktivierung des zentralamerikanischen Marktes und Problemen in der ein oder anderen Exportbranche ist es durchaus denkbar, daß die Exporterlöse auch noch unter den 1,45. Mrd.$ bleiben. Selbst im günstigsten Fall allerdings ist mit einer Entspannung der Verschuldungssituation aufgrund der costaricanischen Exportanstrengungen allein nicht zu rechnen: Ein Teil dieser Exporteinnahmen wird nötig sein, um überhaupt die Importe der in den Exporten enthaltenen ausländischen Vorleistungen zu bezahlen, ein weiterer, um das gegenwärtige Defizit der Handels- und Dienstleistungsbilanz (etwa 100 Mio.$ im Jahr 1987) abzudecken. Lediglich ein geringer Überschuß könnte evtl. bleiben, um zur Zahlung des in etwa 700 Mio. $ jährlich betragenen Schuldendienstes beizutragen - eine wirtschaftspolitische Orientierung an einem möglichst kurzfristigen Schuldenabbau aus eigener Kraft ist also von vornherein aussichtslos.

3 Zur Entwicklung der Landwirtschaft

Die Transformation der Landwirtschaft in Verbindung mit Veränderungen in den Input-Output-Beziehungen dieses Sektors sowie in den räumlichen Strukturen des Landes bildet den Dreh- und Angelpunkt einer Strategie autozentrierter agroindustrieller Entwicklung, auch wenn das letztendliche Ziel im Vorantreiben eines sozioökonomisch integrierten Industrialisierungsprozesses liegt.

Wesentliche Aussagen über aktuelle Strukturen und Entwicklungsprozesse in der Landwirtschaft sind bereits im Zusammenhang mit der politischen Entwicklung sowie den Sektor- und Regionalstudien sowie der obigen Darstellung der Exportentwicklung gemacht worden und sollen hier nur noch kurz zusammengefaßt werden:

- Die Kaffeeproduktion hat sich bis Ende der 1980er Jahre weiterhin als das Rückgrat der costaricanischen Landwirtschaft mit - abgesehen von kurzfristigen Schwankungen - bis in die Gegenwart hinein steigender Produktion und steigenden Hektarerträgen, einer relativ weitgehenden Absicherung der kleinen Produzenten und bedeutenden "forward linkages".

- Die Bananenproduktion sank deutlich aufgrund der Aufgabe der United Brands (Compañia Bananera de Costa Rica)- Plantagen in der südlichen Pazifikregion, hat allerdings durch Produktionsausweitungen an der Atlantikküsten bereits 1987 den Stand von 1983 fast wieder erreicht. Angesichts relativ stabiler Weltmarktverhältnisse und einer in den letzten Jahren verstärkten sozioökonomischen Integration des Sektors in die nationale Wirtschaft wird der Bananenproduktion weiterhin große Bedeutung zukommen und wohl letztlich auch die durch die EG-Bananenpolitik verursachte Krise überwinden.

- Unter den restlichen drei traditionellen Exportsektoren befindet sich die Fleischviehproduktion in einer tiefen Krise - aufgrund steigender Kosten infolge der Abwertung, sinkender Weltmarktpreise und einer ausbleibenden Schuldenanpassung - die zum Abschlachten auch vieler junger Rinder, zum Verkauf von Zuchtvieh und damit zu einem längerfristigen Rückgang des Rinderbestandes in Costa Rica geführt hat. Die Kakaoproduktion dürfte sich in den kommenden Jahren von den Produktionseinbußen durch den Monilla-Befall um 1980 wieder erholen und ist angesichts der nationalen Verarbeitungskapazitäten nicht so stark vom Weltmarktpreis für Rohkakao abhängig; ähnliches gilt für die Zuckerproduktion, die ebenfalls wegen des hohen Binnenmarktanteils Einbußen auf dem US-Markt hat verkraften können.

- Problematisch ist die Situation bei der Produktion von Grundnahrungsmitteln für den Binnenmarkt, die zwischen 1975 und 1985 infolge einer entsprechenden Förderungspolitik stark angestiegen war. Die Rücknahme der Subventionen führte vor allem bei Reis zu dramatischen Produktionsrückgängen, die 1988 und 89 - bei steigenden Weltmarktpreisen - durch erhebliche Importe kompensiert werden mußten. Im Bereich der Milchproduktion und -weiterverarbeitung konnte allerdings eine gewisse Stabilisierung erreicht werden, da die relativ niedrige Spanne zwischen jeweils staatlich fixierten Produzenten- und Verbraucherpreisen bei Frischmilch durch Gewinne bei den zu freien Preisen angebotenen Milchprodukten ausgeglichen werden können.

- Die nicht-traditionellen Exportprodukte erzielten offenbar - zumindest entsprechend den Exportstatistiken - im Durchschnitt erhebliche Zuwächse seit 1982. Bei einigen Produkten scheint der "Durchbruch" zu wirtschaftlich relevanten Devisenbringern gelungen zu sein, so bei Ananas (und in deren Sog, exportiert ebenfalls fast ausschließlich von Del Monte, Papayas und Mangos), bei Zierpflanzen und Farnen und in etwas geringerem Umfange bei Wurzel- und Knollenfrüchten. Dazu wird vermutlich die Produktion von Macadamia-Nüssen kommen; in den letzten Jahren wurden Pflanzungen von etwa 5000 ha angelegt, die zum größten Teil noch keine Früchte tragen. Angesichts der Konkurrenzfähigkeit mit den bisherigen Hauptproduzenten (Hawaii, Australien, Südafrika) und der vorhandenen Weltmarktnachfrage geht man davon aus, daß Macadamia in wenigen Jahren eines der wichtigsten nicht-traditionellen Exportprodukte sein wird. Bei anderen Produkten haben sich anfänglich Hoffnungen aus verschiedenen Gründen (noch?) nicht realisiert (Kardamon - Verfall des Weltmarktpreises; Maracuyá - Schädlingsbefall; Schnittblumen - Handelskonflikt mit den USA). Leider lassen die vorliegenden Statistiken keine genauen Einschätzungen der Relevanz dieser Produkte im Rahmen des gesamten Agrarsektors (Land- und Forstwirtschaft und Fischerei) Costa Ricas zu; der Anteil der Kategorien "Gemüse und Knollenfrüchte" und "andere" am Bruttoproduktionswert des Sektors ist von 1979-81 (Durchschnitt 4,5%) bis 1987 (7,0%) deutlich gestiegen, ohne allerdings bereits ein erhebliches Gewicht zu erreichen.

- Die Fischerei spielte als Exportsektor bereits in den 70er Jahren eine gewisse Rolle und mußte darüber hinaus in der ersten Hälfte der 80er Jahre eine Krise überstehen; daher ist sein Anteil an der Gesamtproduktion lediglich von 2,4% im Schnitt der Jahre 79/81 (über einen Tiefstand von 1,8% für 1982/84) auf 2,6% im Jahre 1987 angestiegen (Daten nach BCCR 1988a und MIDEPLAN 1988).

Angesichts der sehr unterschiedlichen Entwicklung in verschiedenen Bereichen der Landwirtschaft lassen die insgesamt sehr niedrigen Wachstumsraten des Gesamtsektors in den 1980er Jahren nicht den Schluß zu, einem agroindustriellen Entwicklungsmodell fehle die Basis. Zum einen sind die weitgehend weltmarktbedingten Schwankungen der Produktionswerte bei den traditionellen Exportprodukten so groß, daß diese vorwiegend die Aggregatdaten des Sektors beeinflussen, zum anderen hat auch die - den angespannten Staatshaushalt kurzfristig entlastende, letztlich aber von den internationalen Finanzinstitutionen erzwungene - weitgehende Reduktion der Subvention des Grundnahrungsmittelanbaus zu Einbußen in diesem Bereich der landwirtschaftlichen Produktion geführt. Wenn dies durch den steigenden Produktionswert nicht-traditioneller Produkte kompensiert werden konnte, so kann dies zunächst einmal als erfolgreicher Beginn eines Strukturwandels der Landwirtschaft interpretiert werden - darauf wird jedoch im Kapitel VII noch einmal einzugehen sein.

Für die Dynamik eines Modells autozentrierter agroindustrieller Entwicklung spielt allerdings nicht nur die landwirtschaftliche Produktion als solche eine Rolle, sondern darüber hinaus die Entwicklung ihrer *Verknüpfung mit den anderen sozioökonomischen Bereichen der costaricanischen Gesellschaft*. Je nach untersuchtem Aspekt zeigten sich hier zunächst unterschiedliche Tendenzen:

- Im Bereich der *Grundnahrungsmittelversorgung* zeichnen sich gegenwärtig eher Desintegrationsprozesse ab - im Sinne einer wieder zunehmenden Abhängigkeit von Importen. Darüber hinaus gefährdet eine weitgehende Reduktion der nationalen Grundnahrungsmittelproduktion, vor allem im Falle der bereits stärker industrialisierten Reisversorgung ein ganzes System von "linkages", das in den vergangenen Jahrzehnten entstanden war und nicht entsprechend der Entwicklung des Weltmarktpreises für Reis ab- und aufgebaut werden kann (vgl. zur Illustration das Schaubild (20) sowie zur weiteren Diskussion dieser Problematik das Kap. VII).

- Die Abwertung des Colons in den Jahren 1981/82 verteuerte importierte *landwirtschaftliche Inputs* nicht unerheblich und verbesserte dadurch die Position potentieller nationaler Produzenten. Dennoch kam es nicht zum Aufbau einer entsprechenden Industrie, sondern eher zu einem erneuten Anwachsen der Importe dieser Produkte nach dem Einbruch der Jahre 1981/82 - teilweise verursacht durch staatliche Unterstützungen im Rahmen der Förderung der nicht-traditonellen Landwirtschaft. Hinter dieser Entwicklung standen im wesentlichen technische Gründe: Im Falle der Produktion von Kunstdünger und Pestiziden findet die letzte Produktionsetappe (Mischen, Formulierung der Pestizide) schon seit längerem in Costa Rica statt, weil dies mit einer erheblichen Zunahme von Gewicht und Volumen verbunden ist, während die eigentlich - unter Entwicklungsgesichtspunkten - interessante Produktion der entsprechenden chemischen Grundstoffe wegen der Skalenvorteile und hohen Forschungsintensität in Costa Rica nicht die geeigneten Voraussetzungen findet. Ganz ähnlich stellt sich die Situation bei der Produktion komplexerer landwirtschaftlicher Maschinen dar: Während die Produktion einfacherer Geräte (Macheten, Mischgeräte für Tierfutter, Anhänger für Traktoren, Trockner für Reis usw.) sich in den letzten Jahren günstig entwickelte (Information aus Unternehmensinterviews), sind die technischen und ökonomischen Schranken (Marktgröße) für die Produktion von Traktoren und anderen komplizierten Agrarmaschinen zu groß. Der einzige Bereich, für den Costa Rica auch komplexere, wenn auch technologisch nicht sehr anspruchsvolle Ausrüstungsgüter herstellt, sind Kaffeeaufbereitungsanlagen und Zuckermühlen (vgl. unten im Abschn. über "Industrie").

Angesichts dieser Situation ist der Anteil von importierten Inputs in der Landwirtschaft sehr hoch und zwar gerade auch im Bereich der Grundnahrungsmittelproduktion; so werden bei Reis und Mais 40% und bei dem häufig noch sehr traditionellen Anbau von schwarzen Bohnen immerhin auch schon 24% dafür ausgegeben (vgl. FAO/SEPSA 1986, S. 304, 309f., 313).

- Die *industrielle Verarbeitung landwirtschaftlicher Produkte* betrifft den Bereich, der am häufigsten mit "agroindustrieller Entwicklung" assoziiert wird. Wie die Exportdaten und auch die Strukturdaten zur industriellen Entwicklung (s.u.) zeigen, hat sich dieser Bereich günstig, jedoch weniger rasch als die Produktion nicht-traditioneller Agrarprodukte entwickelt. Dies liegt zum einen am Verlust von Märkten in Zentralamerika, in die vor der Krise viele Produkte der Agroindustrien exportiert wurden, zum anderen an der Tatsache, daß viele nicht-traditionellen Produkte frisch exportiert werden; die Schwierigkeit, stabile Beziehungen zwischen Landwirtschaft und Lebensmittelindustrie zu etablieren (vgl. Kap. IV) spielt ebenfalls ein Rolle. Auf zwei interessante Entwicklungen ist allerdings hinzuweisen: Zum einen wird zunehmend das Entstehen kleinerer ländlicher Verarbeitungsbetriebe gefördert, zum anderen ist bisher mit einigem Erfolg versucht worden, industrielle Nebenprodukte der traditionellen Exportkulturen zu entwickeln (Koffein, Viehfutterzusätze aus Kaffeeabfällen; Bananenpüreekonserven; Alkohol, Forschungen zur Nutzung des Zuckers als Chemiegrundstoff).

Schaubild 20:
Linkages in der Reisproduktion

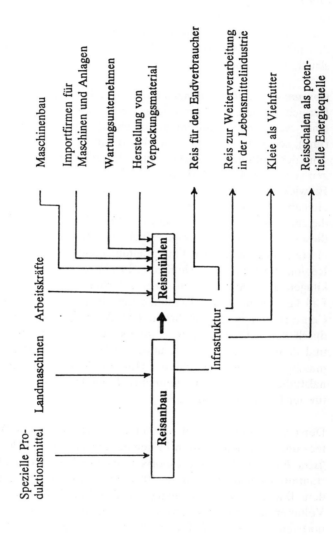

- Vor allem die Regionalstudien haben gezeigt, daß die wichtigsten "linkages" der landwirtschaftlichen Entwicklung einer Region zunächst im *kommerziellen und institutionellen Bereich* zu finden sind. Gerade in den Bereichen "Beratung" und "Kommerzialisierung" hat die Förderung nicht-traditioneller Zweige der Landwirtschaft eine Reihe neuer Unternehmen und Institutionen auch in den peripheren Regionen geschaffen (vgl.u., "Tertiärer Sektor und agroindustrielle Entwicklung").

- *Consumption linkages* hängen einerseits mit Verknüpfungen im kommerziellen Bereich zusammen (Vermittlung von regionalen "Importen" zur Befriedigung einer wachsenden Konsumgüternachfrage der landwirtschaftlichen Bevölkerung), schaffen andererseits natürlich auch die Voraussetzung für eine Expansion des nationalen Marktes für Massenkonsumgüter (vgl. die Überlegungen von Senghaas und Menzel, auf die wir uns im Kap. I bezogen haben). Die Entwicklung der meisten nicht-traditionellen Agrarprodukte in zumindest einigen Regionen außerhalb des zentralen Hochlandes hat zweifelsohne über die consumption linkages in großem Maße zur "Vertiefung" der Entwicklung in diesen Regionen beigetragen (vgl. die Regionalstudie zur Region "Huetar Norte", auch die Entwicklung in einigen anderen Regionen - Pacífico Central, Region um Guápiles/ Siquirres), in einigen Regionen waren es die Auswirkungen des Kaffee-Anbaus (Pérez Zeledón; Coto Brus). Den umgekehrten Fall kann man in den Regionen um Quepos-Parrita (südl. Teil von Pacífico Central) und in der südlichen Pazifikregion sehen, wo der Bananenanbau durch den sehr viel weniger arbeitsintensiven Ölpalmenanbau ersetzt wurde und damit die regionale Kaufkraft erheblich reduziert wurde. Lediglich der massive Zustrom ausländischer Hilfe in die letztgenannte Region (vgl. Regionalstudie) hat einen Zusammenbruch der Handels- und Dienstleistungsstruktur der Region verhindert.

- Der costaricanische Staat hat durch die Erhöhung der Besteuerung von Kaffee- und Bananenexporten in den Jahren zwischen 1940 und 1980 erhebliche *fiscal linkages* des Agrarexportsektors durchgesetzt (Anfang der 80er Jahre stammten schätzungsweise je 10% der Staatseinnahmen aus dem Kaffee- und dem Bananensektor, abhängig von den Kaffee-Weltmarktpreisen sowie dem Volumen der Bananenexporte). Die massive Verringerung der Bananen-Exportsteuer (von 1 US$/Karton auf 15 cents im Jahre 1989) hat einen größeren Ausfall an Steuereinnahmen bedeutet, als die Reduktion der Grundnahrungsmittelsubventionen die Ausgaben gesenkt hat; zusätzlich werden nicht-traditionelle Exporte durch den Erlaß von Einkommenssteuerzahlungen gefördert.

4 Zur Entwicklung der Industrie

Der Übergang zu einem Modell agroindustrieller Entwicklung bedeutet vor allem eine Umorientierung des industriellen Sektors von der Substitution der Importe vor allem sog. "moderner" Konsumgüter auf diejenigen Industriezweige, die direkt oder indirekt mit der Landwirtschaft verknüpft sind. Um die Frage beantworten zu können, ob eine solche Umorientierung in Costa Rica während der 1980er Jahre erkennbar ist, konzentrieren wir uns auf drei Aspekte:

- Im Mittelpunkt steht natürlich die "agroindustrielle Produktion" im weitesten Sinne, wozu die Lebensmittelindustrie, die Leder- und Holzverarbeitung sowie die Papierherstellung (ohne Druckereien und Verlage), aber auch diejenigen Bereiche der chemischen und metallverarbeitenden Industrie zu zählen sind, die vorwiegend für die Landwirtschaft produzieren.

- Auf die Bedeutung der "maquila" (Lohnveredlungsindustrien) ist kurz einzugehen, da diese in der costaricanischen Industrieförderung der letzten Jahre eine zentrale Rolle spielten.

- Zu fragen ist allerdings auch nach der Dynamik der anderen Industriezweige - die, wie die Exportentwicklung zeigt - durchaus nicht zu unterschätzen sind: Handelt es sich dabei sozusagen um Überreste des Importsubstitutionsmodells oder um Ansätze industrieller Entwicklung, die - obwohl zukunftsorientiert - in eine andere Richtung als unser Konzept agroindustrieller Entwicklung weisen ?

Auf ein Problem bei der Analyse des Industriesektors sei vorab hingewiesen: Die Statistiken, selbst nach dem vierstelligen ISIC-Code (International Standard Industrial Classification) aufgegliedert, geben nicht immer genauen Aufschluß darüber, an welchen Sektor bestimmte Produkte geliefert werden. So enthält z.B. der Code 3560 ("Herstellung von Fertigwaren aus Plastik") einen hohen Anteil von Produkten für die Landwirtschaft und für Agroindustrien (Plastikschläuche für Bewässerung, Schutzplanen etwa für Erdbeeren und Blumen, Verpackungsmaterial), aber auch Haushaltsgeräte aus Plastik. Hier sind wir auf Schätzungen angewiesen.

Die Analyse der relativen Bedeutung der einzelnen Industriezweige weist auf das *große Gewicht der Agroindustrien* hin und zeigt darüberhinaus eine weitere *Verschiebung zugunsten dieser Industrien* im Verlaufe der letzten Jahre. Wie Tabelle 6.5 zeigt, nimmt der Anteil der Lebensmittelindustrie (einschl. Getränke und Tabak) zwischen 1960 und 1982 deutlich ab - der Trend, der fast in allen

Tabelle 6.5: **Anteil der verschiedenen Branchen am costaricanischen Industrieprodukt (Nettoproduktionswert in laufenden Preisen), in % und Index des Produktionsvolumens (1980 = 100)**

Ind. zweig (mit ISIC-Nr.*)	1960	1978	1982	1984	1985	1986	1.Hj.1987 Prod.vol.
Industrie gesamt (Mrd. Col)	0,38	5,02	17,30	32,06	38,40	46,67	107,59
Lebensmittel/Getränke/Tabak (31)	60,5	47,5	41,3	47,4	48,5	50,1	131,45
Textil/Bekleidung (32)	14,4	10,9	10,1	9,3	9,3	7,9	99,35
darunter:Leder/Schuhe (323/324)	k.A.	1,9	1,4	1,8	1,8	1,5	
Holz/Möbel (33)	10,0	7,4	4,4	5,3	5,1	4,5	78,91
Papier/Druck (34)	2,7	4,5	5,8	4,9	5,7	5,8	146,44
darunter: Papierherstellg.(341)	k.A.	2,2	4,0	2,9	2,9	2,8	
Chemie (35)	4,9	15,1	20,9	20,7	20,3	20,5	96,71
ohne Erdölraffinerie:	k.A.	12,1	19,4	14,2	14,4	13,3	
Verarbeitg. nicht-metallischer Rohstoffe (Glas/Zementprod.)(36)	3,4	4,1	3,0	3,9	3,7	3,5	119,03
Metallverarbeitung (38)	2,4	9,9	12,6	8,3	7,1	7,4	62,48
andere Ind.produkte (39)	0,5	0,4	0,3	0,4	0,4	0,3	89,18

Quellen: für 1960: OFIPLAN 1982, S. 90; für 1978-1986: BCCR 1988, Cuadro 04; Produktionsvolumen: Jimenez U. 1987, S. 32.
* ISIC: International Standard Industrial Classification

Entwicklungsländern zu beobachten ist und auch dem historischen Trend in den Industrieländern entspricht. Seitdem ist dieser Anteil jedoch wieder merklich gestiegen; das gilt auch dann, wenn man diejenigen Teilbereiche eliminiert, die ausschließlich oder weitgehend traditionelle Exportprodukte aufarbeiten (Groß-Schlachtereien, Kaffee-Beneficios, Zuckermühlen); der Anteil der reinen Lebensmittelverarbeitung am Nettoproduktionswert der Industrie erreicht 1982 einen Tiefpunkt von 19,1% und ist seitdem wieder auf 24,0% gestiegen (vgl. Cámara de Industrias 1987). Dieser Industriezweig hat zweifelsohne von der Tatsache profitiert, daß er in erheblich stärkerem Maße als andere Industrien mit nationalen Inputs arbeitet (vgl. Rodríguez/ Grynspan 1983; Rodríguez 1983) und damit von der Abwertung der Jahre 1981/82 weniger stark betroffen wurde, was unserer These von den Perspektiven für die Durchsetzung eines Modells autozentrierter agroindustrieller Entwicklung in der Folge dieser Krise entspricht. Der nationale Anteil am Bruttoproduktionswert der meisten Zweige der Lebensmittelindustrie lag zwischen 76,8% (Frucht- und Gemüsekonserven) und

97,0% (Milchprodukte); aus der Reihe fielen lediglich "Prod. de molinería" (Mehl und ähnliches) mit 39,9% und Bäckereiprodukte mit 57,3% nationalem Anteil als Folge der großen Bedeutung des importierten Weizens in diesen Branchen (Cámara de Industrias 1987).

Die im Rahmen des Projekts durchgeführten Interviews weisen auch daraufhin, daß es einer Reihe von Betrieben der Lebensmittelindustrie recht gut gelungen ist, sich vom zentralamerikanischen Markt auf andere Exportmärkte (vor allem den US-Markt) umzustellen. Andererseits ist daran zu erinnern, daß ein großer Teil der im Rahmen der "Agricultura de Cambio" geförderten Produkte gerade nicht primär unter dem Gesichtspunkt der Verknüpfung mit anderen nationalen Wirtschaftszweigen unterstützt worden sind, sondern vor allem im Sinne einer möglichst raschen Exportsteigerung. Das kommt schließlich im oben festgestellten starken Anstieg der nicht-traditionellen, unverarbeiteten Agrarexporte zum Ausdruck, während die Entwicklung der mit der Landwirtschaft verknüpften *Industrien* trotz allem noch eher hinter ihrem Potential zurückgeblieben ist.

Die anderen, mit der Agrar- und Holzwirtschaft verbundenen Branchen haben sich nicht in ähnlicher Weise entwickeln können (Probleme u.a.: Zentralamerikanischer Markt bei Lederwaren, schrumpfende nationale Rohstoffbasis bei Holz), doch haben sie sich einigermaßen behauptet mit - wie einige Branchenvertreter erklären - durchaus recht günstigen Perspektiven (z.B. bei Holz für Qualitätsprodukte mit höherem Verarbeitungsgrad).

Am interessantesten, aber auch am schwierigsten zu untersuchen ist die Frage nach der Rolle der agroindustriellen linkages bei anderen Industriezweigen; gerade unter dem Gesichtspunkt der Förderung der weiteren, technologie-intensiveren industriellen Entwicklung im Rahmen einer agroindustriellen Strategie sind die Bereiche der chemischen und metallverarbeitenden Industrie von zentraler Bedeutung. In der *chemischen Industrie* (einschl. Gummi- und Plastikprodukte, ISIC Nr. 35) sind zwei Produktionszweige unmittelbar mit der Landwirtschaft verbunden und zwar einerseits die Herstellung von Kunstdünger und Pestiziden als landwirtschaftliche Inputs, andererseits die Herstellung von Seife und Kosmetika, die zu einem beträchtlichen Teil landwirtschaftliche Rohstoffe verarbeitet. Darüber hinaus aber muß davon ausgegangen werden, daß mindestens ein Drittel der Kategorie 3560 (Plastikprodukte) für die Landwirtschaft bestimmt ist (Interview mit dem Präsidenten der Asociación Costaricense de la Industria Plástica). Berücksichtigt man die beiden obengenannten Produktionszweige sowie ein Drittel der Plastikprodukte, so ergibt sich seit 1978 ein kontinuierlich steigender Anteil der agroindustriell orientierten Chemieproduktion an der Gesamtproduktion der chemischen Industrie (unter Auslassung der Erdölraffinierung, die durch ihren relativ hohen, aber schwankenden Anteil an der Chemieproduktion (zwischen 7,2 und 35,2%) zu verzerrten Ergebnissen führte) und zwar von 33,9% im Jahre 1978 auf 44,9% im Jahre 1986, wobei der größte Sprung zwischen 1982 und 1984 (von 34,9 auf 40,8%) zu verzeichnen ist (eigene Berechnungen nach BCCR 1988, Cifras sobre producción industrial, Tab. 04).

Die auffälligste Entwicklung innerhalb der *metallverarbeitenden Industrie* (ISIC-Kat. 38: einschl. Elektro- und elektronischer Industrie) betrifft den Bereich der Automobilproduktion: War die Automobilherstellung (bzw. -montage) noch 1978 die dominante Aktivität im Bereich der Metallverarbeitung, so wurde sie im Zusammenhang mit der Krise praktisch eingestellt - was in dieser Kategorie verbleibt, betrifft lediglich die Herstellung von Ersatzteilen. Dem stehen vor allem zwei (zumindest relativ in bezug auf ihren Anteil an der Produktion der Branche) expandierende Bereiche gegenüber, nämlich die Elektroindustrie und die Produktion nicht-elektrischer Maschinen (vgl. Tab.6.6). Während die Elektroindustrie ihre Grundlage vor allem im Bereich der Telekommunikation und des gut entwickelten Energiesektors hat, spielt die Produktion von Ausrüstungsgütern für den agroindustriellen Bereich (Maschinen für Beneficios und Zukkermühlen, Abfüll- und Verpackungsmaschinen für die Lebensmittelindustrie) eine wachsende Rolle im letztgenannten Industriezweig (vgl.u.). Zu berücksichtigen ist, daß auch aus anderen Branchen der metallverarbeitenden Industrie Produkte an die Landwirtschaft und an Agroindustrien geliefert werden (Möbel aus rostfreiem Stahl oder Aluminium; Röhren, Tanks, industrielle Öfen; Fischerbote; Karosserien für Lastwagen und Traktoranhänger usw.), so daß wir von einem Anteil der agroindustriell orientierten Produktion von etwa 15-25% an der Gesamtproduktion der metallverarbeitenden Industrie ausgehen.

Tabelle 6.6: **Anteil der verschiedenen Produktionszweige am Produkt der metallverarbeitenden Industrie (laufende Preise in Mio. Col. und in %)**

Industriezweig (ISIC-Nr.)	1978	1980	1982	1984	1985	1986
Metallverarbtg. insg.(38) (Mio.C)	1659	2377	5823	7765	9073	11676
Metallwaren (außer Maschinen u.Ausrüstungsgüter) (381)	28,6%	25,5%	18,9%	27,9%	26,9%	23,0%
nicht-elektr. Maschinen (einschl. Kühlschränke) (382)	12,2	10,9	13,5	20,8	16,6	17,6
Elektroindustrie (383)	28,9	33,8	46,2	38,7	44,8	47,7
Transportmaterial (384)	30,4	29,8	21,4	12,6	11,7	11,7
darunter: Automobile (3843)	26,4	26,1	18,2	6,8	5,1	6,5

Quelle: eigene Berechnung nach: BCCR 1988, Cuadro 01.

Auch wenn die statistische Dokumentation der linkages zwischen der chemischen und metallverarbeitenden Industrie einerseits und dem agroindustriellen Bereich andererseits in vielerlei Hinsicht unbefriedigend ist, so läßt sie doch die Aussage zu, daß in Costa Rica im Verlaufe der 1980er Jahre eine Dynamik agroindustrieller Entwicklung vorhanden ist, die auch solche Bereiche mit einbezieht, die nicht unmittelbar landwirtschaftliche Produkte verarbeiten und größere technologische "spin-offs" versprechen als die Nahrungsmittelindustrie im engeren Sinne (vgl.u.). Berücksichtigt man die genannten Industriezweige und darüber hinaus einen gewissen Anteil an der Verarbeitung von nicht-metallischen Grundstoffen (Gläser für die Lebensmittelindustrie, Baumaterialien), so läßt sich für 1986 ein Anteil der agroindustriell verknüpften Produktion an der Gesamtindustrieproduktion von knapp 70% feststellen:

Lebensmittel-, Lederwaren-, Holz-und Papierindustrie:	58,9%
30% der chemischen Produktion (einschl. einem Anteil an der Erdölraffinierung)	7,0%
20% der metallverarb. Industrie	1,5%
Anteil an "nichtmetall. Rohstoffe" und "andere"	1,5%

Zieht man weiterhin in Betracht, daß Industrieprodukte in den Ausbau von Straßen und Wegen, der Telekommunikation sowie der Erzeugung und Transmission von Elektrizität fließen, die ihrerseits wieder zu einem beträchtlichen Teil dem agroindustriellen Bereich dienen, so wird das Gewicht, das der agroindustriellen Dynamik für die aktuelle sozioökonomische Entwicklung Costa Ricas zukommt, offensichtlich.

Unter dem Gesichtspunkt der erreichten technologischen Kapazität ist der Blick auf einen bestimmten Bereich der metallverarbeitenden Industrie von Interesse, nämlich die Herstellung von Ausrüstungsgüter für Beneficios. Im Rahmen des Forschungsprojektes wurden Interviews mit acht der insgesamt zehn bis fünfzehn Unternehmen - die genaue Zahl ist schwer zu ermitteln, da etwa von Ramos (1987, S. 77) ein Teil von ihnen je nach Schwerpunkt ihrer Aktivität anderen Bereichen zugeordnet wird - dieser Branche durchgeführt, die z.T. ausschließlich, z.T. neben anderen Produkten solche Ausrüstungsgüter herstellen. Dabei handelt es sich um kleinere bis mittlere Firmen mit 10-80 Beschäftigten mit einem Jahresumsatz von bis zu 1,5 Mio. US$ (1986). In vier Unternehmen, die im wesentlichen "traditionell", d.h. ohne Ingenieure arbeiten, stagniert die Produktion, die anderen dagegen haben in den letzten Jahren einen erheblichen Aufschwung erfahren. Zu erwähnen ist eine Firma, die ganze Beneficios aufbaut und dabei auf der Grundlage des eigenen Designs Produkte anderer Firmen

inkorporiert; aus technologischen Gründen importiert werden müssen nur wenige Vorprodukte, im wesentlichen Stahl und Motoren. Für das Jahr 1987
rechnete man mit einem Exportanteil an der Produktion von 50%. Man ist auch
dabei, diese Maschinen für andere Produkte zu adaptieren (u.a. Kakao,
Macadamia, Erdnüsse).

Technologischer Spitzenreiter in diesem Bereich ist eine Firma, die elektronische
Kaffeesortiermaschinen produziert; sie ist eine von sechs Firmen in der Welt, die
diese Art von Maschinen herstellt, besitzt eine Filiale in Brasilien und arbeitet
mit einer Hamburger Firma zusammen, die die optischen und elektronischen
Teile aus Costa Rica importiert, in der Bundesrepublik zusammensetzt und u.a.
an VDE-Normen anpaßt. Hier werden diese Geräte zur Qualitätsüberprüfung
des importierten Kaffees benutzt, z.t. als "Made in Germany" nach Westafrika
weiterexportiert. Die Maschine sortiert Kaffee - aber auch andere Stoffe, wie
Cardamom, Erdnüsse bis hin zu Plastikteilchen - auf der Grundlage von Farb-
merkmalen mit einer Geschwindigkeit von bis zu 4 Mio. Kaffeebohnen pro
Stunde; sie wurde ganz in diesem costaricanischen Unternehmen entwickelt.

Interviews mit Hamburger Unternehmen in derselben Branche bestätigten die
Konkurrenzfähigkeit der costaricanischen Betriebe; man betonte, daß Costaricaner "uns schwer Konkurrenz machen" und daß der Absatz der deutschen Geräte vor allem nach Costa Rica stark zurückgegangen sei (ein Interview wurde uns
unter Hinweis auf diese Konkurrenz verweigert).

Die Tabellen 6.5 und 6.6 verweisen auch darauf, auf wessen Kosten der Bedeutungsgewinn der agroindustriell bedeutsamen Industriezweige ging, nämlich
einerseits der Textilindustrie und andererseits der Automobilindustrie, deren
Produktionseinstellung praktisch allein für den relativen Bedeutungsverlust der
metallverarbeitenden Industrie verantwortlich ist. Allerdings gibt es beiden Industriezweigen wiederum Branchen, die ebenfalls - ohne Verknüpfung mit dem
agroindustriellen Bereich - deutlich an Bedeutung gewonnen haben: die Lohnveredlungsproduktion ("maquila") und einige Bereiche der chemischen und
metallverarbeitenden Industrie.

Die gesetzliche Grundlage für das Entstehen der Lohnveredlungsindustrien
wurde bereits im Jahre 1972 mit den "Bestimmungen zum vorübergehenden
Import von Waren" ("Régimen de importación temporal") geschaffen; angesichts
der vor 1981 bestehenden Wechselkursrelationen waren die Löhne in Costa Rica
jedoch im internationalen Vergleich viel zu hoch, um eine relevante Entwicklung dieses Sektors zu ermöglichen. Dies änderte sich mit der Abwertung des
Colons sowie einer offensiven Politik der Förderung ausländischer Investitionen
auch im Bereich der maquila-Produktion. Tab.6.7 zeigt das rasche Wachstum der
Lohnveredlungsindustrien seit 1982:

Tabelle 6.7:   Lohnveredlungsindustrien in Costa Rica: 1982-1986:

Jahr	Zahl der Unternehmen				Beschäf-	Exportwert	Wertzuwachs
	zus.	nat'l.	ausl.	gemischt	tigte	(brutto)	(in C.R.)
1982	32	14	18	-	.	(in 1.000 US$, lfde. Pr.)	
1984	78	36	36	6	12.211	29.025	9.288
1986	.	.	.	.	.	105.483	34.800

Quellen: Für 1982 und 1984: Pavez Hermosilla 1987, S. 30 und 33ff.; BCCR, Balanza de pagos 1986, S. 18; für 1986: Briceño/Leiva 1988.

Die meisten dieser Unternehmen finden sich in der Textil- und Bekleidungsindustrie (1984: 56 Unternehmen; Anteil am Bruttoexportwert 1986: 85,9%) und in der elektronischen Industrie (5 Betriebe; 8,8%). Trotz des raschen Wachstums in den vergangenen Jahren ist sicher, daß die Maquila-Produktion nicht zu einem Schlüsselsektor der sozioökonomischen Entwicklung des Landes werden wird:

- Ungeachtet des bisher recht geringen Anteil Costa Ricas am gesamten Weltmarkt von "Billiglohn-Produkten" ist man bereits an protektionistische Barrieren in den USA gestoßen: die Importe von Hemden aus Costa Rica waren bereits im März 1988 kontingentiert, für Büstenhalter erwartete man damals das gleiche.

- Das Lohnniveau in der Maquila ist - im Vergleich zu anderen Industriezweigen Costa Ricas - sehr niedrig; trotz der Abwertung von 1981/82 bleiben die Lohnkosten dennoch im internationalen Vergleich relativ hoch und zwar sowohl wegen der seitdem stattgefundenen Reallohnerhöhungen als auch wegen des relativ hohen Niveaus an Lohnnebenkosten.

- Die Verknüpfung der Maquila mit anderen Wirtschaftszweigen des Landes sind extrem gering und beschränkt sich im wesentlichen auf die consumption linkages der (niedrigen !) Löhne.

Jenseits von agroindustriellem Bereich und Maquila gibt es noch *einige Branchen der chemischen und metallverarbeitenden Industrie,* die sowohl von ihrem Anteil an der Industrieproduktion als auch an den Exporten eine gewisse Rolle spielen. Im Falle der chemischen Industrie überwiegen offensichtlich noch die

Strukturen des ISI-Modells mit Exporten, die überwiegend in den zentralamerikanischen Markt gehen (82,3% der pharmazeutischen Produkte, 94,3% der
"diversen chemischen Produkte") mit der Ausnahme der allerdings relativ bedeu-
tungslosen Produktion von Gummi (3,0% der Chemieproduktion), deren
Exporte zu 78,8% in Drittmärkte gehen. Auch die Produktion von Radio- und
Fernsehgeräten folgt im wesentlichen dem ISI-Muster, während zwei andere
Zweige der metallverarbeitenden Industrie offenbar nicht ganz diesem Muster
folgen: 35% der Exporte nicht-elektrischer Maschinen und 38% der Exporte von
elektrischen Geräten und Zubehör gehen bereits in Drittmärkte; auch handelt es
sich dabei im allgemeinen nicht um standardisierte Fertigwaren, die auf der Basis
importierte Teile montiert werden.

Auch wenn die genannten Industriezweige mit beträchtlichen Exporterfolgen auf
Drittmärkten insgesamt nur 8,5% der Industrieproduktion ausmachen (1986), so
zeigt ein kurzer Blick auf zwei Unternehmen doch, daß es sich hier um den
Nukleus einer nationalen Industrieentwicklung jenseits der agroindustriellen
Entwicklung handeln könnte:

- Ein Unternehmen ist spezialisiert auf die Produktion von Formen für die
  Herstellung von Kunststoffprodukten sowie von Matrizen für das Pressen von
  Metallteilen. Auf der Basis dieser Matrizen hat das Unternehmen einige
  Linien in der Herstellung von Metallteilen entwickelt, vor allem von Scharnie-
  ren sowie von Zylindern für hydraulische Bremsen, die in die USA exportiert
  werden. Alle Phasen von der Produktentwicklung bis zur Herstellung von
  Fertigwaren werden miteinander verbunden; man beschäftigt 170 Mitarbeiter,
  davon 15 Ingenieure. Es handelt sich hierbei um einen der seltenen Fälle, in
  denen ein costaricanisches Unternehmen für die im Rahmen der Importsub-
  stitutionen entstandene Fertigwarenproduktion (Plastikprodukte) Kapitalgüter
  herstellte.

- Ein anderes, viel kleineres Unternehmen beschäftigt sich mit Ingenieuraufga-
  ben im Bereich der Elektronik; das Unternehmen wurde 1980 gegründet und
  konsolidierte sich dadurch, daß der Auftrag für die Produktion von Rege-
  lungselementen für das größte nationale Wasserkraftwerk gegen die Konkurrenz von transnationalen Unternehmen gewonnen werden konnte. Z.Zt.
  beschäftigt man sich vor allem mit der Weiterentwicklung von Reglern für die
  Telefonvermittlung, mit denen man bereits Exporterfolge in Guatemala und
  Curaçao erzielt hat; man bemüht sich um Lizenzen für Brasilien und Indien.

Im Falle dieser beiden Unternehmen ist es gelungen, eine erhebliche technologische Kompetenz auf der Basis des während der ISI-Phase expandierten Binnenmarktes bzw. der in diesem Zusammenhang ausgebauten Infrastruktur zu entwickeln, wobei typischerweise der eigentliche Erfolg dieser Unternehmen erst nach der Krise von 1981/82 zur Durchbruch kam. Zusammen mit Unternehmen, die zur Technologieentwicklung bzw. -anpassung im agroindustriellen Bereich selbst beitragen, könnte hier die Grundlage für die Entwicklung neuer komparativer Vorteile der costaricanische Industrie gelegt werden - vor allem im Bereich *spezifischer, nicht standardisierbarer* Problemlösungen für Länder der Dritten Welt, in denen die teuren Ingenieurabteilungen transnationaler Konzerne Schwierigkeiten haben, mit nationaler Technologieproduktion zu konkurrieren. Das insgesamt noch verschwindend geringe Gewicht dieses Wirtschaftszweiges innerhalb der gesamten Wirtschaftsstruktur des Landes weist allerdings daraufhin, daß er noch keine tragfähige Basis für ein nationales Entwicklungsmodell abgibt.

5   Agroindustrielle Entwicklung und tertiärer Sektor

Eines der wesentlichen Ergebnisse unserer Regionalstudien war die Erkenntnis, daß die von erfolgreicher Agrarkolonisation ausgehenden regionalen linkage-Effekte zuerst vor allem das Entstehen eines Dienstleistungssektors (Handel, Kreditwesen, staatliche und kommunale Institutionen) in den sich herausbildenden regionalen Unterzentren fördert. Dies entspricht den Ergebnissen einer vergleichenden Studie der Weltbank über die Verknüpfung zwischen landwirtschaftlichen und nicht-landwirtschaftlichen Aktivitäten in ländlichen Regionen Afrikas (vgl. Haggblade/Hazell/Brown 1987). Auch die mit der Durchsetzung eines neuen Entwicklungsmodells verbundenen institutionellen Veränderungen betreffen primär den Bereich des tertiären Sektors. Bedenkt man darüber hinaus, daß heute in vielen Ländern der Dritten Welt der tertiäre Sektor mehr als die Hälfte des Bruttoinlandsprodukts erwirtschaftet (in Costa Rica von 1980 bis 1987 um 57% mit der Ausnahme des Krisenjahres 1982, wo es wegen der Paralysierung von vielen Dienstleistungen im öffentlichen Bereich sowie im Immobiliensektor nur 52% waren), so muß die oft vollständige Vernachlässigung dieses Sektors in der entwicklungsstrategischen Diskussion gegenüber Landwirtschaft und Industrie erstaunen.

Eine Aufgliederung des tertiären Sektors in verschiedene Bereiche ist bereits oben in der Tab.8 vorgenommen worden. Danach lassen sich vor allem zwei Tendenzen feststellen:

- eine kontinuierliche Steigerung des Anteils der Produktion von Elektrizität und Wasser (von 1,6% im Jahre 1974 über 2,1% 1980 auf 2,8% des BIP im Jahre 1987);
- ein fast ebenso deutlicher Anstieg der Kategorie "Banken, Versicherungen, Dienstleistungen an Unternehmen" von 4,8% (1974) über 5,3% (1980) auf 6,2% im Jahre 1987.

Der Anteil des öffentlichen Sektors am BIP zeigt deutliche Schwankungen, die allerdings leicht zu erklären sind. Die bekannte Expansion des öffentlichen Sektors in der letzten Phase des ISI-Modells führte zu einem starken Anstieg seines Anteils von 11,9% (1974) auf 15,2% (1980); dann folgte der Einbruch während der akuten Krise von 1981/82 (nur 11,6% im Jahre 1982). 1985 hatte sich die Situation "normalisiert", d.h. es wurde mit 14,9% fast wieder der Anteil von 1980 erreicht; danach jedoch setzte sich die Politik des Abbaus staatlicher Aktivitäten zugunsten einer Stärkung privatwirtschaftlicher Aktivitäten durch (Rückgang auf 14,0% im Jahre 1987). Im Bereich "Handel und Tourismus", dem wichtigsten Teilbereich des Dienstleistungssektors, wurden der Einbruch der Krise und vor allem die Auswirkungen der Abwertung erst nach 1982 mit einem Rückgang des Anteils am BIP von 21,7% (1982) auf 18,5% (1985) deutlich; erwartungsgemäß führten die Politik der Liberalisierung des Außenhandels und der Tourismusförderung dann allerdings wieder zu einer wachsenden relativen Bedeutung dieses Bereichs (auf 19,2% im Jahre 1987).

Auf dieser Ebene lassen sich selbstverständlich noch keine Zusammenhänge zu agroindustriellen Entwicklungsprozessen herstellen. Eine Untersuchung längerfristiger Veränderungen (zwischen 1971 und 1985) in der Regionalverteilung des Dienstleistungsangebotes (vgl. Nuhn/Oßenbrügge 1987) macht allerdings deutlich, daß sich in dieser Zeit die Voraussetzungen für eine vertiefte Entwicklung der peripheren Regionen Costa Ricas und damit - zumindest von dieser Seite her - auch für eine stärkere Autozentriertheit des Entwicklungsprozesses verbessert haben; das entspricht den Ergebnissen von zwei unserer drei Regionalstudien:

Der öffentliche Sektor trug durch verschiedene Maßnahmen zu einer Stärkung des Dienstleistungsangebotes in den Regionalstädten bei und zwar durch den Aufbau von staatlichen Planungsbüros auf Regionalebene, durch den Ausbau des Schulsystems (32 neue Sekundarschulzentren außerhalb des zentralen Hochlandes, sowie neue Abteilungen der Universitäten in den peripheren Regionen) sowie durch den Ausbau des Gesundheitssystems außerhalb des Valle Central.

Das Warenangebot in den peripheren Regionen verbesserte sich erheblich durch die Entwicklung einer Vielzahl kommerzieller Zentren mit einem relativ breiten Angebotsspektrum (anstatt der traditionellen Miniläden - pulperías -, die lediglich Waren des absoluten Grundbedarfs anboten); die Expansion des Handels in den wichtigsten Provinzstädten hat dazu geführt, daß selbst Waren des gehobenen Bedarfs und gewisse Investitionsgüter (Kühlschränke, Autos, Landmaschinen) jetzt hier gekauft werden können und die früher dafür nötige Reise nach San José jetzt entfallen kann.

Der für die Perspektiven autozentrierter agroindustrieller Entwicklung absolut zentrale Aspekt bei der Analyse des tertiären Sektors betrifft jedoch *Veränderungen im institutionellen Bereich* , wobei wir hier der Übersichtlichkeit halber auch auf Veränderungen eingehen, die über den Dienstleistungssektor hinausgehen:

(1) Im Bereich der industriellen und landwirtschaftlichen Produktion ist aufgrund der entsprechenden Orientierung der internationalen Finanzorganisationen (Auflagen für Überbrückungs- und Strukturanpassungsdarlehen) sowie der USA, aber auch aufgrund des weitgehenden Scheiterns der in den 70er Jahren gegründeten staatlichen Unternehmen im Produktionsbereich eine eindeutige Rückorientierung auf die *Förderung privater Unternehmensformen* feststellbar. Dies hat einerseits zwar Investitionen großer ausländischer Unternehmen gefördert, andererseits ist aber in diesem Zusammenhang auch die Organisation kleiner Produzenten in vielfältigen Formen von Kooperativen gefördert worden. Interessant in diesem Zusammenhang ist auch die Transformation des größten Unternehmens der Staatsholding CODESA, der Zuckermühle und Destillationsanlage CATSA, in die Hände eine AG, deren Aktien ausschließlich an Genossenschaftsmitglieder verkauft wurden (vgl. Kap. VIII.3.4).

(2) Im Bereich der *Vermarktung von Agrarprodukten* sind ähnliche Entwicklungen im Gange: Lief bisher die Vermarktung von Grundnahrungsmitteln - wegen der über den Marktpreisen liegenden staatlichen Garantiepreise - fast ausschließlich über den CNP (Consejo Nacional de Producción), so beginnt diese staatliche Institution mit dem Abbau der Subventionen an Bedeutung zu verlieren. Die Reisproduzenten haben sich bereits in einem "Reisbüro" (Oficina del Arroz) organisiert, um eine Koordination von Produktion, Vermarktung und industrieller Verarbeitung zu erreichen. Darüber hinaus sind eine Reihe von anderen z.T. kooperativen, z.T. halbstaatlichen (d.h. unter Beteiligung von Staat, Kooperativen und/oder Assoziation von priva-

ten Produzenten) Organisationen gegründet worden, vor allem auch um die Vermarktung von Gemüse und Obst auf dem Binnenmarkt besser zu organisieren. Versuche dieser Organisationen, auch zu exportieren, sind bisher nur in wenigen Fällen erfolgreich gewesen (bei Erdbeeren und Schnittblumen). Andererseits haben sich in den traditionellen Exportsektoren Genossenschaften (FEDECOOP beim Kaffee; CoopeMontecillos beim Rindfleisch) bzw. gemeinschaftliche Organisation von Produzenten, agroindustriellen Unternehmern und Staat (LAICA - die Liga Agroindustrial de la Caña de Azúcar - im Falle des Zuckers) als Exportunternehmen konsolidiert. Auch haben sich eine Reihe von kleineren und mittleren privaten Exporteuren nicht-traditioneller Produkte behaupten können, die die Waren zu einem großen Teil bei kleinen landwirtschaftlichen Produzenten aufkaufen.

(3) Auch im *Bank- und Kreditsystem* zeichnet sich eine ähnliche Entwicklung ab, obwohl hier das mit der Nationalisierung der Banken im Jahre 1949 geschaffene "Sistema Bancario Nacional" weiterhin ein starke Position innehat. Im Rahmen der Strukturanpassungspolitik wurde - auch der juristische - Spielraum für private Bankgeschäfte erheblich erweitert; die Kanalisierung ausländischer Kreditprogramme über private Banken unterstützte deren Wachstum. Während z.B. von 1986 bis 1987 die Erträge der staatlichen Banken lediglich um 11% stiegen, wuchsen diejenigen der privaten Kreditinstitute um 40,7%; das Volumen der Kreditvergabe stieg bei den staatlichen Banken um 21%, bei den Privatbanken um 55%, die damit einen Anteil von 18,8% an der gesamten Kreditvergabe erreichten. Auch in diesem Bereich sind wichtige Ansätze genossenschaftlicher Organisationsformen zu verzeichnen, die versuchen, die Abhängigkeit kleiner Produzenten von großen Privatbanken einerseits und von den bürokratischen Kreditvergabeverfahren der staatlichen Banken andererseits zu vermeiden (die BANCOOP - Banco Cooperativo - als Bank des nationalen Genossenschaftssystems sowie verschiedene Kreditkooperativen auf regionaler Ebene).

Die Einrichtung spezieller Fonds zur Förderung des Strukturanpassungsprozesses (FODEIN, FOPEX) hat darüber hinaus weitere Zugangsmöglichkeiten zu Krediten geschaffen, auch wenn diese aufgrund des hohen Zinsniveaus - das seinerseits eine angemessene interne Sparrate sicherstellen soll - von vielen Unternehmen nicht in Anspruch genommen werden können.

(4) Die Gründung eines "Ministerio de Ciencia y Tecnología" im Jahre 1986 sowie die Erarbeitung eines "Programa Nacional de Ciencia y Tecnología 1986-1990" setzten zumindest Zeichen für die Bedeutung, die der *technologi-*

schen Entwicklung" beigemessen wird. Auch wenn die Universitäten aufgrund der öffentlichen Sparpolitik finanzielle Probleme hatten, expandierten doch diejenigen Institutionen, die auf technische Probleme im agroindustriellen Bereich spezialisiert sind, so daß bereits ein recht umfangreiches Netz von Institutionen der Forschung und technologischen Hilfe für die Landwirtschaft und die agrarbezogenen Industrien besteht (spezialisierte Fachbereiche und Institute an den Universitäten; Forschungsförderung durch den CONICIT - Consejo Nacional de Investigaciones Científicas y Tecnológicas -; internationale Agrarforschungsinstitute CATIE und IICA; Beratungen bzw. Dienstleistungen an Unternehmen etwa in Form der Analyse von Lebensmittel durch das INCIENSA - ein vom Gesundheitsministerium getragenes Forschungsinstitut - oder von Beratung für agroindustrielle Projekte durch das Zentrum für lebensmitteltechnologische Forschung (CITA) der Universität von Costa Rica).

(5) Im Bereich der *öffentlichen Verwaltung* sind die Ansätze zur Dezentralisierung und zur Stärkung von Institutionen auf lokaler Ebene schon zwei Jahrzehnte alt; einschneidende Änderungen zur Verbesserung der finanziellen Autonomie der Gemeinden sind auch in den vergangenen Jahren nicht verwirklicht worden. Die Regionalisierung der nationalen Planung ist allerdings durch die Einrichtung von "Consejos de Desarrollo Regional" gestärkt worden. Ein von der Weltbank gefördertes Programm zur "Rationalisierung des öffentlichen Sektors" ist erst angelaufen und hat erste Ergebnisse in der Vereinfachung des Außenhandels gezeigt, was vor allem für die Exporte verderblicher Waren von großer Bedeutung ist.

(6) Ein wesentliches Merkmal der institutionellen Entwicklung der vergangenen Jahre ist die Vielfalt von neuen Verbänden und Bauernorganisationen, die seit der Krise entstanden sind. Die entschiedene Förderung des privaten Sektors durch die Weltbank und verschiedene Organisationen der internationalen Zusammenarbeit, vor allem AID, hat zur Gründung einer Reihe neuer Verbände geführt (und diese auch finanziell unterstützt), die einerseits vor allem mit der Exportförderung beschäftigt sind, anderseits Produzenten in einzelnen Regionen organisieren. Interessant ist vor allem das Erscheinen einer Vielzahl von Periodika dieser einzelnen Verbände (seit 1985 mindestens neun neue Zeitschriften auf dieser Ebene, was für ein kleines Land wie Costa Rica erstaunlich ist). Darüber hinaus wurde mit massiver Unterstützung des AID eine private Dienstleistungsorganisation zur Exportförderung und zur Anwerbung ausländischer Investoren gegründet (CINDE: Coalición Costarricense de Iniciativas de Desarrollo, mit mehreren Vertretungen in wichtigen Städten der USA).

Während diese Verbände zwar im einzelnen auch die Interessen von Unternehmensbereichen vertreten, die durch Strukturanpassungspolitik unter Druck geraten sind (vor allem in der Landwirtschaft), akzeptieren sie diese Politik doch grundsätzlich. Anders sieht es gerade im kleinbäuerlichen Bereich aus, in dem vor allem Produzenten von Grundnahrungsmitteln vom Abbau der Subventionen existentiell betroffen sind; hier sind eine Vielzahl von Organisationen entstanden, die im allgemeinen - in einer allerdings sehr unterschiedlichen Gewichtung - die Aspekte der Selbsthilfe und des politischen Widerstandes miteinander verbinden. Von den 101 Bauernorganisationen, die im Januar 1986 registriert waren, sind 77 erst seit 1980, 60 erst seit 1983 entstanden (vgl. Weller 1990).

Sicherlich ist die Bedeutung vieler dieser institutionellen Veränderungen im Sinne eines Modelles autozentrierter agroindustrieller Entwicklung ambivalent; einerseits sind sie sehr häufig rein auf Exportförderung orientiert, zum anderen birgt die massive Förderung privater wirtschaftlicher Aktivitäten die Gefahr in sich, soziale und wirtschaftliche Ungleichgewichte zu verstärken - zumal, wenn dem Staat die Mittel fehlen, durch geeignete sozial- und strukturpolitische Maßnahmen korrigierend zu wirken. Die starke Position des genossenschaftlichen Sektors - und die Tatsache, daß dieser in die Privatisierungspolitik einbezogen ist - sowie die verstärkte parteiunabhängige Organisation der landwirtschaftlichen Produzenten schaffen hier allerdings Gegengewichte, die durchaus Prozesse sozioökonomischer Integration sowie einer Verbesserung der Grundbedürfnisbefriedigung stützen. Darüber hinaus ist zu beachten, daß diese institutionelle Entwicklung zweifellos zu einer Verdichtung und - sektorialen und regionalen - Vervollständigung des bestehenden Netzes von Institutionen und Dienstleistungen sowie einer differenzierten Interessenvertretung geführt hat, die die zivilgesellschaftlichen Strukturen gestärkt haben und die die "Autozentriertheit" des Entwicklungsprozesses durchaus zu fördern in der Lage sind.

VII Förderung nicht-traditioneller Exporte oder autozentrierte agroindustrielle Entwicklung? Politische Weichenstellungen und sozioökonomische Entwicklungsperspektiven (W.H., Tilman Altenburg, Jürgen Weller)

In der theoretischen Einführung hatten wir drei Kriterien für erfolgreiche sozioökonomische Entwicklung durch ein spezifisches Entwicklungsmodell formuliert:

- Verbesserung und langfristige Absicherung der Grundbedürfnisbefriedigung aller Bevölkerungsgruppen.
- Förderung sozioökonomischer Integration in sektorieller und regionaler Hinsicht.
- Ökonomische Viabilität im Sinne einer nachhaltigen Erweiterung der wirtschaftlichen Basis unter Berücksichtigung gegebener Rahmenbedingungen.

Ein Entwicklungsmodell, das diese Ziele erreicht, wird im Sinne von Menzel und Senghaas auch als "autozentriert" zu bezeichnen sein (eine Akkumulationsstruktur, "für die eine anhaltende Agrarmodernisierung, die industrielle Produktion von Massenkonsumgütern und von Ausrüstungsgütern als konstitutiv angesehen" werden; M./S. 1986, S. 91), denn Verbesserung und Absicherung der Grundbedürfnisbefriedigung schaffen die Basis für eine entsprechende Nachfrage nach Massenkonsumgütern, sozioökonomische Integration bedeutet eine Verknüpfung von landwirtschaftlicher Produktion, industrieller Weiterverarbeitung und der Produktion von Kapitalgütern, wo immer dies unter wirtschaftlichen Gesichtspunkten sinnvoll ist. Schaubild (21) verdeutlicht noch einmal zwei wesentliche Unterschiede zwischen einem Entwicklungsmodell "autozentrierter agroindustrieller Entwicklung" und agroindustriellen Entwicklungsstrukturen, wie sie durch eine beschleunigte "Anpassung an die gegenwärtigen Strukturen der internationalen Arbeitsteilung" gefördert werden:

(1) Autozentrierte agroindustrielle Entwicklung versucht, soweit das wirtschaftlich vertretbar ist, die Entwicklung eines nationalen Kapitalgütersektors sowie den weiteren Ausbau der Konsumgüterindustrie zu fördern. Dabei ist der Schwerpunkt auf die Verknüpfungen zwischen verschiedenen nationalen Wirtschaftszweigen und dadurch (sowie natürlich aufgrund anderer Standortfaktoren) *z.T. kurz-, z.T. mittelfristig erzielbare* komparative Vorteile zu legen. Eine kurzfristige Anpassung lediglich an die bestehenden komparativen Vorteile würde dagegen dahin tendieren, bestehende und durchaus entwicklungsfähige Ansätze in diesen Industriezweigen zu zerstören.

Schaubild 21:
Warenströme im "Modell autozentrierter agroindustrieller
Entwicklung" sowie in einem "Modell der Anpassung an die
gegenwärtige internationale Arbeitsteilung"

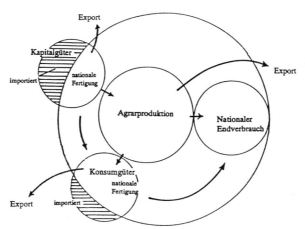

Modell autozentrierter agroindustrieller Entwicklung

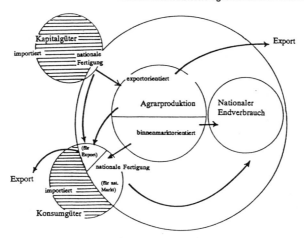

Modell der Anpassung an die gegenwärtige
internationale Arbeitsteilung

(2) Eine extreme Exportförderungspolitik tendiert zur Verstärkung der in weiten Bereichen bereits vorhandenen Spaltung von Landwirtschaft und Konsumgüterindustrie in einen Exportsektor und einen binnenmarktorientierten Sektor, denn transnationale Konzerne sind eher in der Lage, kurzfristig umfangreiche Produktionsbereiche mit "Weltmarktniveau" aufzubauen; die Binnenmarktversorgung wird dann nationalen Unternehmen überlassen. Andererseits ist es das Ziel "autozentrierter" Politik, möglichst viele nationale Produzenten auf "Weltmarktniveau" zu bringen; dies würde die Spaltung von Export- und Binnenmarktsektor tendenziell aufheben (sicherlich z.t. angesichts von unterschiedlichen Qualitätsanforderungen und Preisniveaus in die Betriebe selbst hineinverlegen), für eine bessere Verteilung der Einkommen aus dem Exportbereich sorgen und darüber hinaus zur Entwicklung der nationalen technologischen Kapazitäten beitragen.

Die im Kap. VI zusammengefaßten Entwicklungstendenzen der sieben Jahre, die inzwischen seit dem Tiefpunkt der Krise vergangen sind, weisen daraufhin, daß es tatsächlich zu einer gewissen Verlagerung der Entwicklungsdynamik Costa Ricas hin zum landwirtschaftlichen und agroindustriellen Bereich gekommen ist; nicht-traditionelle Exportprodukte sind nicht mehr vorwiegend industrielle Exporte in den geschützten zentralamerikanischen Markt, die auf dem Weltmarkt nicht konkurrieren können, sondern neue Agrarprodukte, für die das Land zumindest teilweise hervorragende natürliche Voraussetzungen bietet. Auch gibt es bei einzelnen Bereichen der mit dem Agrarsektor verknüpften Industrien wichtige Neuansätze, so etwa bei der Verarbeitung von bisherigem "Abfall" bzw. Überschüssen aus den traditionellen Exportsektoren (Nutzung von Kaffeenebenprodukten - Koffeinherstellung, Produktion von Viehfutter und Düngemitteln aus organischen Rückständen -; Verarbeitung der nicht für den Export geeigneten Bananen zu Pürrees und Marmeladen; Forschungen zur Entwicklung einer "Zuckerchemie").

Allerdings sind - nach durchaus anderen Ansätzen im Entwicklungsplan "Volvamos a la Tierra" - in den letzten Jahren Weichenstellungen vorgenommen worden, die eine *autozentrierte* agroindustrielle Entwicklung eher unwahrscheinlich erscheinen lassen. Die politischen Auseinandersetzungen dieser Jahre fanden bezeichnenderweise ihren Höhepunkt in der Auseinandersetzung um staatliche Garantiepreise für Grundnahrungsmittel: Hier waren sowohl eine beträchtliche Anzahl von Kleinbauern (vor allem: Mais/Bohnen) - konzentriert in einigen wenigen Regionen - als auch ein einflußreiches Agrarunternehmertum (Reis/Sorghum) betroffen; darüber hinaus handelte es sich bei der Frage nach der Versorgung mit Grundnahrungsmitteln ganz offensichtlich auch um ein Problem von nationalem Interesse. Hier wie auch bei der gesamten Orientierung der

"Agricultura de Cambio" (primär: Förderung des Exports nicht-traditioneller Agrarprodukte im nicht-verarbeiteten Zustand) haben sich in den letzten Jahren weitgehend diejenigen politischen Kräfte durchgesetzt, die im Bündnis mit IWF und Weltbank der Exportförderung und der Öffnung nach außen Priorität gegenüber der Förderung einer *intern vernetzten, für Binnen- und Weltmarkt produzierenden Landwirtschaft* geben.

Sicherlich muß die Argumentation der Weltbank ernst genommen werden, daß es sinnvoller sei, statt subventionierter Grundnahrungsmittel den Anbau von Exportprodukten zu fördern, die nicht nur Devisen für den Import der entsprechenden Nahrungsmittel, sondern auch für kleinbäuerliche Produzenten ein gutes Einkommen versprechen. Dort, wo letzteres gesichert erscheint (sichere landwirtschaftliche Erträge; gesicherte Vermarktungskanäle; keine großen Schwankungen der Weltmarktpreise) beginnen auch kleinere und mittlere Produzenten selbst, ihre Produktion umzustellen; andererseits sind bei der Diskussion um die Grundnahrungsmittelproduktion drei Aspekte zu beachten, die u.E. von den Befürwortern eines weitgehenden Subventionsabbaus nicht ausreichend in ihre Überlegungen einbezogen werden:

- Bei vielen landwirtschaftlichen Produkten schwanken die Weltmarktpreise sehr stark; andererseits ist gerade bei Agrarprodukten eine flexible Anpassung des Angebots nicht möglich (Jahresrhythmus des Anbaus, Schwierigkeiten bei der Umstellung von Infrastruktur, Agrargerätepark usw., kulturelle Traditionen). Die costaricanischen Erfahrungen mit dem Reis belegen dies: Aufgrund des Abbaus von Subventionen wurde die Produktion gedrosselt, als dann 1988 die Weltmarktpreise so stark stiegen, daß die Reisproduktion in Costa Rica ohne Subventionen konkurrenzfähig gewesen wäre, konnte die Produktion nicht kurzfristig wieder umgestellt werden.

- Die Produktion traditioneller Grundnahrungsmittel hat historisch praktisch in jeder Gesellschaft vielfältige linkages - und damit auch technologisch - ökonomische Kapazitäten - geschaffen, an denen auch Modernisierungsprozesse anknüpfen können (vgl. Übersicht zum Reis im Kap. VI). Eine Aufgabe dieser Produktion würde damit auch Entwicklungspotentiale aufs Spiel setzen.

- Die Abhängigkeit vom Import von Grundnahrungsmitteln hat immer noch eine andere Qualität als die Abhängigkeit von anderen Importen, da evtl. Versorgungsengpässe katastrophale Konsequenzen haben können. Die gegenwärtige Entwicklung der Weltgetreidemärkte (Abbau der Vorräte und damit Tendenz zu steigenden Preisen) zeigt, daß die Überschußproduktion des Jahrzehnts bis 1987 keineswegs eine säkulare Entwicklungslinie darstellt, wie von der Weltbank lange Zeit angenommen.

Wenn trotz der genannten Weichenstellungen in Costa Rica auch einige Erfolge im Bereich der agro*industriellen* Verknüpfungen aufgezeigt werden konnten, dann liegt das zum einen an der grundsätzlichen Veränderung des Wechselkursgefüges, an den positiven Auswirkungen von Institutionen, die bereits vor der Krise ausgebaut worden sind (Hochschulen; Instituto Nacional de Aprendizaje als recht effizienter Berufsbildungseinrichtung) sowie der Präsenz, die neo-strukturalistische Positionen (vgl. dazu etwa Herrero/Rodríguez 1987; Garnier 1987) noch (?) in einer Reihe von Institutionen und Ministerien verteidigen können (etwa: CODESA, die ehemalige Staatsholding, die durch ihre zwischenzeitliche Rolle im Programm der "Reconversión Industriel" (industrieller Umbau) wieder eine gewisse Aufwertung erfahren hat, das Planungsministerium und das Ministerium für Wissenschaft und Technologie). Wichtig war also die Tatsache, daß die politischen Strukturen des Landes immer wieder Kompromißlösungen nötig machten.

Wenn diese Tendenzen hin zu einer verstärkten internen Verknüpfung der costaricanischen Ökonomie jedoch angesichts einer dominanten politischen Prioritätensetzung für die Exportförderung Bestand haben und zu einer soliden Grundlage einer autozentrierten agroindustriellen Entwicklung werden sollen, dann sind jetzt politische Weichenstellungen in eben diese Richtung nötig. Im folgenden soll thesenhaft zusammengefaßt werden, auf welche Aspekte eine solche Politik zu achten hätte - wobei die Thesen (1) und (2) sich auf das Problem der "ökonomischen Vialibität", Thesen (3) - (5) auf den Bereich der sozioökonomischen Integration und die These (6) sich auf die Frage der Grundbedürfnisbefriedigung beziehen:

(1) Es ist gezeigt worden, daß der Versuch, durch eine rasche Steigerung der Devisenerlöse die Auslandsverschuldung abzubauen, illusorisch ist. Eine Lösung aus der "Umklammerung" durch die Gläubiger, bei der die Durchführung jeglicher Entwicklungsstrategie von deren ständiger Bereitschaft zur Hinnahme von Zahlungsaufschüben, zu Umschuldungen und der Vergabe neuer Kredite abhängt, ist nur durch eine grundsätzliche Lösung der Schuldenfrage (die noch über die Umstrukturierung der Schulden durch den Brady-Plan hinausgehen muß) möglich. Unter Ausklammerung der bestehenden Schulden sind jedoch die Perspektiven, daß eine mittelfristig günstige Entwicklung der Exporte bei moderatem Wachstum der Importe eine ausgeglichene Leistungsbilanz sichern würde, nicht schlecht. Selbst ohne eine exklusiv exportorientierte Wirtschaftspolitik ist in den nächsten Jahren ein Wachstum der nicht-traditionellen Exporte um einige hundert Millionen $ erreichbar. Eine Orientierung im Sinne einer "autozentrierten agroindustriellen Entwicklung " setzt eine aktive Unterstützung der Verknüpfung der

Exportsektoren mit anderen nationalen Wirtschaftssektoren sowie eine Absicherung der Produktion von Grundnahrungsmitteln voraus (vgl. Thesen (3) und (4)).

(2) Eine wesentliche Voraussetzung für autozentrierte agroindustrielle Entwicklung stellt eine sinnvolle Verknüpfung von Binnenmarkt- und Exportproduktion dar; das setzt eine entsprechende Binnenmarktentwicklung voraus. Eine gleichmäßige Einkommensverteilung kann die Kaufkraft für Massenkonsumgüter optimieren; nationale Landwirtschaft und Industrie können die Basis für technologische Entwicklung im Kapitalgüterbereich bilden, wie es im Falle von Bau und Modernisierung von Beneficios bereits der Fall ist. Eine Revitalisierung des Zentralamerikanischen Gemeinsamen Marktes wäre angesichts des für viele Produkte doch zu kleinen costaricanischen Binnenmarktes allerdings von großer Bedeutung.

(3) Eine der grundlegenden Erfordernisse vor allem auch für einen erfolgreichen Einbezug kleiner und mittlerer Produzenten in die Exportproduktion - und damit auch für günstige Effekte der Exportförderung auf die Einkommensverteilung - ist eine verbesserte Institutionalisierung der Vermarktung nicht-traditioneller Produkte. Das gilt sowohl für den Bereich des direkten Exports als auch hinsichtlich der Verknüpfung Agrarproduktion-industrielle Weiterverarbeitung, wo es darum geht, die Interessen der Industrie an einer gesicherten Rohstoffbasis mit den Interessen der landwirtschaftlichen Produzenten an optimalen Preisen und einer möglichst weitgehenden Flexibilität (Direktvermarktung frischer Produkte einerseits/ Belieferung der verarbeitenden Industrie andererseits) in Einklang zu bringen. Auch wenn sich diese Probleme gerade bei verderblichen Produkten etwas komplizierter darstellen als etwa bei Kaffee und Zucker, kann doch an einigen Erfahrungen in diesen traditionellen Exportzweigen angeknüpft werden (Verschränkung von privaten und staatlichen Organisationsformen; Rolle von Kooperativen). Im Bereich der internationalen Vermarktung sind Erfahrungen in den jeweiligen Exportmärkten, Präsenz über Vertretungen usw. wichtig; eine Zusammenarbeit mit kleineren und mittleren Exportfirmen, an denen häufig individuelle US-amerikanische Investoren beteiligt sind, kann hier durchaus sinnvoll sein - zumal dies die Abhängigkeit der landwirtschaftlichen Produzenten von der Vermarktungsfunktion transnationaler Konzerne und internationaler Handelsunternehmen verringern könnte.

(4) Unter dem Gesichtspunkt einer agroindustriellen Entwicklung mit autozentriertem Charakter stellt der Abbau der staatlichen Unterstützung für die Grundnahrungsmittelproduktion ein grundlegendes Problem dar. Das

längerfristige Ziel kann natürlich nicht Perpetuierung einer umfangreichen staatlichen Unterstützung für diesen Teil des Agrarsektors sein - vielmehr müssen Wege gefunden werden, wie die Produktivität der kleinbäuerlichen Produktion erheblich erhöht werden kann. Nur dann kann auch das Ziel erreicht werden, die nationale Lebensmittelindustrie mit günstigen Rohstoffen zu versorgen; in den Jahren 1987/88 beschwerten sich die industriellen Produzenten über die Verbote, billigere und angeblich qualitativ bessere Rohstoffe zu importieren. Die Erfahrungen der Industrieländer in diesen Bereichen der Landwirtschaft liefern natürlich auch kaum Vorbilder für eine entsprechende Politik.

(5) Wichtig ist eine systematische Förderung der weiteren Entwicklung interner linkages, so vor allem in den Bereichen der Weiterverarbeitung landwirtschaftlicher Produkte (u.a. der Überschuß- bzw. Ausschußproduktion bei Produkten, die normalerweise frisch exportiert werden) und der nationalen Technologie-Entwicklung. Im letzteren Bereich gibt es eine ganze Reihe von Ansätzen, deren weitere Förderung im Sinne einer Politik autozentrierter agroindustrieller Entwicklung notwendig ist:

(a) die Ausweitung der Produktion von Maschinen für Beneficios und Zuckermühlen auf andere Bereiche einschließlich der Herstellung landwirtschaftlicher Geräte, verbunden mit der Erschließung weiterer Exportmärkte, die für die Erzielung von Skalenvorteilen nötig sind;
(b) weitere Forschung und technologische Förderung des Ersetzens importierter Agrochemikalien durch nationale biologische Produkte, wobei vor allem in der Herstellung von organischem Dünger ein starkes Potential zur Förderung peripherer Industrien liegt (die die organischen Abfälle von Beneficios und Zuckermühlen nutzen könnten);
(c) die Verknüpfung der technologischen Entwicklung im agronomischen und agroindustriellen Bereich mit biotechnologischen Forschungsansätzen (sowohl im Bereich der Viehzucht, der Entwicklung von Saatgut, der Schädlingsbekämpfung, der Lebensmittelverarbeitung und der Nutzung organischer Abfälle); im Bereich der Nutzung des Zuckers nicht nur als Grundlage für die Gewinnung von Treibstoff, sondern als vielfältig nutzbarem chemischen Rohstoff ("sucroquímica") gehen die Überlegungen bisher am weitesten.

Kreditpolitik und andere Förderungsmaßnahmen müssen systematischer auch für die Förderung dieser Aktivitäten benutzt werden; Diskriminierungen zugunsten von Importen (etwa: Exportkontrakte mit zoll- und steuerfreien Importen von Vorprodukten, die auch in Costa Rica konkurrenzfähig hergestellt werden können) müssen abgeschafft werden.

(6) Die Absicherung der Grundbedürfnisbefriedigung ist einerseits grundlegendes Entwicklungsziel - und wird als solches heute von fast niemandem *offen* in Frage gestellt. Im Rahmen einer Strategie autozentrierter Entwicklung ist sie aber nicht "nur" humanitärer Selbstzweck, sondern gleichzeitig wesentlicher Bestandteil der Entwicklung einer internen Massenkaufkraft, die für einen beträchtlichen Bereich der Massenkonsumgüterproduktion die notwendige Nachfrage schafft. In diesem Sinne muß bei jeder Förderung nichttraditioneller Produkte die Frage nach den Möglichkeiten kleinbäuerlicher Produktion gestellt werden - was nicht ausschließen muß, daß in Einzelfällen auch das Entstehen großer Produktionseinheiten als "Devisenbringer" akzeptiert wird; im Exportbereich ist die Förderung entsprechender Vermarktungskanäle (vgl. Pkt.2), die den kleinen Produzenten ein Minimum an Sicherheit gewähren, unerläßlich. Kleinbäuerliche Produktion führt zu einer breiten Streuung der Einkommen *und* des produktiven Eigentums (Boden, landwirtschaftliche Geräte usw.).

Im Sinne der Absicherung der Grundbedürfnisbefriedigung ist allerdings auch die Verteidigung und darüber hinaus der Ausbau des öffentlichen Systems sozialer Sicherheit nötig; in diesem Sinne ist im landwirtschaftlichen Bereich eine effizientere Politik des IDA (Instituto de Desarrollo Agrario) bei der Landverteilung an landlose Bauern und "precaristas" (Landbesetzer) nötig, die vor allem auch mit einer existenzsichernden Beratung zu verknüpfen ist. Gerade hier erscheint die gegenwärtige Konzentration auf die für relativ unerfahrene Produzenten agronomisch und ökonomisch prekäre Exportproduktion im nichttraditionellen Bereich wenig sinnvoll.

Die vorgelegten Regional- und Sektorstudien haben am Beispiel verschiedener Ansätze in Costa Rica den möglichen Beitrag einer Strategie autozentrierter agroindustrieller Entwicklung zur Überwindung zentraler Probleme der Unterentwicklung aufgezeigt: zur Verbesserung der Grundbedürfnisbefriedrigung, zur regionalen Integration von Gesellschaften und zur Entlastung der urbanindustriellen Zentren dieser Länder durch eine Verlagerung der prioritären Entwicklungsanstrengungen in die ländlichen Regionen, aber auch zur Förderung ihrer technischen und organisatorischen Kapazitäten im Bereich der agroindustriellen Kapitalgüterproduktion, der Vermarktungs- und Exportorganisation sowie institutioneller Formen, die gewisse positive Verteilungseffekte von Exportproduktion absichern können. Voraussetzung für den Erfolg einer solchen Strategie sind allerdings nicht "nur" eine bereits bestehende relativ günstige Landbesitz- und Einkommensstruktur, sondern vor allem politische Strukturen, die den Interessen der kleinen und mittleren Betriebe, aber auch der Lohnabhängigen in Landwirtschaft und Industrie ein entsprechendes Gewicht einräumen, um sich gegen die vom Weltmarkt und der Konkurrenz großer Unternehmen ausgehenden Konzentrationstendenzen behaupten zu können. Kooperative Unternehmensformen und geeignete Institutionen zur Interessenabstimmung und zur Bereitstellung entsprechender Dienstleistungen zwischen der Vielzahl von kleinen und mittleren Produzenten erscheinen unabdingbar.

Trotz vergleichsweise günstiger Voraussetzungen sind die Perspektiven, daß sich ein Modell *autozentrierter* agroindustrieller Entwicklung in Costa Rica durchsetzt, im besten Falle als vage zu bezeichnen. Auch wenn der Druck der internationalen Finanzinstitutionen und anderer ausländischer Gläubiger auf rasche Exportsteigerungen und - aus unserer Perspektive - häufig überstürzte wirtschaftspolitische Umstrukturierungen die Durchsetzung einer sozioökonomisch integrativen und grundbedürfnisorientiertern Strategie erschwert, wäre es jedoch verkürzt, das Problem allein auf dieser Seite zu sehen. Die Auslandsverschuldung hat in den 70er Jahren das Entstehen von Ungleichgewichten in der Leistungsbilanz, aber auch im Staatshaushalt ermöglicht, die zu dem geführt haben, was ein costaricanischer Sozialwissenschaftler (Garnier 1987, S. 38) - in bewußter Übertreibung - als "produzieren wie die Armen, aber konsumieren wie die Reichen" bezeichnet; aus einer solchen Situation herauszukommen - auch im Sinne einer vorwärtsgerichteten Anpassung im Sinne des "Produzierens wie die Reichen" als Ziel - ist ohne kurzfristig schmerzhafte Eingriffe kaum denkbar.

Aber noch eine weitergehende Frage taucht auf, die im Rahmen einer Länderfallstudie nicht zu lösen ist: An vielen Punkten wird deutlich, daß eine "autozentrierte" Strategie mit der Förderung kleiner Produzenten, der Förderung lokaler Industrien, angepaßter Lernprozesse ausgehend von traditionellen Erfahrungen usw. zwar sinnvoll ist, um das Fundament für einen längerfristigen Entwicklungsprozeß zu legen, aber andererseits in der aktuellen Situation, in der sich eine solche Politik ja jeweils zu behaupten hat, gegenüber der Konkurrenz transnationaler Konzerne und importierter Technologie doch ökonomisch unterlegen ist. Die Orientierung auf den Agrarsektor, in dem selbst kleine und mittlere Produzenten in wenig entwickelten Ländern in einzelnen Bereichen noch eine Chance haben, in der Konkurrenz zu bestehen, ist eine notwendige Voraussetzung für den Erfolg einer solchen "autozentrierten" Strategie. Der Verdacht ist jedoch nicht von der Hand zu weisen, daß auch hier immer noch ein Konflikt zwischen der "ökonomischen Viabilität" einerseits und den Zielen der "strukturellen Integration" und der "Grundbedürfnisbefriedigung" andererseits besteht, dessen Überwindung ein starkes politisches Engagement nicht nur in Costa Rica selbst, sondern auch von seiten internationaler Kooperationspartner voraussetzt. Das folgende Kapitel, das die Analyse der costaricanischen Entwicklung bis zum

Jahre 1991 aktualisiert, wird aufzeigen, wie sich das Spannungsverhältnis zwischen diesen beiden Zielen einerseits und den sie in unterschiedlicher Weise favorisierenden Interessen weiterentwickelt hat.

Gibt es ähnliche Erfahrungen in anderen Ländern? Können wenigstens die erfolgreichen Ansätze autozentrierter agroindustrieller Entwicklung in Costa Rica als Vorbild für ähnliche Entwicklungsstrategien in anderen Ländern dienen? Hier stößt eine Länderfallstudie noch stärker an ihre immanenten Grenzen als bei der Frage der Weltmarktbedingungen für "ökonomische Viabilität". In aller Kürze lassen sich immerhin gewisse "Lehren" aus der Costa-Rica-Studie für andere Länder formulieren, die weiter unten durch den Vergleich mit den Erfahrungen von Ländern anderer Kontinente und anderen historischen Hintergrundes auf die Probe gestellt werden sollen:

(1) Eine starke Schicht von ökonomisch einigermaßen abgesicherten und politisch relativ einflußreichen (sei es direkt, sei es über politische Bündnispartner im urbanen Bereich) Kleinbauern ist Voraussetzung für den Erfolg einer solchen Strategie. Ist diese Schicht nicht vorhanden und zeichnet sich kein politisches Bündnis ab, daß durch eine effektive Landreform diese schafft, sind die Perspektiven für eine agrarzentrierte Entwicklungsstrategie schlecht - welche Alternativen es dann allerdings für überwiegend ländlich strukturierte Gesellschaften bzw. Regionen gibt, ist unklar (man denke an die Situation im Nordosten Brasiliens). Schließlich ist zu beachten, daß selbst nach einer solchen Agrarreform die entsprechenden Lern- und Qualifizierungsprogresse eher Jahrzehnte als Jahre in Anspruch nehmen.

(2) Eine Perspektive für eine kleinbäuerlich strukturierte Produktion, mit modernen Großproduzenten (nicht traditionellen Großgrundbesitzern) konkurrieren zu können, besteht nur in effektiven Kooperationsformen, die die Skalenvorteile, die Möglichkeiten der Markterschließung, die Organisation des Transports usw. in ähnlicher Form wie Großunternehmen entwickeln können. Wichtig sind dabei nicht nur Genossenschaften, die verschiedene Produzenten auf regionaler Ebene organisieren, sondern vor allem auch geeignete Institutionen zur Regulierung des Sektors auf nationaler Ebene.

(3) Eine ganz entscheidende Voraussetzung für relativ günstige Entwicklungsansätze in Costa Rica sind in der Entwicklung des Bildungssystems, vor allem auch im Bereich der stärker berufsbezogenen Ausbildung einerseits (Instituto Nacional de Aprendizaje) sowie von Universität- und Forschungseinrichtungen zu sehen.

VIII Costa Rica 1991: Fortschritte in Richtung auf eine autozentrierte agroindustrielle Entwicklung?

Die meisten Daten, die im Rahmen des ursprünglichen Forschungsprojektes (1986-1989) gesammelt werden konnten, beziehen sich auf die Jahre bis 1986 oder 1987, d.h. auf die ersten vier bis fünf Jahre der Strukturanpassungspolitik. Zwei weitere Forschungsreisen im Jahre 1991 sollten darüber Aufschluß geben, ob die in den Kapiteln II bis VII beschriebenen Tendenzen sich bis zum Ende des Jahrzehnts fortgesetzt haben, oder ob es zu entscheidenden Einbrüchen gekommen ist. Darüber hinaus hat der Privatisierungsprozeß, der als ein Kernbestandteil der Strukturanpassung gesehen wird, erst in den Jahren seit 1988 konkrete Gestalt angenommen - von daher erschien es sinnvoll, in einer Art aktualisierender Nachbetrachtung ein Hauptaugenmerk auf die Implikationen dieses Prozesses für die Perspektiven autozentrierter agroindustrieller Entwicklung zu richten.

Im folgenden sollen in vier Schritten die Resultate dieser Aktualisierung der Forschungsergebnisse dargestellt werden: Auf eine zusammenfassende Darstellung der wirtschaftlichen Gesamtentwicklung des Landes folgen zwei Abschnitte, die sich mit den zentralen Aspekten dieser Studie befassen und zwar:

(a) ob eindeutige Tendenzverschiebungen zwischen den beiden Polen autozentrierter agroindustrieller Entwicklung einerseits und einer modernisierten Agrarexportökonomie andererseits zu erkennen sind (sowohl aufgrund der Auswertung makroökonomischer Daten als auch von Interviews mit Verbänden, einzelnen Unternehmen und Genossenschaften), und

(b) in welcher Weise die generelle wirtschaftspolitische Umorientierung auf den privaten Sektor im allgemeinen, die Privatisierung staatlicher Unternehmen im besonderen die Entwicklung des Genossenschaftssektors und anderer Formen kleinbäuerlicher Organisation beeinflußt haben.

Der vierte Abschnitt wird sich kurz mit den zu erwartenden Auswirkungen der aktuellen neoliberalen Wirtschaftspolitik der gegenwärtigen christlich-sozialen Regierung beschäftigen und ein kurzes Resümee versuchen.

1 Sozioökonomische Entwicklung 1986-1990 im Überblick

Die im folgenden wiedergegebenen Wirtschaftsindikatoren für die Jahre 1986-1989 (teilweise 1990) weisen daraufhin, daß es in diesen Jahren keine dramatischen Veränderungen der sozioökonomischen Entwicklungstrends seit

der Überwindung der akuten Krise der Jahre 1981/82 gegeben hat: Das Wirtschaftswachstum hat sich mit Werten zwischen 3,4 und 5,5% stabilisiert, die
Schuldenlast konnte vor allem durch den international unterstützten Rückkauf
eines erheblichen Teils der Bankschulden im Rahmen des Brady-Plans merklich
reduziert werden, so daß das Land beim Verhältnis der Auslandsschuld zu den
Exporten von Gütern und Dienstleistungen im Jahre 1990 knapp hinter Paraguay
den zweitniedrigsten Prozentsatz aller lateinamerikanischen Länder aufwies.

Die Arbeitslosigkeit ist weiter zurückgegangen, und der Prozentsatz der in
Armut lebenden Familien liegt zumindest im ländlichen Bereich mit 37,6% unter
dem Wert des Jahres 1980 (41,8%, vgl. Herrero u.a., 1991, S. 101). Auch Indikatoren des Gesundheitswesens (weiterer Rückgang der Säuglingssterblichkeit und
typischer armutsbedingter Krankheiten von 1985 bis 1988, vgl. Jiménez 1990,
S. 144) deuteten zunächst daraufhin, daß eine Verschlechterung der sozialen
Situation der armen Bevölkerung Costa Ricas aufgrund der Struktur- und Verschuldungskrise vermieden werden konnte.

Allerdings gibt es durchaus Anlaß zu der Befürchtung, daß sich die Auswirkungen des Strukturanpassungsprozesses auf die soziale Infrastruktur des Landes
mittel- bis längerfristig nachteilig bemerkbar machen werden; so fielen zwischen
1980 und 1989 die staatlichen Ausgaben im Gesundheitsbereich von 11,3% auf
5,7% des Bruttoinlandsprodukts, im Bildungsbereich von 6% auf 4,5% - wobei
im letzteren noch eine deutliche Verringerung des Anteils des allgemeinen
Schulwesens festzustellen ist (von 60% auf 52% der Bildungsausgaben, während
der Anteil der Universitäten von 37 auf 45% stieg - bezogen auf die Jahre 1980
und 1986) (nach Güendell 1990, S. 25f.). Erste Anzeichen einer akuten Verschlechterung der Gesundheitssituation in Costa Rica zeigten sich in der zweiten
Hälfte des Jahres 1991: So stieg die Säuglingssterblichkeit nach einem Rückgang
von 17,7 pro Tausend Lebendgeborenen im Jahre 1986 auf 13,8 (1989) wieder
auf 15,3 im Jahre 1990 und auf 17,6 in den ersten acht Monaten des Jahres 1991;
ebenso stieg die Anzahl der Kinder, die mit Symptomen schwerer Unternährung
sowie mit schweren Darminfektionen in das zentrale Kinderkrankenhaus in San
José eingeliefert wurden, an (vgl. *La República*, 10.9.91). Aus finanziellen Gründen mußten einige Institutionen der medizinischen Kleinkinderbetreuung
schließen bzw. ihre Arbeit reduzieren (*La Nación*, 8.9., 17.9.91). Darüber hinaus
macht die weitgehende Stagnation des Reallohnniveaus seit 1986 deutlich, daß
von einer Überwindung der sozialen Krise noch nicht gesprochen werden kann.

Tabelle 8.1: Wichtigste Wirtschaftsindikatoren 1986-1990

	1986	1987	1988	1989*	1990**	Quelle
Bruttoinlandsprodukt	10326	10818	11190	11804	12225	(1)
(in Mill Col. von 1966)						
BIP: jährliche Wachstumsrate (in %)	5,5	4,8	3,4	5,5	3,6	(1)
Arbeitslosigkeit (%)	6,2	5,6	5,6	3,8	...	(2)
Verbraucherpreise (jährliche Verän-						
derung - Juli/Juli - in %)	13,4	14,7	20,7	16,9	19,9	(3)
Staatseinnahmen (jährliche						
Veränderung in %)	21,8	13,9	21,4	19,3	7,1	(3)
Haushaltsdefizit/gesamte Staats-						
ausgaben (in %)	12,7	10,0	9,2	18,1	25,4	(3)
Haushaltsdefizit/BIP (%)	2,3	1,7	1,6	3,3	5,1	(3)
Durchschnittl. Reallöhne						
(jährliche Veränderung in %)	5,9	-0,8	-1,3	3,9	...	(2)
Familien unter der Armutsgrenze						
(% aller Familien) 34,0 (1983)	25,0	21,8	30,6	21,9	20,9	(4)
(% aller ländl. Fam.) 44,0 (1983)	32,0	32,6	39,4	35,8	29,4	(4)
Wechselkurs (Colones/US $; jew. Dez.)	58,50	68,75	79,00	83,85	103,00	(3)
Exporte von Waren und Dienst-						
leistungen (Mio.$)	1395	1451	1620	1832	...	(5)
- Waren	1085	1107	1181	1323	1370	(5,6)
- Reale Dienstleistungen	310	345	439	509	...	(5)
Importe von Waren und Dienst-						
leistungen (Mio.$)	1341	1628	1695	2023	...	(5)
- Waren	1045	1245	1279	1577	1881	(5,6)
- Reale Dienstleistungen	296	383	417	446	...	(5)
(Waren-) Handelsbilanz (Saldo)	40	-139	-98	-255	-511	(5)
Nettotransfer von Gewinnen und Zinsen	-286	-306	-359	-351	...	(5)
Saldo der Kapitalbilanz	289	481	636	648	...	(5)
Zunahme der Währungsreserven	78	11	226	150	-304	(5,8)
Auslandsverschuldung (insg.,						
am Jahresende)	3922	4194	4100	3800	2985	(7)
Gesamte Auslandsschuld in % des						
Exports v. Gütern und Dienstl.	281	289	253	207	155	(7)

* Daten für 1989 sind weitgehend Schätzungen
** Daten für 1990 sind im allgemeinen Hochrechnungen auf der Basis des ersten Halbjahres (Aus-
nahme: Wechselkurs, Außenhandel)

Quellen:
(1) Angaben des Banco Central de Costa Rica (Departamento de Contabilidad Social; Sección
    Cuentas Nacionales) bzw. eigene Berechnung auf dieser Grundlage.
(2) Fernando Herrero/Pedro A. Morales/Gladys Gonzales, Impacto de las Políticas de Ajuste en
    la Pobreza Rural: Costa Rica en la Decada de los Ochenta, Informe de Investigación, San José,
    Januar 1991, Stat.Anhang (Arbeitslosigkeit, Reallöhne); S. 101 (Familien unter der Armutsgren-
    ze, ländl. Fam.).

(3) MIDEPLAN, Dirección de Planificación Global, Departamento de Analisis Económico, Costa Rica: Indicadores Económicos de Corto Plazo, San José, August 1990, S. 5-7 (Staatshaushalt), S. 27 (Verbraucherpreise), S. 29 (Wechselkurs; für Dez.1990 nach Tagespresse).

(4) Datenbank PREALC (Panama) auf der Basis der Encuesta de Hogares

(5) Anuario Estadístico de América Latina y el Caribe, Santiago de Chile, Edición 1990 (CEPAL), 1991, S. 446f.

(6) Daten des Centro de Promoción para las Exportaciones (CENPRO), División Servicio al Exportador, Febr. 1991 (Außenhandelsdaten für 1990).

(7) Anuario Estadístico, a.a.O., S. 778 und 782.

(8) Zahl für 1990 genannt in der Carta de intenciones der costaricanischen Regierung an den IWF (vgl. La Nación, 6.3.1991, S. 16A)

Die Exporte sind - trotz des Rückgangs der Kaffee-Weltmarktpreise relativ kontinuierlich gestiegen. Der seit 1986 kontinuierliche Rückgang der Erlöse aus den Kaffee-Exporten wurde z.T. durch Erlössteigerungen bei Bananen und Zucker ausgeglichen, vor allem jedoch durch ein erhebliches Wachstum der nicht-traditionellen Exporte sowohl landwirtschaftlicher als auch industrieller Herkunft (vgl. Abschnitt VIII.2.1). Dennoch ist das chronische Handelsbilanzdefizit seit 1989 wieder stark angestiegen, wobei sowohl konjunkturelle (Entwicklung der Ölpreise) als auch strukturelle Gründe für den raschen Anstieg der Importe verantwortlich zu machen sind:

- Die Reduktion der Außenzölle im Zusammenhang mit der Strukturanpassungspolitik förderte die Importe in allen Bereichen, in denen nicht zuvor schon Zollbefreiungen eine wichtige Rolle spielten, d.h. vor allem im Konsumgüterbereich (31% des Anstiegs der Importe zwischen 1988 und 1990).

- Das Wachstum der industriellen Produktion ist strukturell bedingt in erheblichem Umfange von Importen abhängig; die Liberalisierung des Außenhandels hat dies wahrscheinlich mehr gefördert, als daß die Verteuerung der Importe durch die Wechselkursentwicklung dem entgegenwirken konnte - 32% des Anstiegs der Importe in den genannten Jahren gehen auf das Konto von Kapitalgütern, 23,1% von Rohstoffen (ohne Rohöl und Kohle) und 9,3% auf das Konto von Energieträgern und Schmierstoffen (Daten: vgl. MIDEPLAN 1990, S. 17). Nur ein recht geringer Teil der Kapitalgüter-Importe dürfte unter ökonomisch vertretbaren Bedingungen substituierbar sein.

Während das Defizit in der Leistungsbilanz 1989 durch einen starken Kapitalzufluß ausgeglichen werden konnte, war das 1990 offenbar nicht mehr der Fall, und die Abnahme der Währungsreserven um 304 Mio. US$ (bei gleichzeitig sich auf 210 Mio.$ akkumulierenden Zahlungsrückständen gegenüber dem Ausland, vgl. Gobierno de Costa Rica, März 1991) markierte einen kritischen Wendepunkt.

Auch die sehr erfolgreiche Entwicklung des Tourismus, die in dem kontinuierlichen Anstieg des Exportes von realen Dienstleistungen zum Ausdruck kommt,
konnte das Loch in der Warenhandelsbilanz nicht ausgleichen und die Abnahme
der Währungsreserven stoppen.

Den zweiten zentralen Aspekt einer eher krisenhaften Entwicklung in den vergangenen zwei Jahren stellt das wieder rasch angestiegene Defizit des Staats-
haushalts dar. Auch hier spielen strukturelle und konjunkturelle Gründe gleichermaßen eine wichtige Rolle, wobei zunächst einmal die konjunkturellen im
Vordergrund standen: Die Besteuerung des Kaffeesektors bringt normalerweise
im Schnitt 10% der Staatseinnahmen, da die entsprechenden Hebesätze jedoch
umgekehrt proportional zum Kaffee-Weltmarktpreis schwanken (um eine gewisse Stabilisierung der Erlöse der Kaffeeproduzenten zu erreichen, vgl.
Altenburg/Hein/Weller 1990, S. 140f.), waren die entsprechenden Einnahmen im
Jahre 1990 extrem gering (nur noch ca. 1% der Staatseinnahmen, vgl.
MIDEPLAN 1990a, S. 9). Andererseits brachte ein Urteil des Obersten
Gerichtshofes, das den Anspruch des Öffentlichen Dienstes auf deutliche Lohnerhöhungen festschrieb, eine erhebliche Belastung des Staatshaushaltes mit sich;
die durch das schwere Erdbeben von April 1991 entstandenen Schäden führten
zu einer weiteren Belastung auf der Ausgabenseite. Als eher strukturell sind
einerseits die Einnahmenausfälle durch die Exportförderungspolitik zu bezeichnen (geringere Besteuerung der Bananenexporte, wachsende Inanspruchnahme
der CATs - Steuerbefreiungszertifikate für nicht-traditionelle Exporte), andererseits die steigende Zinsbelastung des Staates aufgrund einer verstärkten internen
Verschuldung.

Die dezidiert neoliberale Politik der Regierung Calderón (PUSC) versucht, auf
zweierlei Weise das Außenhandelsdefizit zu reduzieren und den Zustrom von
neuem Kapital durch Kredite internationaler Institutionen zu sichern:

(1) Zum einen wurde die Abwertung des Colons - bei grundsätzlicher Beibehal-
     tung der Politik der Miniabwertungen - erheblich beschleunigt: Während die
     costaricanische Währung von Dez.1988 bis Dez.1989 nur um 6,1% abgewer-
     tet wurde, betrug die kumulative Abwertung vom 22.6.1990 bis zum
     21.9.1991 37,5% (nach: Latin American Regional Report v. 18.7.1991).
     Inwieweit damit die erwünschte Reduktion der Importe erreicht wird, bleibt
     abzuwarten; zumindest wurden eine rasche Zunahme der Inflation (von
     9,9% im Jahr 1989 auf 27,3% ein Jahr später) und ein hohes nationales
     Zinsniveau induziert (Orientierungswert: US-Zinsniveau + Abwertungsrate,
     d.h. Zinssätze von über 40% sind unvermeidlich, was sich eher hemmend auf
     die Produktion auswirkt). Vergleicht man diese Überlegungen mit den im

Lande tatsächlich geforderten Zinsen (Anfang März zwischen 37 und 41% bei einer damaligen Abwertungsrate von 30,7%), so kann kaum davon die Rede sein, daß die hohe interne Verschuldung des Staates in extremem Maße zinstreibend gewirkt hat.

(2) Zahlungsbilanzprobleme, interner Kapitalmangel und die Unfähigkeit, dringende Infrastrukturprojekte aus dem Staatshaushalt zu finanzieren, machen es unumgänglich, daß Costa Rica sich um neue Auslandskredite bemüht; Weltbank, die Interamerikanische Entwicklungsbank und verschiedene bilaterale Geber hatten dies Anfang des Jahres 1991 zwar prinzipiell zugesagt, die Gewährung der Kredite jedoch - wie inzwischen fast generell üblich - von der erfolgreichen Aushandlung eines Stand-by-Abkommens mit dem Internationalen Währungsfonds abhängig gemacht. Die ausgehandelte Carta de Intenciones wurde am 27.2.1991 abgeschickt und sieht als zentrales Element eine Reduktion des öffentlichen Defizits von 5,1% des BIPs (1990) auf nur 0,5% im Jahre 1991 vor, was durch ein weitgehendes Einfrieren der Ausgaben bei gleichzeitigen - teilweise temporären - Erhöhungen von Steuern (u.a. Mehrwertsteuer von 10 auf 13%, Besteuerung von Pensionen) und Zöllen (eine sog. "Sobretasa" von 10% auf alle Importe, die ursprünglich bereits im August wieder abgeschafft werden sollte) erreicht werden sollte.

Es ist kaum erstaunlich, daß die angestrebte Reduktion des Defizits sich sehr bald als unrealisierbar herausstellte; es hätte ein reales (inflationsbereinigtes) Wachstum der Staatseinnahmen um etwa 20% innerhalb eines Jahres bei nicht gerade wachstumsfördernden wirtschaftspolitischen Maßnahmen bedeutet. Angesichts der Erdbebenschäden war der IWF später bereit, ein - allerdings nur geringfügig - weniger drastisches Sparziel einer Reduktion des Defizits auf 1% des Bruttoinlandsproduktes zu akzeptieren.

Die Nichterfüllung dieses Ziels ist absehbar - und evtl. auch wünschbar, wenn man berücksichtigt, daß die Sparmaßnahmen nicht nur sog. "überflüssige Stellen" im öffentlichen Sektor (9.000 oder 5% der Gesamtbeschäftigung sind für 1991 geplant) abbauen, sondern auch weitere Einschnitte im Gesundheits- und Bildungssystem sowie bei der Erhaltung der Infrastruktur mit sich bringen würden. Im September 1991 zeichneten sich nämlich recht bedenkliche Tendenzen ab: Zum einen häuften sich die Hinweise darauf, daß die costaricanische Staatsklasse nicht bereit ist, auf ihre Selbstprivilegierung zu verzichten (Erhöhung der Einkommensgrenze für Steuerfreiheit deutlich über der Inflationsrate; beträchtlich erhöhte Bewilligungen für Ausgaben von Abgeordneten zugunsten ihrer Wahlkreise sowie für die Werbung von Regierungsinstitutionen, nach: costaricanischen Presseberichten im Sept. 1991), zum anderen verstärkten sich die Anzeichen dafür, daß sich die Gesundheitssituation in Costa Rica verschlechtert (s.o.).

Geht man davon aus, daß die in Aussicht gestellten - weitgehend zinsbegünstig-
ten Auslandskredite in den kommenden Monaten zumindest anlaufen und sowohl wichtige Infrastrukturmaßnahmen ermöglichen als auch zu einer gewissen
Entlastung der Zahlungsbilanz führen werden und daß weiterhin gewisse wün-
schenswerte Reformen der öffentlichen Exportsubventionen (Reduktion der
CATs im Zusammenhang mit einer Umstellung auf die Wertschöpfung des
jeweiligen Unternehmens als Bezugsgröße) durchgeführt werden, so ist immerhin die Hoffnung, daß sich die gegenwärtigen Krisenerscheinungen als konjunk-
turelles Phänomen erweisen werden, nicht ganz unberechtigt. Andererseits kann
man, solange alle etwas umfangreichere Infrastrukturvorhaben von ausländischen Krediten abhängig sind, noch nicht von einem erfolgreichen Abschluß des
Strukturanpassungsprozesses sprechen.

Für die allgemeine Dynamik der wirtschaftlichen Entwicklung erscheinen -
neben der zweifellos noch weiterhin zu fördernden Effizienzsteigerung im
Bereich der öffentlichen, aber auch der privaten Dienstleistungen - drei Punkte
als zentral: Eine relative Stabilität (inklusive einer zumindest langsamen Erholung des Kaffee-Weltmarktes) der traditionellen Exportsektoren, eine weitere
günstige Entwicklung der nicht-traditionellen Produktionszweige in der Landwirtschaft sowie eine Fortsetzung des industriellen Umorientierungsprozesses.
Im Bereich der traditionellen Exportproduktion ist im Augenblick vor allem die
Expansion des Bananenanbaus angesichts der steigenden Nachfrage aus Osteuropa sowie der damals erwarteten Verbesserung des Marktzuganges in der EG
bemerkenswert: So sollen bis 1994 im Pacífico Sur wieder Bananenplantagen von
etwa 5.000 ha entstehen (nach 1984 waren im Süden nur noch 290 ha übriggeblieben; Gesamtanbaufläche in Costa Rica 1989/90: 26.700 ha); auch an der
Atlantikküste werden neue Bananenpflanzungen angelegt. Diese Expansion
dürfte mit der Durchsetzung der gegenüber den sog. "Dollar-Bananen" des
lateinamerikanischen Kontinents extrem restriktiven neuen EG-Marktordnung
für Bananen ein abruptes Ende gefunden haben.

Inwieweit die Chancen für eine "autozentrierte agroindustrielle Entwicklung" in
den vergangenen Jahren gestiegen oder gesunken sind, wird im folgenden
Abschnitt zu untersuchen sein.

2   Strukturanpassung in Richtung auf eine "autozentrierte agroindustrielle Entwicklung"?

2.1   Zur Aussage vorliegender Statistiken

Bevor man über den mehr oder weniger autozentrierten Charakter des costaricanischen Entwicklungsprozesses der vergangenen Jahre sprechen kann, ist erst
einmal festzustellen, inwieweit die Landwirtschaft (bzw. zumindest ihr nichttradi-

tioneller Bereich) und die mit ihr verknüpften Industriezweige ihre relativ starke Position - um nicht zu sagen, ihre Rolle als Leitsektoren - der Jahre seit 1982 konsolidieren konnten.

Auf der Ebene hochaggregierter Statistiken läßt sich nicht sehr viel sagen: Tabelle 8.2 weist im wesentlichen auf zweierlei hin, nämlich zum einen auf die Möglichkeit, mit Statistiken zu manipulieren: Je nachdem, ob man den sektoriellen Anteil auf der Basis laufender Preise oder der Preise von 1966 berechnet, sinkt oder steigt der Anteil des Agrarsektors am BIP, worin natürlich die in der vergangenen Jahren z.T. absolut (Kaffee), z.T. relativ ("Granos Básicos") gesunkenen Agrarpreise zum Ausdruck kommen. Zum anderen wird jedoch deutlich, daß zweifellos ein überdurchschnittliches Wachstum in den Bereichen Transport und Kommunikation sowie Banken und Versicherungen zu verzeichnen ist, was grundsätzlich daraufhin deuten mag, daß ein verstärkter Prozeß nationaler Integration im Bereich des modernen Dienstleistungssektors eingesetzt hat - die Entwicklung eines leistungsfähigen Finanzsystems ist ja eines der Ziele der Strukturanpassungspolitik.

Tabelle 8.2:   **Bruttoinlandsprodukt nach Sektoren 1986/1990 (in %)**

Sektor	in Preisen von 1966		in laufenden Preisen	
	1986	1990	1986	1990
Land- und Forstwirtschaft/				
Fischerei	19,1	19,4	20,9	16,3
Industrie	22,3	21,7	21,3	19,6
Elektrizität/Wasser	3,0	3,1	3,0	3,3
Bauindustrie	4,4	4,0	3,3	3,3
Handel	17,1	16,9	19,2	20,5
Transport/Kommunikation	7,5	8,6	4,7	5,0
Banken/Versicherungen	6,0	6,8	6,3	8,3
Immobilien	7,0	6,6	3,7	3,6
Öffentl. Sektor	9,5	8,7	12,8	14,1
Sonst. Dienstleistungen	4,2	4,3	4,8	5,9
PIB (in Mrd. Colones)	10,326	12,225	246,579	515,219

Quelle: Berechnet nach BCCR, Departamento de Contabilidad Social, Sección Cuentas Nacionales, San José 1991

Umgekehrt wie mit der Landwirtschaft verhält es sich mit dem staatlichen Sektor: In Preisen von 1966 gemessen, nimmt deren Anteil ab, in laufenden Preisen deutlich zu, was im wesentlichen auf Lohnsteigerungen in den Jahren 1989 und 1990 zurückzuführen sein muß.

Detailliertere Daten zur Entwicklung der landwirtschaftlichen und industriellen Produktions- und Exportstruktur zeigen allerdings recht klar, daß sich der bereits bis 1987 feststellbare Strukturwandel fortgesetzt hat. So betrug der Anteil der "nicht-traditionellen" Agrarprodukte an der gesamten Agrarproduktion (ohne Fischerei und Forstwirtschaft, zu laufenden Preisen) 1986 11,6%, 1989 aber bereits 17,0% (berechnet nach Cámara Nacional de Agricultura y Agroindustria, Indicadores Económicos y Estadísticas del Sector Agropecuario, San José 1990, S. 18).

Daten zur Branchenstruktur innerhalb der costaricanischen Industrie verweisen gegenüber 1986 auf weitgehende Kontinuität (vgl. o., Tab. 6.5). Leichte Verschiebungen (geringere Anteile der Lebensmittelindustrie - nur noch 46,6% - und der Erdölraffinierung (5,2%)) sind im wesentlichen die Konsequenz der Weltmarktpreisentwicklung (gesunkene Kaffee- und Rohölpreise) sowie daneben einer gewissen Erholung der metallmechanischen Industrie (jetzt 8,2% am Nettoproduktionswert) und offenbar einer längerfristigen Stärkung der Branchen Druck- und Papier (8,2 statt 5,8% im Jahr 1986) und der Verarbeitung nicht-metallischer Rohstoffe (4,7 statt 3,7%). Insgesamt kann davon ausgegangen werden, daß der Anteil der agroindustriell verknüpften Produktion an der Gesamtindustrieproduktion weiterhin zwischen 65 und 70% liegt (Daten und Schätzung auf der Basis von BCCR 1991a). Die im folgenden dargestellten Exportstatistiken verweisen darauf, daß diese agroindustriellen Produktionszweige in wachsendem Maße international konkurrenzfähig geworden sind.

Dies gilt ganz eindeutig für den Bereich der nicht-traditionellen Agrarproduktion: Der Anteil der nicht-traditionellen Agrarexporte an den Gesamtexporten des Landes stieg von 5,2% im Jahr 1986 (absoluter Wert: 56,35 Mio.$) auf 11,2% vier Jahre später (153,39 Mio.$). Tabelle 8.3 zeigt deutlich, daß sich bei den meisten dieser Produkte die Erwartungen weitgehend erfüllt haben; so wuchsen die Exporte etwa von Blumen und Zierpflanzen von 23,8 Mio.$ im Jahre 1986 auf 58,3 Mio.$ 1990. Bei Melonen und Papayas begann in diesen Jahren der Export erst richtig anzulaufen, ebenso bei Wurzel- und Knollenfrüchten.

Etwas komplizierter stellt sich die Entwicklung im Industriesektor dar, da hier die Statistiken keine klaren Unterscheidungen zwischen "traditionellen" und "nicht-traditionellen" Produkten erlauben. Industrielle Exporte galten - mit der

Ausnahme der traditionellen agroindustriellen Produkte (Zucker, Fleisch) - grundsätzlich als nicht-traditionell, also auch die Exporte in den geschützten zentralamerikanischen Markt. Der rasche Anstieg der industriellen Exporte in sog. Drittländer weist jedoch daraufhin, daß auch hier ein rascher und recht erfolgreicher Umorientierungsprozeß vonstatten geht. Noch bis Anfang der 1980er Jahre gab es nur sehr geringe industrielle Exporte in Länder außerhalb des zentralamerikanischen gemeinsamen Marktes (MCCA), bereits 1985 gingen etwa 56% aller industriellen Exporte in sog. Drittländern (BCCR, Balanza de Pagos 1986, S. 77) und 1989 wurde ein Anteil von 75,1% der auch absolut weiter wachsenden industriellen Exporte erreicht (BCCR 1991, S. 22). Tabelle 8.3 verweist recht deutlich auf die unterschiedliche Exportentwicklung einerseits bei Produkten, die aus der ISI-Strategie hervorgegangen sind und in den letzten Jahren stagnierende Exportwerte (meist ausschließlich Exporte in den geschützten MCCA) aufweisen, und andererseits bei neuen Exportprodukten, deren Wert (vor allem in Drittländer) in diesen Jahren rasch zugenommen hat:

Stagnierende bzw. sogar zurückgehende Exportwerte weisen die Kategorien Kakaoprodukte, Medikamente, Kunstdünger, Pflanzenschutzmittel und Kunstfasern auf - außer den Kakaoprodukten, bei denen der Rückgang mit der aufgrund von Pflanzenkrankheiten zurückgehenden Rohstoffproduktion zusammenhängt - sind das typischerweise Produktionslinien, die häufig von Filialen transnationaler Konzerne für den geschützten zentralamerikanischen Markt aufgebaut wurden. Reifen sind die einzige bedeutende Produktgruppe dieses Typs, deren Exporte zwischen 1986 und 1990 zumindest so stark gestiegen sind, daß ihr relativer Anteil gleichgeblieben ist. Ein Blick auf diejenigen Produktgruppen, deren Bedeutung in den vergangenen Jahren rasch gestiegen ist, verweist auf zwei Zusammenhänge:

(1) Wie im theoretischen Teil der Studie vermutet, ist die costaricanische Industrie offensichtlich vor allem in Branchen, die *linkages* mit dem Agrarsektor aufweisen, in der Lage gewesen, ihre Exporte zu erhöhen; wie die im Rahmen des Projektes durchgeführten Interviews deutlich machen, handelt es sich dabei fast ausschließlich um Exporte in Drittmärkte: Bäckereiprodukte, Gemüsekonserven, Fruchtpürees, Lebensmittelzubereitungen, Verpackungsmaterial (wobei sehr wahrscheinlich Kartons und Plastiktüten für Bananenproduktion und -export eine erhebliche Rolle spielen), Lederwaren, Holzartikel.

(2) Daneben spielen vor allem die Bekleidungsexporte eine gewisse Rolle, wobei in den genannten Daten die Lohnveredlungsbetriebe im engeren Sinne nicht enthalten sind. Im Gegensatz zu den Lederwaren besteht prak-

tisch keine Verknüpfung mit der einheimischen Landwirtschaft, da der Baumwollanbau - nach wenig erfolgreichen Versuchen seiner Förderung in den 70er Jahren - wieder weitgehend bedeutungslos geworden ist. Hier wie auch in einigen Bereichen der Metallverarbeitung (Kühlschränke, Batterien, elektrische Bauelemente wie Unterbrecher, Kondensatoren, Schaltelemente: Exporterlöse 1987: 32,5 Mio.US$; 1989: 47,8 Mio.$, BCCR 1991a, S. 31) lassen sich zweifellos *Erfolge* von zwei Jahrzehnten Importsubstitutionspolitik identifizieren: Die in dieser Zeit entstandene Produktion für den Binnenmarkt bot eine gewisse Grundlage (Produktionserfahrungen, technische Qualifikation, Infrastruktur), auf der die Exportförderung der vergangenen Jahre aufbauen konnte; das vor allem durch die Abwertungspolitik im internationalen Vergleich gedrosselte Lohnniveau schuf andererseits die Voraussetzung für internationale Konkurrenzfähigkeit (vgl. dazu allgemein: Hillcoat/Quenan 1989).

Leider weisen die uns vorliegenden Daten des CENPRO eine sehr umfangreiche Kategorie "andere Industrieprodukte" auf (für 1990 etwa 37% aller industriellen Exporte), so daß eine vollständige statistische Analyse über strukturelle Verschiebungen innerhalb der industriellen Exporte nicht möglich ist; die beiden genannten Tendenzen erscheinen aber auch so ausreichend abgesichert. Daß sich hier z.T. doch späte Erfolge der Importsubstitutionsstrategie einstellen, erscheint mir zumindest eine interessante Beobachtung zu sein. Andererseits würde ich auch nicht so weit gehen wie die costaricanische Ökonomin Anabelle Ulate Quiros, die die Exporterfolge der 80er Jahre im industriellen Bereich nicht der aktuellen Exportförderungspolitik zugute schreibt, sondern betont, "daß die Mehrzahl der Industrieunternehmen, die in Drittmärkte exportieren, aus der Importsubstitution hervorgegangen sind" (Ulate 1991, S. 30). Auch wenn man Ulates Datenbasis akzeptiert, bliebe die Frage offen, inwieweit eben jene Unternehmen ohne die klaren Veränderungen der wirtschaftspolitischen Rahmenbedingungen jemals eine derartig entschiedene Wendung hin zu internationalen Märkten praktiziert hätten.

Diese Analyse der Exportentwicklung bestätigt die eingangs betonten relativen Erfolge des costaricanischen Strukturanpassungsprozesses in außenwirtschaftlicher Hinsicht bei einer durchaus feststellbaren agroindustriellen Orientierung. Aber kann dieser Prozeß als tatsächlich zunehmend "autozentriert" bezeichnet werden ? Es war bereits oben (Kap. VI.1) darauf hingewiesen worden, daß zumindest bei einigen der erfolgreichen Agrarexportprodukten von einer relativ dezentralisierten Unternehmensstruktur ausgegangen werden kann (Anteil der drei größten Exporteure weniger oder nur knapp über 50% der Gesamtexporte), so bei Blumen- und Zierpflanzen, Wurzel- und Knollenfrüchten, aber auch in der Kategorie "Fische und Meerestiere". Andererseits scheinen sich bei einigen der frischen Früchte (Ananas und Papayas) die Strukturen der Bananenexklaven zu wiederholen. Das erneute Wachstum der Bananenproduktion selbst (s.o.) scheint

Tabelle 8.3: Entwicklung der costaricanischen Exportstruktur 1986/1990

Produktgruppe bzw. Produkt	1986 Mio. US$	%	1990 Mio. US$	%
Exporte insg. (außer Lohnveredlungsindustrien)	1.089,8	100	1.369,4	100
Traditionelle Produkte	721,7	66,2	707,3	51,7
darunter:				
- Rindfleisch	66,0	6,1	48,6	3,4
- Bananen	227,7	20,9	317,0	23,1
- Kaffee	391,9	36,0	245,4	17,9
- Zucker	8,0	0,7	33,5	2,4
- Kakao	2,1	0,2	0,9	0,1
Nichttraditionelle Agrarprod.	56,4	5,2	153,4	11,2
darunter:				
- frische Früchte	17,1	1,7	51,5	3,8
- Blumen/Zierpflanzen	23,8	2,4	58,3	4,3
- Gemüse/Wurzel- und Knollenfr.	7,8	0,7	18,9	1,4
- Macadamia	0,5	0,0	1,9	0,1
Fische und andere Meerestiere	34,6	3,2	52,3	3,8
Industrieprodukte	277,1	25,4	497,3	36,3
darunter:				
- Kakaoprodukte	7,0	0,6	6,0	0,4
- Bäckereiprod.	1,4	0,1	4,3	0,3
- Gemüsekonserven	1,5	0,1	5,4	0,4
- Fruchtpürees	4,7	0,4	8,4	0,6
- Fruchtsäfte	-	-	7,2	0,5
- Lebensmittelzubereitungen	4,4	0,4	8,2	0,6
- Medikamente	23,6	2,2	26,7	2,0
- Kunstdünger	5,1	0,5	5,0	0,4
- Pflanzenschutzmittel	9,4	0,9	5,0	0,4
- Verpackungsmaterial	10,6	1,0	26,8	2,0
- Reifen	8,7	0,8	11,6	0,8
- Lederwaren (einschl. Schuhe)	9,7	0,9	21,8	1,6
- Holzartikel	8,3	0,8	19,8	1,4
- Toilettenpapier	1,7	0,2	6,5	0,5
- Kunstfasern	10,3	0,9	11,1	0,8
- Bekleidung	24,7	2,3	47,7	3,5
Wertschöpfung der Maquila in C.R.	34,8		81,2	

Quelle: Datenbank des Centro para la Promoción de las Exportaciones e Inversiones (Basis: Daten der DGEC), 1991; Bearbeitung W.H.

auch in diese Richtung zu weisen (vgl. ausführlicher Altenburg/Hein/Weller 1990, S. 285f.) . Eine genauere Tendenzanalyse wird lediglich auf der Basis von neueren Entwicklungen in den im einzelnen untersuchten Regionen sowie von einzelnen Unternehmensinterviews möglich sein.

Im folgenden soll zunächst die Frage der Auswirkungen des Strukturanpassungs-prozesses und der Ansätze agroindustrieller Entwicklung auf periphere Regionen diskutiert werden; eine wesentliche Basis dafür bildet - abgesehen von den im Februar/März 1991 durchgeführten Interviews - die Dissertation von Tilman Altenburg, einem der Mitarbeiter des Forschungsprojekts (vgl. Altenburg 1991, veröffentl. in verkürzter Form: Altenburg 1992). Einen zweiten Aspekt bildet die aktuelle Entwicklung einiger typischer bzw. technologisch interessanter Unter-nehmen im weiteren Umfeld des agroindustriellen Bereichs und einen dritten die Entwicklung von Genossenschaften und kleinbäuerlichen Organisationen, deren Bedeutung als sozialer Basis *autozentrierter* agroindustrieller Entwicklung im Rahmen unserer Untersuchung besonders deutlich wurde. Diesem dritten Punkt wird, wie oben erwähnt, ein eigener Abschnitt gewidmet.

2.2 Zur "Autozentriertheit" der aktuellen Entwicklung in den drei Untersuchungs-regionen

Insgesamt gesehen lassen die Entwicklungen im Zusammenhang mit der Struk-turanpassung recht ambivalente Auswirkungen auf die peripheren Regionen Costa Ricas erwarten: Staatliche Investitionen haben in den Jahrzehnten vor der Krise in erheblichem Maße zu einer Verbesserung der Infrastruktur und des Dienstleistungsangebotes in diesen Regionen beigetragen (vgl.o., Kap.V; aus-führlicher Nuhn 1987); die Einschränkung dieser Ausgaben im Zusammenhang mit der allgemeinen Reduktion der Staatsausgaben trifft zweifellos auch die Entwicklung in den peripheren Räumen: Während es z.B. in den Jahren von 1973 bis 1979 gelang, ein System ländlicher Gesundheitsstationen aufzubauen, das zu einer Ausweitung der versorgten Landbevölkerung von 11% (1973) bis 61% (1979) führte, konnte dieser Anteil seitdem nicht weiter gesteigert werden.

Andererseits könnte man annehmen, daß die Abwendung von der eindeutig mit einem "urban bias" behafteten Strategie der importsubstituierenden Industriali-sierung immerhin einen relativen Vorteil für die ländlichen Regionen bedeuten sollte. Wir haben jedoch bereits gesehen, daß die Rückbesinnung auf die kompa-rativen Vorteile im Bereich tropischer Agrarprodukte (und der entsprechenden Förderung nichttraditioneller Agrarprodukte im Rahmen der "agricultura de cambio") begleitet wurde von einer erheblicher Reduktion der Subventionen des Anbaus von Grundnahrungsmitteln, so daß zweifellos regional sehr unterschied-liche Implikationen der Strukturanpassung zu erwarten sind.

Während es in verkehrsmäßig günstig gelegenen Regionen gelingen mag, die regionale Produktion von Grundnahrungsmitteln auf nicht-traditionelle Exportprodukte umzustellen (etwa im östlichen Teil Guanacaste, in der Region Pacífico Central und in der Region um Guácimo und Guápiles an der Atlantikküste), leiden vor allem extrem abseits gelegene Gegenden (etwa in Nicoya und in der Fila Costeña (Pacífico Sur) unter dieser Einstellung der Subventionen (vgl. Altenburg 1991, S. 139f.). In den Untersuchungsregionen unseres Forschungsprojektes (vgl.o., Kap. V) gab es zumindest positive Ansätze in Richtung auf eine eher autozentrierte Entwicklung, die zwar noch nicht die zentrale Entwicklungsdynamiken dieser Regionen bestimmen konnten, die sich jedoch als solche konsolidiert hatten (zur Lage der Regionen vgl.o. Schaubild 1):

(1) Die *Gebirgsrandzone der Region Huetar Norte* hat insgesamt von der Strukturanpassung eher profitiert; so konnte es gelingen, die bisherigen Haupteinkommensquellen der Region, die extensive Fleischviehzucht und die Holzindustrie, die beide in höchstem Maße umweltbedrohend sind (vgl. u.a. Hein 1987) und sich aus verschiedenen Gründen in einer Krise befinden (zurückgehende Weltmarktnachfrage und ungünstige Kreditsituation bei der extensiven Viehzucht; Erschöpfung des Rohstoffes Holz), durch eine Vielzahl neuer Produkte mit weitgehend guten Exportchancen teilweise zu ersetzen. Darüber hinaus ist die Struktur des nicht-traditionellen Sektors der Landwirtschaft der sozioökonomischen Integration dieser Region weitgehend förderlich: Zwar gehören die meisten Betriebe Ausländern, doch handelt es sich im allgemeinen nicht um Transnationale Konzerne, sondern um kleinere und mittlere Einzelunternehmer, die aus den USA und Europa nach Costa Rica eingewandert sind und sich in der Region niedergelassen haben - sie nutzen die wirtschaftlichen Chancen der Exportförderungspolitik, die ihnen mangels unternehmerischer Orientierung (vgl. zu dieser Einschätzung Altenburg 1991, S. 214-216; S. 241) der costaricanischen Landbevölkerung überlassen werden. Weiterhin entsteht über die sich ausdehnende Kontraktproduktion eine wachsende Integration des Campesinosektors in die nicht-traditionelle Exportproduktion (vgl. zu den Chancen und Risiken Altenburg 1991, S. 204-214 sowie Altenburg/Weller 1991), wobei die Campesinos selbst der Abhängigkeit von den kommerziellen Exporteuren durch eine Diversifikation ihrer eigenen Produktion (Kombination von Subsistenzprodukten, Produktion für lokale Märkte, Produkten mit gesichertem Absatz und Produkten für überregionale Risikomärkte) entgegensteuern.

Wichtig für eine zumindest ansatzweise autozentrierte Regionalentwicklung ist die Tatsache, daß diese sehr differenzierte, aber miteinander verknüpfte Agrarstruktur zu einer dynamischen Entwicklung der regionalen Binnennachfrage geführt hat. Davon hat primär der Dienstleistungssektor profitiert, der - entspre-

chend den Betriebsregistern der Kantone - mit 74 Branchen in der Region vertreten ist; viele der Dienstleistungsbetriebe sind kleine Familienbetriebe, die
nach einigen Kriterien (u.a. keine systematische Buchführung, keine vertragli-
chen Arbeitsverhältnisse) dem informellen Sektor zuzuordnen sind, aber häufig
(vor allem im Handel) über eine relative gute Ausstattung und ein breites Angebot verfügen. In einer Befragung von Geschäftsinhabern in Ciudad Quesada
gaben 91% an, sie hätten im Jahre 1980 Überschüsse erwirtschaftet und sie in
die Vergrößerung des Betriebes oder in andere Aktivitäten investieren können;
trotz der Krise konnten auch 1988 immerhin noch 47% der Geschäfte Kapital
akkumulieren (Altenburg 1991, S. 254). Obwohl sich das Dienstleistungsangebot
auf Ciudad Quesada (983 private Dienstleistungsbetriebe in einer Stadt von auch
nur 19.000 Einwohnern) konzentriert, besteht auch in einer Reihe von anderen
kleinen Orten ein überraschend breites Angebot: So waren etwa in der Ortschaft
Pital (mit 1990 ca. 2400 Einw.) 178 tertiäre Betriebe aus 38 Branchen angemel-
det; in den Krisenjahren 1982 bis 1988 stieg die Zahl der angemeldeten Dienstleistungsbetriebe in den fünf Distrikten, in denen die Sekundärzentren der
Region liegen, um durchschnittlich 111%, während sie in Ciudad Quesada nur
um 55% zunahm (Altenburg 1991, S. 260f.).

Der Lebensstandard der Bevölkerung in der Region ist für Peripherregionen
überdurchschnittlich; 1987 verfügten immerhin 77% der Haushalte über einen
Stromanschluß, 76% über eine Wasserleitung; 1984 (im Jahr des letzten Census)
hatten 77,5% der Haushalte ein Radio, 61,2% einen elektrischen oder einen
Gasherd, 45,8% einen Kühlschrank. In diesem Zusammenhang spielen Genossenschaften eine wichtige Rolle; so begann eine 1964 gegründete Kooperative für
ländliche Elektrifizierung (Coopelesca) mit dem Aufbau eines weitgehend flächendeckenden Stromnetzes in der Region. Wird der Strom jetzt noch weitgehend aus anderen Landesteilen bezogen, so wird zukünftig der geplante Bau
eines Wasserkraftwerkes in der Region (am Rio San Lorenzo), der von vier
regionalen Genossenschaften getragen wird, den Strombedarf der Region dek-
ken. Die Spar- und Kreditgenossenschaft COOCIQUE (mit 33.000 Mitgliedern,
von denen drei Viertel im nördlichen Tiefland wohnen) ermöglicht eine - im
Vergleich zu den großen Staatsbanken - relativ unbürokratische Kreditvergabe.
Sie ist auch sonst modern organisiert: Als einziges Kreditinstitut verfügt sie über
Filialen in den Sekundärzentren des Tieflandes, die an einen Zentralcomputer
angeschlossen sind; sie bietet elektronische Geldautomaten an und bedient
ländliche Gebiete mit "fahrbaren Filialen" (vgl. Altenburg 1991, S. 248-250;
S. 257f.).

(2) Die Region *Pérez Zeledón* im oberen Teil des Valle de El General ist ein
relativ homogenes, weitgehend kleinbäuerlich strukturiertes Kaffee-Anbaugebiet
(vgl.o., Kap. V); die Modernisierung des Kaffee-Anbaus auch bei Klein-

bauern sowie die die Weltmarktpreisschwankungen abfedernde Funktion des costaricanischen Kaffee-Instituts ICAFE (vgl.o., Kap. IV) haben unter den Klein-bauern einen bescheidenen Wohlstand erzeugt und gleichzeitig eine nicht unbeträchtliche regionale Nachfrage nach kurz- und langfristigen Konsumgütern sowie nach Dienstleistungen entstehen lassen. Diese relativ gesichert erschei-nende wirtschaftliche Basis der Region und die vergleichsweise ungünstigere geographische Lage (längere Transportwege zu den Häfen) sind sicher die wich-tigsten Faktoren, die die relativ geringe Bedeutung nicht-traditioneller Agrar-produkte in der Region erklären (vgl. insgesamt zur Charakterisierung der Region: Altenburg 1991, S. 262-313). Angesichts des offenbar nicht enden wol-lenden Preisverfalls des Kaffees erscheint diese wirtschaftliche Basis der Region immer mehr bedroht.

Hier ist es im wesentlichen eine Genossenschaft, die *Coopeagri El General*, die eine der innovativen Funktion der ausländischen Unternehmer in der Zona Norte entsprechende Rolle übernimmt. Sie führt ihre seit langem betriebene Diversifikations- und Modernisierungsstrategie (Ergänzung des Kaffeeanbaus durchs Zuckerrohr, Milchproduktion und einen Supermarkt) konsequent fort, wobei vor allem drei Aspekte zu nennen sind:

- Es wird weiterhin mit neuen Kaffee- und Zuckerrohrsorten experimentiert, um die Erträge zu steigern; von großem Interesse ist vor allem eine Kaffeesor-te, die - am selben Ort - einen gegenüber den bisher bekannten Sorten ver-schobenen Vegetationszyklus aufweist, was natürlich zu einer erheblich besseren Auslastung von Arbeitskraft und Anlagen führen würde.

- In den letzten Jahren ist die Arbeit der Genossenschaft und ihrer Betriebe durch ein integriertes Netz elektronischer Datenverarbeitung erheblich effi-zienter geworden; für die Programmierung von Kaffee- und Zuckerernte wurde spezialisierte Software entwickelt, die inzwischen in Kooperation mit einem Computerunternehmen vermarktet wird.

- Wichtigstes Produkt einer weiteren landwirtschaftlichen Diversifizierung ist der Anbau von Macadamia-Nüssen; darüber hinaus beteiligt sich die Koopera-tive an einem Wiederaufforstungsvorhaben und erwägt auch den Anbau von Zitrusfrüchten.

Angesichts der bedeutenden wirtschaftlichen Rolle von Coopeagri innerhalb der Region (etwa 4.500 Mitglieder mit schätzungsweise 20.-25.000 Familienmitglie-dern bei einer Gesamtbevölkerung der Region von etwa 100.000 Einwohnern) scheint hier durchaus eine gewisse Perspektive einer autozentrierten agroindustriellen Entwicklung auf kleinem Raum zu bestehen. Eine weitere Innovation in der Region bilden die zwölf Betriebe (Stand: April 1991) der textilen Lohnveredlung, die 960 Personen beschäftigen; diese sind zweifellos weder als "agroindustriell" noch als "autozentriert" zu bezeichnen und bieten, wie fast überall in der Welt, schlechte Arbeitsbedingungen bei niedrigsten Löhnen - für Costa Rica bestätigt durch eine im Jahre 1988 durchgeführte Umfrage des Arbeitsministeriums (vgl. Altenburg 1991, S. 298). Dennoch dürfte das so erzielte Zusatzeinkommen in einer Zeit der agroindustriellen Umstrukturierung eine nicht zu unterschätzende Bedeutung in der Region besitzen und zwar sowohl als Ergänzung zum Familieneinkommen als auch zur Stabilisierung der regionalen Konsumnachfrage (Coopeagri el General 1991; Interview mit dem Geschäftsführer der Genossenschaft, Ricardo Castro, am 7.3.1991 in San Isidro).

(3) Die südliche Küstenregion am Pazifik - *Pacífico Sur* - war z.Zt. der empirischen Untersuchungen des Forschungsprojekts (1987/88) noch durch die tiefe wirtschaftliche und soziale Krise gekennzeichnet, in die sie die Einstellung der Bananenproduktion von seiten der United Fruit Corp. (Campaña Bananera de Costa Rica) im Jahre 1984 gestürzt hatte.

Im März 1991 war die Region immer noch ziemlich weit vom Erreichen eines stabilen Entwicklungsprozesses entfernt, doch zeichneten sich einige dynamische wirtschaftliche Wachstumsschwerpunke ab, die hier primär unter dem Gesichtspunkt der "Autozentriertheit" der regionalen Entwicklung diskutiert werden sollen:

- Durch die Schaffung einer zollfreien Einkaufszone in Golfito, dem am stärksten betroffenen ehemaligen Hafen- und Verwaltungszentrum des Bananenanbaus, soll dort die Wirtschaft belebt und der Tourismus gefördert werden - u.a. zunächst dadurch, daß die Kunden ihre Waren erst am Tag, der auf die Registrierung in der Einkaufszone folgt, mitnehmen können. Das "Depósito libre" hat den - angesichts der vorhandenen Anreize sowie der Gewohnheit der Costaricaner, an die Grenzen Panamas zum Einkaufen dauerhafter Konsumgüter zu fahren - unvermeidlichen Anfangserfolg mit sich gebracht (101.000 Kunden im ersten Jahr, 500 direkte Arbeitsplätze, viele indirekte im Tourismus), aber auch heftige Proteste von seiten der durch dieses Konkurrenzangebot benachteiligten costaricanischen Einzelhändler. Von einem Entwicklungserfolg für die Region wird erst dann die Rede sein können, wenn der zu fördernde Tourismus so etabliert sein wird , daß er auch ohne zollfreie Einkaufszone zu einem tragenden Wirtschaftsfaktor wird - die natürlichen Voraussetzungen bestehen durchaus (Ministerio de Hazienda, o.J.; Altenburg 1991, S. 312f.).

- Der moderne landwirtschaftliche Sektor wird mehr denn je von ausländischem Kapital beherrscht: Die ehemalige Compañia Bananera (jetzt: Palmatica) dominiert weiterhin Ölpalmenanbau und -verarbeitung; die größte Reismühle (in Ciudad Neily) wurde in Verbindung mit einem beträchtlichen Anteil der Reisanbaufläche der Region an ein italienisches Unternehmen verkauft; eine US-amerikanische Cellulosefirma will bis 1995 24.000 ha mit einer schnell wachsenden Leguminosenart bepflanzen; das Holz soll dann in gehäckselter Form in die USA exportiert und dort zu Zellstoff verarbeitet werden. Im Rahmen der erneuten Expansion des Bananenanbaus in der Region plant ebenfalls ein Transnationaler Konzern (in der Diskussion ist Standard Fruit, La Nación, 14.9.1991) eine größere Investition. Abgesehen einmal von der Entwicklung im Reisanbau, über die noch wenig in Erfahrung zu bringen war, ist klar, daß damit zwar nicht mehr die frühere absolute Abhängigkeit der Region von einem einzelnen Konzern bestehen wird, daß diese Investitionen aber kaum einen Schritt zu einer stärker autozentrierten Entwicklung in der Region bilden werden (Interviews mit Helberth Barrantes, Lorenzo Bello, Edgar Seravalli und dem Geschäftsführer der Reismühle in Ciudad Neilly).

- Auch hier sind es aber vor allem Genossenschaften, die die Perspektiven eines breiten aktiven Engagements der lokalen Landbevölkerung im modernen Plantagensektor aufzeigen. Eine Reihe von selbstverwalteten Genossenschaften, in denen das bewirtschaftete Land den Genossen gemeinsam gehört, entstanden, als United Fruit in der Region den Bananenanbau einstellte; in einem Fall hat eine Genossenschaft die Bananenproduktion weitergeführt, andere Kooperativen bauen auf den aufgegebenen Bananenplantagen Ölpalmen an. Der Autor besuchte im März 1991 zwei dieser Kooperativen im *Pacífico Sur*, die es geschafft haben, sich auf der Grundlage der von United Fruit hinterlassenen Strukturen wirtschaftlich erfolgreich zu entwickeln (Coopetrabasur: Bananen; Cooprosur: Ölpalmen). Beide Genossenschaften sind in der Lage, ihren Mitgliedern zusätzlich zu den festgesetzten Mindestlöhnen - in der Ölpalmenkooperative liegen auch die Tageslohnsätze über denen der United Fruit/Palmatica - eine jährliche Gewinnbeteiligung zu zahlen. Man hat sicherlich davon profitiert, daß man moderne Produktionsstrukturen übernehmen konnte und gleichzeitig einen gesicherten Absatz (über United Fruit) hatte, doch haben sich beide Kooperativen darum bemüht, eine aktive Investitionspolitik zu betreiben (Coopetrabasur: Verbesserung der Be- und Entwässerungsanlagen, Renovierung der Wohnhäuser und der Verpackungsanlage; Cooprosur: u.a. Wiedereinstieg in die Bananenproduktion, Zusammenarbeit mit anderen Produzenten zum Aufbau eines von den TNKs unabhängigen Vermarktungsnetzes). Von den 12.270 ha Ölpalmenpflanzungen gehörten 1990 bereits 29% Kooperativen und Einzelbauern der Agrarreformkolonien sowie

18% sonstigen nationalen Unternehmern. 60% der neuen Bananenpflanzungen der Region sollen von Genossenschaften betrieben werden. Wenn im Jahre 1993 die zweite Ölmühle der Region in Betrieb genommen wird - ebenfalls unter genossenschaftlicher Leitung - dann wird die nationale Produktion auch im industriellen Bereich nicht mehr von United Fruit abhängig sein.

2.3 Zur Entwicklung im Industriesektor

Wie im theoretischen Teil dargestellt, darf sich autozentrierte agroindustrielle Entwicklung nicht auf die Ausnutzung aktuell bestehender komparativer Vorteile beschränken, sondern muß sich aktiv um den Aufbau neuer komparativer Vorteile in technologisch fortgeschritteneren Bereichen bemühen (vgl.o., Kap. I.2.3). Seit Beginn des Strukturanpassungsprozesses in Costa Rica wird die Durchführung eines Programmes des industriellen Umbaus *reconversión industrial* diskutiert, das eine Erneuerung der Industrie in die genannte Richtung fördern soll; politische und konzeptionelle Konflikte haben es bisher verhindert, daß ein solches Programm in Gang gekommen ist.

Interviews in einigen technologischen Spitzenbetrieben der costaricanischen Industrie hatten uns gezeigt, daß es auch ohne ein solches Förderprogramm Unternehmen gibt - und zwar gerade, wenn auch nicht nur im agroindustriellen Bereich -, die in der Lage sind, mit selbstentwickelten technischen Geräten auf dem Weltmarkt zu konkurrieren (vgl.o., Kap. VI; etwas ausführlicher: Altenburg/Hein/Weller 1990, S. 313-317). Einige dieser Unternehmen wurden im Februar/März 1991 erneut besucht.

Bei diesen vier Unternehmen (Produktion von elektronischen Kaffeesortiermaschinen; Herstellung elektronischer Schalt- und Regelinstrumente; Anfertigung von Ausrüstungen für Kaffeeaufbereitungsanlagen (*beneficios*); Herstellung von Türen aus *caobilla*, einem Mahagoni-ähnlichen Holz; Interviews zwischen dem 28.2. und 5.3.1992) ergab sich eine erstaunliche Gemeinsamkeit, die wiederum durch Aussagen eines Vertreters des Industrieverbandes (*Cámara de Industrias*) sowie des Präsidenten des Verbandes der metallverarbeitenden Industrie bestätigt wurde: Die Unternehmen waren in den Jahren seit 1987 wirtschaftlich erfolgreich - vor allem auf Exportmärkten -, doch es waren keine neuen Unternehmen ähnlichen Typs hinzugekommen. Das mangelnde Vorhandensein der Kombination technischer Innovationsfähigkeit mit unternehmerischem Geschick erscheint als eine der wesentlichen Faktoren, die verhindern, daß das durchaus vorhandenen Potential des Standorts Costa Rica in diesem Industriesegment besser genutzt wird. Zwei der erfolgreichen Betriebe sollen etwas ausführlicher skizziert werden, um dieses Potential aufzuzeigen:

Das Unternehmen A stellt Regelelemente für Wasserkraftwerke und Wasserlei-
tungssysteme sowie Konverter für die Transformation digitalisierter Informa-
tionsübermittlung (über Satelliten) in elektromechanische (Telefonsysteme in
den meisten Entwicklungsländern) her. Während die Regelelemente vor allem
für den Einsatz in Costa Rica produziert werden, gehen inzwischen 80% der
Konverter in den Export (bisher nach Brasilien, Honduras, Guatemala, Cap-
verde; eine Anfrage aus Saudi-Arabien lag gerade vor). Während 1987 der Exportwert noch bei 400.000 US$ lag, überstieg er 1990 schon 1 Mio.$. Das Unternehmen arbeitet im wesentlichen als Ingenieurfirma; ein beträchtlicher Teil der
eigentlichen Produktion wird über Subcontracting ausgelagert - die Exportproduktion in ein Lohnveredlungsunternehmen, wodurch die entsprechenden Zoll-
und Steuervergünstigungen (und Verfahrensvereinfachungen bei Im- und Export) genutzt werden können. Z.Zt. ist das Unternehmen dabei, ein System zu
entwickeln, bei dem Bananen während des Transports von der Pflanze in die
Verpackungsanlage automatisch gewogen werden ("Cargotronics") (Interviews
am 23.3.1988 und 4.3.1991).

Das Unternehmen B produziert Qualitätstüren aus *caobilla* praktisch ausschließlich für den US-Markt (1990: ca. 60.000 für einen Exportwert von ca. 10 Mio.$;
lediglich etwa 2.000 für den costaricanischen Markt). Hatte sich das Unternehmen zunächst darauf konzentriert, Qualität zu garantieren, so bestand in den
vergangenen Jahren das Hauptziel darin, die Produktionskosten zu reduzieren.
Mit Unterstützung japanischer Experten wurde ein "Just-in-time"-System eingerichtet, das eine Reduktion der Lagerbestände um 87% ermöglicht habe (Holz
vom eigenen Sägewerk, 1x pro Woche wird eine Ladung Glas (für Glastüren) aus
den USA angeliefert. Im Jahre 1990 wurde eine neue Fabrik hinzugekauft, in der
die Holzreste aus der Türproduktion verarbeitet werden sollen; z.Zt. des Interviews war man noch in der Experimentierphase (mit Küchenmöbeln, Parketthöl-
zern u.ä.). Neuland betrat das Unternehmen auch mit dem Versuch, in einem
Regenwaldgebiet in der Nähe der Atlantikküste ein System nachhaltiger Forstwirtschaft aufzubauen, um die eigene Rohstoffbasis zu sichern. 11 Forstinge-
nieure und umfangreiches Personal zur Absicherung der 12.000 ha Wald, die der
Firma gehören, sollen gewährleisten, daß die Bäume gezielt so entnommen
werden, daß der Wald erhalten bleibt. Nach den ersten dreieinhalb Jahren wird
das Experiment auch von GTZ-Experten wohlwollend bewertet; parallel dazu
wird jetzt versucht, in einem Wiederaufforstungsvorhaben den Primärwald zu
kopieren (Interviews am 17.3.1988 und am 5.3.1991).

Die beiden anderen Unternehmen, die zum zweiten Mal besucht wurden, produzieren beide Ausrüstungsgüter für *Beneficios*; angesichts der ungünstigen Lage
im Kaffeeanbau wären sie bei einer reinen Binnenmarktorientierung niemals in

der Lage gewesen, wirtschaftlich zu expandieren. Die Exportorientierung und das damit erschlossene Nachfragepotential war hier die Voraussetzung für den Aufbau moderner Betriebe.

Ein beträchtlicher Teil der costaricanischen Industrieunternehmen ist nicht in der glücklichen Lage, seine Rohstoffversorgung so den eigenen Bedürfnissen anpassen zu können wie das Unternehmen B; das gilt selbst für diejenigen Unternehmen der Lebensmittelverarbeitung, die mit importiertem Getreide (i.a. Weizen) arbeiten. Die Schwierigkeiten liegen vor allem in drei Bereichen:

- Skalenprobleme: Die meisten Unternehmen (vor allem der metallverarbeitenden Industrie) benötigen Rohstoffmengen (etwa Stahl), die im Kontext des internationalen Handels geradezu lächerlich gering sind; sie haben dadurch sowohl hohe Einkaufspreise als auch hohe Transportkosten zur Folge. Eine Reihe von Unternehmern haben sich zusammengetan (in einer *Asociación de gerentes de compras y materiales*), um ihre Materialeinkäufe zu koordinieren.

- Infrastrukturprobleme: In diesem Bereich erschweren verschiedene Faktoren den Import von Rohstoffen und Vorprodukten für costaricanische Unternehmen: die recht hohen Kosten des internen Transports (1 t vom Karibikhafen Limón nach San José kostet 1990 100 US$, von Limón nach Florida lediglich 72$; Ramos, o.J., S. 18); z.T. ungünstige Frachtkosten auf den Schiffahrtsrouten in der Karibik aufgrund oligopolistischer Marktstrukturen; hohe Hafenkosten und die Unzuverlässigkeit der Abfertigung in Limón.

- Wirtschaftspolitische Probleme: Wirtschaftspolitische Rahmenbedingungen beeinflussen in erheblichen Maße die Kosten der Rohstoffversorgung, vor allem die Wechselkurs- und Zollpolitik sowie die Kreditpolitik. Die Unternehmerverbände beschwerten sich vorwiegend über die Unsicherheit in diesem Bereich: So wurden etwa in einer Situation, in der ein sinkendes Zollniveau angestrebt wird - und von der seit 1990 regierenden PUSC *Partido Unidad Social-cristiano* auch lautstark versprochen worden war - die Importzölle zwischenzeitlich angehoben, um das Haushaltsdefizit zu verringern.

Wie die statistische Auswertung der Gesamtentwicklung des Industriesektors in den vergangenen Jahren zeigte, hat sich die costaricanische Industrie angesichts der kritischen Lage, die nicht nur durch den Strukturanpassungsprozeß, sondern auch durch den Zusammenbruch des Zentralamerikanischen Gemeinsamen Marktes geprägt war, recht gut behauptet. Voraussetzung dafür war eine Verschiebung der Exportmärkte von Zentralamerika hin zu sog. Drittmärkten (vor allem die USA, aber in Ansätzen auch Südamerika und Europa) sowie auch - wie oben festgestellt - eine gewisse Verschiebung hin zu Produkten, die im weiteren Sinne als agroindustriell bezeichnet werden können. Es ist offensichtlich gelungen, auch bei Wegfall der dynamischen Kräfte importsubstituierender Industrialisierung eine gewisse Dynamik zu erhalten, ohne eine Industriepolitik mit einem klaren neuen Profil durchzusetzen (vgl. dazu Fürst 1991). Zumindest in einigen Bereichen hat ein Modernisierungsschub stattgefunden, mit dem Costa Rica einen deutlichen Vorsprung gegenüber den anderen Ländern Zentralamerikas und der Karibik erreicht hat: Als Indikator mag die Tatsache dienen, daß sich im Jahre 1988 von insgesamt 20 numerisch kontrollierten Maschinen, die in Zentralamerika und der Karibik im Einsatz waren, 17 in Costa Rica befanden (vgl. Ramos, o.J., S. 17 (Anm. 30)).

Die Diversität der Industriebereiche, in denen durchaus weitere Wachstumsperspektiven bestehen, verweist darauf, daß auch der Strukturanpassungsprozeß wahrscheinlich nicht zur Reduktion der costaricanischen Industrie auf den Status einer verlängerten Werkbank von Unternehmen der Industrieländer führen wird. Mindestens vier recht unterschiedliche Bereiche sind hier zu nennen:

- In die Lohnveredlungsindustrien (*maquila*) wurden vor allem von neo-liberaler Seite erhebliche Hoffnungen gesetzt, durch Schaffung von Arbeitsplätzen und einen Beitrag zur Steigerung der Exporterlöse die Krise überwinden zu helfen; sie haben sich recht dynamisch entwickelt (interne Wertschöpfung 1986: 34,8 Mio.$; 1990: 81,2 Mio.$) und in allerdings sehr begrenztem Umfang den erwarteten Beitrag geleistet; ein relativer Bedeutungsgewinn der Maquila würde das Land jedoch eher wegführen von einer autozentrierten Entwicklungsrichtung.

- Ein Teil der Stabilisierung des Industriesektors ist einem gewissen Aufschwung bei den *nicht-traditionellen agroindustriellen Exporten* zu verdanken; hier ist zweifelsohne noch ein erhebliches Potential vorhanden, wobei die Verarbeitung lokaler Rohstoffe verstärkte interne Verknüpfungen schafft. Allein die Erweiterung der Exklavenproduktion transnationaler Konzerne um eine Konservenfabrik würde allerdings die nationale wirtschaftliche Integration nur wenig fördern.

- Recht überraschend haben sich sehr viele der *binnenmarktorientierten Industriezweige* als zumindest bei reduzierter Protektion überlebensfähig erwiesen; ein beträchtlicher Teil der industriellen Exporterfolge geht auch auf das Konto dieser Branchen (vgl. dazu Ulate Quiros 1991). Diese Branchen werden zwar auch in Zukunft auf importierte Rohstoffe, Vorprodukte und Kapitalgüter angewiesen sein, doch sind hier Binnenmarkt- und Exportproduktion am besten miteinander integriert. Die Erneuerung des zentralamerikanischen Marktes wird sowohl als Binnenmarkt als auch als vergrößerte Basis für Exportoffensiven von großer Bedeutung sein.

- Schließlich haben sich eine Reihe von kleinen Produzenten *spezialisierter Kapitalgüter* als konkurrenzfähig erwiesen; sie werden auch mittelfristig die Position des Landes in der Internationalen Arbeitsteilung nicht grundlegend verändern können, aber verdienen doch als authentischer Nukleus autozentrierter Entwicklung Beachtung und Förderung

Bei einer gezielten Industriepolitik gibt es in Costa Rica durchaus Perspektiven für das Entstehen einer konkurrenzfähigen, im Sinne unseres Ansatzes autozentrierten Industriestruktur; im Schlußabschnitt dieses Kapitels wird darauf noch einmal zurückzukommen sein.

3 Genossenschaften statt Staatsbetriebe: ein zentrales Element autozentrierter agroindustrieller Entwicklung

Im Laufe unserer Studie ist die Bedeutung, die Genossenschaften und anderen Formen der Assoziation von kleinen Produzenten und Anbietern von Dienstleistungen im Rahmen einer Strategie *autozentrierter* agroindustrieller Entwicklung zukommt, deutlich geworden. Eine breite produktive Beteiligung der Bevölkerung auch peripherer Regionen am Wirtschaftsprozeß (und damit auch als Nachfrager nach Waren und Dienstleistungen) ist gerade in den Regionalstudien als Voraussetzung für eine effektive Mobilisierung brachliegender wirtschaftlicher und sozialer Ressourcen für den Entwicklungsprozeß deutlich geworden. Dies führt schließlich zu der Überlegung, daß ein wesentlicher Aspekt der Ablösung des ISI-Modells durch ein Modell autozentrierter agroindustrieller Entwicklung auch in der Ablösung der strategischen Bedeutung staatlicher Unternehmen durch Genossenschaften zu sehen sein könnte.

Die grundsätzlichen Überlegungen zur Bedeutung von Genossenschaften für eine möglichst breit fundierte Agrarentwicklung (im Zusammenhang des hier diskutierten Entwicklungsmodells) sowie die beträchtliche Bedeutung des costaricanischen Kooperativensektors lassen es interessant erscheinen, sich im Rahmen eines Exkurses noch einmal etwas genauer mit der Rolle der Genossenschaften als Teil des privaten Sektors der costaricanischen Wirtschaft zu beschäftigen, wobei vor allem die 1985 gefaßte Entscheidung, eines der größten staatlichen Unternehmen Costa Ricas, die Zuckerfabrik CATSA (einschließlich der dazugehörigen Zuckerrohrfelder), in das Eigentum der Genossenschaftsbewegung zu überführen, ihre Umsetzung und ihre wahrscheinlichen Implikationen von Interesse sind. Unter diesem Gesichtspunkt sollen zunächst die Entwicklung des besonderen unternehmerischen Engagements des costaricanischen Staates im Verlaufe der 1970er Jahre und dessen Hintergründe noch einmal kurz dargestellt (Kap. VIII.3.1) und dann die mögliche Bedeutung von Genossenschaftsförderung als Förderung des privaten Sektors skizziert werden (Kap. VIII.3.2). Nach einer kurzen Zusammenfassung der Privatisierungspolitik der 1980er Jahre (Kap. VIII.3.3) folgt eine Darstellung des Privatisierungsprozesses der genannten Zuckerfabrik (Teil VIII.3.4).

3.1   Der "Staat als Unternehmer" in den 1970er Jahren

Auf die Versuche im Laufe der 1970er Jahre, durch staatliche Investitionen die sich abzeichnende Selbstblockierung der Strategie importsubstituierender Industrialisierung zu überwinden, war zuvor nur relativ kurz eingegangen worden (vgl.o., Kap. II.2 und VI.5). Der Staat sah sich dabei genötigt, Investitionen, die als strategisch bedeutend angesehen wurden, um den Industrialisierungsprozeß zu vertiefen, aber von nationalen privaten Unternehmen nicht getätigt wurden, zu übernehmen und damit selbst zum Unternehmer zu werden (in Costa Rica spricht man vom "Estado empresario").

Das zentrale Instrument dieser Politik in Costa Rica war die Gründung der Holdinggesellschaft CODESA (Corporación Costarricense de Desarrollo, S. A) mit gemischtem Kapital im Jahre 1972: Ein Drittel der insgesamt 100.000 Aktien (die ein Kapital von 100 Mio.Colones repräsentierten) wurde dem privaten Sektor angeboten, die zwei restlichen Drittel blieben dem costaricanischen Staat vorbehalten (und waren nicht-transferierbar). Ein Ausdruck des Scheiterns von CODESA war der Tatbestand, daß sich im Februar 1988 ganze 19 Aktien in privater Hand befanden (vgl. Volio/Echandi/Serrano, S. 55).

Wie der Name dieser Institution nahelegt, sollte sie umfangreiche Aufgaben der Entwicklungsförderung übernehmen; im konstituierenden Gesetz (Art.4) sind sie wie folgt definiert:

a) die produktiven Aktivitäten zu modernisieren, zu rationalisieren und auszuweiten;
b) neue produktive Aktivitäten mit dem Ziel zu entwickeln, die menschlichen, natürlichen und finanziellen Ressourcen in integraler Weise zu nutzen;
c) für die Ausnutzung der für das Land bestehenden Marktchancen Impulse zu geben (Volio/Echandi/Serrano, S. 51).

Dabei verstand sich CODESA keineswegs in Opposition, sondern vielmehr in einer ergänzenden Position zum privaten Kapital: "Die Korporation verfolgt als Ziel die wirtschaftliche Entwicklung des Landes und zwar durch die Stärkung der costaricanischen Privatunternehmen im Rahmen des nationalen Regimes der gemischten Wirtschaft." (Volio/Echandi/Serrano, S. 52; vgl. auch Sojo 1981, S. 62).

Folgende Aktivitäten entwickelte CODESA in den Jahren nach seiner Gründung:

(1) Unterstützung von Privatunternehmen durch kleinere Kredite sowie durch die Übernahme von Bürgschaften gegenüber ausländischen Banken;

(2) Gründung bzw. Übernahme bestehender Unternehmen im Bereich des öffentlichen Transportwesens (Fährunternehmen; Busgesellschaft für den Stadtverkehr in San José; Zusammenfassung des Eisenbahnnetzes in einem staatlichen Unternehmen); ergänzt wurden die Aktivitäten von CODESA im Infrastrukturbereich durch den Aufkauf von zwei zentralen Unternehmen, die sich bisher zum größten Teil in der Hand von ausländischem Kapital befanden, nämlich die Erdölraffinerie (Refinadora Costarricense de Petróleo, RECOPE) im Jahre 1973 und das Stromerzeugungsunternehmen Compañia Nacional de Fuerza y Luz durch das bereits 1949 gegründete Instituto Costarricense de Electricidad (ICE) im Jahr 1968.

(3) Gründung bzw. Übernahme bestehender Unternehmen in Wirtschaftsbereichen, denen eine zentrale strategische Bedeutung zugesprochen wurde: Der weitaus größte Teil der von CODESA bis September 1979 ausgegebenen Mittel ging in drei (für costaricanische Verhältnisse) Großprojekte:

- den Bau einer Zementfabrik an der Pazifikküste (Cementos del Pacífico, CEMPASA),
- den Bau einer modernen Zuckerfabrik (Central Azucarera Tempisque, CATSA (vgl. dazu im Einzelnen Teil 3.4) sowie
- die Errichtung eines Werkes zur Verarbeitung von Aluminium (Aluminios Nacionales, ALUNASA).

Bis Ende September 1979 flossen 1,406 Mrd. von einem Gesamtfinanzierungsvolumen CODESAs von 1,749 Mrd. Colones (Volio/Echandi/Serrano, S. 71), also 80,4%, allein in diese drei Projekte; beim damaligen Wechselkurs von 1:8,57, der von 1974 bis 1981 in Kraft war, waren dies immerhin etwa 164 Mio.US$. Dazu kamen im Jahre 1980 etwa 231 Mio.Colones für den

Aufkauf der Düngemittel(misch-)fabrik Fertilizantes de Centroamérica (Fertica) (Sojo 1981, S. 231), die damit das vierte große Unternehmen der Staatsholding bildete.

Den Schwerpunkt der eigenen Bemühungen legte CODESA aber in der zweiten Hälfte der 1970er Jahre zweifellos aus gutem Grund auf den Bereich der Förderung agroindustrieller Entwicklung (Volio/Echandi/Serrano, S. 71): Neben den genannten Unternehmen CATSA und Fertica wurden kleinere Firmen gegründet, um die Diversifizierung in der agroindustriellen Produktion zu fördern, so in den Bereichen Baumwollanbau und -verarbeitung, Weiterverarbeitung von Abfällen der Kaffeeproduktion (u.a. Dünger- und Koffeinproduktion aus der Pulpe, der roten äußeren Schale der Kaffeefrucht), Anbau und Export von Zierpflanzen sowie von nicht-traditionellen tropischen Früchten (einschl. deren Weiterverarbeitung).

Zur Förderung agroindustrieller Projekte im nicht-traditionellen Bereich gründete CODESA 1979 die Corporación para el Desarrollo Agroindustrial Costarricense, S. A. (DAISA), die u.a. den Bau von Anlagen zur Verarbeitung bzw. Verpackung von Ananas, Tomaten, Palmitos, Papayas, Mangos usw. vorbereitete. Dabei sollte es vor allem darum gehen, Produkte von Kleinbauern, vorzugsweise Kooperativen, aufzukaufen, um diesen eine Perspektive beim Anbau nicht-traditioneller Produkte zu bieten (vgl. Quiroz 1984; Presidencia de la República 1981).

Eine objektive Einschätzung der Auswirkungen der Arbeit von CODESA hat m.E. niemals stattgefunden; wenn überhaupt erreichten die meisten Projekte ihre Produktionsreife mit der schweren Wirtschaftskrise der Jahre 1981/82. An der Tatsache, daß der Aufbau der neuen Unternehmen über Gebühr viel Zeit in Anspruch genommen hat und daß sie ausschließlich Defizite produzierten, gibt es nichts zu deuteln: 1981 und 1983 wiesen die Bilanzen aller Unternehmen erhebliche Verluste auf, akkumuliert lagen diese Verluste *in keinem Jahr unter* 25% des Umsatzes; nur durch eine ständig wachsende Kreditaufnahme waren die Unternehmen am Leben zu erhalten, was wiederum in erheblichen Maße das Defizit des öffentlichten Sektors erhöhte und den nationalen Kapitalmarkt über Gebühr beanspruchte. Daß die im Zusammenhang mit der Strukturanpassungspolitik von Weltbank und AID in Auftrag gegebenen Gutachten die Privatisierung bzw. Liquidation der CODESA-Unternehmen verlangten, braucht nicht zu verwundern.

3.2   Genossenschaften als Teil des privaten Sektors in Costa Rica

Auf die beträchtliche wirtschaftliche Bedeutung des Genossenschaftssektors in Costa Rica ist in der Studie immer wieder hingewiesen worden. Schon seit Jahrzehnten gibt es eine starke und staatlich unterstützte, aber nicht gegängelte Genossenschaftsbewegung. So waren 1989 30% der ökonomisch aktiven Bevölkerung des Landes Mitglied einer Genossenschaft (274.810); die 467 Genossenschaften trugen insgesamt 11% zum Bruttoinlandsprodukt und 20% zum Wert der Exporte bei - bei den Kaffee-Exporten waren es 44,3%, beim Rindfleisch 25,0%; in der Kaffee-Produktion betrug der genossenschaftliche Anteil 38,9%, bei Rindfleisch 36,3%, bei Milch 41,6%, bei Zuckerrohr 20,4% (jeweils 1988) (Anuario del Cooperativismo 1990, S. 7).

Knapp 30.000 Mitglieder von Genossenschaften gibt es im Bereich der landwirtschaftlichen sowie jeweils etwa 6.000 Mitglieder in der industriellen Produktion sowie im Bereich von Dienstleistungen und Transporten (vor allem: Taxi- und Busunternehmen) (ebda., S. 17). Wenn auch die Mitgliedschaft in Spar- und Kreditgenossenschaften häufig nicht viel mehr bedeutet als der Besitz eines Sparbuches (vgl. allerdings auch die Rolle von COOCIQUE in der Nordregion, Kap. VIII.2.2) und wenn es sich darüber hinaus bei etwa einem Zehntel der Genossenschaften um solche an Primar- und Sekundarschulen handelt, die vor allem der Einübung in genossenschaftliche Aktivitäten dienen, so darf die beträchtliche ideologische und erzieherische Bedeutung dieser breiten Ausfächerung des Genossenschaftswesens im Rahmen der costaricanischen Gesellschaft nicht unterschätzt werden - der "Cooperativismo" wurde seit den 1940er Jahren neben dem unmittelbaren Aufbau eines Netzes sozialer Sicherheit als ein Standbein der Sozialstaatsidee in Costa Rica gesehen (vgl. Mora Corrales 1985; Cazanga S. 1987, S. 13-64; Weller 1986).

Die erste costaricanische Genossenschaft entstand im Jahre 1943, die "Cooperativa Agrícola e Industrial Victoria" (kurz: CoopeVictoria). Auf sie kurz einzugehen, ist deshalb interessant, weil sie ein typisches Modell der ökonomisch erfolgreichen Kooperativen des Landes repräsentiert: Zuckerrohrproduzenten der Region hatten die Kooperativisierung einer Zuckermühle (ingenio)und einer Kaffee-Aufbereitungsanlage (beneficio) gefordert, als im Zusammenhang mit dem 2.Weltkrieg der deutsche Besitzer enteignet wurde. Der Kooperative gehören die industriellen Anlagen und dazugehöriges Land, auf dem vor allem Zuckerrohr angebaut wird, Genossen waren zunächst ausschließlich die Bauern, die das Ingenio und das Beneficio zusätzlich mit Zuckerrohr und Kaffee belieferten, die sie auf ihrem eigenen Land anbauten. Nach einem großen Streik Ende der 1970er Jahre erhielten auch die Lohnarbeiter der Genossenschaft das Recht,

Mitglieder zu werden. Trotz aller Schwankungen der Kaffee- und Zuckerpreise
blieb die Genossenschaft bis heute stabil (mit - nach dem Anuario del Cooperativismo 1988-89, S. 168 - jetzt 2.500 Mitgliedern) und wirtschaftlich erfolgreich
(vgl. Vega 1985; Faure 1981).

Die genannte Struktur ist typisch für die wirtschaftlich bedeutenden Kooperativen in der Kaffee- und Zuckerproduktion: Kleinere und mittlere Bauern produzieren auf eigenem Land und auf eigene Rechnung die landwirtschaftlichen
Rohstoffe, sind aber für deren Weiterverarbeitung und Export nicht abhängig
von privaten Unternehmen, sondern kontrollieren diese Weiterverarbeitung über
die Genossenschaft. Die Genossenschaften ihrerseits müssen nun allerdings auf
dem Markt wie private Unternehmen konkurrieren, wobei sie lediglich über
gewisse Steuervorteile verfügen. Die relativ effiziente Regulierung des costaricanischen Binnenmarktes für Zucker und Kaffee (vgl.o. Kap. IV; detaillierter in:
Altenburg/Hein/Weller 1990, S. 132-151) trägt zwar zur Stabilisierung dieser
Kooperativen bei, nutzt aber ebenso den privaten, besser nicht-genossenschaft-
lichen Konkurrenten.

Im Hinblick auf das Konzept "Privatisierung durch Kooperativisierung" ist auch
interessant, daß die Umformung eines vorher bestehenden Unternehmens
in eine Genossenschaft wie im Falle der CoopeVictoria keineswegs einen Son-
derfall darstellt. So entstand etwa die größte industrielle Kooperative,
COOPESA, als 1963 ein US-amerikanischem Kapital gehörendes Flugzeugrepa-
raturunternehmen in Konkurs ging; COOPESA arbeitet seitdem erfolgreich -
und zwar mit den Abteilungen Flugzeugreparaturen und Karosseriebau (für
Lastwagen) - und kann durch ausländische Aufträge in beträchtlichem Umfange
Devisen erwirtschaften. Sie ist als selbstverwaltete Genossenschaft (cooperativa
de autogestión) organisiert, praktisch alle Arbeiter sind "socios" (vgl. Weller
1986, S. 165). Eine Reihe von selbstverwalteten Genossenschaften, in denen das
bewirtschaftete Land den Genossen gemeinsam gehört, entstanden auch in der
ersten Hälfte der 1980er Jahre, als der US-Multi United Fruit im Bereich der
südlichen Pazifikküste den Bananenanbau einstellte. Darauf und auf deren weitgehend günstige wirtschaftliche Entwicklung ist bereits oben im Abschn. 2.2 hingewiesen worden. Zu erinnern ist hier auch noch einmal an die innovative Rolle
der *Coopeagri El General*, die ebenfalls oben kurz charakterisiert worden ist.

Unternehmerisch orientierte Genossenschaften entsprechen voll dem Konzept
einer neuen Tendenz in der costaricanischen Genossenschaftsbewegung, die
Ende der 1970er Jahre bereits im Zusammenhang mit der sich abzeichnenden
Krise entstand: Der sog. *Nuevo Cooperativismo* wollte wegkommen von den
vagen Vorstellungen des Genossenschaftswesens als Basis eines "Dritten Weges"

zwischen Kapitalismus und Sozialismus, das auch die erste Phase der Kooperativenbewegung in Costa Rica geprägt hat und dem wirtschaftlichen Erfolg der Genossenschaften nicht immer förderlich war. Die Reformer forderten nun Priorität für die wirtschaftlichen Ziele der Genossenschaften als Unternehmen, was sie wiederum als *Grundlage* für das Erreichen der traditionellen sozialen Ziele ansahen. Folgende Ziele wurden formuliert: Professionalisierung der Unternehmensführung, mehr Gewicht für eine betriebswirtschaftliche orientierte Ausbildung als für traditionelle "genossenschaftliche Erziehung", politische Rolle der Genossenschaftsbewegung als aktiver reformistischer Kraft, Verstärkung von Koordination und Planung im Genossenschaftssektor (vgl. Weller 1986, S. 171ff.).

Das zuletzt genannte Ziel der besseren Koordination und Planung - im Kaffeesektor durch die Arbeit von FEDECOOP (Federación de Cooperativas de Caficultores) schon seit einiger Zeit verwirklicht - führte Anfang der 1980er Jahre zur Gründung einer Reihe von sog. "Integrationsmechanismen" - neben den natürlich schon zuvor bestehenden Dachorganisationen auf nationaler Ebene sowie einzelner Regionen und Sektoren sowie dem schon zuvor bestehenden staatlichen Institut zur Förderung des Kooperativismus (Instituto Nacional de Fomento Cooperativo, INFOCOOP, typischerweise in der ersten Hälfte der 70er Jahre -1973- gegründet). Hervorzuheben unter den neuen Organisationen sind vor allem die Genossenschaftsbank BANCOOP, das primär betriebswirtschaftlich orientierte Weiterbildungsinstitut auf akademischem Niveau CENECOOP (Centro de Estudios y Capacitación Cooperativo) sowie die Vermarktungsorganisation für verderbliche Produkte ENCOOPER (Empresa Cooperativa Comercializadora de Productos Perecederos), die allerdings scheiterte (vgl. Calvo Coin/Gainza Echeverría 1989) - alle im Jahre 1983 gegründet, als der neugewählte Präsident Monge (der sozialdemokratisch orientierten Partido Liberación Nacional/PLN) die sich neu orientierende Genossenschaftsbewegung ins Zentrum seines sozialen Reformkonzepts stellte.

Dieses unternehmerisch orientierte Konzept des "Nuevo Cooperativismo" stand in einem gewissen Konflikt zu einer anderen Idee der Weiterentwicklung des Genossenschaftswesens, die zuvor von der christlich-sozialen Regierung Carazo vertreten wurde, nämlich die Förderung von selbstverwalteten Genossenschaften (mit gemeinsamem Eigentum an Land bzw. industriellen Produktionsstätten, *Cooperativas de Autogestión*). Dieses Konzept war in seiner konkreten Ausprägung keineswegs sozialistisch, sondern eher von der katholischen Soziallehre her inspiriert; es wollte - im Unterschied zur Mittelschichtorientierung der bisherigen Genossenschaftsbewegung - vor allem den ökonomisch und sozial marginalisierten Teilen der Bevölkerung durch die Förderung genossenschaftlicher Produktion eine Einkommensgrundlage schaffen (vgl. Weller 1986, S. 174-176).

Angesichts der sehr viel ungünstigeren Voraussetzungen (Aufbau meist völlig
neuer Strukturen, schwache ökonomische Grundlage, mangelnde technische und
unternehmerische Fähigkeiten bei den Mitgliedern) waren diese Genossenschaften meist von einer recht prekären ökonomischen Situation gekennzeichnet; die
Ausnahme bilden natürlich selbstverwaltete Genossenschaften, die durch die
Umwandlung bestehender Unternehmen entstanden sind (s.o.). Da dieses Konzept zwar andere Prioritäten als der Nuevo Cooperativismo setzte, aber durchaus
komplementäre Funktionen übernehmen konnte, gelang es in den Beratungen
des im Mai 1982 verabschiedeten neuen Genossenschaftsgesetzes, beide Strömungen zu integrieren. Es liegt jedoch auf der Hand, daß die unternehmerische
Orientierung als Voraussetzung für die aktive Rolle des Genossenschaftssektors
im Zusammenhang der Privatisierung staatlicher Unternehmen eine wichtigere
Rolle spielte.

3.3   Strukturanpassung, Privatisierung und Genossenschaften

Unter den politischen Kräften, die den Strukturanpassungsprozeß vorantrieben
(Weltbank, IWF, US-Regierung, größere Teile der costaricanischen Privatwirt-
schaft - vor allem Industrie und Handel, neoliberal orientierte Politiker in beiden
großen Parteien) bestand auch in Costa Rica ein weitgehender Konsens darüber,
daß der Abbau der wirtschaftlichen Aktivitäten des Staatsapparates eine wesentliche Komponente von Strukturanpassung sein müsse. Überhaupt keine Zweifel
bestanden im Hinblick auf die Liquidierung oder Privatisierung überschuldeter
staatlicher Industrieunternehmen, wie sie weitgehend das Resultat der Aktivitäten von CODESA gewesen waren; konfliktiver waren die Auseinandersetzungen
über andere Bereiche staatlicher Aktivitäten, in denen der Staat entweder ein
Monopol (etwa: Versicherungswesen, Hafenanlagen) oder eine gesetzlich festgelegte Vorrangstellung besaß und weitgehend heute noch besitzt (Banken, Elek-
trizitätserzeugung). Im Zusammenhang der Rolle von Genossenschaften geht es
vor allem um den ersten Aspekt, auf den ich mich deshalb hier konzentrieren
will.

Da trotz der weitgehend akzeptierten Notwendigkeit von "Strukturanpassung"
doch wichtige politische Kräfte in Costa Rica die ursprünglichen Ziele von
CODESA nicht ganz aus dem Auge verlieren wollten - Ziele, die wie oben
dargestellte, nicht mit jedem Konzept von Strukturanpassung kollidieren mußten -, begann sehr rasch eine Diskussion darüber, wie der anstehende Privatisierungsprozeß zu steuern sein könnte. Bereits im Jahr 1980 wurde ein Gesetz
erlassen (vgl. Volio/Echandi/Serrano, S. 75), aufgrund dessen u.a. der Aufkauf
von CODESA-Unternehmen durch ausländisches Kapital blockiert wurde und

größere Aktienanteile bzw. der Besitz einzelner Unternehmen ganz dem costaricanischen Staat vorbehalten bleiben sollte. Daß nach der faktischen Zahlungsunfähigkeit Costa Ricas im September 1981 (vgl. Rivera Urrutia 1982 Abschn. IV.5) jede weitere Zusammenarbeit mit IWF und Weltbank mehr Flexibilität bei der Privatisierung der defizitären Staatsunternehmen voraussetzen würde, war klar; allerdings verstummten die Forderungen nicht, den Privatisierungsprozeß in Richtung auf eine Stärkung kollektiven Eigentums zu steuern.

Im September 1983 wurde eine Kommission eingesetzt, die die Möglichkeiten der Vergenossenschaftlichung der Unternehmen von CODESA prüfen sollte. Abgesehen von einigen Unternehmen im Bereich des Transportwesens (Eisenbahn, öffentlicher Busverkehr in San José, Fährunternehmen), die direkt der costaricanischen Regierung unterstellt werden sollten, wurde zwischen "kooperativisierbaren" und "nicht-kooperativisierbaren" Unternehmen unterschieden, wobei zu ersteren neben einem holzverarbeitenden Unternehmen (Stabapari) die Zementfabrik CEMPASA und Zuckerfabrik CATSA gezählt wurden, darüber hinaus wurde auch über ein mögliches Interesse von FEDECOOP an der Düngemittelfabrik FERTICA gesprochen.

Am 24.2.1984 wurde dann ein "Gesetz zur Sicherung des finanziellen Gleichgewichts des öffentlichen Sektors" verabschiedet, wobei der Verkauf der Unternehmen von CODESA geregelt wurde (vgl. Mylena Vega 1985a; Volio/ Echandi/Serrano, S. 78f.):

- einige werden anderen staatlichen Institutionen unterstellt;
- CATSA und CEMVASA bleiben dem genossenschaftlichen Sektor vorbehalten;
- alle anderen werden öffentlich ausgeschrieben (auf der Basis einer Einschätzung ihres Wertes durch den Rechnungshof), wobei bei vergleichbaren Angeboten kollektiven Unternehmen der Beschäftigten (*organizaciones sociales de los trabajadores*) der Verzug gegeben werden soll;
- im Falle von CEMPASA und FERTICA sollen nur 40% der Aktien verkauft werden.

Eine ebenfalls 1984 durchgeführte Studie der AID beschäftigte sich bereits konkret mit einer Verkaufsstrategie für die CODESA-Unternehmen, wobei gleichzeitig die Belastung der costaricanischen Zentralbank durch die ständig steigende Verschuldung von CODESA gebremst werden sollte. Das Resultat war schließlich Anfang 1985 ein Abkommen über eine Schenkung der USA an Costa Rica in Höhe von 140 Mio.US$ zur Errichtung einer "Treuhandgesellschaft für Übergangsinvestitionen" (*Fiduciaria de Inversiones Transitorias*/ FINTRA), die am

6.9.1985 ihrer Arbeit aufnahm (vgl. Volio/Echandi/Serrano, S. 82-88). Unternehmen, die zu Bedingungen, die den costaricanischen Staat zufriedenstellten (in etwa: entsprechend der Bewertung des obersten Gerichtshofes), *nicht* verkauft werden konnten, können FINTRA übertragen werden, die dann für die Sanierung und den Verkauf bzw. evtl. die Liquidierung des Unternehmens verantwortlich sein würde.

Diese Schenkung stellte praktisch einen Beitrag der USA zur Sanierung der costaricanischen Staatsfinanzen dar - ein Beitrag, der sicherlich auf dem Hintergrund der gesamten geopolitischen Situation in Zentralamerika zu sehen ist. Gesellschafter von FINTRA wurden fünf Costaricaner - bekannte Unternehmer und Politiker -, das Abkommen gestand der AID allerdings fast totale Interventionsrechte zu (vgl. Volio/Echandi/Serrano, S. 109-11). Der Vorwurf, daß damit ein erheblicher Eingriff in die Souveränität Costa Ricas verbunden sei, lag nahe. In diesem Zusammenhang insistierte eine parallel zum Prozeß der Etablierung von FINTRA geschaffene *Comisión Nacional para la Reestructuración de CODESA* (am 25.2.1985) als Vertreterin der öffentlichen Interessen Costa Ricas auf einem Mitspracherecht bis zu dem Zeitpunkt, an dem eine Firma aus den Händen von FINTRA in Privatbesitz übergegangen sei. Dieses Mitspracherecht wurde von AID formal nie zugestanden - da FINTRA bereits ein "strikt privates Unternehmen" sei -, informell aber akzeptiert.

Trotz dieser Unterstützung durch die USA erwies sich die Privatisierung der CODESA-Unternehmen - mit wenigen Ausnahmen - als ein langwieriges Unterfangen. Bereits 1985 wurden - noch ohne Beteiligung von FINTRA - die relativ kleinen Fischereiunternehmen MARICULTURA und ACUACULTURA verkauft sowie, allerdings schon mit kräftiger finanzieller Unterstützung der costaricanischen Treuhandgesellschaft, als erstes der vier großen Unternehmen ALUNASA. Wie vorgesehen, wurden einige Unternehmen anderen Einrichtungen des öffentlichen Sektors übertragen (u.a. die Busgesellschaft TRANSMESA und die Eisenbahngesellschaft FECOSA dem Transportministerium, die Trägergesellschaft der Freien Produktionszonen (*Zonas Francas*) dem Exportministerium Minex); die Fähre "Ferryboat del Tempisque" wurde offenbar entgegen der ursprünglichen Planung in eine Genossenschaft verwandelt (vgl. Anuario del Cooperativismo, S. 176).

Der insgesamt größte Teil der Unternehmen wurde nach einer Reihe vergeblicher Ausschreibungen aufgelöst - darunter auch die eingangs genannten agroindustriellen Unternehmen ALCORSA (Baumwollverarbeitung) und DAISA sowie die Zementfabrik CEMVASA, die ursprünglich ja auch dem Kooperativensektor vorbehalten sein sollte, aber keine ausreichenden wirtschaftlichen

Perspektiven bot. Die Zuckerfabrik CATSA wurde im Verlaufe der Jahre 1987 und 1988 zwar nicht, wie ursprünglich diskutiert, in eine Kooperative verwandelt, jedoch von einem *Konsortium von Genossenschaften* aufgekauft, so daß der gesetzlichen Vorgabe von 1984 hier Genüge getan wurde (vgl."Privatización y democratización de CATSA"). Auf diesen Prozeß und seine Resultate wird im folgenden Abschnitt genauer eingegangen.

Auch beim letzten Besuch des Autors in Costa Rica (Sept. 1991) war die Privatisierung der beiden verbleibenden großen Unternehmen CEMPASA und FERTICA noch nicht abgeschlossen. Es zeichnete sich allerdings ab, daß die jeweils abzugebenden 40% der Aktien an Konsortien interessierter Unternehmergruppen mit einer eventuellen Beteiligung der Arbeiter der beiden Unternehmen, im Falle FERTICAS vor allem wohl auch an größere landwirtschaftliche Genossenschaften bzw. - dachverbände, die ja wesentliche Abnehmer der Kunstdüngerproduktion sind, verkauft werden. Interessanterweise ist die 40%-Grenze noch nicht infragegestellt worden, obwohl sonst die Privatisierungsdiskussion in Costa Rica inzwischen die bisherigen Tabugrenzen überschritten hat (Diskussion über Privatisierung der staatlichen Elektrizitätsgesellschaft ICE - *Instituto Costarricense de Electricidad* - und die Aufhebung des staatlichen Monopols im Versicherungswesen) (Interview mit Erwin Geiger).

3.4   Die Kooperativisierung der Zuckerfabrik CATSA

Das Unternehmen CATSA (*Central Azucarera Tempisque, S. A.*) wurde im Oktober 1975 als Aktiengesellschaft (*Sociedad Anónima*) gegründet, wobei die Aktien sich ausschließlich im Besitz von CODESA befanden. Aufgebaut wurde ein *Ingenio* mit einer Verarbeitungskapazität von 432.000 t Zuckerrohr pro Ernte sowie einer Fläche von 5282 ha, von denen 3.400 ha als landwirtschaftlich nutzbar bezeichnet wurden; es übertraf deutlich die installierte Kapazität der größten der bisherigen Ingenios in Costa Rica (zwischen 200.000 und 300.000 t/Ernte, vgl. Achio/Escalante 1985, S. 83) und wurde mit modernster Technologie errichtet (aufgebaut unter der Leitung der Firma International Planning Services aus Florida - Exilkubaner). Angeschlossen wurde darüber hinaus eine aus Brasilien importierte Anlage zur Destillation von Alkohol für die Nutzung als Treibstoff mit einer Kapazität von 240.000 Litern/ Tag. Der Standort der Fabrik am Mittellauf des Flüßchens Tempisque im Zentrum der Provinz Guanacaste wurde - abgesehen von den günstigen natürlichen Voraussetzungen der Region für den Zuckerrohranbau - auch unter regionalpolitischen Gesichtspunkten gewählt: In Verbindung mit einem gleichzeitig geplanten großangelegten Bewässerungsprogramm in der Region sollte es helfen, die Landwirtschaft Guanacastes (bisher dominiert von traditioneller extensiver Viehzucht) zu diversifizieren und zu modernisieren. Die Produktion begann im Jahre 1977/78 im Probebetrieb und im Jahr darauf in wirtschaftlich relevantem Umfange. Zwischen 1980 und 1984 lag der Anteil von CATSA an der gesamten Zuckerproduktion Costa Ricas bei durchschnittlich 10,1%, was bei einem Anteil von etwa 12% an der installierten Kapazität sicher nicht als Erfolg für das modernste Ingenio des Landes gewertet werden kann, aber auch noch nicht als Beweis für eine wirtschaftliche Katastrophe (vgl. Mylena Vega 1985, S. 5).

Abgesehen einmal von generellen Aspekten bürokratischer Ineffizienz in der Planung und Verwaltung des Unternehmens sind es vor allem drei Aspekte, auf die das wirtschaftliche Scheitern zurückgeführt werden kann:

- Die Kapazitätsauslastung war ungenügend, da im Einzugsbereich des Ingenio nicht genügend Zucker produziert wurde; dies lag in erster Linie an der mangelnden Effizienz der landwirtschaftlichen Produktion innerhalb von CATSA selbst: Zuckerrohr wurde in der ersten Hälfte der 1980er Jahre nur von 58% der bebaubaren Fläche geerntet; selbst hier lag die Flächenproduktivität mit 58 t/ha erheblich unter dem Ertrag des Nachbaringenios *Taboga* mit 90 t/ha, aber auch unter dem Durchschnitt der anderen Ingenios der Region (78 t/ha). Dies wird vor allem auf administrative Mängel, in erster Linie häufiges Wechseln des Managements, zurückgeführt (vgl. Vega 1985, S. 6).

- Das Unternehmen war personell überbesetzt: Anfang der 1980er Jahre hatte CATSA etwa 500 ständig Beschäftigte (davon 80 in der Verwaltung), in der Erntezeit etwa 2.500; Anfang 1991 produzierte man mit 216 ständigen Beschäftigten (40 in der Verwaltung) und etwa 1.700 - 2.000 in der Erntezeit deutlich mehr als zehn Jahre zuvor (vgl.u.) (Interview mit Avisaí Leiton C.).

- Die Produktion von Alkohol als Kraftstoff erwies sich als völlig unrentabel; obendrein hatte Costa Rica sein eigenes Alkoholprogramm bald wieder eingestellt, nachdem eine zu kräftige Beimischung von Alkohol zum Benzin an normalen Tankstellen zu Schäden an Kraftfahrzeugen und folglich zu Protesten geführt hatte.

Angesichts dieser Probleme braucht die Anhäufung von Verlusten des Unternehmens (bis Ende 1987 über 700 Mio. Colones, zu diesem Zeitpunkt etwa 10 Mio.US$, bei einer Gesamtverschuldung von 1,172 Mrd. Colones, etwa 16,7 Mio. US$), nicht zu verwundern; andererseits deuten die erzielten Produktionsergebnisse daraufhin, daß CATSA durchaus "sanierbar" sein würde, was sicher eine Voraussetzung für das Interesse des Kooperativensektors an dem Unternehmen war.

Daß das Gesetz von Februar 1984 (vgl.o., Kap. IV) die Überführung von CATSA in Genossenschaftseigentum vorsah, hängt - abgesehen von der allgemein Wertschätzung des Genossenschaftswesens in Costa Rica - wohl vor allem damit dazusammen, daß es eine Reihe erfolgreicher Beispiele genossenschaftlich organisierter Ingenios gab (vgl. u.a. die oben kurz vorgestellte Coope Victoria). Bereits 1984/85 hatte sich eine rege Diskussion über mögliche Formen der "Cooperativización" von CATSA entwickelt (vgl. u.a. Vega 1985 und 1985a), wobei die beiden wichtigsten Modelle wie folgt aussahen:

(1) Überführung des Unternehmens in eine *"Cooperativa de co-gestión"* (der "gemeinsamen Verwaltung"), d.h. in den gemeinsamen Besitz der zuliefernden Zuckerproduzenten sowie der ständigen Arbeiter des Unternehmens; dies wäre - auch wenn in den meisten kooperativen Ingenios bisher nur landwirtschaftliche Zulieferer als Genossen beteiligt waren - die traditionellere Lösung gewesen, die verständlicherweise von den Zulieferern auch favorisiert wurde.

(2) Verkauf von CATSA an ein *Consorcio cooperativo*, also ein Konsortium von Genossenschaften, das selbst wieder sehr unterschiedlich zusammengesetzt sein könnte, wobei zunächst der Vorschlag kursierte, die Beteiligung am Konsortium auf Kooperativen der Region und des Zuckersektors zu beschränken, sich dann aber immer mehr die Idee einer Integrationsfunktion von CATSA für den gesamten Genossenschaftssektor durchsetzte.

Es ging also offensichtlich darum, ob CATSA einfach zu einer weiteren Kooperative werden sollte - sicherlich wirtschaftlich eine der größten und möglicherweise als Vorbild für weitere *Cooperativas de cogestión* - oder ob man das Ingenio als Instrument für die Integration des Genossenschaftssektors insgesamt nutzen sollte. Letzteres, vor allem in Verbindung mit einer unternehmerisch orientierten Leitung, entsprach den Interessen der dominanten Kräften des "Nuevo Cooperativismo" am meisten - dazu kam die Erwartung etwa von seiten FINTRAs, daß CATSA zu verkaufen und nicht zu verschenken sei, zahlungsfähig waren nun aber nicht die Arbeiter und Zulieferer von CATSA, sondern am ehesten einzelne Genossenschaften und Genossenschaftsdachverbände.

Nachdem im Jahre 1987 zunächst der Versuch, die Aktien von CATSA jedem Mitglied irgendeiner Genossenschaft individuell feilzubieten, weitgehend scheiterte, gelang es schließlich, ein Konsortium zusammenzustellen, das gemeinsam den größten Teil der 500.000 Aktien (á jeweils 1.000 Colones) kaufte: Jeweils 10% der Aktien wurden übernommen von:

- Dos Pinos (nationale Molkereigenossenschaft, die etwa die Hälfte des costari-
  canischen Milchmarktes kontrolliert)
- CoopeMontecillos (*Cooperativa de cogestión*, Rindfleischproduktion und -ver-
  arbeitung, Fischerei)
- BANCOOP, die 1983 gegründete Genossenschaftsbank
- URCIZON (*Unión Regional de Cooperativas de la Zona Norte*)
- FEDECOOP (die Vereinigung der Kaffeekooperativen)
- UNACOOP (*Unión Nacional de Cooperativas*, Nationaler Genossenschafts-
  verband)

20% der Aktien wurden von LAICA (*Liga Agroindustrial de la Caña de Azucar*),
der nationalen Organisation zur Regulierung des Zuckersektors, übernommen.
Über LAICA läuft die gesamte Vermarktung des costaricanischen Zuckers;
Zuckerrohrproduzenten, Ingenios und Staat sind im Verhältnis 3:3:2 vertreten.
5% der Aktien gingen an die neugegründete CoopeCATSA, in der etwa 90% der
ständigen Beschäftigten des Unternehmens organisiert sind, während die restlichen 15% von einzelnen Genossenschaften bzw. individuellen Genossenschaft-
lern gekauft wurden (Interview mit Avisaí Leiton).

Der Transfer des Unternehmens wurde entscheidend von FINTRA subventio-
niert; die "Treuhandgesellschaft" übernahm CATSA am 10.9.1987 zum offiziell
geschätzten Wert von 3,483 Mrd. Colones (zu diesem Zeitpunkt knapp
50 Mio.US$) und übergab das Unternehmen nach einem Jahr grundlegender
Sanierung am 30.9.1988 an die neuen Eigentümer bzw. deren Management für
die bereits genannten 500 Mio. Colones (also etwa 7 Mio.$). Bereits 1988, also
noch weitgehend unter der Administration von FINTRA, machte CATSA einen
Nettogewinn von 111 Mio. Colones, was wohl im wesentlichen auf effizienteres
Management und die Reduktion der Beschäftigtenzahl zurückzuführen ist.

Auch die wirtschaftlichen Ergebnisse der Jahre 1989 und 1990 deuten daraufhin,
daß die Sanierung des Unternehmens von dieser Seite her als voller Erfolg zu
werten ist, wobei zu berücksichtigen ist, daß die Zuckerrohrernte 1989 aus klimatischen Gründen eine sehr schlechte war.

Ende Februar 1991 (etwa in der Mitte der Ernteperiode) prognostizierte man
gegenüber 1990 eine weitere erhebliche Steigerung der eigenen Produktion
(Interview mit Avisaí Leiton), da die Anbaufläche aufgrund des Zukaufs von
780 ha Land um ca. 20% vergrößert werden konnte. Aufgrund der nach der
Analyse cubanischer Consultoren durchgeführten Reorganisation der Zuckerrohrfelder erwartet man darüber hinaus eine erhebliche Steigerung der Erträge
auf bis zu 110 t/ha, was bedeuten würde, daß die Eigenproduktion 320.000 t

erreichen könnte. Als Resultat ständiger Analysen durch das eigene Laboratorium habe man den Zuckerertrag auf 105 kg/ Tonne Zuckerrohr steigern können, was bedeutet, daß aufgrund des Abrechnungssystems die Zulieferer an CATSA mehr erhalten, als Produzenten, die an andere Ingenios liefern. An die Anteilseigner wurde 1990 eine Dividende von 100 Mio.Colones ausgeschüttet.

Tabelle 8.4:   Wirtschaftliche Ergebnisse von CATSA 1981-84, 1989 und 1990

	Durchschn. 1981-84	1989	1990
Zuckerrohr: (in t)			
- eigene Produktion	116.609	136.494	191.987
- Produkt./ha	58	54,5	72
- angelieferte Prod.	112.168	92.458	119.421
- insg. verarbeitetes Zuckerrohr	228.777	228.951	311.408
prod. Zucker (in t)	20.312	21.714	31.030
Nettogewinn (-verlust) (1000 C)	(186.572)*	102.626	208.986

* Durchschnitt der Verluste für 1981 und 1983

Quellen: 1981-1984 (außer Nettogewinn/verlust): Mylena Vega, 1985, S. 4-7; Nettoverlust 1981/83: Volio/Echandi/Serrano, S. 84; 1989 und 1990: CATSA 1990, S. 7, 18, 26.

Die Alkoholproduktion ist weiterhin unbedeutend: 1990 wurden 3,25 Mio.l Alkohol hergestellt, was bei einer Kapazität von 240.000 l/Tag in 14 Tagen produziert werden könnte; 180 Tage im Jahr könnte die Destillerie jedoch arbeiten. Daß dies nicht geschieht, liegt an der Unwirtschaftlichkeit der Produktion: Z.Zt. wird Alkohol nur auf der Basis eines Abfallproduktes, der Melasse, hergestellt; selbst so koste ein Liter Alkohol 25 US cents, während ein Liter importierten Benzins keine 20 cents kosten (Interview mit Avisaí Leiton; vgl. dazu auch Borges u.a. 1984).

Auf den für Zuckerrohr nicht geeigneten Flächen baut CATSA Reis an; experimentiert wird mit dem kombinierten Anbau von Reis und Zuckerrohr. Geplant ist darüber hinaus auch die Produktion von Elektrizität für Dritte; bereits jetzt ist das Unternehmen durch Generatoren, die über die Verbrennung der Bagasse angetrieben werden, Selbstversorger mit elektrischer Energie; die flüssigen Abfälle - im allgemeinen ein Problem, da sie die Flüsse mit organischem Material belasten - werden zur Bewässerung und damit zur Düngung der Felder genutzt.

Erscheint also die Sanierung des Unternehmens wirtschaftlich und technisch als
ein Erfolg, so ist bisher allerdings die zentrale Frage unbeantwortet: *Wem nutzt
nun eigentlich die Überführung des Unternehmens in Eigentum des Kooperativen-
sektors* ? Die Erhaltung von CATSA als solche hat sicherlich eine positive Aus-
wirkung auf die regionale Entwicklung - was jedoch auch bei einer "normalen"
Privatisierung möglich gewesen wäre. Die CATSA-Arbeiter hätten sicherlich von
einer traditionellen Vergenossenschaftlichung, die ihnen selbst vielleicht 50% -
neben den zuliefernden Zuckerrohrproduzenten - und nicht wie jetzt 5% des
Anteils am Unternehmen gegeben hätte, mehr profitiert, obwohl natürlich dann
die Finanzierung des Kaufs der entsprechenden Anteile hätte anders geregelt
werden müssen. Der Controller des Unternehmens betonte, daß die Löhne die
niedrigsten aller Ingenios seien, d.h. wohl den gesetzlich festgelegten Mindestlohn nicht übersteigen. Der Anteil an der Dividende von 5 Mio. Colones verteilt
sich auf 164 Mitglieder von CoopeCATSA - das sind 30.488 Colones (Anfg. 1991
knapp 300 US$) pro Person, etwas mehr als ein 13. Monatsgehalt. Der
Geschäftsführer von CoopeCATSA (gleichzeitig Leiter der landwirtschaftlichen
Sektion des Unternehmens) betonte einerseits, daß es Ziel der Genossenschaftsbewegung ist, CATSA als erfolgreiches Privatunternehmen zu führen und nicht -
zumindest z.Zt. - als soziales Modell; andererseits seien auch die Beschäftigten
mit der Entwicklung der letzten Jahre zufrieden (Interview mit Melvin Clachar).

Die Vorteile der gefundenen Lösung sind zweifellos zum einen, daß das modernste und größte Ingenio des Landes in nationaler Hand geblieben ist, was insgesamt für die weitere Entwicklung von Management und technischen Kenntnissen
in der Zuckerproduktion Costa Ricas nicht ganz unwichtig ist. Zum anderen
bedeutet es eine politische und - bei anhaltendem wirtschaftlichen Erfolg - auch
finanzielle Stärkung des Genossenschaftssektors. Die Dividende von jeweils
10 Mio. Colones, die die am Aktienpaket beteiligten Genossenschaften und
genossenschaftlichen Organisationen 1990 erhielten, stellt zumindest für einige
dieser Organisationen einen wichtigen wirtschaftlichen Beitrag dar: So hatte
UNACOOP 1988 Gesamteinnahmen von 53,6 Mio. Colones, BANCOOP verwaltet zwar ausländische Ressourcen in Millardenhöhe (Colones), hatte aber 1988
eigene Ressourcen von lediglich 29,1 Mio. Colones (Anuario del Cooperativismo,
S. 54 und 59).

3.5   *Privatisierung in Costa Rica - eine Stärkung autozentrierter agro-industrieller Entwicklung?*

Wenn man trotz der relativ großen Zahl aufgelöster Unternehmen - knapp 2/3
der etwa 35 Unternehmen, an denen CODESA Mehrheitsbeteiligungen besaß
(vgl. Vargas 1990, S. 275f.) - den inzwischen kurz vor dem Abschluß stehen Privatisierungsprozeß der staatlichen Holding CODESA als relativ erfolgreich
bewerten könnte, dann vor allem aus drei Gründen:

- Die vier größten Unternehmen, die doch zusammen deutlich mehr als die Hälfte des Gesamtwertes der betreffenden Firmen repräsentieren, konnten erhalten und weitgehend saniert werden - in letzterer Hinsicht werden lediglich im Zusammenhang mit FERTICA noch Bedenken geäußert (Interview mit Edwin Geiger).

- Die privatisierten Unternehmen bleiben in costaricanischer Hand: Dies muß zwar nicht als Wert an sich angesehen werden, ist aber - wie schon oben im Zusammenhang mit CATSA betont wurde - für die weitere Entwicklung von Management und technischen Fertigkeiten im Lande, also für eine Selbstbehauptung auch in liberalisierten Märkten, nicht unbedeutend.

- Die wichtige Rolle der Genossenschaften in diesem Prozeß - wie überhaupt deren *Stärkung* in einer Periode der wirtschaftlichen Liberalisierung - kann als eine Chance gesehen werden, Organisationsformen zur Selbstbehauptung kleinerer und mittlerer Unternehmen in einen weitgehend wirtschaftsliberalen Strukturanpassungsprozeß zu integrieren. Genossenschaften als effiziente Wirtschaftsunternehmen sind auch in Ländern der Dritten Welt möglich.

Andererseits werden am Beispiel des costaricanischen Privatisierungsprozesses auch zwei Beschränkungen einer "Entwicklung durch Kooperativisierung" deutlich:

(1) Zum einen gibt es zweifelsohne eine Spannung zwischen der Vorstellung von Genossenschaften als Elemente einer demokratischen, partizipativen Umgestaltung kapitalistischer Ökonomien und den Voraussetzungen für die Funktion von Genossenschaften als effiziente Unternehmen, die mit anderen Privatunternehmen in Konkurrenz stehen. Als wirtschaftlich erfolgreich haben sich vor allem solche Genossenschaften erwiesen, die ein hochqualifiziertes Management mit weitgehenden Handlungsspielräumen besitzen, das - ähnlich wie bei Aktiengesellschaften - einmal im Jahr durch eine Versammlung der beteiligten Genossenschaftler kontrolliert wird; im Unterschied zu Aktiengesellschaften sind die "Teilhaber" eines genossenschaftlichen Unternehmens jedoch die Beschäftigten, wodurch zweifellos ein demokratisches Element vorhanden ist. Wesentlich erscheint mir in erster Linie die damit zusammenhängende Bedeutung eines genossenschaftlichen Sektors für die Verbesserung von Strukturen der Einkommensverteilung, für die Verbreitung unternehmerischen Denkens (was etwa bei Arbeitern transnationaler Konzerne gewöhnlich ebensowenig gefördert wird wie bei staatlichen Unternehmen) und für eine breite Beschäftigung von Produzenten mit Fragen von Technologie, Vermarktung, Betriebsorganisation usw. Das gilt

vor allem für den im Entwicklungsprozeß so wichtigen ländlichen Sektor, wo Liberalisierungsprozesse auf sich gestellten Klein- und Kleinstproduzenten immer weniger Chancen lassen.

(2) Kooperativisierung ist u.a. eine Antwort auf die Schwierigkeiten von Kleinunternehmen mit den finanziellen und den qualifikationsmäßigen Voraussetzungen des Modernisierungsprozesses gerade auch im ländlichen Bereich. Dies gilt in besonderem Maße für die Nutzung neuer Chancen auf dem Weltmarkt, wo die konkrete Erschließung von Märkten, die Organisation des Transportes und die Garantie eines kalkulierbaren Angebotes (Mengen, Ernteperiode) für Kleinbauern, aber auch noch für mittlere lokale Unternehmen meist unüberwindbare Schwierigkeiten darstellen. Nicht zufälligerweise wird vor allem der Markt für leicht verderbliche Produkte (vor allem: Bananen, Ananas, nicht-traditionelle tropische Früchte), wo diese Probleme noch erheblich schwerer zu lösen sind, von Transnationalen Konzernen dominiert. Wie oben dargestellt, sind die costaricanischen Kooperativen bei den traditionellen Exportprodukten Kaffee, Zucker und Rindfleisch bereits in erheblichem Maße beteiligt; die Versuche, auch in den Export verderblicher Produkte einzusteigen, sind bisher nur in Kooperation mit den TNKs geglückt (vgl. Coopetrabasur in der Bananenproduktion, ähnlich bei Mangos; zur Problematik der Kontraktproduktion vgl. Altenburg/Weller 1991), ansonsten jedoch erst sehr zaghaft in Angriff genommen worden und dann, im Falle von ENCOOPER, gescheitert. Gewisse technologische Grenzen scheinen offensichtlich zu bestehen, womit nicht gesagt werden soll, daß sie notwendigerweise genau dort liegen, wo der costaricanische Genossenschaftssektor bisher gescheitert ist.

Das costaricanische Beispiel macht deutlich, daß Genossenschaften eine aktive Rolle in Strukturanpassungsprozessen spielen können - die in Costa Rica häufige Verknüpfung genossenschaftlicher Partizipationsmöglichkeiten mit unternehmerisch orientierter Leitung von Kooperativen kann durchaus als paradigmatisch betrachtet werden.

4 Veränderte Perspektiven aufgrund der neoliberalen Wirtschaftspolitik der PUSC-Regierung?

Die im März 1991 verfügbaren Daten lassen im wesentlichen Aussagen über die Auswirkungen der Politik der 1980er Jahre zu, sagen allerdings noch sehr wenig über die zu erwartenden Konsequenzen gerade eingeleiteter wirtschaftspolitischer Umorientierungen. Um etwas über die politische "Robustheit" des beschriebenen Entwicklungsmodells sagen zu können, ist es allerdings interessant, einige Überlegungen zu den weiteren Perspektiven zu wagen. Immerhin wiesen die Erfahrungen der vorangegangenen drei, vier Jahre daraufhin, daß gewisse Elemente autozentrierter agroindustrieller Entwicklung (etwa: genossenschaftliche Organisationsformen, regionale Entwicklungsprozesse) durchaus strukturell konsolidiert und nicht von kurzfristigen politischen Maßnahmen abhängig sind - was auch deshalb interessant ist, weil bei Abschluß des eigentlichen Forschungsprojektes (1989) festgestellt worden war, daß die politischen Weichenstellungen der zweiten Hälfte der 1980er Jahre die Durchsetzung eines solchen Entwicklungsmodells eher unwahrscheinlich erscheinen ließen. Könnte das bedeuten, daß auch die noch stärkere Akzentuierung der neoliberalen Komponente durch die gegenwärtige - seit Anfang 1990 im Amt befindliche - christlich-soziale Regierung Calderón angesichts dieser bestehenden Strukturen weniger konkrete Auswirkungen haben wird als von den Kritikern befürchtet ?

Edgar Fürst charakterisiert das Dilemma der costaricanischen Strukturanpassungspolitik recht treffend und macht damit gleichzeitig deutlich, wie schwer es ist, die Konsequenzen der Politik zu antizipieren:

"Dieses doppelte Dilemma der bisherigen Strukturanpassung in Costa Rica, nämlich weder eine verzerrungsbereinigte Allokationsstruktur gemäß der neoliberalen Norm noch eine an dynamischen komparativen Vorteilen orientierte Transformation gemäß dem neostrukturalistischen Ansatz auf den Weg gebracht zu haben, setzt denn auch die Herausforderungen und Spannungsfelder für die dritte Phase der Strukturanpassung (PAE III) in den neunziger Jahren auf die Tagesordnung. So ist es aus der ersten Sichtweise unabdingbar geworden, die Liberalisierung der Märkte - (neben dem) Außenhandel auch die teilweise noch preis- und prozedurregulierten Märkte für Inputs, Zwischengütern, Produktionsfaktoren und Dienstleistungen nationaler Herkunft - konsequent zu vertiefen. Hingegen ist es aus der letztgenannten Perspektive einer produktiven Transformation an der Zeit, eine notwendigerweise von einem modernisierten Interventionsstaat mitgetragene Umbau- und Anschlußstrategie auf der Basis einer aktiven Industrie- und Technologiepolitik in Gang zu setzen und damit die allseits proklamierte *reconversión industrial* ernsthaft in der Realität und nicht nur in Programmen zu verwirklichen." (Fürst 1991, S. 563).

Aus der Perspektive einer entschiedenen Förderung autozentrierter agroindustrieller Entwicklung wäre eine konsequente Hinwendung zur zweiten Strategie nötig; tatsächlich aber konzentrierte sich die Politik der PUSC-Regierung auf die "Liberalisierung der Märkte". Im Verlaufe dieser Studie ist mehrfach darauf hingewiesen worden, daß eine liberale Wirtschaftspolitik *ohne* systematische Förderung kleiner Produzenten ganz wesentliche Bereiche agroindustrieller

Entwicklung transnationalen Konzernen mit entsprechenden Konsequenzen im Hinblick auf die Entwicklung lokaler linkages überlassen würde. Die Einschätzung der Effekte wird allerdings dadurch erschwert, daß auch die "alten" politisch-ökonomischen Strukturen in vielerlei Hinsicht kleine Produzenten diskriminierten; unter diesem Gesichtspunkt ist ein etwas genauerer Blick auf die geplante Reform des öffentlichen Sektors sowie die Außenhandelsliberalisierung (einschl. des geplanten Abbaus der Exportsubventionen) nötig. Darüber hinaus sind zwei weitere Aspekte in die Perspektivendiskussion einzubeziehen: nämlich zum einen die Bedeutung der sozialen Komponente in der Politik der christlich-*sozialen* Regierungspartei, zum anderen die Kompromisse, die sich als Folge der Struktur des politischen Systems Costa Ricas ergeben.

4.1   Die Reform des öffentlichen Sektors

Zweifellos stellt die bisher ausgebliebene Reform des öffentlichen Sektors - u.a. wegen des auch deshalb erneut bedenklich gestiegenen Defizits des Staatshaushaltes zu recht einen Bereich dar, der in der politischen Agenda der jetzigen Regierung ebenso wie im vorliegenden Entwurf für ein drittes Strukturanpassungsabkommen (*Programa de Ajuste Estructural/PAE III*) eine zentrale Rolle spielt. Im Entwurf zum PAE III wird folgende Agenda aufgeführt (La Nación, 30.8.1991):

- Reform von Aufstellung und Kontrolle des öffentlichen Haushalts (Eliminierung paralleler Programme, genauere Bestimmung der Kosten öffentlicher Dienstleistungen, höhere Effizienz und Personalabbau);

- Einsetzung sektoraler Kommissionen zur Förderung institutioneller Reformen;

- Fortsetzung der Privatisierungspolitik über die Privatisierung der CODESA-Unternehmen hinaus; Identifikation von Aufgaben in verschiedenen Bereichen des öffentlichen Sektors, die effizienter von Privatunternehmen ausgeführt werden können;

- Verringerung der Arbeitskräfte im öffentlichen Sektor (im Zuge von Privatisierungsmaßnahmen, durch Reduktion von Programmen, vorzeitiger Versetzung in den Ruhestand, freiwillige Mobilität), wobei während der ersten zwei Jahre die Hälfte der eingesparten Mittel den jeweiligen Behörden zur Verbesserung ihrer eigenen Ausstattung verbleiben;

- Durchführung einer umfassenden Steuerreform (Konsolidierung der bestehenden 257 verschiedenen Steuerarten in 5-6), Eliminierung der meisten
Exonorationen, Verbesserung der Steuer- und Zollverwaltung;

- Sicherstellung einer ausreichenden staatlichen Ersparnis zur Finanzierung
öffentlicher Investitionen.

Konsequent durchgeführt und mit einer entsprechenden inhaltlichen Orientierung bei den institutionellen und fiskalischen Reformen, wäre eine entsprechende politische Reform zweifellos auch für einen Prozeß autozentrierter agroindustrieller Entwicklung von Nutzen, zumal das Ziel einer Stärkung öffentlicher
Ersparnisse (und der daraus resultierende erhöhte nationale Anteil an den Infrastrukturinvestitionen) dem Entwicklungsprozeß einen stärker autozentrierten
Charakter geben könnte; eine erhöhte Effizienz staatlicher Institutionen im
Bereich der Agrarförderung (-forschung, -beratung und Kreditvergabe) sowie
geringere bürokratische Barrieren im Außenhandelsbereich könnten kleinere
und mittlere Unternehmen im agroindustriellen Bereich fördern - der Peruaner
de Soto (1992) hat die blockierende Funktion von Bürokratie gerade für Kleinunternehmen überzeugend dargestellt.

Angesichts der aktuellen ökonomischen und politischen Situation steht allerdings
zu befürchten, daß sich im Prozeß dieser politischen Reform eher Nachteile für
Kleinproduzenten - und damit auch Probleme im Hinblick auf den autozentrierten Charakter des Entwicklungsprozesses - ergeben: Zum einen fehlt - wie oben
betont - ein strukturelles Entwicklungskonzept, das am allerwenigsten im Hinblick auf die Gestaltung von Institutionen durch das Wirken des Marktes ersetzt
werden kann. Strukturell orientierte Ansätze, die vor allem von seiten des Planungsministeriums immer wieder in die Diskussion gebracht werden (vgl.u.,
Kap. IV.4), stoßen jedoch bei der Kabinettsmehrheit regelmäßig auf Desinter-
esse bzw. Widerstand - was u.a. im häufigen Wechsel des Ressortchefs von
MIDEPLAN zum Ausdruck kommt.

Zum anderen übt die finanzpolitische Prioritätensetzung auf die Reduktion des
Defizits des öffentlichen Sektors - so unabweisbar diese kurzfristig auch sein mag
- einen erheblichen Druck auf den Staat aus, sich primär der Frage des Personal-
abbaus und erst sekundär (und damit eher mittel- bis langfristig) dem Problem
des Aufbaus neuer Institutionen und Infrastrukturen der Entwicklungsförderung
zuzuwenden. Folgt man den Worten des PAE III-Entwurfs und ergänzt diese
durch Aussagen des aktuell gültigen Entwicklungsplans (MIDEPLAN 1991), so
erscheinen zwar im Sinne einer Rationalisierung des öffentlichen Sektors erhebliche Umschichtungen des Budgets, kaum aber drastische Kürzungen der Gesamtausgaben möglich; in folgenden Bereichen sind erhebliche Mehrausgaben
nötig: Substitution ausländischer Kredite bei der Finanzierung öffentlicher

Investitionen, Ausbau und Erhaltung des Straßennetzes, Verbesserung des Ver-
kehrsnetzes (S-Bahn?) im zentralen Hochland, Ausbau und Erhaltung im Bil-
dungs- und Gesundheitswesen, Technologie- und Forschungsförderung, Förderung der Produktivitätsentwicklung im Grundnahrungsmittelsektor, Umwelt-
schutz (Ausbau und Schutz der Nationalparks, Gewässersanierung), Verbesserung der Finanzierung der Gemeinden, Beschäftigungsförderung. Kapitel
VIII.4.3 wirft noch einen kurzen Blick auf die sozialpolitische Komponente.

Wird die Reform des öffentlichen Sektors ohne eine integrale Entwicklungsstrategie in Angriff genommen, so werden sich gut organisierte Partikularinteressen
durchsetzen und die traditionelle Koalition von etablierten Interessen im öffentlichen Sektor selbst und "rent-seeking groups" des Privatsektors wird auch bei
veränderten Rahmenbedingungen weiterbestehen - zumal ein beträchtlicher Teil
der letzteren durchaus mit einer weitgehenden Liberalisierung der Wirtschaft
leben kann, während viele Kleinproduzenten auf Förderungsmaßnahmen angewiesen sind, um konkurrenzfähig zu *werden*.

4.2   Weitere Handelsliberalisierung

Seit Beginn des Strukturanpassungsprozesses lassen sich bei den politischen
Auseinandersetzungen um die Handelsliberalisierung drei Themenbereiche
unterscheiden:

- Importhandelsschranken
- Exportförderung
- Festsetzung der Erzeugerpreise für Grundnahrungsmittel

Auf diese Politik und ihre zwischenzeitlichen Ergebnisse ist oben kurz sowie in
der costaricanischen Veröffentlichung unserer Forschungsergebnisse (Alten-
burg/Hein/Weller 1990, Kap. III und Kap.VI) ausführlicher eingegangen worden; darüber hinaus hat sich Edgar Fürst in einem längeren Artikel damit aus-
einandergesetzt (Fürst 1991).

Der Entwurf für PAE III sieht eine weitere Liberalisierung der Importe vor, die
bis Ende 1994 auf ein Maximalniveau von 20% gesenkt werden sollen. Solche
Importe, die als essentielle Vorprodukte für costaricanische Produzenten klassi-
fiziert werden, sollen nur noch mit einem Zollsatz von 1% belastet werden,
Halbfertigwaren jedoch mit einem Satz von 15%. Für alle anderen Vorprodukte
soll ein Satz von 10% gelten, der gesenkt werden kann, wenn es die fiskalische
Situation erlaubt. Alle, im Augenblick (d.h. Ende August 1991) noch bestehenden Sonderzölle ("sobretasas", die zwecks Reduktion des Haushaltsdefizit eingeführt worden waren, vgl. o.) sowie alle Steuern, die lediglich auf Importe erho-
ben werden, sind abzuschaffen.

Diese Ziele liegen auf der Linie der beiden bisherigen Strukturanpassungsabkommen und stellen insofern kein Spezifikum der Politik der Regierung Calderón dar. Untersuchungen über die Entwicklung der effektiven Protektion von 1984 bis 1992 zeigen, daß vor allem seit 1987 bereits ein deutlicher Abbau des Zollschutzes stattgefunden hat (vgl. Fürst 1991, S. 550). Von seiten der Cámara de Industrias wird die weitere Entwicklung vor allem aus zwei Gründen mit Sorgen betrachtet: Zum einen hat die Einführung der Sonderzölle auch auf Rohstoffe und Vorprodukte ihrerseits zu einer - wenn auch vorübergehenden - drastischen Reduktion des *effektiven* Zollschutzes vieler Branchen der costaricanischen Industrie geführt, zum anderen wird beklagt, daß für das lange versprochene Programm der Anpassungshilfe für den Industriesektor (*Reconversión industrial*) immer noch kein Konzept vorliegt (Interview mit Belisario Solís, Camara de Industrias).

Wichtigstes Instrument der Exportförderung sind die sog. CATs (Certificados de Abono Tributario, handelbare Wertpapiere über Steuergutschriften), in Höhe von 15-25% der Exporterlöse, die den Exporteuren nicht-traditioneller Produkte zusammen mit anderen Privilegien (Zollbefreiungen für Importe von Vorprodukten; diverse Steuerbefreiungen) im Rahmen sog. Exportverträge (*Contratos de Exportación*) gewährt wurden (vgl. Altenburg/Hein/Weller 1990, S. 104ff.; Fürst 1991, S. 551ff.). Diese Exportsubventionen wurden mit dem Argument gerechtfertigt, daß spezifische interne Preisverzerrungen, die costaricanische Exporteure benachteiligen, ausgeglichen werden müßten. Tatsächlich ist jedoch unumstritten, daß in vielen Fällen ein Subventionseffekt vorliegt, der den Kompensationseffekt deutlich übersteigt - abgesehen von Vorwürfen in Richtung unfairer Handelspraktiken (zumal nach dem Beitritt Costa Ricas zum GATT) hat die zunehmende Inanspruchnahme der CATs im Zusammenhang mit dem raschen Anwachsen nicht-traditioneller Exporte auch zu einem merklichen Ausfall von Steuereinnahmen geführt (für 1990 auf 7,5% der Gesamtausgaben der Zentralregierung geschätzt, MIDEPLAN 1991a, S. 12). Die gegenwärtige Regierung versucht nun, durch eine Besteuerung der CATs den Subventionseffekt (und damit auch die Steuerausfälle) zu reduzieren, sowie durch eine stärkere Anbindung der CAT-Prozentsätze an die nationalen Wertschöpfungsanteile die strukturellen Wirkungen des Anreizsystems zu verbessern.

Die Auswirkungen einer durchgreifenden Reduktion des Anreizeffektes der CATs sind ambivalent; im Sinne einer Strategie autozentrierter agroindustrieller Entwicklung ist der - mit dem erfolgreichen Zollabbau wachsende - Pro-Exportbias sicherlich nicht zu befürworten, sein Abbau also grundsätzlich wünschenswert. Andererseits ist zu bedenken, daß die Exportförderungsmechanismen es vielen kleinen und mittleren Unternehmen erst ermöglicht haben, sich neue Märkte im Ausland zu erschließen. Auch wenn rein quantitativ die großen Exporteure den größten Teil der Subventionen einstreichen (etwa 70% gehen an 18

Unternehmen; Interview mit José Rafael Corrales, Landwirtschaftskammer), werden eher kleine Produzenten bei einer starken Reduktion der Anreize existentiell bedroht sein. Zweifellos erscheint es sinnvoll, die knappen Mittel gezielt zur Förderung der kleinen Produzenten einzusetzen - doch dies würde, wie schon mehrfach betont, ein strukturelles Entwicklungskonzept voraussetzen.

Der Abbau der Subventionen für die Grundnahrungsmittelproduktion stellte einen der zentralen politischen Konfliktpunkte der 1980er Jahre dar (vgl.o., Kap. IV, ausführlicher: Altenburg/ Hein/Weller 1990, Kap.III.5); das Ziel, das 1,4fache der jeweiligen Weltmarktpreise als Grenzwert für die internen Preise der Grundnahrungsmittel zu etablieren, wurde bereits 1987 weitgehend erreicht - seitdem liegen die nationalen Preise meist deutlich unter diesem Wert. Das hat allerdings einerseits deutliche Auswirkungen auf die nationale Versorgung mit Grundnahrungsmitteln gehabt (vgl. die Daten in CADESCA/CCE 1990, cuadro 13-17), zum anderen zu bis heute ungelösten sozialen Problemen in kleinbäuerlich strukturierten Regionen geführt, in denen der Grundnahrungsmittelanbau vorherrscht und in denen aufgrund der ungünstigen geographischen Lage und fehlender Infrastruktur kaum eine Umorientierung auf nicht-traditionelle Exportprodukte möglich war (etwa: auf der Halbinsel Nicoya und in den peripheren Gebieten des *Pacífico Sur*). Auch hier bestehen Probleme weiter, die durch reine Marktorientierung nicht zu bewältigen sind und - um es vorwegzunehmen - für die auch die Sozialpolitik der PUSC keine Antworten liefert.

4.3   Die Sozialpolitik der PUSC-Regierung

Die aktuelle Regierungspartei nennt sich nicht nur "sozial-christlich", sie ist auch von einer großen Zahl von Wählern aus Protest *gegen die sozialen Auswirkungen der bisherigen Strukturanpassungspolitik* gewählt worden. Es wird also erwartet, daß die Regierung dezidierte Schritte zur sozialen Abfederung ihrer neoliberalen Strategie unternimmt. Die Schwerpunkte liegen dabei auf zwei Bereichen:

- Direkte Unterstützung der Ärmsten: Im PAE III selbst wird eine verbesserte Fokussierung der Sozialpolitik der Regierung gefordert, die sich weitestgehend auf die ärmsten 30% der Bevölkerung konzentrieren solle; die Effizienz der Programme soll u.a. durch die Erstellung eines zentralen Registers der Unterstützten gesteigert werden.

- Zur wirtschaftlichen Stabilisierung der ärmeren Bevölkerungsgruppen soll vor allem der sog. *Sector social productivo* gefördert werden, was weitgehend mit dem informellen Sektor identisch ist: Diese Kleinstunternehmen (*microempresas*) sollen organisatorisch und wirtschaftlich stabilisiert werden; daneben wird die Gründung weiterer solcher Unternehmen vor allem auch durch günstige Kreditangebote unterstützt. Die Unterstützung der Micro-empresas stellt einen zentralen Aspekt der Beschäftigungspolitik der Regierung dar (MIDEPLAN 1991, Bd.II, Programa de promoción social y fortalecimiento del sector social productivo; Interviews mit verschiedenen Mitarbeitern von MIDEPLAN).

Beiden Schwerpunkten kommt allerdings in der bisherigen Politik der Regierung, die sich vor allem an makro-ökonomischer Stabilisierung orientiert, ein relativ geringes Gewicht zu. Konzeptionell liegen sich eindeutig auf der Linie liberaler Sozialpolitik, d.h. des Versuchs, durch einen möglichst ungehindert wirkenden Marktmechanismus zunächst das wirtschaftliche Wachstum zu fördern und dann den Benachteiligten eine gewisse Kompensation auf dem Wege einer sekundären Umverteilung zu ermöglichen. Die soziale Marktwirtschaft der Industrieländer dient als Vorbild, wobei allerdings übersehen wird, daß auch in den Industrieländern immer eine dezidierte sektorielle und regionale Strukturpolitik betrieben wurde - u.a. unter dem Gesichtspunkt, sich zukünftige komparative Vorteile auf hohem Niveau zu sichern und periphere Regionen produktiv in die Volkswirtschaft zu integrieren.

Die Förderung von Microempresas ohne ein systematisches Konzept ihrer Integration in eine gesamtwirtschaftliche Strategie bedeutete nicht mehr als eine gewisse Stabilisierung des informellen Sektors als Auffangbecken für Arbeitskräfte, die im Rahmen der allgemeinen wirtschaftlichen Entwicklung marginalisiert wurden. Der informelle Sektor würde damit jedoch weiterhin einer Dynamik folgen, wie sie in verschiedenen Studien von PREALC (*Programa Regional de Empleo para América Latina y el Caribe*) herausgearbeitet worden ist, nämlich ein Anwachsen der in ihm Beschäftigten bei gleichzeitigem *Rückgang* der Nachfrage nach seinen Produkten (Waren oder Dienstleistungen) in Zeiten schlechter Konjunktur im formellen Sektor und vice versa (vgl. Weller 1992).

Grundsätzlich ist die Förderung von Klein- und Kleinstunternehmen natürlich im Sinne einer Strategie autozentrierter agroindustrieller Entwicklung - derartige längerfristige gesamtwirtschaftliche Struktureffekte sind allerdings nur zu erwarten, wenn diese "Microempresas" von vornherein in ein entsprechendes Konzept agroindustrieller und regionaler Entwicklung eingebettet sind. Dahingehende Überlegungen sind zwar im *Plan Nacional de Desarrollo 1990-1994* enthalten (vgl. MIDEPLAN 1991, Bd. 1, S. 55-59; Bd. 2: Programa de Desarrollo Agro-Industrial), da im Planungsministerium - auch unter der PUSC-Regierung - eher strukturalistisch gedacht wird (und die Veröffentlichung aus diesem Forschungsprojekt weitgehend zustimmend zur Kenntnis genommen wurde). So heißt es dann etwa in bezug auf den Zusammenhang zwischen Exportförderung und Innovation:

"In diesem Zusammenhang muß sich der relevante Beitrag des Exportsektors auf die Bildung einer Vielzahl von Verkettungen im Inneren der Volkswirtschaft stützen. Folglich geht es darum, das Entstehen einer größtmöglichen Zahl von effizienten, produktiven Kettengliedern, die mit den Exportbereichen verbunden sind, zu fördern und so den Kauf von Rohstoffen und Inputs im Innern zu ergänzen und eine gleichmäßigere Verteilung der Gewinne aus den Exporten zu begünstigen, was wiederum zur Ausweitung der internen Nachfrage nach ... Endkonsumgütern führen könnte." (MIDEPLAN 1991, Bd. 1, S. 33, Übersetzung W.H.).

Doch schon seit längerem hat das Planungsministerium nur minimalen Einfluß auf die Wirtschaftspolitik Costa Ricas. Es ist nicht überraschend, daß sich konkrete wirtschaftpolitische Schritte in dieser Richtung bis September 1991 nicht abzeichneten.

4.4 Neoliberale Strategie und der Kompromißcharakter costaricanischer Politik

Eine Austeritätspolitik in einem demokratischen Land durchzusetzen, ist schwierig - zumal in einem Land mit einer ausgeprägten Tradition des Kompromisses wie in Costa Rica. Die Tatsache, daß das Planungsministerium im vergangenen Jahrzehnt sowohl während der PLN-Regierungen als unter der gegenwärtigen PUSC-Regierung mit seiner weitgehend neostrukturalistischen Orientierung eine Art regierungsinterner Opposition darstellen konnte, kann als Zeichen für diese Tradition angesehen werden. Zweifellos ist MIDEPLAN für sich genommen kein wichtiges Ministerium (im Vergleich etwa zum Finanz-, Wirtschafts- und Industrie sowie zum Landwirtschaftsministerium) und der Entwicklungsplan als wirtschaftspolitisches Dokument von geringerer Bedeutung als die Strukturanpassungsprogramme, doch bieten der Plan einerseits, die Institution MIDEPLAN - vor allem auch mit seinen Regionalbüros - andererseits wichtige Anknüpfungspunkte für Argumente und Aktivitäten vieler Verbände und Organisationen, die ihrerseits die Regierung unter Druck setzen.

Die resultierenden Kompromisse mögen zwar den Wirtschaftspolitikern und -strategen problematisch erscheinen - kann doch kein Konzept konsequent durchgeführt werden - sie verweisen aber doch auf einen entscheidenden Vorteil einer funktionierenden Zivilgesellschaft, nämlich die politische Verarbeitung von Interessengegensätzen ohne blockierende und evtl. gewalttätige Konflikte, die wie die Entwicklungen etwa in den anderen zentralamerikanischen Ländern zeigen, auch ökonomisch sehr viel mehr kosten als gewisse Kompromisse.

Man sollte sich allerdings davor hüten, in der durch die effektive Interessenvertretung betroffener sozialer und ökonomischer Gruppen erreichten Abfederung neoliberal orientierter Strukturanpassung bereits die Voraussetzung für die erfolgreiche Durchsetzung eines neuen Entwicklungsmodells zu sehen. Tatsächlich kann diese Abfederung mit dem dadurch bewirkten relativen Schutz kleiner Produzenten und binnenmarktorientierter Industrien als Ursache dafür angesehen werden, daß auch bei neoliberaler Grundorientierung der Regierungspolitik gewisse Perspektiven für autozentrierte agroindustrielle Entwicklung fortbestehen. Letztlich aber erfordert die Durchsetzung eines solchen Entwicklungsmodells eine ähnlich dezidierte und koordinierte staatliche Förderung, wie sie hinter der erfolgreichen weltmarktorientierten Entwicklung der ostasiatischen Länder stand und steht, worauf wir im Theoriekapitel ja verschiedentlich hingewiesen haben.

Die Erfahrung der ostasiatischen Länder weist schließlich daraufhin, daß erfolgreiche Staatsintervention nicht notwendigerweise das unproduktive "rent-seeking" bestimmter Unternehmergruppen fördert (vgl. dazu Krüger 1974; Schmid 1991); - dann nämlich, wenn sie daran orientiert ist, auf breiter Basis - unabhängig von den konkurrierenden Interessen einzelner Kapitalgruppen - konkurrenzfähige Produktion zu fördern. Die neostrukturalistischen Ansätze und nicht zuletzt die CEPAL haben ja auch in Lateinamerika insistiert, daß die zunehmende Ineffizienz protektionistischer Intervention des lateinamerikanischen Staates ebensowie die häufig unglückliche Rolle des "estado empresario" kein notwendiges Charakteristikum staatlicher Wirtschaftsförderung darstellt, und haben in diesem Zusammenhang das *Paradigma nationaler Konkurrenzfähigkeit* entwickelt (vgl. Bitar/Bradford 1992, Eßer 1991). Auch das Konzept "autozentrierter agroindustrieller Entwicklung" orientiert sich an einer entsprechenden Vorstellung von der ökonomischen Rolle des Staates.

Im Rahmen entwickelter zivilgesellschaftlicher Strukturen kann die Durchsetzung eines solchen Konzepts nicht - wie noch weitgehend in Ostasien geschehen - auf der Herausbildung eines bürokratisch-autoritären Entwicklungsstaates beruhen, sondern setzt voraus, daß diese Idee nationaler Entwicklung *hegemonialen* Charakter gewinnt, d.h. in der Gesellschaft weitgehend als die *für alle* günstigste Strategie akzeptiert wird, für deren Realisierung im einzelnen auch Opfer zu bringen sind. Berücksichtigt man spezifische costaricanische Traditionen, die einen (vielleicht pseudo-) egalitären Paternalismus mit hoher nationaler Identität und gleichzeitigem Bewußtsein der starken wirtschaftlichen Bedeutung von Landwirtschaft und Weltmarktintegration miteinander verbinden, dann erscheinen mittelfristig die Chancen für die Durchsetzung der Hegemonie eines Modells autozentrierter agroindustrieller Entwicklung besser als für die Hegemonie neoliberalen Gedankengutes.

IX Autozentrierte agroindustrielle Entwicklung: Südostasiatische und afrikanische Länder im Vergleich mit Costa Rica

1 Zur allgemeinen Charakterisierung der jüngeren Entwicklung in den verglichenen Ländern

Am Ende der theoretischen Einleitung war in Aussicht gestellt worden, die Schlußfolgerungen, die - auf dem bereits zuvor dargestellten Hintergrund historischer Erfahrungen - aus der Analyse der costaricanischen Entwicklung gezogen werden, noch einmal mit den Erfahrungen einiger anderer Länder zu konfrontieren, die u.a. auf der Basis einer landwirtschaftlichen Exportproduktion zumindest über einen gewissen Zeitraum hinweg unbestrittene Entwicklungserfolge erreicht haben.

Tabelle 9.1 gibt einen Überblick über einige sozioökonomische Basisdaten der in den Vergleich einbezogenen Länder, nämlich die südostasiatischen Länder Thailand, Malaysia und die Philippinen sowie die afrikanischen Länder Kenia und Côte d'Ivoire (Elfenbeinküste). Alle sechs Länder (unter Einschluß Costa Ricas) erreichten zwischen 1965 und 1980 recht hohe gesamtwirtschaftliche Wachstumsraten: zwischen 5,7% in den Philippinen und 7,4% in Malaysia; alle Länder hatten 1965 einen Rohstoffanteil an den Exporten von 84% (Costa Rica) und mehr - bei allen überwogen landwirtschaftliche Produkte, lediglich bei Malaysias Exporten hatten mineralische Rohstoffe, vor allem Zinn, einen bedeutenden Anteil (1965: 34%, vgl. World Development Report 1992, S. 249). Das Wachstum der Exporte variierte zwar stärker als das gesamtwirtschaftliche Wachstum - zwischen 3,9% in Kenia und 8,6% in Thailand - erreichte aber ebenfalls in allen sechs Ländern einen beachtenswerten Umfang. In bezug auf die sektorale Zusammensetzung des Bruttoinlandsproduktes weisen zwar - erwartungsgemäß - die afrikanischen Länder den größten Anteil der Landwirtschaft und die geringsten Anteile von Industrie und Bergbau auf, doch ist die Schwankungsbreite gerade beim Beitrag der Industrie zum BIP relativ gering: zwischen 18% in Kenia und 27% in den Philippinen (zum Vergleich: in einer Reihe von afrikanischen Ländern lag der Anteil der Industrie damals noch unter 10%, in einigen lateinamerikanischen Ländern bereits deutlich über 30%; vgl. World Development Report 1992, S. 222 f.).

In den 1980er Jahren hatten sich dann jedoch erhebliche Unterschiede herausgeschält: Während Costa Rica moderate Wachstumsraten zeigt - die, wie wir wissen, die Kombination aus krisenhaftem Einbruch zu Beginn der Dekade und

Tabelle 9.1: Basisdaten der in den Vergleich einbezogenen Länder

	Costa Rica	Thailand	Malaysia	Philippinen	C.d'Ivoire	Kenya
Fläche (1000 qkm)	51	513	330	300	322	580
Bevölkerung (Mio.)						
- 1960	1,2	26,4	8,1	27,6	3,8	8,3
- 1990	2,8	55,8	17,9	61,5	11,9	24,2
BSP/Kopf ($/1990)	1940	1420	2320	730	750	370
BIP-Wachstum(% jährl.)						
- 1965-80	6,3	7,3	7,4	5,7	6,8	6,8
- 1980-90	3,0	7,6	5,2	0,9	0,5	4,2
BIP-Zusammensetzung nach Sektor (a)						
- 1965	24/23/53	32/23/45	28/25/47	26/27/47	47/19/33	35/18/47
- 1990	16/26/58	12/39/48	19/42/40	22/35/43	47/27/26	28/21/51
Exporte						
- 1990 (Mio. US$)	1457	23002	29409	8681	2600	1033
- /BIP (%)	34,0	28,7	69,4	19,8	34,2	13,7
Exportwachstum (b)						
- 1965-80	7,0	8,6	4,6	4,6	5,5	3,9
- 1980-90	3,1	13,2	10,3	2,5	2,7	1,0
Exporte: Zus.setzung nach Sektor (c)						
- 1965	84/1/15	97/0/3	94/2/4	95/0/6	95/1/4	90/0/10
- 1990	74/3/22	36/20/44	56/27/17	38/10/52	90/2/8	89/0/11
Devisenreserven (d)	2,3	4,4	3,5	1,5	0,1	0,9
Schuldendienstquote (e)						
- 1980	29,0	18,9	6,3	26,6	28,3	21,4
- 1990	24,5	17,2	11,7	21,2	38,6	33,8
Lebenserwartung						
- 1960	61,6	52,3	53,9	52,8	39,2	44,7
- 1990	74,9	66,1	70,1	64,2	53,4	59,7
Kindersterblichkeit (f)						
- 1960	121	149	105	134	264	208
- 1989	22	35	30	72	139	111
Alphabetisierungsrate (in %)						
- 1970	88	79	60	83	18	32
- 1985	92	91	74	88	49	65
Unter der Armutsgrenze: (g)						
- insgesamt	17	30	27	58	28	44
- ländl. Bevölkerg.	45	34	38	64	26	55

Erläuterungen:

(a) BIP-Zusammensetzung nach Sektor: jeweils Landwirtschaft/Industrie u.bergbau/Dienstleistungen in %

(b) Exportwachstum: in % jährlich

(c) Exporte: Zusammensetzung nach Sektor: jeweils Nahrungsmittel + Brennstoffe + andere Primärgüter/Maschinen + Transportausrüstungen/ andere Industriegüter in %

(d) Devisenreserven: Monate Importfinanzierung, für die die Devisenreserven ausreichen

(e) Schuldendienst/Export von Waren und Dienstleistungen (in%)

(f) Sterblichkeit von Kindern unter 5 Jahren (je 1000 Lebendgeborene)

(g) Anteil der Bevölkerung unter der Armutsgrenze (Daten zwischen 1980 und 1988)

Quellen:

Fläche, Bevölkerung 1990: World Development Report 1992 (WDR), S. 218f.

Bevölkerung 1960: Human Development Report 1991 (HDR), S. 160f.

BSP, BIP-Wachstumsrate, BIP-Zusammensetzung nach Sektor: WDR, S. 218-223, außer: sektorale Zusammensetzung für Malaysia: zusammengefaßt nach: Asien-Pazifik-Wirtschaftshandbuch 1992, S. 324

Exporte, Exportwachstum, Zusammensetzung nach Sektor: WDR, S. 244-249

Devisenreserven: WDR, S. 252f.

Schuldendienstquote: WDR, S. 264f.

Lebenserwartung, Kindersterblichkeit, Alphabetisierung: HDR, S. 126f.

Anteil der Bevölkerung unter der Armutsgrenze: HDR, S. 152f.; außer Costa Rica: vgl.o., Tab.9.1

---

weitgehender Erholung in der Folge reflektieren - und im Vergleich der Strukturdaten zwischen 1965 und 1990 einen ebenfalls moderaten, aber doch klar erkennbaren Wandlungsprozeß in Richtung auf eine Stärkung der Industrie im gesamtwirtschaftlichen Zusammenhang ebenso wie in der Zusammenstezung der Exporte aufzeigt, gibt es unter den anderen fünf Ländern markante Unterschiede.

Thailand und Malaysia weisen in den 1980er Jahren fortgesetzt hohe gesamtwirtschaftliche Wachstumsraten sowie stark gestiegene Wachstumsraten der Exporte auf, sie verfügen über ein relativ beruhigendes Devisenpolster; beide Länder lassen einen deutlichen Strukturwandel in der sektoralen Zusammensetzung des Bruttoinlandsproduktes sowie eine extreme Veränderung in der Exportstruktur zugunsten von Industrieprodukten erkennen.

Die Entwicklung in den anderen drei Ländern war offensichtlich stark von *Krisen* gekennzeichnet: Die Daten für die Philippinen lassen zwar auch einen deutlichen Strukturwandel hin zu industriellem Wachstum (und zu industriellen Exportgütern) erkennen; die Stagnation des Bruttoinlandsprodukts in den 80er Jahren läßt allerdings erwarten, daß diese sektoralen Verschiebungen keine Grundlage für einen längerfristigen wirtschaftlichen Entwicklungsprozeß gelegt haben. Die beiden afrikanischen Länder dagegen lassen nur einen geringeren Wandel in der Zusammensetzung des Bruttoinlandsproduktes erkennen: im Falle der Elfenbeinküste stieg zwar der Anteil der Industrie am BIP ebenfalls relativ deutlich an, doch eigenartigerweise nicht auf Kosten der Landwirtschaft, sondern des tertiären Sektors; die Exportstruktur zeigt weder bei Côte d'Ivoire noch bei Kenia Veränderungen an, die auch in die Nähe der Umverlagerung der Exporte in den drei asiatischen Ländern käme. Es ist allerdings interessant, daß Kenia in den 1980er Jahren zwar von allen sechs Ländern das geringste Exportwachstum (bei einer sowieso niedrigen Exportquote) zu verzeichnen hat, aber doch gesamtwirtschaftliche Wachstumsraten, die lediglich von Thailand und Malaysia übertroffen werden. Bei beiden afrikanischen Ländern hat sich während der 80er Jahre die *Verschuldungssituation* dramatisch zugespitzt, während in Costa Rica, Thailand und den Philippinen die auf den Gesamtexport von Waren und Dienstleistungen bezogene Schuldendienstquote zwischen 1980 und 1990 zurückgegangen ist und in Malaysia (trotz Anstieg) keinen besorgniserregenden Wert erreicht.

Sieht man einmal davon ab, daß Costa Rica - abgesehen vom Anteil der ländlichen Bevölkerung unter der Armutsgrenze - bei allen sozialen Indices an der Spitze der sechs Länder liegt, was aufgrund der dargestellten sozialpolitischen Tradition nachvollziehbar ist, so scheinen die sozialen Indikatoren (vor allem die Rate der Kindersterblichkeit) weitgehend positiv mit dem wirtschaftlichen Erfolg bzw. Mißerfolg der jeweiligen Länder in den 1980er Jahren zu korrelieren. Das deutet erst einmal darauf hin, daß die erfolgreichen Wachstumsprozesse in Thailand und Malaysia nicht als "Verelendungswachstum" abqualifiziert werden können, sondern daß - sollte sich dies in anderen Bereichen bestätigen - in diesen Ländern eventuell authentische Entwicklungsprozesse stattfinden; zum anderen könnte man darin eine gewisse - zweifelsohne sehr vorläufige - Erhärtung unserer These sehen, daß eine erfolgreiche ländliche und agroindustrielle Entwicklung mit einer entsprechenden sozialen Integration der ländlichen Bevölkerung eine wesentliche Voraussetzung für eine erfolgreiche (auch im Sinne des Erreichens internationaler Konkurrenzfähigkeit) industrielle Transformation darstellt. Dies läßt sich natürlich erst auf der Grundlage detaillierterer Information über die einzelnen Länder bestätigen oder auch verwerfen.

Im folgenden soll zunächst versucht werden, auf dem Hintergrund von Informationen über die Entwicklung der genannten sechs Länder und unter Einbezug punktueller Informationen über andere Gesellschaften, einen typischen erfolgreichen Verlauf sozioökonomischer Entwicklung zu skizzieren - dabei sollten gleichzeitig diejenigen Punkte deutlich werden, wo eine solche Entwicklung

durch Probleme verschiedener Natur blockiert oder evtl. durch geeignete Maßnahmen beschleunigt werden kann. Daran anschließend sollen dann die spezifischen Charakteristika der Entwicklung in den einzelnen Ländern diskutiert
werden.

2 Typische Entwicklungsverläufe: Vom Rohstoffexporteur über die Import-substitution zur konkurrenzfähigen Industrieproduktion - autozentrierte agroindustrielle Entwicklung als Katalysator?

Alle die hier untersuchten Länder erlebten in der zweiten Hälfte des 19.Jahr-
hunderts eine rasche bzw. erheblich intensivierte Integration in den Weltmarkt
als *Exporteure von Rohstoffen* landwirtschaftlicher, z.T. auch mineralischer Herkunft (vor allem Zinn auf der malayischen Halbinsel). Dieser Prozeß implizierte
die Einrichtung einer modernen - d.h. zunehmend auf wissenschaftlichen Me-
thoden basierenden - landwirtschaftlichen Exportproduktion und war begleitet von einem begrenzten Ausbau einer modernen Infrastruktur (im allgemeinen
zwischen Plantagen und Häfen, meist die Hauptstadt mit einbeziehend) sowie
einer liberalen Außenwirtschaftspolitik, die zu einem rasch steigenden Import
europäischer, zunehmend auch nordamerikanischer Industrieprodukte führte.

Nachdem schon im Einleitungskapital darauf hingewiesen wurde, daß eine Phase
importsubstituierender Industrialisierung keineswegs nur die Entwicklung der
hochverschuldeten lateinamerikanischen Länder prägte, sondern durchaus auch
von erfolgreichen Entwicklungsländern wie Taiwan und Südkorea durchlaufen
wurde, verweist auch ein historischer Blick auf die fünf Länder, die jetzt in den
Vergleich einbezogen wurden, daß die erste Phase raschen industriellen Wachstums - die über die traditionelle handwerklich-kleinindustriell strukturierte
Verarbeitung lokaler Rohstoffe für den Binnenmarkt (Nahrungsmittel, Kleidung,
landwirtschaftliche Geräte) hinausging - von einer Strategie importsubstituierender Industrialisierung getragen wurde. Inwieweit dies mit der weltweiten entwicklungstheoretischen und -politischen Orientierung der Nachkriegszeit zu tun
hat oder eine notwendige Phase sozioökonomischer Modernisierung darstellt, -
wofür die Tatsache einer in fast allen heutigen Industrieländern feststellbaren
protektionistischen Phase zu Beginn der industriellen Entwicklung sprechen
würde - kann hier erst einmal dahingestellt bleiben. Allerdings sind einige Überlegungen wohl kaum von der Hand zu weisen:

1) Die gängige Gegenüberstellung "Importsubstitutionsstrategie" vs. "Exportförderungsstrategie" - mit einer im allgemeinen folgenden Zurückweisung
   der ersteren - ist in dieser Form nicht sinnvoll. Vielmehr handelt es sich
   grundsätzlich um zwei unterschiedliche Entwicklungsphasen, wobei im
   positiven Fall die letztere auf der ersteren aufbaut.

2) Erfolg oder - zumindest vorübergehender - Mißerfolg der industriellen Entwicklung hängt offenbar primär von anderen Aspekten ab, wie etwa der Frage der rechtzeitigen Umorientierung von Importsubstitution auf Exportförderung (bzw. "internationale Konkurrenzfähigkeit") oder den spezifischen sozioökonomischen und politischen Strukturen, die im Verlaufe der Rohstoffexport- und der Importsubstitutionsphase entstanden sind.

3) Auch die erfolgreiche Exportförderungspolitik Thailands und Malaysias (und das gilt wohl auch für die Anfangserfolge der Philippinen während des Marcos-Regimes) hat ähnlich wie in Südkorea und Taiwan nichts mit wirtschaftlicher Liberalisierung im Sinne von Deregulierung und einem Rückzug des Staates zu tun, sondern mit einer erfolgreichen Umorientierung der Wirtschaftspolitik - die häufig zu findende Gleichsetzung von Importsubstitution/Exportorientierung mit Staatsintervention/Liberalisierung entbehrt jeder Grundlage.

4) Politische Stabilität ist offensichtlich ein wesentlicher Aspekt von Entwicklungsprozessen - der Vergleich Costa Ricas mit den anderen zentralamerikanischen Republiken bestätigt das offensichtlich ebenso wie der Vergleich der Philippinen (um gar nicht erst über Indochina zu reden) mit anderen ASEAN-Ländern. Das Beispiel Thailands (und auch Südkoreas) verweist andererseits darauf, daß trotz periodischer politischer Umstürze ein weitgehend kontinuierlicher wirtschaftlicher Entwicklungsprozeß möglich ist. Auch hier ist offenbar ein genauerer Blick auf die spezifischen Zusammenhänge vonnöten.

Die Entwicklung der in den Vergleich einbezogenen Länder verweist darauf, daß unser eingangs diskutiertes theoretisches Konzept weitgehend tragfähig ist: Gehen wir von einer historischen Sequenz "Rohstoffexportökonomien" - "importsubstituierende Industrialisierung" - "konkurrenzfähige Exportproduktion" aus, so erscheint ein langfristig erfolgreicher Entwicklungsprozeß als abhängig von den entstehenden *sozioökonomischen Verknüpfungen (linkages)* der verschiedenen Formen sowie von der *Diffusion* verschiedener entwicklungsrelevanter Faktoren, wie Gesundheitsversorgung, Bildungsmöglichkeiten, Kaufkraft, unternehmerische Fähigkeiten im weitesten Sinne, aber auch der physischen Infrastruktur wie Verkehrswege, Elektrizitätsversorgung usw.

Wie die unterschiedliche Erfahrung verschiedener Länder zeigt, hat die durch die *Abhängigkeit* von Rohstoffexporten gekennzeichnete Weltmarktintegration der ersten Phase das Entstehen umfassender "linkages" und die breite Diffusion der genannten Entwicklungsfaktoren zwar nicht unbedingt gefördert, doch auch nicht grundsätzlich verhindert. Mit der Ausnahme der Philippinen wurden in den hier untersuchten Ländern durchaus erfolgreiche Anstrengungen unternommen, kleinbäuerliche Produktionsformen und - in der einen oder anderen Form - ihre Beteiligung an der Vermarktung zumindest in einem Teil des Exportsektors gezielt zu fördern:

- Auf die Rolle kleinbäuerlicher Produktion in verschiedenen Agrarexportbereichen *Costa Ricas* ist im Hauptteil der Studie ausführlich eingegangen worden.

- Bei der Übernahme und Ausweitung der zunächst von den Europäern entwikkelten Kaffee- und Kakaoplantagenwirtschaft unterstützte *Côte d'Ivoire* seit ihrer Unabhängigkeit gezielt die kleinbäuerliche Exportproduktion - u.a. durch eine effiziente interne Vermarktung mit garantierten Erzeugerpreisen und günstiger Kreditgewährung über die Preisstabilisierungskasse (*Caisse de Stabilisation et de Soutien des Prix des Produits Agricoles*) sowie durch verschiedene Institutionen, die den Kleinbauern technische Hilfe für die Steigerung ihrer Erträge und evtl. eine Diversifizierung ihrer Produktion anbieten (spezialisiert auf die verschiedenen Exportprodukte Kaffee, Kakao, Ölpalmen, Kautschuk und einige andere Produkte, vgl. Fiege 1991, S. 96-104).

- Die Förderung kleinbäuerlicher Exportproduktion in *Kenia* reicht bis in die Kolonialzeit zurück (vor allem durch den Swynnerton-Plan von 1954, der eine Landreform in den wichtigsten Anbauregionen sowie die Schaffung effektiver Vermarktungsorganisationen mit sich brachte); die bereits damals gegründete und und 1977 in *Kenya Tea Development Authority (KTDA)* umbenannte Organisation zur Vermarktung und Verarbeitung des von Kleinbauern produzierten Tees ist als besonders erfolgreiche parastaatliche (gemeinsam von Staat und Vertreter der Produzenten geleistete) Organisation bekannt geworden; die Bildung ländlicher Genossenschaften wurde gefördert, eine Reihe von Forschungsinstitutionen fördern die Steigerung der Erträge kleinbäuerlicher Produktion (vgl. Sharpley 1986; Hebinck 1990).

- Auch *Thailand* war in den 1950er Jahren primär ein Exporteur von Agrarprodukten; die Landwirtschaft ist bis heute klein- bis mittelbäuerlich strukturiert und ist im Vergleich zu den anderen Agrarwirtschaften dadurch gekennzeichnet, daß das wichtigste traditionelle Exportprodukt gleichzeitig das wichtigste Binnenmarkt- und Subsistenzprodukt darstellt, nämlich Reis. Bereits in 1960er Jahren wurden umfangreiche Programme der Landtitulierung und Flurbereinigung sowie der Förderung ländlicher Genossenschaften in Angriff genommen; die bewässerte Fläche wurde erheblich ausgedehnt (vgl. Sternstein 1976, S. 143 ff).

- Im Gegensatz zu den bisher genannten Ländern gab es in *Malaysia* noch
  Anfang der 1960er Jahre keinen primär kleinbäuerlich strukturierten Agrarexportsektor: Naturkautschuk, das wichtigste landwirtschaftliche Exportprodukt,
  wurde primär auf der Basis von Plantagenwirtschaft - meist im Besitz von
  Nicht-Malayen, vor allem Engländern - angebaut. Der ethnische Kompromiß,
  auf den malaysische Politik bis heute beruht (vgl.u.), impliziert eine gewisse
  Laissez-faire-Haltung gegenüber den wirtschaftlich erfolgreichen Chinesen bei
  einer Konzentration der aktiven Wirtschaftsförderung auf die Malayen, d.h. in
  diesem Zusammenhang, eine starke Förderung kleinbäuerlicher Exportproduktion sowohl im traditionellen Kautschukanbau als auch in den neu geför-
  derten Exportprodukten, vor allem Palmöl und Kakao (vgl. Snodgrass 1980,
  S. 164 ff.; Ongkili 1985, S. 105-136). Im Falle der Ölpalmen, einer typischen
  Plantagenkultur, wurden neue Formen der Angliederung kleinbäuerlicher
  Produktion an größere Verarbeitungsanlagen gefördert, wie sie später auch in
  Costa Rica eine Rolle spielen sollten (s.o.).

- Auch in den *Philippinen* spielt kleinbäuerliche Produktion bei den bis in die
  1980er Jahre hinein wichtigsten Exportprodukten Zucker und Kokosnuß-
  erzeugnissen (Kokosöl/Kopra) eine Rolle, im Falle der Kokosnuß eine dominante. Ähnlich wie in vielen lateinamerikanischen Ländern hat hier jedoch
  offenbar die Agraroligarchie - bzw. deren Erben, die inzwischen ihren ökonomischen Einfluß diversifiziert haben - die strategisch zentralen Punkte dieser
  Sektoren, nämlich die industrielle Weiterverarbeitung und die Vermarktung
  bis heute kontrollieren können. Damit konnte fast durchweg sowohl eine
  stärkere Rolle der unmittelbaren Produzenten als auch eine evtl. durch den
  Staatsapparat durchsetzbare Umverteilungspolitik abgeblockt werden. Zentrale Regulierungsmechanismen wie etwa die Philippine Coconut Authority
  (PCA) und die Philippine Sugar Commission (Philsucom) dienten nicht einem
  Interessenausgleich zwischen beteiligten Gruppen, sondern primär der Aneignung von Gewinnen durch sog. "Kumpane" (*chronies*) von Präsident Marcos,
  die wenn sie nicht selbst oligarchischen Familien entstammten, durch die
  Gunst des Präsidenten den Aufstieg in die Oligarchie schafften. (vgl. Hawes
  1987, S. 55-82 für den Kokosnußsektor, S. 83- 101 für die Zuckerindustrie).

Die Entwicklung in den Philippinen verweist darauf, wie zentral die politischen
Kräfteverhältnisse zwischen den verschiedenen beteiligten Interessen für die
Verteilung der Gewinne aus der Agrarexportproduktion und damit auch für die
weitere Entwicklungsdynamik der betreffenden Gesellschaften sind. Eine genaue
Analyse der Strukturen und Funktionsweisen der zentralen Institutionen des
Sektors ist offenbar zumindest genauso wichtig wie die Bestimmung der Be-
triebsgrößenstruktur und z.T. sogar der Eigentumsverhältnisse im Exportsektor:

Auch wenn die Probleme einer praktisch vollständig von transnationalen Konzernen kontrollierten Plantagenproduktion in bezug auf die Bananen-, Ölpalmen und Ananasproduktion in Costa Rica dargestellt worden sind, so kann doch nicht ausgeschlossen werden, daß diese Organisationsform in Teilen der Agrarexportproduktion bei gut organisierten Landarbeitern und einer geschickten staatlichen Regulierung eine autozentrierte agroindustrielle Entwicklung weniger blockiert, als das ständige Absaugen von Mehrprodukt durch eine parasitäre Oligarchie. Offenbar setzt die richtige Einschätzung der Struktur von Agrarexportsektoren mehr als nur die Kenntnis verschiedener statistischer Datenreihen voraus - daher sollten die Aussagen dieses vergleichenden Kapitels auch als Thesen verstanden werden, die eher Anregungen zu weiteren Forschungen geben wollen als den Anspruch zu erheben, definitive Forschungsergebnisse zu repräsentieren.

Die Hinweise auf die Kleinbauernpolitik im Agrarexportsektor der sechs Länder deuten darauf hin, daß wesentliche Voraussetzungen für eine mehr oder weniger breite sozioökonomische Wirkung der Exportproduktion bereits vor Beginn einer Importsubstitutionspolitik gelegt wurden, daß die relativ erfolgreichen Länder jedoch - aus durchaus sehr unterschiedlichen politischen Gründen - auch in der sog. Importsubstitutionsphase ihre Industrieförderung mit einer effektiven Politik der Agrarmodernisierung und vor allem -diversifizierung verbanden.

Wie der Datenüberblick verdeutlicht, war die Politik der importsubstituierenden Industrialisierung in allen sechs Ländern zunächst - zumindest oberflächlich gesehen - erfolgreich: Das Bruttoinlandsprodukt stieg zwischen 1965 und 1980 überall deutlich; eine klare Verschiebung der sektoralen Zusammensetzung des BIP zugunsten der Industrie ist in allen Ländern festzustellen. Andererseits zeigen sich mindestens seit Mitte der 1970er Jahre in allen Ländern Krisenzeichen dieses Industrialisierungsprozesses; mit Hilfe einer verstärkten Aufnahme von Auslandskrediten - in einer Situation, in der auf den internationalen Kreditmärkten die sog. "Petrodollars" nach Anlagemöglichkeiten suchten - und z.T. massiven Projekten in Infrastruktur und Schwerindustrien sollten die Importsubstitution auf eine höhere Ebene gehoben und die Voraussetzungen für die internationale Konkurrenzfähigkeit der nationalen Industrieproduktion geschaffen werden. Letzteres gelang offensichtlich weitgehend in Thailand und Malaysia, begrenzt in der ersten Phase der philippinischen Exportoffensive sowie seit 1984 in Costa Rica, jedoch gar nicht in den beiden afrikanischen Ländern. Im folgenden soll wiederum thesenartig der Versuch unternommen werden, die Ursachenzusammenhänge in den einzelnen Ländern zu kennzeichnen:

Während die meisten lateinamerikanischen Länder - einschließlich Costa Rica, wie wir gesehen haben, sich in den 1970er Jahren darauf konzentrierten, durch ein *verstärktes* staatliches Engagement den Prozeß importsubstituierender Industrialisierung zu vertiefen, orientiert sich die Industriepolitik in *Thailand* und *Malaysia* bereits Anfang desselben Jahrzehnts auf eine Politik der Exportförderung um. Ein wesentlicher Faktor, der eine solche rasche Umorientierung ermöglichte, war offensichtlich die Tatsache, daß es - ähnlich wie in Taiwan und Südkorea - keinen starken politischen Block und ein breit akzeptiertes gesellschaftliches Projekt gab, deren Interessen fest mit den Grundstrukturen der ISI (hohe effektive Protektion, Überbewertung nationaler Währungen, ISI-orientierte Staatsintervention) verknüpft waren: Die vielzitierte lateinamerikanische "Triple Alliance" (vgl. Evans 1979, 1987) aus Staat, Transnationalen Konzernen und lokalem Kapital - die einer grundlegenden sozial- und wirtschaftspolitischen Umorientierung so hartnäckigen Widerstand entgegensetzte - hatte sich u.a. auch deshalb nicht entwickeln können, weil für die TNKs damals die lateinamerikanischen Binnenmärkte viel interessanter als die südostasiatischen waren. Während der Bestand an ausländischen Direktinvestition in allen asiatischen Entwicklungsländern im Jahre 1967 bei 5,0 Mrd. US$ lag, waren es in Lateinamerika und der Karibik 18,4 Mrd.US$ (United Nations 1973, S. 182-185).

Eine Reihe von allgemeinen Gründen für den längerfristigen Erfolg dieser wirtschaftspolitischen Umorientierung zum gegebenen Zeitpunkt liegen nahe:

- Thailand und Malaysia waren Anfang der 1970er Jahre wie andere südostasiatische Länder mit der Vermarktung billiger Arbeitskräfte für die Lohnveredlung anderer Regionen voraus und konnten sich damit Märkte sichern, bevor protektionistische Maßnahmen der Industrieländer die Märkte wieder verengten.

- Beide Länder hatten vor allem im Jahrzehnt zuvor ihre Infrastruktur verhältnismäßig gut ausgebaut, so daß ihre Konkurrenzfähigkeit nicht ausschließlich auf niedrigen Löhnen beruhte.

- Beide Länder verfügten über eine entwicklungsorientierte Elite sowie ein relativ entwickeltes wirtschaftspolitisches und administratives Instrumentarium, so daß eine strukturorientierte Wirtschaftspolitik die Entwicklung der "Weltmarktfabriken" (vgl. Fröbel/Heinrichs/Kreye 1977, 1986) ergänzte und die Gefahr einer Degradation zu reinen Billiglohnländern gering war.

Auch wenn zweifellos diese industrielle Umorientierung und das damit verbundene weitere industrielle Wachstum zu einer gewissen Verstärkung der Ungleichheiten innerhalb der nationalen Wirtschaftsentwicklung führten (vgl. etwa zu Thailand mit der extremen Dominanz der Hauptstadt Bangkok, London 1980), so verhinderte die vorhandene breite landwirtschaftliche und kleinindustrielle Basis und die kontinuierliche Förderung ländlicher Entwicklung doch eine Vertiefung von Prozessen nationaler Desintegration. Die Rolle, die die agroindustriellen Zusammenhänge sowie die internen politischen Konflikte im einzelnen spielten, soll im folgenden Länderteil etwas genauer unter die Lupe genommen werden.

Auch die Marcos-Regierung versuchte in den 1970er Jahren in den *Philippinen*, die ersten Schritte, die in Richtung einer exportorientierten Industrialisierung bereits zuvor unternommen worden waren, zu beschleunigen: Eine gewisse Lockerung der Protektion, ein Floating des Peso, die Schaffung von freien Produktionszonen in Verbindung mit einigen anderen Exportförderungsmaßnahmen führte in den 1970er Jahren zu einem raschen Anstieg der nicht-traditionellen Exporte: vor allem von Bekleidung und elektrischen bzw. elektronischen Bauelementen, die von praktisch Null im Jahre 1972 auf 34,2% der Gesamtexporte im Jahre 1984 hochschnellten (berechnet nach UNIDO 1985, S. 60). In Malaysia erreichten die gleichen Industriezweige im selben Jahr zwar nur einen Anteil von gut 16% an den Exporten, doch erreichten sie absolut bereits einen Wert von 2,7 Mrd.US$ gegenüber 1,8 Mrd. in den Philippinen (berechnet nach Statistisches Bundesamt 1989, S. 59).

Im Unterschied zu Malaysia und Thailand hat die ISI-Strategie in den Philippinen (in Kombination mit traditionellen Rohstoff-Exportinteressen) offenbar durchaus ähnliche politische Strukturen wie in vielen lateinamerikanischen Ländern hervorgebracht, wodurch eine effektive Transformation der Wirtschaftsstrukturen verhindert wird, wie sie etwa in den Jahren 1976-1978 im Rahmen eines mit dem IWF geschlossenen Abkommens über die Nutzung der *extended fund facility* angestrebt wurde: Die IWF-Auflagen wurden nicht erfüllt und zwar gerade dort nicht, wo es um die Durchsetzung politischer Maßnahmen gegen die ISI-Fraktion ging (Erhöhung der internen Steuerbasis, Abbau von Zöllen, Begrenzung der internen und externen Verschuldung; vgl. Broad 1988, S. 59f.); vielmehr schlitterten die Philippinen durch die typischen Zahlungsbilanzungleichgewichte der ISI-Strategie, verstärkt durch den Abfluß von Fluchtkapital, in eine Verschuldungskrise lateinamerikanischen Ausmaßes. Die wirtschaftliche und politische Krise der 1980er Jahre ist wohl primär die Folge dieser internen Blockierung wirtschaftlicher Transformation, die sowohl die industrielle Entwicklungspolitik (und ihre Rahmenbedingungen) als auch die Problematik der ländlichen Entwicklung betrifft. Auch die Regierung Aquino, die ja nun keineswegs einen anti-oligarchischen Hintergrund besitzt, dürfte in dieser Hinsicht noch nichts Entscheidendes bewegt haben.

Costa Rica nimmt - wie die obige Analyse zeigte - wie die Philippinen eine Zwischenposition zwischen den recht erfolgreichen industriellen Entwicklungsprozessen Thailands und Malaysias einerseits, der recht perspektivlosen Situation in den beiden afrikanischen Ländern andererseits ein, doch sind die Zusammenhänge grundsätzlich andere: Der relative Erfolg der industriellen Umorientierung - beachtenswerter Anstieg der nicht-traditionellen Industrieexporte in Länder außerhalb des zentralamerikanischen Marktes, doch keine den südostasiatischen Ländern vergleichbare industrielle Dynamik - hängt zweifelsohne mit dem paternalistischen, weniger exklusiven Charakter der ISI-Allianz in Costa Rica und den erheblichen Investitionen im Bereich einer relativ flächendeckenden physischen und sozialen Infrastruktur (vor allem: im Bildungs- (auch Berufsbildungs-)bereich) zusammen, andererseits aber mit einer Reihe relativ ungünstiger Faktoren (Kleinheit des Landes, staats- und versorgungsfixierte Haltung vieler Bürger, vergleichsweise ungünstigerer regionaler Zusammenhang).

Kenia und *Côte d'Ivoire* dagegen können zwar auf gewisse Erfolge bei der importsubstituierenden Industrialisierung verweisen, mit denen sie im schwarzafrikanischen Raum Spitzenpositionen einnehmen, doch gibt es nur sehr begrenzte Ansätze einer erfolgreichen industriellen Exportproduktion. Die "Implantation" einer modernen Industrie im Rahmen der Importsubstitutionsstrategie in den afrikanischen Ländern stellte in erheblich stärkerem Maße eine einseitig politisch bestimmte Strategie dar als in Lateinamerika und Südostasien. Da eine in diesem Rahmen handlungsfähige einheimische Bourgeoisie fehlte, stellte die soziale Basis eher eine *dual* als eine *triple alliance* dar, nämlich zwischen Staat und ausländischem Kapital, wobei das relative Engagement je nach politischer Strategie des entsprechenden Landes variierte - bei einer stärkeren Bedeutung des Auslandskapitals in der Elfenbeinküste als in Kenia.

Das Erreichen der industriellen Konkurrenzfähigkeit wird in den afrikanischen Ländern offenbar nicht so sehr durch das politische Selbstprivilegierungsinteresse einer Oligarchie verhindert (in gewissem Umfang natürlich durch die Selbstbedienung von Politikern und Bürokraten), sondern vor allem von den äußerst mangelhaften Verwertungsbedingungen. Es mangelt an qualifizierten Arbeitskräften und Unternehmern, häufig auch an einem funktionierenden internen Kapitalmarkt. Noch 1979 war 56% des ivorischen Industriekapitals ausländisch; 1971 waren nur 10% des leitenden und technischen Personals in den Industriebetrieben der Côte d'Ivoire einheimischen Ursprungs. Ausländisches Personal aber ist teuer, was wiederum die hohe Kapitalintensität der meisten Unternehmen erklärt und gleichzeitig verständlich macht, warum die Ansätze einer Lohnveredlungsindustrie in der Elfenbeinküste (im Textilsektor: Jeans, Bettücher) keine weitere Dynamik entfachten. Solange eine wachsende Inlandsnachfrage (als Resultat der Einnahmen aus den Rohstoffexporten) zu verzeichnen war, wuchs auch die für diesen Markt produzierende Industrie (vgl. Krieger Mytelka 1984); dafür, selbst eine dynamisierende wirtschaftliche Rolle zu übernehmen, fehlten die Voraussetzungen.

In Kenia sind die Voraussetzungen für eine binnenmarktorientierte Industrialisierung insofern besser gewesen, als zum einen die gesamte Ökonomie in stärkerem Maße binnenorientiert ist und zum anderen eine breitere Basis afrikanischer kleinindustrieller Unternehmen entstanden ist. Obwohl auch in bezug auf Kenia immer wieder auf den Mangel an qualifizierten Arbeitskräften und erfahrenen Unternehmern hingewiesen wird (vgl. z.B. Sunny 1990, S. 39), dürfte die im Vergleich zur Elfenbeinküste bessere soziale Infrastruktur (als Indikatoren vgl. die höhere Alphabetisierungsrate sowie die niedrigere Kindersterblichkeit) auch eine Grundlage für die etwas breitere, stärker lokal bestimmte industrielle Struktur in Kenia sein. Die Weltbank berichtet von einer deutlichen Steigerung der Produktivität der verarbeitenden Industrie Kenias in den Jahren 1985-1987 durch gleichzeitig fallende Lohnkosten und steigende Arbeitsproduktivität; die spezifische Förderung ländlicher Industrialisierung hat offenbar zur weiteren Erschließung des Binnenmarktes beigetragen, während gleichzeitig der recht gut entwickelte Finanzsektor den internen Entwicklungsprozeß gefördert hat (World Bank 1988, S. 9-12; Grosh 1990).

Als Grundlage für eine dynamische industrielle Exportproduktion reichte dies aber bisher noch nicht aus. Die wichtigsten industriellen Exporte, die vor allem die Lieferung von Produkten der Erdölraffinerie in Mombasa sowie von Zement in andere Länder der Region betreffen, gingen in den 1980er Jahren sogar absolut zurück. Begrenzt erfolgreich war bisher lediglich die Förderung nicht-traditioneller landwirtschaftlicher Exporte (des Gartenbausektors), was aber angesichts der Stagnation der traditionellen Exporterlöse (aufgrund der Weltmarktpreisentwicklung bei Tee und Kaffee) und der Importintensität der Binnenmarkt-Industrieproduktion bei weitem nicht ausreichte, die steigenden Importkosten zu kompensieren. Seit Ende der 80er Jahre betragen die Importausgaben mehr als doppelt so viel wie die Exporteinnahmen; der Tourismus schafft eine gewisse Erleichterung der Zahlungsbilanz (vgl. EIU, Kenya, Country Profile 1991-92; EIU, Kenya, Country Report 2/1992). Im Jahr 1991 ist die erste *Export Processing Zone* (u.a. Verarbeitung von Gartenbauprodukten, Sisal, Kosmetik und Papier) in Nairobi eröffet worden; der Erfolg bleibt abzuwarten, wobei eine gewisse Orientierung an kenianischen Rohstoffen immerhin positiv erscheint. Die aktuelle politische Krise stellt noch eine weitere Hypothek dar.

Die zuletzt vorgestellten Überlegungen über die Abfolge von Entwicklungsmodellen in den hier betrachteten Ländern scheint zunächst nahezulegen, als sei das wesentliche schließlich doch eine erfolgreiche Industriepolitik. Was hat eine dynamische Entwicklung industrieller Exporte jedoch mit unseren Überlegungen zur Bedeutung agroindustriellen Entwicklung zu tun? Diese Fragen, die letztlich die Einbettung der jeweils dynamischen Wirtschaftssektoren in den gesamtgesellschaftlichen Zusammenhang betreffen, werden im Mittelpunkt der folgenden Betrachtung der Entwicklungen in den einzelnen Ländern stehen.

3 Wesentliche Charakteristika der Entwicklungsprozesse in den einzelnen Ländern

Bereits die erste Gegenüberstellung der Entwicklungsverläufe in den sechs hier untersuchten Ländern im vorigen Abschnitt weist auf die enormen Schwierigkeiten hin, eine angemessene Abstraktionsebene für die vergleichende Analyse von Entwicklungsprozessen zu finden. Die gängigen makro-ökonomischen Daten, wie sie in der Tabelle 8.1 zusammengefaßt worden sind, sagen zweifellos etwas über Prozesse der Veränderung von Sozial- und Wirtschaftsstrukturen sowie über deren Dynamik aus - sie erlauben aber kaum Prognosen über zu erwartende Krisensituationen und deren Bewältigung, Prognosen, die jedoch entscheidend für die Analyse von längerfristigen Entwicklungsperspektiven einzelner Gesellschaften und von Möglichkeiten ihrer positiven Beeinflussung wären.

Auch die inzwischen verbreitete These, daß es auf die *richtigen* strategischen Entscheidungen in Krisensituationen, die sozusagen Bifurkationen von Entwicklungswegen erlaubten (vgl. etwa Menzel, Senghaas) greift m.E. zu kurz. So wichtig offenbar eine rechtzeitige Umorientierung von einer protektionistischen Importsubstitutionspolitik auf eine Förderung der internationalen Konkurrenzfähigkeit der nationalen Industrieproduktion war, so wenig überzeugt jedoch eine Analyse, die eine solche Entscheidung als eine unabhängige Variable betrachtet. Daß es die ostasiatischen Länder schafften, von einer Ausgangsposition aus, die in den 1950er Jahren durch ähnliche, wenn nicht z.T. sogar ungünstigere makroökonomische Grunddaten als diejenige vieler afrikanischer Länder gekennzeichnet war, die bereits von ihrem Entwicklungsniveau her weit enteilten lateinamerikanischen Länder wie Argentinien und Chile spektakulär zu überholen, kann nicht allein auf einige zentrale, richtige strategische Entscheidungen zurückgeführt werden, sondern muß wohl mit einigen gesellschaftlichen Basisstrukturen zusammenhängen, die nur durch eine eingehendere historische Analyse zu erfassen sind.

Ähnliche Überlegungen drängen sich auf, wenn man der Frage nach den Ursachen des Auseinanderdriftens der Entwicklungsprozesse in Kenia und der Elfenbeinküste einerseits, Thailand und Malaysia andererseits nachgeht. Abgesehen davon, daß die politischen Möglichkeiten, bestimmte wirtschaftspolitische Umorientierungen durchzusetzen, bereits durch historisch gewachsene Strukturen begrenzt sind (man denke wiederum an Argentinien), erscheint die Annahme wenig plausibel, daß andere wirtschaftspolitische Weichenstellungen in den 1970er Jahren all jene Probleme überwunden hätten, die heute als Ursachen für die tiefe afrikanische Wirtschaftskrise genannt werden (u.a.: mangelnde Entwicklung der Zivilgesellschaft, Fehlen nationaler politischer Integration, mangelhafte

Entwicklung der Infrastruktur, mangelhafter Ausbildungsstand weiter Teile der
Bevölkerung einschl. des unternehmerischen Bereichs). Diese Frage nach der
Rolle qualitativer, historisch tiefreichender Faktoren sowohl im soziokulturellen als auch im Bereich politisch-ökonomischer Strukturen soll im Vordergrund
der folgenden Diskussion der Entwicklungsprozesse in den genannten fünf
Ländern stehen. Dabei wird auch die Wechselbeziehung zwischen sozioökonomischen Entwicklungsprozessen und politischen Auseinandersetzungen zu beachten sein - etwa die Wahrscheinlichkeit von Bürgerkriegen, die häufig als
Ergebnis sozioökonomischer Entwicklungsprozesse entstanden sind, diese aber
mittel- bis langfristig blockieren können.

3.1 Malaysia: Ethnische Konflikte und wirtschaftliche Dynamik

Malaysia ist, wenn man sich die aktuellen Daten anschaut, das erfolgreichste der
hier betrachteten Länder. Sieht man sich allerdings die Voraussetzungen an, die
dieses Land mit Erreichen der Unabhängigkeit im Jahre 1957 (damals: Malaya,
das jetzige West-Malaysia) mitbrachte, dann war dies - auch unter Berücksichtigung der theoretischen Überlegungen des ersten Kapitels - nicht so ohne
weiteres zu erwarten: Das Land war weitgehend abhängig von Rohstoffexporten
(West-Malaysia 1965: 45% Kautschuk, 25% Zinn; vgl. UN-ECAFE 1970, S. 19,
S. 77-79), wobei der Kautschuk zu einem großen Teil auf Plantagen gewonnen
wurde, die sich in englischer Hand befanden, und obendrein unter der wachsenden Konkurrenz von synthetischem Gummi litt; auch der moderne Zinnabbau
wurde von ausländischem Kapital dominiert (vgl. Fong Chan Onn 1989, S. 40-44).
Diese Abhängigkeit von den Exporten zweier Rohstoffe war insofern noch prekärer, als die Exportquote extrem hoch war: Im Schnitt der Jahre 1947-1960
betrug das Verhältnis der Brutto-Exporteinnahmen zum Bruttoinlandsprodukt
0,477 (zum Vergleich: in den Jahren 1953/54 betrugen die entsprechenden Wert
für Thailand 0,13, für die Philippinen 0,09 und für Indonesien 0,11) (vgl. Fong
Chan Onn 1989, S. 25). Eine nennenswerte industrielle Entwicklung hatte bis
1957 nicht stattgefunden (nur 9,6% der ökonomisch aktiven Bevölkerung und
11,1% des BIP in der verarbeitenden Industrie und im Handwerk); das britische
Kapital hatte angesichts der geringen Binnenmarktgröße kein Interesse an industriellen Investitionen in Malaya und retransferierte die Gewinne aus Kautschuk-
produktion und Zinnabbau nach England (vgl. ebda., S. 24, S. 37 f.).

Sieht man ethnische Heterogenität als eine zentrale Ursache für politische Instabilität in Ländern der Dritten Welt, dann konnte man auch von daher nichts
Gutes erwarten: 1957 standen in Malaya knapp 50% Malayen 37,3% Chinesen
und 11,7% Indern gegenüber (ebda., S. 12); die Konzentration der Chinesen auf
den urbanen Bereich sowie den Zinnbergbau einerseits, die der Malaien auf die

kleinbäuerliche Nahrungsmittelproduktion andererseits akzentuierte die typischen Formen struktureller Heterogenität. Konflikte zwischen beiden ethnischen Gruppen hatte es erst während der japanischen Besetzung im zweiten Weltkrieg gegeben, als die Malaien mit den Japanern sympathisierten, während der Widerstand gegen die Besatzungsmacht vor allem von der chinesisch-dominierten Malayan Communist Party (MCP) getragen wurde (vgl. Ongkili 1985, S. 17-26).

Auch einige der zentralen entwicklungsstrategischen Maßnahmen nach der Unabhängigkeit werden nicht gerade zu den typischen Charakteristika autozentrierter Entwicklung gezählt: So konzentrierte sich die Politik der Agrardiversifizierung auf die weitere Förderung traditioneller Plantagenprodukte (vor allem Ölpalmen und Kakao), die Türen für ausländisches Kapital blieben weit geöffnet; die frühe Umorientierung auf exportorientierte Industrialisierung begann mit der massiven Förderung freier Produktionszonen in der ersten Hälfte der 1970er Jahre. Dennoch muß man zweifellos aus heutiger Sicht zumindest die wirtschaftliche Entwicklung Malaysias als erfolgreich bezeichnen; die verbesserten Sozialindikatoren weisen obendrein darauf hin, daß es sich keineswegs um einen typischen Fall von "Verelendungswachstum" handelt.

Die konkreten Faktoren, die den Erfolg der malaysischen Entwicklung charakterisieren, verweisen auf die mögliche Vielfalt an Formen, die ein Prozeß annehmen kann, den man schließlich doch als "autozentrierte agroindustrielle Entwicklung" bezeichnen kann: eine entwicklungsstrategisch funktionale Bewältigung des ethnischen Konfliktes (1), eine kontinuierliche, massive Förderung der Landwirtschaft, u.a. im Zusammenhang mit der bewußten Förderung des malaischen Bevölkerungsanteils (2), eine geschickte Industriepolitik, die die Schaffung interner Linkages mit der Nutzung von Exportchancen miteinander verband (3) und schließlich günstige natürliche Voraussetzungen (Vorhandensein von Bodenschätzen in der richtigen Dosierung, klimatische Bedingungen, Fischreichtum, günstige (wirtschafts- und verkehrs-) geographischen Lage) (4).

(1) Die *ethnischen Auseinandersetzungen zwischen Malaien und Chinesen* prägten bereits den Prozeß, der zwischen 1946 und 1957 zur Unabhängigkeit der *Federation of Malaya* führte; die grundlegende Frage nach den Voraussetzungen für die malaiische Staatsbürgerschaft stand - wenn auch z.T. überlagert durch den Dschungelkrieg mit den vor allem aus der MCP hervorgegangenen Guerrilla - im Mittelpunkt der politischen Auseinandersetzungen. Sie wurde schließlich im Sinne einer Anerkennung des Rechts auf Staatsbürgerschaft für alle diejenigen, die von den zwölf Jahren, die der Unabhängigkeit vorangingen, mindestens acht in Malaya gelebt hatten, entschieden - also im wesentlichen ohne ethnische Diskriminierung (vgl. dazu im Detail Ongkili 1985, S. 112-114).

Die politisch produktive Kanalisierung der ethnischen Konflikte war im wesentlichen das Resultat der bereits 1952 beschlossenen Allianz zwischen den jeweils wichtigsten Parteien der malaischen und der chinesischen Bevölkerungsgruppe, nämlich der UMNO (United Malays National Organization) und der MCA (Malayan Chinese Organization), die - im Jahre 1949 gegründet - nach der Entscheidung der MCP für den bewaffneten Kampf zunächst die wichtigsten der in der Legalität verbleibenden politischen Kräfte der chinesischen Bevölkerung zusammenfassen konnte (vgl. Ongkili, 1985, S. 93 f.; Vennewald 1990, S. 69-74). Auch die indische Organisation des Malayan Indian Congress (MIC) gehört seit den 1950er Jahren der Allianz an; wegen der vergleichsweise geringeren Bedeutung des indischen Bevölkerungsanteils wird sich die folgende Darstellung auf den Konflikt zwischen Malaien und Chinesen konzentrieren.

Ganz entscheidend war offensichtlich bis heute, daß es dieser Allianz gelang, die ethnisch definierten Interessenkonflikte der größten Bevölkerungsgruppen intern auszutragen und zu - wenn auch z.t. widerwillig - akzeptierten politischen Strategien zu gelangen. Die bisher größte politische Krise, die Unruhen nach den Wahlen von 1969, wurde mit der New Economic Policy (NEP) beantwortet, die ab 1970 - nach einer Phase gemäßigt protektionistischer Importsubstitutionspolitik - zu einer erheblich dezidierteren Staatsintervention führte:

Ziel war es, durch eine systematische Förderung der Malayen im Bildungsbereich sowie durch eine massive Modernisierungspolitik im Agrarsektor und eine über den Staat vermittelte Umverteilung des Produktivkapitals das bestehende wirtschaftliche Gefälle zwischen Malaien und Chinesen systematisch abzubauen. In der Folge des nach den Unruhen von 1969 erklärten Ausnahmezustandes setzte die UMNO eine Verfassungsänderung durch, die jede Infragestellung der "besonderen Position" der Malaien innerhalb und außerhalb des Parlaments als einen aufrührerischen Akt bezeichnete und damit die explizite Bevorzugung der Malaien in praktisch allen gesellschaftlichen Bereichen legitimierte (vgl. Jesudason 1989, S. 77). Daß dies wiederum ohne größeren Widerstand von seiten der chinesischen Bevölkerung durchgesetzt werden konnte, kann im wesentlichen als ein "Verdienst" der MCA angesehen werden, in der sich bereits Ende der 1950er Jahre eine Gruppe - um ihren ersten Präsidenten Tan Cheng Lock - durchgesetzt hatte. Deren Politik führte, wie Vennewald (1990, S. 89) betonte, "zur Aufgabe der politischen Gleichberechtigung gegenüber der UMNO und jeglicher politischer Initiative, die nicht die Sicherung der ökonomischen Aneignungschancen betraf."

Die malaiische Elite wiederum war klug genug, den Nicht-Malaiien einen Anteil von 40% am gesamtgesellschaftlichen Aktienkapital zuzugestehen und es zu vermeiden, durch grundlegende institutionelle Reformen die Aneignungschancen

des chinesischen Kapitals einzuschränken (Vennewald 1990, S. 99). Der angestrebte Umverteilungsprozeß zugunsten der Malaien ging primär auf Kosten des
ausländischen Kapitals: aus einem Verhältnis 4:34:62 (Malaien/Chinesen und
Inder/Ausländer) sollte ein Verhältnis von 30:40:30 werden (vgl.u. zum tatsächli-
chen Ergebnis dieser Politik). Auch ausländisches Kapital wurde nicht enteignet,
sondern sollte teilweise zum freiwilligen Aktienverkauf an malaiische Staatsbür-
ger bewogen werden, teilweise durch massive staatliche (malaiische) Investitionen in seinem relativen Gewicht reduziert werden. Die Führung der UMNO war
klug genug, die Kühe, die gemolken werden sollten, nicht verhungern zu lassen -
so gelang eine massive Umverteilungspolitik auf der Basis eines wachsenden
Kuchens.

Zweifellos ist es erstaunlich, daß sich die Chinesen in Malaysia ohne nennenswerten Widerstand eine Politik gefallen ließen - ja im Rahmen der regierenden
Nationalen Front (entstanden 1974 durch Erweiterung der "Allianz", s.u.) sogar
mittrugen -, in der etwa nur 3,9% der öffentlichen Ausgaben im Bildungssektor
für die nichtmalaiische Bildung ausgegeben wurden und - 1985 - lediglich 6,3%
aller Stellen in den öffentlichen Verwaltung von Chinesen besetzt wurden (bei
einem chinesischen Bevölkerungsanteil von 30-35%) (vgl. Vennewald 1990,
S. 101 f., 198, 203). Drei Dinge mögen helfen, diesen Tatbestand zu erklären:

- die Fähigkeit der herrschenden *Allianz*, Oppositionsgruppen zu integrieren: so
  wurden 1974 die wichtigste malaiische Oppositionspartei PAS und die zweit-
  stärkste chinesisch dominierte Oppositionspartei Gerakan in die neue "Allianz", jetzt *Nationale Front* genannt, einbezogen;

- die Fähigkeit des chinesischen Großbürgertums, u.a. aufgrund bestehender
  Klientelstrukturen, zum einen Oppositionsbewegungen zu unterdrücken (etwa:
  Abblocken der sog. National Unity-Bewegung Anfang der 1970er Jahre,
  Vennewald 1990, S. 102f.), zum anderen weitere Gruppen zu kooptieren (stär-
  kerer Einbezug der westlich ausgebildeten Professionals und des chinesischen
  Kleinkapitals in die MCA, vgl. ebda., S. 103-111);

- vor allem aber die Tatsache, daß die Chinesen unter der pro-malaiischen
  Politik nicht ökonomisch litten: Während das monatliche Durchschnittseinkommen malaiischer Familien von 1970 bis 1984 von 172 auf 384 Ringgit, also
  um jährlich 5,9% stieg, stieg das der chinesischen Familien von 394 auf 678
  Ringgit, also immer noch um knapp 4,0% im jährlichen Durchschnitt (zu
  konstanten Preisen von 1970; eigene Berechnung nach Vennewald 1990,
  S. 205), d.h. trotz Verringerung des relativen Unterschieds zwischen beiden

Bevölkerungsgruppen blieb auch die sozioökonomische Hierarchie zwischen beiden ethnischen Gruppen erhalten. Schließlich ist auch die politisch angestrebte Verschiebung in der Verteilung des Aktienkapitals offenbar den Chinesen mehr zugute gekommen als ursprünglich beabsichtigt war; jedenfalls stieg der Anteil von Chinesen und Indern am Kapitalbesitz bis 1985 auf 56,7% (statt der für 1990 angepeilten 40%), während die Malaien erst 17,8% erreichten (Vennewald 1990, S. 207).

(2) Die ethnische Situation war sicherlich ein entscheidender Grund dafür, daß trotz der grundsätzlichen Industrie- und Modernisierungsorientierung der malaysischen Politik *die Landwirtschaft nicht vernachlässigt wurde*. Immerhin lebten 1957, im Jahr der Unabhängigkeit, 80,7% der Malaien, jedoch nur 27% der Chinesen auf dem Lande, während umgekehrt die Städte eindeutig von den Chinesen dominiert waren (63,9% der städtischen Bevölkerung waren chinesischer Herkunft, nur 22,6% malaiisch, jeweils bezogen auf West-Malaysia, nach Vennewald 1990, S. 198). Die mangelnden Perspektiven des Kautschuksektors, der Anfang der 1960er Jahre noch etwa die Hälfte der Exporterlöse lieferte, machte allerdings eine Politik der Exportdiversifizierung unausweichlich. Schließlich sind es drei unterschiedliche Politikbereiche, in denen Agrarförderung betrieben wurde und die sich vielfältig überlappten (vgl. dazu vor allem Snodgrass 1980, S. 164-203 sowie Fong Chan Onn 1989, S. 118-155):

- Die *Diversifizierungspolitik* konzentrierte sich zunächst auf die Förderung des Ölpalmenanbaus und der Holzextraktion - 1975 hatten Palmöl und Holz zusammen mit einem Anteil von 25,8% an den Exporten Gummi (21,9%) bereits überholt, obwohl auch Anstrengungen zur Verbesserung der Produktivität im Kautschuksektor nicht vernachlässigt wurden. Ab Mitte der 70er Jahre folgte eine massive Expansion des Kakaoanbaus (vgl. Senftleben 1991, S. 180 ff.) sowie Versuche der Stabilisierung des nicht unbedeutenden Kokospalmensektors, der allerdings unter der Konkurrenz der Ölpalmen gelitten hatte.

- Die Politik der ethnischen Umverteilung zugunsten der Malaien kam vor allem in der *Kleinbauernförderung* zum Ausdruck und zwar sowohl im Bereich der kleinbäuerlichen Exportproduktion als auch im ausschließlich binnenmarkt- (und stark subsistenz-) orientierten Reisanbau. Die Förderung der Reisproduktion bestand einerseits in einem beträchtlichen Ausbau von Be- und Entwässerungssystemen, wodurch vor allem eine zweite Ernte ermöglicht wurde, andererseits in massiver Preisstützungspolitik. Aus Gründen, die hier nicht untersucht werden können, blieben die Erfolge der produktivitätsfördernden Maßnahmen begrenzt - auch wenn die Gesamtreisproduktion in Westmalaysia

sich zwischen 1957 und 1970 mehr als verdoppelte (Fong Chan Onn 1989,
S. 131); jedenfalls wird angenommen, daß eine feststellbare Verbesserung der
sozialen Situation der Reisproduzenten primär ein Ergebnis der Preisstützung
und weniger des Produktivitätsfortschritts darstellt (so Jomo K. Sundaram
1985, S. 132). Auch in den Exportsektoren spielen Kleinbauern - unterstützt
durch Regierungsprogramme - eine wachsende Rolle; 1985 wurden mehr als
65% des gesamten Gummis von Kleinbauern produziert (Fong Chan Onn
1989, S. 139), 1986 waren 47% der Kakaoanbaufläche (68,7% in West-Malaysia) in der Hand von Kleinbauern bzw. gehörten zu Neulanderschließungs-
projekten (wenn auch mit recht niedrigen Erträgen, vgl. Senftleben, 1991,
S. 208-212) und auch im Ölpalmensektor wurde die kleinbäuerliche Produktion
in der Umgebung vorhandener Ölmühlen gefördert. Insgesamt ist der Anteil
der ländlichen Haushalte, deren Einkommen unter der Armutslinie liegen,
zwischen 1970 und 1984 erheblich gesunken: von 58,7% auf 24,7%; am ärmsten sind weiterhin die Reisbauern, von denen immer noch 57,7% arm sind
(Fong Chan Onn 1989, S. 143-146). Interessanterweise geht es den Plantagenarbeitern *von den Durchschnittseinkommen her* etwas besser als den Kleinbauern - zweifellos durchaus vergleichbar der relativ günstigen Situation der
Bananenarbeiter in Costa Rica. So schwankte in den 1970er Jahren der Anteil
der Familien unter der Armutsgrenze bei Kleinbauern im Gummisektor
zwischen 59,0 und 64,7%, bei den Plantagenarbeitern zwischen 35,1 und 47,0%
(vgl. Jomo K. Sundaram 1985, S. 131-133).

- Schließlich spielte die Politik der *Neulanderschließung* eine wesentliche Rolle
  im Rahmen der ländlichen Entwicklungspolitik Malaysias. Die Erschließung
  neuer landwirtschaftlicher Gebiete - vor allem für den Anbau von *cash crops*
  wie zunächst Ölpalmen und später zunehmend Kakao und Zuckerrohr - in den
  Regenwaldregionen des Inneren und an der Ostküste der malaiischen Halbinsel wurde eingebettet in umfangreiche regionale Entwicklungspläne; vorgesehen war vor allem eine Urbanisierung ländlicher Regionen, um das ländliche
  Versorgungsniveau zu heben und die Grundlage für eine spätere ländliche
  Industrialisierung zu schaffen (vgl. Fong Chan Onn 1989, S. 136-139; Schmidt
  1979, S. 115-202; Schmidt 1990). Wie auch immer man diese Politik unter
  ökologischen Gesichtspunkten bewertet - immerhin wurden im größten Neu-
  ansiedlungsgebiet der 70er Jahre, Pahang Tenggara, von insgesamt 10.000 qkm
  knapp 7% der Fläche als Naturschutzgebiete, 10% als Schutzwald zur Sicherung der Wasservorräte und des Mutterbodens sowie weitere knappe 10% als
  integrierte Forstkomplexe vorgesehen (vgl. Schmidt 1979, S. 172) -, sie trug
  zweifellos dazu bei, die ländliche Entwicklung in Westmalaysia zu stabilisieren,
  die Migration in die bestehenden urbanen Zentren im Westen der Halbinsel

zu mindern und eine bessere Integration des nationalen Territoriums zu erreichen. Die weitere Landerschließung in Sarawak und Sabah ist sicherlich angesichts der noch bestehenden - wenn auch durch Plantagen- und Holzwirtschaft schon angegriffenen - großflächigen Regenwälder auf Borneo und der zahlenmäßig bedeutenden nicht-malaiischen lokalen Bevölkerung als erheblich prekärer anzusehen.

Auch wenn eine detailliertere Analyse sich mit einer Reihe von problematischen Aspekten der ländlichen Entwicklungspolitik Malaysias auseinandersetzen müßte (etwa: starke Bürokratisierung, Konzentration auf weltmarktorientierte Plantagenwirtschaft; immer noch verbreitete ländliche Armut; ökologische Probleme), so ist doch unbestreitbar, daß das dezidierte Engagement der malaysischen Politik für die ländliche Entwicklung - neben der ja überaus erfolgreichen Industrieförderung sowie der seit Mitte der 1970er Jahre erheblichen Bedeutung der Exporte von Erdöl und Erdgas - in erheblichem Maße zum wirtschaftlichen Erfolg des Landes beigetragen hat. Dies betrifft etwa die Verbreiterung der Exportbasis, die Produktion von Rohstoffen *auch* für die lokale Industrie, die Verbreiterung der Qualifikationsbasis der Bevölkerung, die Integration des Binnenmarktes und - wenn auch in vermittelter Form, in der ethnischen Konfliktkonstellation Malaysias durchaus von erheblicher Bedeutung - die Absicherung des politischen Modus vivendi zwischen Malayen und Chinesen.

(3) Verschiedentlich im Verlaufe dieser Studie ist darauf hingewiesen worden, daß die *Fähigkeit der Industriepolitik, sich rechtzeitig von einer notwendigerweise protektionistischen Importsubstitutionsstrategie zu lösen und die internationale Konkurrenzfähigkeit zumindest wichtiger Industriezweige zu fördern*, ein zentrale Rolle bei der erfolgreichen industriellen Entwicklung eines Landes spielt - Taiwan und Südkorea zeigen dies in beeindruckender Weise. Der malaysischen Politik ist dies wohl vor allem deshalb recht leicht gefallen, weil die herrschenden Schichten des Landes (jedenfalls der malaiischen Halbinsel) traditionell, d.h. letztlich schon in vorkolonialer Zeit, in erheblichem Maße vom Handel lebten und die Außenhandelsquote auch bereits bei Erreichen der politischen Unabhängigkeit recht hoch war (etwa bei 40%, vgl. Jomo K.S. 1990, S. 48).

Das erste Jahrzehnt nach der Unabhängigkeit war durch eine *liberale* Importsubstitutionspolitik gekennzeichnet, d.h. eine Industrieförderung durch gemäßigte Schutzzölle und gewisse staatliche Förderungsmaßnahmen (vermittelt durch die sog. *Pioneers Industries Ordinance*, aber ohne ein starkes Engagement des Staates weder in Form staatlicher Aktivitäten im Industriesektor noch etwa durch die sonst gängige einseitige Förderung von Schlüsselsektoren. Die erzielten industriellen Wachstumraten - etwa 11% im Jahr zwischen 1960 und 1968 (Snodgrass 1980, S. 209) - entsprachen vergleichbaren Werten erfolgreicher ISI-Politik in anderen Ländern; der Anteil der verarbeitenden Industrie am Bruttoinlandsprodukt stieg von 11,1% (1957) auf 17,1% (1968), der Anteil an der Beschäftigung in denselben Jahren von 6,4 auf 9,1% (vgl. Fong Chan Onn 1989, S. 199). Zwei - etwa im Vergleich zu Costa Rica, Kenia und Côte d'Ivoire - eher ungewöhnliche Merkmale kennzeichneten allerdings diese frühe Phase der Importsubstitution in Malaysia:

- Die Importsubstitution war begleitet von einem durchaus bemerkenswerten Wachstum industrieller Exporte, die immerhin - trotz der dynamischen Entwicklung der Rohstoffexporte - bereits 1970 (ohne die nur aufbereiteten Primärprodukte Zinn, Gummi und Palmöl) 11,9% der Gesamtexporte Malaysias erreichten (berechnet nach Jomo K.S. 1990, S. 54).

- Die industrielle Entwicklung hatte einen sehr stark agroindustriellen Charakter: 1965 dominierten die Lebensmittelindustrie, die Gummi- und die Holzverarbeitung die Industriestruktur des Landes; die typischen ISI-Industriezweige, die in Lateinamerika unter hoher Protektion aufgebaut bzw. am Leben erhalten wurden (Elektrogeräte, Transportausrüstungen) spielten so gut wie keine Rolle (1965: nur 3,9% der industriellen Wertschöpfung; vgl. Fong Chan Onn 1989, S. 200).

Typischerweise konzentrierte sich die Kritik an der frühen malaysischen Industriepolitik auf zwei Aspekte, die vor allem die Benachteiligung der Malayen betrafen: nämlich zum einen die Konzentration des Besitzes industrieller Unternehmen in der Hand von ausländischem und chinesischem Kapital (1970 befanden sich lediglich 2,4% des Kapitals in der Hand von Malayen; vgl. Fong Chan Onn 1989, S. 204), zum anderen die verstärkte Ungleichheit der Einkommensverteilung seit der Unabhängigkeit, die u.a. mit der hinter den Erwartungen zurückbleibenden Beschäftigungswirkung der Industrialisierung zusammenhing (vgl. u.a. Jesudason 1989, S. 67) und ihrerseits die Erweiterung der Binnennachfrage verlangsamte (vgl. Jomo K.S. 1990, S. 119).

Die 1970 eingeleitete *New Economic Policy* als Antwort auf die entstandenen soziopolitischen und sich teilweise abzeichnenden ökonomischen Probleme (Enge des Binnenmarktes) war bereits oben erwähnt worden. Sie bestand - ähnlich wie in Lateinamerika - in einer *verstärkten Staatsintervention*, aber - anders als in Lateinamerika - in einer stärkeren *Marktorientierung* dieser Intervention:

Dies betrifft einerseits die starke *Exportorientierung* der neuen Politik sowie andererseits eine staatliche Investitionspolitik, die sich zwar auch mit den typischen, häufig ökonomisch prekären Projekten im Bereich sog. strategischer Industriezweige (Stahl, Zement, Automobilindustrie) beschäftigte (vgl. dazu kritisch Jomo K.S. 1990, S. 128-134), aber zu einem beträchtlichen Teil Kapital in Beteiligungsfonds kanalisierte, die - zum Zwecke der Malaiisierung - Aktien von ökonomisch erfolgreichen Unternehmen aufkauften; in das wichtigste des letztgenannten Typs staatlicher Unternehmen, die PNB (etwa: Nationale Kapitalbeteiligungskorporation), flossen in der ersten Hälfte der 1980er Jahre ein beträchtlicher Teil der staatlichen Investitionen (vgl. Jesudason 1989, S. 84-100; Jomo K.S. 1990, S. 154 ff.).

Diese Politik hat zweifellos der Korruption Tür und Tor geöffnet, und die Förderung malaiischer Unternehmer war sehr häufig unter rein ökonomischen Gesichtspunkten nicht zu verantworten (u.a. geringe Rückzahlungsquote staatlicher Kredite), so daß die Wirtschaftskrise Mitte der 80er Jahre (BIP 1985: -1,1%, 1986: +1,2%, Economic Report 1990/91, Statistical Tables S. xif.) wohl zum Teil auf diese Politik zurückzuführen ist - verstärkt noch durch die zumindest anfänglichen Fehlkalkulationen im schwerindustiellen Bereich (vgl. Jomo K.S., S. 128-134). Andererseits dürfte diese Politik ihren Beitrag zur Beruhigung des interethnischen Konflikts geleistet haben, was u.a. in der erneuten Konsolidierung der malaiischen Wählerbasis der Regierungspartei UMNO zum Ausdruck kommt (vgl. Jesudason 1989, S. 109-117); auch spricht das recht kräftige Wachstum der letzten Jahre in den Branchen Eisen und Stahl, Metallwaren und Transportausrüstung (vgl. Economic Report 1990/91, S. 68- 70) dafür, daß die staatlichen Investitionen in diesen Bereichen ökonomisch nicht völlig widersinnig waren.

Prägend für die industrielle Entwicklung des Landes war allerdings die massive Exportförderungspolitik der 1970er Jahre, die bereits mit dem *Investment Incentives Act* des Jahres 1968 eingeleitet wurde, der u.a. eine erhebliche Einschränkung der gewerkschaftlichen Organisationsmöglichkeiten in der Textil- und Bekleidungsindustrie sowie ein Verbot gewerkschaftlicher Organisation in der Elektronik-Industrie bedeutete; dem folgte 1971 mit dem Free Trade Zones Act die Einrichtung freier Produktionszonen. Das Ergebnis war ein - mit kurzen Unterbrechungen - bis heute anhaltendes erstaunliches Wachstum von Produktion, Beschäftigung und Exporten vor allem von elektronischen Komponenten und Elektrogeräten; so stiegen die Exporte dieser Branche von 31 Mio.Ringgit im Jahre 1970 auf knapp 8 Mrd. Ringgit (bei geringer Inflation) im Jahre 1986 an (Fong Chan Onn 1989, S. 206), die gesamte Industriebeschäftigung wuchs in nur dreizehn Jahren von 125.500 (1968) auf 567.500 (1981) an (ebda., S. 220).

Daß diese Erfolge zu einem nicht unbeträchtlichen Teil den genannten autoritären politischen Maßnahmen zu verdanken sind, liegt auf der Hand. Auch die sonst geläufige Kritik an den Lohnveredlungsindustrien trifft auf den malaysischen Fall zu (vgl. Jomo K.S. 1990, S. 121-127):

- Die Löhne liegen unter den Löhnen in den binnenmarktorientierten Branchen, sehr deutlich in den Bereichen Textil und Bekleidung (1983: 71,5 bzw. 61,6% des Durchschnitts der verarbeitenden Industrien gegenüber 109,8 in den binnenmarktorientierten Branchen), im Bereich Elektronik und Elektrogeräte allerdings nur knapp: 98,8% des Gesamtdurchschnitts.

- Die hohen Brutto-Exporterlöse täuschen darüber hinweg, daß die lokale Wertschöpfung nicht sehr hoch ist: 1987 wurden für 20,3 Mrd. Ringgit (M$ knapp 8 Mrd US$) verarbeitete Produkte exportiert; dem stehen Importe von 9,0 Mrd. M$ für Kapitalgüter (allerdings auch für andere Wirtschaftssektoren) und 11,6 Mrd. M$ für Halbfertigwaren gegenüber. Insgesamt dürfte der Handelsbilanzbeitrag der verarbeitenden Industrie also knapp positiv sein - was allerdings im Vergleich zum deutlichen negativen Nettoeffekt einer reinen Importsubstitutionsstrategie zu sehen ist.

- Die geringe Produktionstiefe der Lohnveredlungsindustrien impliziert geringe Linkageeffekte innerhalb der malaysischen Wirtschaft und ein weitergehende Verstärkung der Weltmarktintegration.

In die Exportförderungsstrategie einbezogen, aber bei weitem nicht so erfolgreich war der Versuch, die Exporte von weiterverarbeiteten nationalen Rohstoffen (also vor allem: Zinn, Gummi, Holz, Palmöl und Erdöl) zu fördern. Zwar stiegen die Exporte von verarbeitetem Palmöl in den 70er Jahren zunächst steil an, stagnierten später jedoch wie auch die der anderen Produkte - vor allem behindert von Handelsbarrieren und einer Transportkostenstruktur, die den Export unverarbeiteter Rohstoffe fördern (vgl. Jomo K.S. 1990, S. 120).

Trotz aller Kritik an verschiedenen Aspekten der industriellen Entwicklung Malaysias ist nicht zu leugnen, daß der malaysische Industriesektor die Krise der Jahre 1985/86 rasch überwunden und seit 1987 wieder erstaunliche Wachstumsraten aufzuweisen hat. Die Produktion der verarbeitenden Industrie stieg von 1985 bis 1990 um 84,4%, die Herstellung von elektronischen und elektrischen Elementen und Geräten um sage und schreibe 206,7% (Economic Report 1990/91, Statistical tables, S. xxxi). Entgegen allen Befürchtungen hat eine Umstrukturierung der Produktion in dieser Branche stattgefunden, die einerseits eine Diversifikation der Produkte (geringerer Anteil an elektronischen Komponenten, wachsender Anteil an Fertigprodukten wie Fernseher und Klimaanlagen sowie an industriellen Ausrüstungsgegenständen) und der Märkte (vor allem: wachsende Bedeutung des Binnenmarktes) bedeutet, andererseits eine Vertiefung der Produktion durch die Verknüpfung der Komponentenherstellung mit der Produktion von fertigen Geräten. Im Mittelpunkt der Regierungspolitik steht z.Zt. die Förderung einer stärkeren Verknüpfung der Produktion transnationaler Konzerne mit kleinen und mittleren lokalen Zuliefererbetrieben. Auch scheint es weitgehend gelungen zu sein, die in den 1980er Jahren aufgebaute Stahl- und Eisenindustrie zu einem effizienten Lieferanten von Halbfertigwaren für die anderen lokalen Industriezweige zu machen, während die Automobilindustrie von der Expansion des Binnenmarkte, aber auch Erfolgen auf einzelnen Exportmärkten profitiert hat (vgl. Economic Report 1990/91, S. 68-70).

(4) Eine detaillierte Einschätzung der Bedeutung der *günstigen natürlichen Voraussetzungen* für den malaysischen Entwicklungsprozeß ist auf der Basis der mir vorliegenden Veröffentlichungen nicht möglich. Zweifellos ist Malaysia mit natürlichen Ressourcen gut ausgestattet, doch war dies ja für viele Länder der Dritten Welt eher ein Entwicklungshemmnis; häufig wurde der Mangel natürlicher Ressourcen als einer der Hauptantriebskräfte der Entwicklung Taiwans und Südkorea gesehen. Diese Ressourcen haben den Entwicklungsprozeß offenbar von dem Moment an gefördert, als sie nicht primär als Selbstzweck (etwa der Bereicherung einer Oligarchie oder einer Staatsklasse - wie häufig im Falle reicher Ölvorkommen), sondern als Ressourcenbasis für weiterreichende Entwicklungsziele (Rohstoffe für nationale Weiterverarbeitung, Devisenbringer, Basis für ländliche Regionalentwicklung etc.) eingesetzt wurden. Dies schließt nicht aus, daß es eine malaiische Staatsklasse gibt, die von Renten lebt, doch war diese durch die ethnische Konkurrenz mit den wirtschaftlich dominanten Chinesen ständig unter Druck, einen effizienten Agrarsektor und effektive Verwendung der Agrareinkommen zu fördern, um ihre eigene wirtschaftliche und soziale Basis zu stärken (vgl. etwa Lim 1992, S. 110); später gerieten Bürokratie und Aristokratie unter wachsenden Druck durch das von ihnen erst geschaffene malaiische Unternehmertum (vgl. Leigh 1992, S. 119).

Auch die geographische Lage an einem der am meisten befahrenen Weltschifffahrtswege sowie in einer der dynamischten Wachstumszonen der Weltwirtschaft dürfte sich bei einer weitgehenden internen politischen Stabilität und einer starken unternehmerischen Orientierung zumindest der chinesischen Bevölkerungsgruppe durchaus entwicklungsfördernd ausgewirkt haben. Die geographische Lage dürfte auch dazu beigetragen haben, daß nicht nur die Produkt- sondern auch die Partnerstruktur des malaysischen Handels stark diversifiziert ist: 1989 gingen jeweils zwischen 15 und 20% der Exporte in die USA, die EG und nach Japan; im Verlaufe der 1980er Jahre hat der Anteil anderer Handelspartner zugenommen (wobei einmal angenommen wird, daß angesichts der rasch expandierenden Wirtschaft Singapurs der Anteil der dort verbleibenden Exporte im Vergleich zu den Re-exporten, für die Singapur praktisch nur die Rolle eines malaysischen Exporthafens spielt, zumindest nicht gesunken ist): 1980 gingen 27,5% der Exporte nach Australien, West-Asien, in die Volksrepublik China und die anderen ASEAN-Staaten, 1989 waren es bereits 32,1% (davon allerdings 19,7% nach Singapur) (vgl. Economic Report 1990/91, Statistical Tables, S. xxf.). Mit seiner "Look East"-Politik versucht der gegenwärtige Premierminister Mohathir die regionale Verankerung der malaisischen Wirtschaft weiter zu stärken. Auch die gesamte Frage des historischen Hintergrunds der Entwicklung in Malaysia (lange Tradition des Handels, unternehmerische Orientierung des chinesischen Bevölkerungsteils) ist im geograpisch-regionalen Zusammenhang zu sehen.

Auch wenn auf den letzten Seiten versucht worden ist, einige Elemente zusammenzutragen, die den relativen Erfolg des malaysischen Entwicklungsweges verständlich machen, so bleibt es schwierig, diese Aspekte *in einem der gängigen Interpretationsschemata zusammenzufassen*. Die dynamisierende Rolle der Exportwirtschaft scheint zwar jenen recht zu geben, die Strategien weltmarktorientierter Entwicklung vertreten, doch entspricht die anscheinend kaum ökonomischer Rationalität folgende systematische Bevorzugung der malaiischen Bevölkerung überhaupt nicht diesem Konzept, andererseits paßt weder die starke Förderung exportorientierter Plantagenwirtschaft noch das Setzen auf Lohnveredlungsindustrien als Grundlage industriellen Exportförderung in neo-strukturelle Entwicklungskonzepte.

Was hat der malaysische Entwicklungsweg mit der von uns postulierten Notwendigkeit *autozentrierter agroindustrieller Entwicklung* zu tun? Wie im theoretischen Teil betont wurde, sind die typischen strukturellen Deformationen der meisten Länder der Dritten Welt (u.a.) die Konsequenz der Ungleichzeitigkeit weltweiter Entwicklungsprozesse, die es möglich gemacht hätten, den industriellen Entwicklungsprozeß von seiner landwirtschaftlichen Basis abzukoppeln (vgl. o. Abschn. I.2.3); genau dies scheint man in Malaysia genutzt zu haben und zwar bereits im Bereich der landwirtschaftlichen Exportproduktion: Exportproduktion wurde zunächst durch ausländisches Kapital (also unabhängig von einem entsprechenden inländischen Mehrprodukt) finanziert und gefördert im Bewußtsein, sich auf die Möglichkeit des Imports von Nahrungsmitteln verlassen zu können. Man lockte dann ausländisches Kapital an, um die Lohnveredlungsindustrien aufzubauen, in großem Umfange urban-industrielle Arbeitsplätze zu schaffen und die eigenen billigen Arbeitskräfte devisenbringend verwerten zu können.

Offenbar hat es Malaysia geschafft, die Vorteile der Weltmarktintegration zu nutzen und gleichzeitig zumindest die Probleme extremer, entwicklungsblockierend wirkender struktureller Deformation zu vermeiden. Letzteres konnte dadurch erreicht werden, daß dem Bereich agroindustrieller und überhaupt ländlicher Entwicklung eine ständige Aufmerksamkeit gewidmet wurde und zwar unter praktisch allen Gesichtspunkten, die für die Integration des ländlichen Bereiches in den nationalen Entwicklungsprozeß von Bedeutung sind (Erhaltung und Neuschaffung von Einkommensquellen auf dem Land, infrastrukturelle Einbindung ländlicher Regionen, Verbesserung der Ausbildungsmöglichkeiten auf dem Lande, Förderung ländlicher Industrialisierung, Vermeidung übermäßiger globaler Agglomeration durch die Förderung einer relativ dezentralen Entwicklung). Dazu kam die Ergänzung der exportorientierten Industriezweige durch die Förderung der Verarbeitung landwirtschaftlicher Rohstoffe und den Aufbau von Grundstoffindustrien. Der *Industrial Master Plan* des Jahres 1985, auf dem die exportorientierte Industriepolitik Mahathirs beruht, geht systematisch von den lokalen Rohstoffen Gummi, Palmöl, Nahrungsmittel und Holz aus, um Ansätze zur Förderung einer international konkurrenzfähigen Weiterverarbeitung zu bestimmen (vgl. Lim 1992, S. 111-113).

Sicher war diese Politik nicht in jeder Beziehung erfolgreich und brachte viele Reibungsverluste mit sich - doch insgesamt gelang eine relativ umfassende Inwertsetzung nationaler Ressourcen zumindest in Westmalaysia, das hier im Vordergrund der Betrachtung blieb.

Zweifellos hat die föderale Tradition Malayas relativ günstige Voraussetzungen für eine solche Wirtschaftspolitik geschaffen; von großer Bedeutung ist aber sicherlich das Verhältnis zwischen ethnischer Struktur und politischen Machtverhältnissen in Malaysia: Zum einen wurde dadurch eine ständige Unterstützung der ländlichen, vor allem von Malaien bewohnten Regionen abgesichert, und durch den Versuch der Stärkung des malaiischen Elementes im urban-industriellen Bereich eine Verknüpfung zwischen ländlicher und städtischer Gesellschaft gefördert, zum anderen verhinderten die politischen Strukturen das Entstehen einer "triple alliance" aus Staat, ausländischem Kapital und nationalem Privatkapital, das sich ja vorwiegend in der Hand von Chinesen befindet. So blieb das nationale Kapital im wesentlichen auf Erfolge durch *marktorientiertes Wirtschaften* abhängig und konnte sich nicht auf eine Patronage durch den Staat verlassen; andererseits blieb dem Staat dadurch mehr politischer Spielraum für eine Orientierung auf *nationale Entwicklung*, d.h. eine *autozentrierte* politische Orientierung trotz aller Einbindung in den Weltmarkt.

Andererseits sollte nicht vergessen werden, daß ein politisches System, das primär auf der Basis ethnischer Loyalitäten funktioniert, durchaus einen prekären Charakter besitzt; eine schwerere Wirtschaftskrise könnte den bestehenden Kompromiß (Wohlstand durch *Laissez-faire* für die Chinesen, aktive Förderung für die Malaien) infragestellen, schwerere ethnische Auseinandersetzungen auch die inzwischen erreichte relativ solide sozioökonomische Grundlage für weitere Entwicklung wieder gefährden.

3.2   Thailand: Entwicklungserfolge trotz extremer regionaler Polarisierung und politischer Instabilität?

Auf den ersten Blick erscheint es sehr schwer, gemeinsame Ursachen für die relativ erfolgreichen Entwicklungsprozesse in Malaysia und Thailand auszumachen. Zunächst einmal erscheinen die Voraussetzungen für "autozentrierte Entwicklung" in Thailand viel günstiger als in Malaysia: Traditionell ist Thailand ein Land von vor allem reisproduzierenden Kleinbauern; primär wird für den Eigenbedarf produziert, aber schon seit langem werden Überschüsse in die benachbarten Länder exportiert. Die soziokulturelle Integration der thailändischen Gesellschaft ist hoch, auch wenn die ethnische Zusammensetzung auf den ersten Blick genauso heterogen erscheint wie diejenige Malaysias (Ethnische Gruppen nach den Volkszählungsergebnissen von 1980: 53,6% Thai, 27,6% Lao, 10,6% Chinesen, 3,7% Malaien, 2,7% Khmer; vgl. Stat. Bundesamt 1990, Länderbericht Thailand, S. 28). Das jahrhundertelange Bestehen des thailändischen Staates und die lange Akzeptanz der Thai als Staatsvolk durch die anderen Ethnien, die enge Verwandtschaft zwischen Lao und Thai (Ähnlichkeit der Sprache, buddhistische Religion) haben jedoch - sieht man von Auseinandersetzungen mit kleineren Bergvölkern des Nordens ab - ethnische Konflikte nie zu einem zentralen politischen Problem in Thailand werden lassen.

Andererseits wiederum stechen zwei Merkmale des thailändischen Entwicklungsprozeß hervor, die nicht gerade gute Voraussetzungen für langfristige Entwicklungserfolge zu bilden scheinen: Zum einen der offensichtliche Mangel an politischer Stabilität - charakterisiert durch die Häufigkeit von Militärputschen und der Ablösung zwischen zivilen und militärischen Regimen - man denke an die Unruhen vom Mai 1992 -, zum anderen die extreme Polarisierung zwischen der raschen industriellen Entwicklung der Region um Bangkok und den zurückbleibenden ländlichen Regionen.Weit mehr als die Hälfte der städtischen Bevölkerung Thailands lebt in der Großregion Bangkok (8,4 Mio. von knapp 12 Mio.), die 45mal größer ist als die zweitgrößte Stadt des Landes, Chiang Mai; etwa 70% der Industrieproduktion konzentrieren sich hier und das Prokopfeinkommen war 1987 mehr als 8mal so groß wie das des Nordostens und gut 3mal so groß wie das nationale Durchschnittseinkommen (vgl. Kamm 1992, S. 105 f.).

Zumindest bis heute scheinen diese beiden Merkmale den wirtschaftlichen Transformationsprozeß des Landes kaum behindert zu haben; wie die obige Übersicht zeigt, übertrafen die Wachstumsraten von Bruttoinlandsprodukt und Exporten Thailands in den 1980er Jahren diejenigen Malaysias noch deutlich; von 1988 bis 1990 lagen die jährlichen Wachstumsraten sogar über 10% (für 1988 und 1989: Rüland 1991, S. 117; für 1990: Pretzell 1992, S. 451). Auch die Unruhen im Mai 1992 haben offenbar die wirtschaftlichen Entwicklungsperspektiven kaum berührt; für das laufende Jahr wurde auch im Juli 1992 noch ein Wachstumsrate von 6,5-7,5% geschätzt (vgl. FEER 16.7.92, S. 61). Drei wesentliche Faktoren dürften für diesen günstigen wirtschaftlichen Entwicklungsprozeß entscheidend sein, die sich - bei genauerem Hinschauen - dann doch nicht allzu grundlegend von den Ursachen der wirtschaftlichen Erfolge Malaysias unterscheiden:

-   die - trotz politischer Instabilität - hohe Kontinuität in Wirtschaftspolitik und Verwaltung (1);
-   ein hohes Maß an sozioökonomischer Integration des Landes, die trotz der gewachsenen Unterschiede zwischen Bangkok und der "Provinz" tiefgreifende soziale Brüche verhindert und ländlicher Entwicklungspolitik einen wachsenden Stellenwert gegeben hat (2);
-   eine zielstrebige, aber dennoch flexible Industriepolitik (3).

1) Die *Kontinuität und Berechenbarkeit von Wirtschaftspolitik und Verwaltungshandeln* wird allgemein als eine zentrale Vorbedingung erfolgreicher wirtschaftlicher Entwicklung angesehen. Es liegt auf der Hand, daß häufige Militärputsche und Putschversuche in diesem Sinne nicht unbedingt entwicklungsfördernd wirken. Andererseits zeigt die lateinamerikanische Erfahrung, daß auch eine institutionelle Kontinuität des politischen Systems nicht unbedingt die wirtschaftspolitische Kontinuität und Berechenbarkeit gewährleistet: Der Austausch des gesamten höheren Verwaltungspersonals nach dem Wahlsieg einer Oppositionspartei schafft ebenso Unsicherheiten wie die oft großen Diskrepanzen zwischen erklärter Strategie und tatsächlich durchgesetzter Politik (vgl. u.a. die Probleme einer effektiven wirtschaftspolitischen Neuorientierung angesichts der Stärke der sog. *triple alliance* in verschiedenen Ländern).

Seit im Jahre 1932 die absolute Monarchie abgeschafft wurde, gibt es inzwischen die zehnte reguläre Verfassung; neunmal wurde erfolgreich geputscht - bei insgesamt etwa doppelt so vielen Putschversuchen. Zwei Institutionen sind es, die trotz alledem für ein erhebliches Maß an Berechenbarkeit der thailändischen Politik gesorgt haben: der König, der trotz relativ begrenzter verfassungsmäßiger Kompetenzen über ein hohes Maß an Autorität gegenüber der Bevölkerung verfügt, und das Militär, das eng mit einer kompetenten, wenn auch nicht gegen Korruption gefeiten Bürokratie verflochten ist (vgl. u.a. Pretzell 1989 und 1989a, Lewis/Kapur 1990, S. 1364f., zum Vergleich Südostasiens mit Lateinamerika auch: Mols 1991). Bei den Staatsstreichen und Umstürzen der vergangenen zwei Jahrzehnte ging es primär um das relative Gewicht von Militär und zivilen politischen Institutionen, weniger um unterschiedliche sozioökonomische Entwicklungskonzepte. Selbst während der politisch recht turbulenten Jahre 1973-76 (Rebellion radikal-demokratischer Studenten; Interimsregierung des Universitätsrektors Sanya Dharmasakti; blutige Unruhen und Rechtsputsch im Oktober 1976, vgl. Pretzell 1989, S. 285f.) gab es keinen Bruch im Rhythmus der jeweils für fünf Jahre geltenden Wirtschaftspläne, und das Wirtschaftswachstum blieb auf dem hohen Niveau von jährlich 6,2% für die Jahre 1972-1976 - und das noch angesichts der für ein Ölimportland schmerzlichen Ölpreisentwicklung dieser Jahre (vgl. Kamm 1992, S. 63). Lediglich die ausländischen Investitionen in Thailand zeigten in den zweiten Hälfte der 1970er Jahre einen empfindlichen Einbruch, wobei allerdings nicht ganz klar ist, wieweit dieser auf die politischen Entwicklungen zurückgeführt werden kann (Tiefststand in den Jahren 1978/79 von daher nicht zu erklären; vgl. Rüland 1991, S. 124).

Die Grundlage für eine effiziente staatliche Wirtschaftslenkung wurde bereits in der Zeit der Sarit-Diktatur (1958-1963) gelegt - u.a. auf der Basis der Empfehlung einer Weltbankmission. 1960 wurde das *National Economic and Social Development Board (NESDB)* gegründet, das - rechtlich dem Büro des Premierministers zugeordnet - für die Ausarbeitung des jeweiligen Fünfjahresplans verantwortlich ist; daneben haben das *Bureau of the Budget (BOB)* und das *Fiscal Policy Office (FPO)* einen wichtigen Einfluß auf die Formulierung der Pläne. In der relativ großen Bedeutung dieser zuletzt genannten Institutionen kommt bereits die traditionell konservative Monetär- und Fiskalpolitik Thailands zum Ausdruck. Doch, wie von Beobachtern bestätigt wird, verfügen auch die *Bank of Thailand* sowie die Fachministerien über Technokraten auf hohem professionellen Niveau. Besonders betont wird auch die behutsame und langfristige Planung bei öffentlichen Großprojekten (vgl. Rüland 1991, S. 125f.; Kamm 1992, S. 72-75).

2) Auch wenn kein Zweifel an den wachsenden Ungleichheiten zwischen der Hauptstadtregion und dem ländlichen Thailand besteht, so darf andererseits nicht übersehen werden, daß die Ursache dieses Prozesses ungleicher Entwicklung nicht in einer extremen Vernachlässigung und auch nicht in einer wirtschaftlichen Stagnation der ländlichen Regionen liegt, sondern primär in der außerordentlichen Wachstumsdynamik der metropolitanen Entwicklung in und um Bangkok. Immerhin liegen die durchschnittlichen jährlichen Wachstumsraten der landwirtschaftlichen Produktion für 1965-1980 (4,6%) und 1980-1990 (4,1%) deutlich *über* den entsprechenden Durchschnittswerten für die *Lower-middle-income economies* insgesamt (3,6 bzw. 2,5%); andererseits bleiben sie jedoch noch deutlicher hinter den entsprechenden Wachstumsraten für die anderen Sektoren der thailändischen Wirtschaft zurück: Verarbeitende Industrie: 11,2 und 8,9%; Dienstleistungssektor: 7,4 und 7,8% (vgl. World Development Report 1992, S. 220).

Sicherlich beruhte die landwirtschaftliche Produktionssteigerung primär auf der
Ausweitung der landwirtschaftlichen Nutzfläche und weniger auf der Steigerung der Produktivität - tatsächlich war 1985 in keinem anderen asiatischen
Entwicklungsland zwischen Pakistan und Südkorea das Verhältnis zwischen
Pro-Kopf-Produkt im landwirtschaftlichen und in den nicht-landwirtschaftlichen Sektoren so ungünstig wie in Thailand, nämlich 1:12,0. In Malaysia etwa lag
das BIP/Kopf in den nicht-landwirtschaftlichen Sektoren kaum höher als in
Thailand (2581:2118 US$), in der Landwirtschaft jedoch mehr als viermal so
hoch (815:177 US$), das Verhältnis zwischen beiden Bereichen lag nur bei 1:3,2
(vgl. Lewis/Kapur 1990, S. 1372). Andererseits hat der Ausbau der materiellen
Infrastruktur (Straßenbau, Elektrizitätsversorgung, Telekommunikation) bereits
in den 1950er und 60er Jahren zumindest eine weitergehende interne Desintegration verhindert (vgl. Sternstein 1976, S. 121-142); in den 60er Jahren wurden auch
verstärkt Maßnahmen zur Modernisierung des Agrarsektors in Angriff genommen (Verbesserung und Erweiterung der Bewässerungssysteme, Verbesserung
des Zugangs zu Krediten, Flurbereinigung), deren positive Auswirkungen jedoch
in vielerlei Hinsicht auf die Zentralregion beschränkt blieben (vgl. Sternstein
1976, S. 143-168; Kamm 1992, S. 41-47, S. 85). Immerhin wurde im Verlaufe der
letzten Jahrzehnte eine erhebliche Diversifizierung der Agrarproduktion (und
auch der Agrarexporte) erreicht: Wurden im Erntejahr 1950/51 noch 88,3% der
Anbaufläche mit Reis bebaut, so waren es 1978/79 nur noch 61,5% - was angesichts der erheblichen Ausweitung der gesamten Anbaufläche immer noch eine
Ausweitung der Reisfläche von 5,5 Mio. ha auf 9,3 Mio. ha bedeutete (vgl. ebda.,
S. 44). Thailand blieb einer der wichtigsten Reisexporteure und entwickelte sich
darüber hinaus zu einem wichtigen Exporteur einer Reihe anderer landwirt-
schaftlicher Produkte: vor allem Gummi, Tapioka und - zunehmend - tropischer
Früchte. Dazu kamen bedeutende Exporte von Tropenholz (aus der Abholzung
als komplementärer Effekt zur Ausweitung der Agrarfläche) und in den 80er
Jahren zunehmend Fischereiprodukte, vor allem Krabben, die in wachsendem
Umfang gezüchtet werden (vgl. ebda., S. 45f.).

Seit Ende der 1970er Jahren (4. Plan) wurde zunehmend eine Politik ländlicher
Industrialisierung verfolgt, d.h. vor allem der Verarbeitung ländlicher Produkte.
Inzwischen ist Thailand zum wichtigsten Exporteur von Ananaskonserven geworden; in einigen Küstenregionen spielen die Produktion von Fischkonserven
eine wichtige Rolle. Erfolgreich war offenbar auch die Förderung einer ländlichen Schmuckindustrie, in der gegen Ende der 80er Jahre ca. 400.000 Arbeitskräfte (z.T. als Nebenerwerb für Bauern) beschäftigt waren (vgl. ebda., S. 42, 64f.,
85). Das rasche Wachstum einiger regionaler Zentren deutet auf einen gewissen
Erfolg dieser Politik hin: So wuchs die Bevölkerung der beiden größten Städte im
Nordosten, Nakhon Ratchasima und Khon Kaen zwischen 1970 und 1985 von

66.000 auf 200.000, bzw. von 29.000 auf 124.000 Einwohner, von Songkhla im Süden allein zwischen 1970 und 1980 von 41.000 auf 173.000 (Stat. Bundesamt 1990, S. 27), und diese Mittelstädte verteilen sich erstaunlich gleichmäßig über das gesamte Territorium. Auch die Tatsache, daß die relativen Unterschiede im Prokopfeinkommen (Region Bangkok hat das 6,2fache des Durchschnitts von Nordosten, Norden und Süden, berechnet nach Kamm 1992, S. 105) zumindest nicht ganz so hoch sind wie die oben genannten Produktivitätsunterschiede zwischen *landwirtschaftlichen* und nicht-landwirtschaftlichen Sektoren, verweist auf gewisse Transformationsprozesse in den zuvor fast ausschließlich agrarischen Regionen. Schließlich ist zu bedenken, daß trotz aller Ungleichheit zwischen Bangkok und den ländlichen Regionen die Einkommensverteilung insgesamt in Thailand durchaus nicht ungleicher ist als in Malaysia: Der Gini-Index für Malaysia lag 1979 bei 0,49 (Ikemoto 1985, S. 353), für Thailand (1981, Krongkaew 1985, S. 331) sogar geringfügig günstiger (0,47); allerdings zeigt der Index für Thailand seit 1962/63 (0,41) eine ständige Verschlechterung, während sich für Malaysia (aufgrund der Politik der 1970er Jahre?) eine Wende andeutete: 1957/ 58: 0,449; 1970: 0,505; 1979: 0,493; Ikemoto, a.a.O.).

Einige Studien verweisen auf einen interessanten Aspekt, der das zunächst widersprüchlich erscheinende Verhältnis zwischen partieller Modernisierung und verstärkter regionaler Integration einerseits, wachsenden Einkommensunterschieden zwischen Stadt und Land andererseits möglicherweise erklärt: Während in Malaysia offenbar zumindest seit den 1970er Jahren ein Ressourcenfluß in den ländlichen Sektor hinein stattfand (ermöglicht wohl vor allem durch die beträchtlichen Einnahmen aus der Rohstofförderung sowie aufgrund einer beträchtlichen Auslandsfinanzierung der industriellen Investitionen), fand in Thailand ein beträchtlicher Transfer finanzieller Ressourcen aus dem ländlichen in den urbanen Bereich statt (vgl. Hirsch 1989, Jansen 1989). Bis 1975 machten die in ländlichen Regionen vergebenen Kredite der kommerziellen Banken weniger als 50% der dort angelegten Guthaben aus; Jansen rechnete aus, daß in den Jahren 1964 bis 1981 im Schnitt etwa 20% städtischer Kredite aus ländlichen Überschüssen finanziert wurden (vgl. ebda., S. 30f.). Es hat den Anschein, als sei die ländliche Entwicklung dynamisch genug gewesen, um den städtisch-industriellen Akkumulationsprozeß zumindest teilweise zu finanzieren - weshalb im Gegensatz zu Lateinamerika der Rekurs auf ausländische Mittel begrenzt blieb -, aber nicht ausgereicht hat, um die ländlichen Einkommen ebenso kontinuierlich zu steigern wie die städtischen.

3) Im Vergleich zu Malaysia ist die *thailändische Industriepolitik* durch ein längeres Festhalten an der Binnenmarktorientierung und eine graduellere wirtschaftspolitische Umorientierung gekennzeichnet. Noch für die 1970er Jahre

beklagt die Weltbank, daß gewisse Exporterfolge nicht darüber hinwegtäuschen könnten, daß das Protektionsniveau für importsubstituierende Aktivitäten noch erheblich über dem Niveau der Exportanreize lag (World Bank 1980, S. 3-5); andererseits wird anerkannt, daß trotz der Binnenmarktorientierung in den 60er Jahren das Protektionsniveau in Thailand (ähnlich wie in Malaysia, s.o.) vergleichsweise niedrig war (ebda., S. 2). Während die malaysische Politik in ihrer parallelen Förderung einer rein exportorientierten Lohnveredlungsindustrie und einer importsubstituierenden Grundstoffindustrie im wesentlichen dem industriellen Wachstumspfad Koreas und Taiwans folgte, läßt sich eine ähnliche "duale" Orientierung in der thailändischen Industriestrategie nicht feststellen (vgl. Yokoyama/Itoga 1989). Erst in der zweiten Hälfte der 1980er Jahre wurde in beträchtlichem Umfange eine petrochemische Industrie aufgebaut, die die erheblichen Vorkommen von Erdgas im Golf von Thailand nutzt (vgl. Kamm 1992, S. 51) und Grundstoffe für die nicht unbedeutende Herstellung von Plastikprodukten produziert, die ihrerseits nationale, aber auch in rasch wachsendem Umfang Exportmärkte beliefert.

Die Importsubstitution brachte in Thailand grundsätzlich ähnliche Ergebnisse wie praktisch überall in den Entwicklungsländern: Sie ermöglichte die Entwicklung einer ersten industriellen Basis, einschließlich eines modernen Dienstleistungssektors und einer entsprechenden materiellen Infrastruktur, doch brachte sie durch den steigenden Bedarf am Import von Rohstoffen und Vorprodukten eine tendenziell wachsende Belastung der Zahlungsbilanz mit sich (vgl. Kamm 1992, S. 34; zum Verhältnis industrieller Exporte und Importe im Jahr 1970: UNIDO 1985, S. 77) und half schließlich wenig zur Lösung des Beschäftigungsproblems. Einer jährlichen Wachstumsrate der industriellen Wertschöpfung von 8,3% (zwischen 1960 und 1973, World Bank 1980, S. 1) stand nur ein jährliches Wachstum der Industriebeschäftigung von 3,8% gegenüber (UNIDO 1985, S. 17).

Ein wesentlicher Aspekt für den relativ glatten Übergang zu einer exportorientierten Strategie dürfte die Tatsache sein, daß Thailand in den 1960er und 70er Jahren über - im Vergleich zu anderen Ländern mit ähnlichem Einkommensniveau - überdurchschnittlich hohe interne Spar- und Investitionsraten verfügte: Die durchschnittliche Sparrate lag in den Jahren 1960-73 bei 21,0%, 1974-78 bei 22,8% (gegenüber 18,2% bei den Vergleichsländern), die durchschnittliche Investitionsrate bei 22,7% bzw. 26,6% (gegenüber 19,9%) (vgl. World Bank 1980, S. 2), was mit den Überlegungen zum Transfer von Surplus aus dem Agrarsektor korrespondiert. U.a. durch den *Investment Promotion Act* des Jahres 1972 wurden verschiedene Anreize (Zollbefreiung für Importe von Vorprodukten, Steuerermäßigungen) für Investitionen im Bereich exportorientierter Industrien geschaffen.

Die kurzfristigen Erfolge dieser Politik sind - vor allem, wenn man sie mit den Resultaten entsprechender Maßnahmen in Lateinamerika vergleicht - in der Tat verblüffend: Von 1970 bis 1977 stieg der Export verarbeiteter Produkte von 808 Mio.baht (Wechselkurs - weitgehend stabil während der 1970er Jahre: 20 baht entsprechen ca. 1 US$) auf 21.955 Mio. bzw. von 5,7% der thailändischen Gesamtexporte auf 30,8%, wobei in diesen sieben Jahren vor allem die arbeitsintensiven Branchen Textil, Bekleidung, Edelsteinbearbeitung und integrierte Schaltkreise, praktisch von Null beginnend, neben verarbeiteten landwirtschaftlichen Produkten zu wesentlichen Trägern der thailändischen Exportwirtschaft geworden sind (vgl. UNIDO 1985, S. 22). So gelang es etwa, die vor allem durch die Ölpreisentwicklung rasch gestiegene Importrechnung (zwischen 1973 und 1978 um 19% jährlich) durch eine etwa gleich hohe Steigerung der Exporterlöse auszugleichen (vgl. World Bank 1980, S. 3). U.a. gelang es Thailand, von der sprunghaft gewachsenen Importnachfrage der Ölexportländer so profitieren, was mit dazu beitrug, daß Thailand in seinen Handelsbeziehungen - ähnlich wie Malaysia - eine sehr diversifizierter Partnerstruktur entwickelte: 1982 gingen knapp 41% aller Exporte (ebenfalls 41% aller industriellen Exporte) in andere Entwicklungsländer, 13% (Industrie: 21,2%) in die USA, 13,9% (Industrie: 8%) nach Japan und 23,8% (Industrie: 21,2%) in die EG (UNIDO 1985, S. 76). Die veränderte Orientierung der Industrieproduktion führte nun auch zu einem raschen Anstieg der absorbierten Arbeitskräfte; so stieg die Beschäftigung in der verarbeitenden Industrie während der 1970er Jahre um jährlich 10,1% (UNIDO 1985, S. 17).

Bis heute ist die industrielle Entwicklung Thailands durch rasches Wachstum und weitgehende Kontinuität gekennzeichnet. Die Industrieproduktion wuchs in den 1980er Jahren um jährlich 9% (World Development Report 1992, S. 220), die industriellen Exporte erreichten 1990 einen Wert von schätzungsweise 427 Mrd Baht (entsprechend etwa 17 Mrd. US$), also noch einmal das 20fache des Wertes von 1977 sowie einen Anteil an den Gesamtexporten von 72% (berechnet nach: Bank of Thailand 1991, S. 88,91). Die Produktpalette ist äußerst diversifiziert; mehr als 500 Mio.US$ Exporterlöse erzielten 1990: Reis, Tapioka-Produkte, Gummi, Zucker, frische Krabben, Konserven von Meeresfrüchten, Textilien und Bekleidung, Schuhe, Schmuck, integrierte Schaltkreise, Computer und -komponenten (vgl., ebda., S. 88,91). Im Verlaufe der 1970er Jahre gelang es bereits einer Reihe von thailändischen Agrobusinessfirmen, die zunächst für den lokalen Markt produzierten, erfolgreich zu exportieren; mit einem erfolgreichen Joint Venture mit einer US-Firma gelang es der Geflügel- und Viehfutterfirma Charoen Pokhband zur größten Agrobusinessfirma SO-Asiens zu werden. Ähnlich erfolgreich war man im Export von Seide und Seidenprodukten, Schmuck und Kunstblumen (vgl. Phongpaichit 1992, S. 20).

Ähnlich wie in Malaysia finden wir eine Kombination aus weitgehend unverarbeiteten Agrarerzeugnissen, agroindustriellen Produkten und arbeitsintensiven
Industrieprodukten. Interessanterweise scheint die export-orientierte Industrieproduktion mehr interne *linkages* erzeugt haben als die binnenmarktorientierte Produktion - was allerdings vorwiegend für die sog. *Resource-based
industries* (agroindustrielle, petrochemische Produkte) gilt, nicht dagegen für
typische Lohnveredlungsprodukte der Freien Produktionszonen (vgl. Kunnoot/
Chowdhury 1989). Interessant erscheint allerdings weiterhin, daß die Exportförderung der 70er Jahre gerade nicht - wie heute gewöhnlich von den internationalen Finanzinstitutionen gefordert - mit einem weitgehenden Abbau der Zoll-
schranken einherging; vielmehr wurden diese zunächst sogar leicht angehoben,
um angesichts der erhöhten Devisenausgaben für die Ölimporte die Importe von
Fertigwaren einzuschränken. So war es möglich, daß - wahrscheinlich vor allem
basierend auf der rasch expandierenden urbanen Lohnarbeit, verbunden mit
einem Einbezug immer größerer Teile der Landbevölkerung in marktwirtschaftliche Zusammenhänge - auch während der 70er Jahre die Binnennachfrage die
wichtigste Quelle industriellen Wachstums blieb. Nach Schätzungen der Weltbank sind in den Jahren 1972-75 91%, 1975-78 79,5% und 1978-80 72,2% des
industriellen Wachstums auf die Expansion der Binnennachfrage zurückzuführen
(vgl. UNIDO 1985, S. 18).

Die Industriepolitik der 1980er Jahre setzte einerseits die Exportförderung fort,
mußte andererseits aber auch auf das immer dringender werdende Problem der
extremen wirtschaftlichen Konzentration auf die Region von Bangkok reagieren.
Zweifellos ist die geographische Lage Bangkoks sehr günstig; die Lage am Meer
reduziert die Transportkosten für importierte Vorprodukte wie für die Exporte,
andererseits bündeln sich hier an der Mündung des Chao Phraya-Flusses auf
natürliche Weise die Transportwege nach Norden und Nordosten, d.h. in den
größten Teil des thailändischen Territorium. Die einsetzende urban-industrielle
Entwicklung hatte dann die üblichen positiven Feed-back-Effekte: die Infrastruktur wurde hier am schnellsten ausgebaut und modernisiert, als Hauptproduk-
tionsstandort *und* politisch-kulturelles Zentrum stellte die Hauptstadtregion
gleichzeitig den größten Absatzmarkt für lokal produzierte Produkte dar. Die
langfristigen Effekte waren jedoch kaum zu umgehen: wachsende Kosten der
Über-Agglomeration (unverhältnismäßig Anstieg der weiteren Kosten des Infrastrukturausbaus; Umweltprobleme etc.), wachsende Polarisierung gegenüber den
peripheren Regionen. Die Strategie zur Lösung (oder vielleicht besser: Entspannung) dieser Problematik umfaßt vier Elemente (vgl. insgesamt dazu Kamm
1992, S. 48f., S. 83-114):

- trotz aller Kosten: weiterer Ausbau der urbanen Infrastruktur vorwiegend über
  private Finanzierung;
- Expansion der zentralen Wirtschaftsregion ins unmittelbare Umland: Das
  wichtigste Projekt stellt hier das *Eastern Seaboard Development Programme*

mit dem Ausbau neuer Tiefwasserhäfen und der Ansiedlung von Großindustrie (u.a. Petrochemie, Düngemittel) dar;
- Erschließung neuer Industriestandorte im Landesinnern: Investitionen in sog. *Investment Promotion Zones* werden besonders gefördert (Steuerermäßigungen, günstige Kredite, niedriger festgelegte Mindestlöhne), vier Zonen wurden Anfang der 80er Jahre festgelegt (um Chiang Mai im Norden, Khon Kaen im Nordosten, zwischen Nakon Ratchasima und Saraburi - Verknüpfung zwischen Nordost- und Zentralregion, um Songkhla im Süden; vgl. UNIDO 1985, S. 87-89);
- verstärkte Förderung der Landwirtschaft (Reduktion bzw. Beseitigung von Exportsteuern, verschiedene Maßnahmen zur Produktivitätssteigerung), vor allem auch von bestimmten Problemregionen im Rahmen eines Programms zur Förderung sog. *Poverty concentration areas* (vgl.Hirsch 1989, S. 37f.).

Die hohen wirtschaftlichen Wachstumsraten der vergangenen Jahre deuten darauf hin, daß diese Politik immerhin insoweit erfolgreich war, als die Agglomerationsprobleme nicht zu einem wachstumsblockierenden Faktor wurden; es sieht darüber hinaus so aus, als sei es gelungen, den Prozeß einer wachsenden Verarmung der Landbevölkerung, der gegen Mitte der 80er Jahre deutlich wurde, wieder umzukehren: Ein Sinken der Agrarexporterlöse in der ersten Hälfte der 1980er Jahre (u.a. als Folge sinkender Terms of Trade; vgl. Stat. Bundesamt 1990, S. 71) dürfte zunächst dazu beigetragen haben, daß der Anteil der unter der Armutsgrenze lebenden Bevölkerung in allen ländlichen Regionen bis 1985 deutlich anstieg (in allen Dörfern Anstieg von 27,34% (1980/81) auf 35,75% (1985/86), um dann bis 1988 wieder auf 30,6% zu sinken, nach Daten des Thailand Development Research Institute; vgl. Rüland 1991, S. 136; Kamm 1992, S. 86, 100). Eine detaillierte Analyse der Ursachen der danach wieder zurückgehenden Armut auf dem Lande würde den Rahmen dieser Arbeit sprengen.

Letztlich muß es doch erstaunen, wieso politische Maßnahmen zur Exportförderung, die sich kaum von denjenigen unterscheiden, die auch in einigen lateinamerikanischen Ländern bereits in den 1970er Jahren angeboten wurden, in Thailand und Malaysia so durchschlagende Erfolge erzielten, in Lateinamerika dagegen zunächst einmal relativ wirkungslos blieben. Das Argument der "billigen, aber disziplinierten Arbeitskräfte" kann angesichts der Bedeutung der erfolgreichen Expansion arbeitsintensiver Exportindustrien nicht von der Hand gewiesen werden: So verdienten 1974 ungelernte Arbeiter in Thailand im Schnitt 0,15 US$, in Costa Rica und Chile dagegen 0,39 US$, in Mexiko sogar zwischen 0,56 und 0,85 US$, angelernte in Thailand 0,31, in Costa Rica 0,42, in Chile 0,78 US$ (vgl. Fröbel/Heinrichs/Kreye 1977, S. 633). Dabei ist zu beachten, daß in Thailand ähnlich wie in Lateinamerika durch die Bindung des Baht an den Dollar von den 1950er Jahren bis 1981 die lokale Währung eher überbewertet war. Drei Abwertungen zwischen 1981 und 1987 verstärkten dann die Konkurrenzfähigkeit Thailands im internationalen Vergleich der Lohnkosten (vgl. Phongpaichit 1992, S. 17, 21).

Auch wenn somit das Wachstum der Niedriglohn-Exportindustrien zunächst als eine Form massiver Ausbeutung unqualifizierter Arbeitskräfte erscheint, so dürfen doch einige ihrer Funktionen nicht übersehen werden: Sie tragen zweifellos zur Schaffung von Arbeitsplätzen und damit zur Expansion des Binnenmarktes bei, und sie leisten einen Beitrag - mit der lokalen Wertschöpfung - zur Erwirtschaftung von Devisen und zum Kapitalakkumulationsprozeß; in den einen oder anderen Fällen entwickeln sich auch lokale linkages. In Thailand gibt es offenbar eine gewisse Integration von Textil- und Bekleidungsindustrie, relativ wichtig ist der Aspekt der lokalen Integration auch im Falle der Schmuckherstellung. Soweit diese Exportindustrien in eine umfassende industrielle Entwicklungspolitik eingebettet sind, bringt ihr Erfolg mittelfristig eine Erhöhung der Löhne mit sich: So stieg der durchschnittliche Monatslohn in der verarbeitenden Industrie Thailands innerhalb von sechs Jahren (1976-1982) immerhin von 37,1 auf 79,9 US$ (UNIDO 1985, S. 19); der Anteil der Bevölkerung unter der Armutsgrenze ist in Bangkok seit 1975/76 kontinuierlich gesunken: in der Innenstadt von 6,9 auf 2,4%, in den Vororten von 5,0 auf 1,62% und in den Randbezirken von 11,97 auf 6,27% (Kamm 1992, S. 100; auf der Basis von Daten des Thailand Development Research Institute).

Zweifellos gibt es andere Faktoren, die das industrielle Wachstum begünstigt haben, so etwa die Einbettung des Landes in eine weltwirtschaftliche Wachstumsregion, die relativ hohe interne Sparquote (in Verbindung mit dem Niveau nationaler wirtschaftlicher Integration) und das Vorhandensein eines dynamischen nationalen Unternehmertums - ähnlich wie in Malaysia vor allem Bürger chinesischen Ursprungs -, das aber wiederum, wie im Abschnitt (1) angemerkt wurde, nicht im lateinamerikanischen Stils wirtschaftspolitische Kursänderungen blockiert.

Die in vieler Hinsicht bestehenden Struktur eines bürokratisch-autoritären Entwicklungsstaates verweist aber auch auf eines der Probleme, vor denen Thailand in den kommenden Jahren steht, nämlich die demokratische Transformation der politischen Ordnung (vgl. Pretzell 1989a; Rüland 1991, S. 139-143). Die im Vergleich zu Lateinamerika geringeren Blockierungen durch die ideologische Erstarrung der Definition von Klassen- und Gruppeninteressen dürfen nicht darüber hinwegtäuschen, daß der notwendige Prozeß der Loslösung von Staatsapparat und politischem Prozeß aus der engen Verknüpfung mit dem Militär und damit auch eines gewissen Bruchs in der politischen Kultur Thailands nicht so einfach zu vollziehen ist. Seit den 1970er Jahren sind in Thailand allerdings eine Vielzahl von Unternehmervereinigungen entstanden, die mit dem Wachstum von Industrie und Dienstleistungssektor an erheblichem Gewicht gewonnen haben; auch die urbanen Mittelschichten sind immer mehr zu einer eigenständigen politischen Kraft geworden, die nur über demokratische Mechanismen in den politischen Prozeß einzubinden sind (vgl. Phongpaichit 1992, S. 12-16; Laothamatas 1992).

Mit dem politischen Demokratisierungsprozeß hängt auch die Überwindung von Armut vor allem in den ländlichen Regionen zusammen; gelingt nicht eine erhebliche Verbesserung der sozioökonomischen Situation auf dem Land, so wird der Demokratisierungsprozeß zweifellos mit einer erheblichen Hypothek belastet sein. Doch auch aus ökonomischen und ökologischen Gründen ist eine Steigerung der Produktivität in den ländlichen Regionen nötig - sowohl angesichts der Notwendigkeit, die geringen, noch bestehenden Wälder zu schützen, als auch um eine Erweiterung der räumlichen Akkumulationsbasis zu erreichen. Die ökologischen Folgekosten der industriell-urbanen Entwicklung im Raum um Bangkok sind bereits erheblich.

Thailand hat es geschafft, eine Verschuldung von "lateinamerikanischem" Ausmaß zu verhindern. Die bei einem strukturellen Außenhandelsdefizit immer prekäre Zahlungsbilanzsituation verweist allerdings darauf, daß die Industrie noch in zu hohem Maße importabhängig produziert. Aufgrund der relativ geringen (und erst in letzter Zeit erschlossenen) Ölvorkommen ist Thailand in einer ungünstigeren Lage als Malaysia; die Devisenreserven konnten - abgesehen vom Zufluß ausländischer Investitionen - durch eine im allgemeinen positive Dienstleistungsbilanz (lange Zeit: Servicefunktionen im Rahmen des Vietnamkrieges, später wachsender Tourismus, Rücküberweisungen von Arbeitern im Ausland) aufrechterhalten werden.

Kann man im Falle Thailands von autozentrierter agroindustrieller Entwicklung sprechen? Die Struktur des industriellen Akkumulationsprozesses verweist darauf, daß die Verknüpfungen mit der Landwirtschaft eine zentrale Rolle gespielt haben, sowohl was den Transfer von Mehrprodukt betrifft als auch im Hinblick auf die dynamische Rolle von Agroindustrien. Definiert man "autozentriert" sehr eng, so stellt der wirtschaftliche Entwicklungsprozeß Thailands einen kontinuierlichen Prozeß der Abwendung von einer stark autozentrisch-autarken Struktur dar, wie sie das Land noch in den 50er Jahren kennzeichnete; die Entwicklung von Reis als von vielen Kleinbauern produziertem Grundnahrungsmittel zum zunächst wichtigsten Exportprodukt schaffte relativ günstige Voraussetzungen für einen integrierten nationalen Entwicklungsprozeß. Der Abfluß von Mehrprodukt aus dem Agrarsektor und der rasante Akkumulationsprozeß im Raum von Bangkok hat zwar in bezug auf die Einkommenssituation (und auch auf die Entwicklung der Produktivität) zu einer erheblichen Polarisierung geführt, doch hat die Regierung sich immer wieder darum bemüht, die Produktion dieses ländlichen Mehrprodukts zu fördern (Diversifizierung des Agrarsektors, Förderung der ländlichen Schmuckindustrie). Ähnlich wie in Malaysia, ist die Exportorientierung immer Teil einer an nationalen Entwicklung orientierten Wirtschaftspolitik geblieben; es sind keine Abhängigkeiten und politischen Interessenkoalitionen entstanden, die, wie in vielen Ländern, die von einzelnen Rohstoffexporten abhängig sind, das Land wirtschaftspolitisch manövrierunfähig machen.

3.3   Die Philippinen: Ein Stück Lateinamerika in Südostasien ?

Wer sich als Lateinamerika-Spezialist mit den Philippinen beschäftigt, hat ein *déjá-vu*-Erlebnis nach dem anderen: eine starke Agraroligarchie, die effektive Agrarreformen verhindert; eine relativ lange Phase der importsubstituierenden Industrialisierung mit den bekannten Folgen; eine Haltung der herrschenden Klassen zum Staat, die sich vor allem auf die Extraktion von Renten konzentriert mit der entsprechenden schwachen Steuerbasis des Staates und der Abhängigkeit der Kapitalbildung von ausländischen Direktinvestitionen und Krediten; schließlich auch Formen der *triple alliance* aus Staat, ausländischem Kapital und nationaler Bourgeoisie. Wenn man sich an die Geschichte der kolonialen Abhängigkeit der Philippinen erinnert (spanische Kolonie von 1571 bis 1898, dann US-Kolonie bis 1946), erscheinen diese Ähnlichkeiten ein wenig plausibel - angesichts ihrer Bedeutung auch für die heutigen Entwicklungsprobleme des Landes wird der historische Hintergrund in diesem Falle etwas ausführlicher dargestellt werden, im wesentlichen beruhend auf Arbeiten von Rolf Hanisch (1983, 1989) sowie Gary Hawes (1987).

Vergleichbar mit dem historischen Entstehen der lateinamerikanischen Gesellschaft ist die philippinische Entwicklung vor allem auch insofern, als die entstehende Kolonialgesellschaft nicht auf einer vorkolonialen staatlichen Organisation aufbaute, die etwa derjenigen Thailands oder auch der malaiischen Sultanate vergleichbar gewesen wäre. Die bestehenden kleineren islamischen Sultanate wurden von den Spaniern zerstört, auch wenn der Islam auf Mindanao und den Sulu-Inseln bis heute überlebt hat. Die Philippinen hatten nie den Charakter einer europäischen Siedlungskolonie - seit dem 16.Jahrhundert gab es allerdings auch in den Philippinen eine nicht ganz unerhebliche chinesische Einwanderung, die allerdings mit 1-2% der Bevölkerung nie ein ähnliches Gewicht wie in den anderen südostasiatischen Gesellschaften erlangte. Dennoch wurde die philippinische Gesellschaft nicht nur über die Christianisierung entscheidend von Spanien her geprägt - das betrifft offenbar vor allem den Charakter der sich herausbildenden Oligarchie und deren Verhältnis zum Staat.

Der spanische Staat war ein *Feudalstaat* - wie auch immer man die objektive Rolle Spaniens bei der Herausbildung des *kapitalistischen* Weltsystems interpretiert. Es ging darum, die Beziehungen zwischen Mutterland und Kolonien und der Kolonien untereinander so zu regeln, daß die spanische Krone ein Höchstmaß an Gewinn (und politischer Stabilität) erzielen konnte; die Loyalität des Adels und der weiteren Verwaltungsbeamten wurde dadurch garantiert, daß man ihnen in den Kolonien die Möglichkeit eröffnete, reich zu werden. Das wirtschaftliche Schicksal der Kolonialbürokratie wie auch der Händler war abhängig von *politischen Privilegien* - wer Zugang zu diesen Privilegien hatte, konnte wirtschaftlichen Gewinn machen. Manila war zunächst eine wichtige Drehscheibe des Handels zwischen China und Mexiko (chinesische Seide, Baumwoll- und Leinenstoffe, Porzellan, Parfüm, Elfenbein usw. die im allgemeinen gegen mexikanisches Silber eingetauscht wurden). Der Handel wurde jedoch wiederum von der spanischen Krone eng begrenzt, um einen zu starken Abfluß des mexikanischen Silbers nach Asien (anstatt, wie erwünscht, nach Spanien) zu verhindern:

"Teilnahmeberechtigt am Handel waren alle Spanier in Manila und Cavite, sofern sie im Land geboren oder eine gewisse Zeit (seit 1769: 10 Jahre) ansässig waren. Ihnen wurden unterschiedlich nach Rang und Vermögen Berechtigungsscheine ("boletas") zugeteilt, von denen ein beträchtlicher Teil an den Generalgouverneur und rechtswidrig an den Vizekönig von Mexiko ging, außerdem an Stadträte, Beamte und Offiziere, religöse Körperschaften und einzelne Priester, schließlich an Kaufleute und Witwen spanischer Bürger. Die Scheine allein waren schon ihr Geld wert, weshalb damit ein schwunghafter Handel getrieben wurde" (Hanisch 1989, S. 28).

Erst gegen Ende des 18. Jahrhunderts begann die landwirtschaftliche Exportproduktion eine wachsende Rolle zu spielen; es begann mit der Gewährung des Tabakmonopols, auf dessen Basis der Tabakanbau per Zwangsanbau eingeführt wurde, der wiederum den Spaniern durch die *Festsetzung* extrem niedriger Erzeugerpreise beachtliche Gewinne garantierte. Im Verlaufe des 19. Jahrhunderts wurden zunehmend Manilahanf (Abaca) und Zucker zu den wichtigsten Exportprodukten. Angesichts der Struktur der philippinischen Kolonialgesellschaft verwundert es nicht, daß mit der Ausbreitung der Agroexportproduktion ein oligarchischer Großgrundbesitz - weitgehend in der Hand der sog. *Prinzipalia*, die die einheimische Basis der spanischen Kolonialadministration bildeten - entstand, der eng mit den politisch tonangebenden Familien der Kolonie verknüpft war (zum Teil vermittelt über den umfangreichen Landbesitz der kirchlichen Orden, die diesen wiederum Großpächtern zur wirtschaftlichen Nutzung überließen, vgl. ebda., S. 37-41).

Die einzige Möglichkeit eines bescheidenen wirtschaftlichen Aufschwungs für den großen Teil der einheimischen Bevölkerung bestand logischerweise im Rahmen klientelistischer Beziehungen zu den Familien der Oligarchie, die jeweils bestimmte ländliche Regionen kontrollierten. An diesen Strukturen änderte sich auch durch den Wechsel der Kolonialmacht nichts Grundsätzliches: Zwar wurden die Handelsbeziehungen zwischen den Philippinen und den USA weitgehend liberalisiert, was zu einem starken Aufschwung der traditionellen Agrarexportsektoren führte, doch sorgten die Interessen der US-amerikanischen

Tabak- und Zuckerrübenproduzenten dafür, daß die philippinische Oligarchie keine Konkurrenz erhielt; so setzten US-Zuckerbauern durch, daß öffentliches Land auf den Philippinen nur bis zur Höchstgrenze von 16 ha an Einzelpersonen und 1024 ha an Gesellschaften verkauft oder verpachtet werden durfte, was das Entstehen neuer Plantagen verhinderte. Gleichzeitig verbilligte die Importliberalisierung den Import von Industriegütern, was einerseits dem Luxuskonsum der Oligarchie diente, andererseits auch das Entstehen einer industriellen Unternehmerschicht blockierte.

Niels Mulder charakterisiert die Konsolidierung der philippinischen Oligarchie während der US-amerikanischen Kolonialzeit wie folgt:

"Early in the American period the latter (i.e. the native elite, W.H.) recognized where their real interests were located. As a prosperous class it then also got the administrative and political power that it had demanded from Spain. As the intermediary between the new colonial masters and the population at large, it greatly improved its chances for appropriation in an expanding economy. Parallel to this development the members of this privileged class rapidly absorbed many American ideas appropriate for life at the level of the political economy and the organization of the state." (Mulder 1991, S. 57).

Die USA schufen in den Philippinen politische Institutionen nach eigenem Vorbild, deren Rechte zunächst durch gewisse Vorrechte der Kolonialmacht eingeschränkt blieben. Bis 1935 blieben die Frauen vom Wahlrecht ausgeschlossen, während der gesamten Kolonialzeit die Analphabeten (Ende der 1930er Jahre noch gut die Hälfte der Bevölkerung), so daß letztlich nur ein kleiner Teil der Bevölkerung wählte, der kaum die Interessen der Oligarchie bedrohte. Demokratische Institutionen erlaubten - unter der Bedingung, daß US-Interessen nicht betroffen waren - eine gewisse nationale Koordination und Integration, ohne die lokale Machtbasis der Oligarchie in Frage zu stellen. Zusammen mit dem Ausbau eines Schulsystems nach US-Vorbild (sowie dem Studium der Kinder der Oligarchie an renommierten US-Universitäten), einer gewissen Modernisierung der Infrastruktur sowie eines weiteren Ausbaus der Agrarexportwirtschaft (Modernisierung der Zuckerverarbeitung vor allem durch US-Investitionen; Aufbau einer Ananasexportproduktion durch US-Konzerne in den 1930er Jahren, vgl. Hawes 1987, S. 86-89 und S. 104f.) und einem Anwachsen der internen Kaufkraft auf der Basis von Exporterlösen und wachsenden urbanen Handels- und Verwaltungszentren entstanden so Voraussetzungen für eine Politik importsubstituierender Industrialisierung, die sehr weitgehend denen der größeren lateinamerikanischen Länder entsprachen: primär gekennzeichnet durch einen erfolgreichen, aber oligarchisch kontrollierten Agrarexportsektor, einen gewissen Grad an Modernisierung im städtischen und infrastrukturellen Bereich sowie eine an der Maximierung von Renten und an staatlicher Patronage orientierte Elite.

Auch die Ergebnisse von knapp zwei Jahrzehnten ISI-Politik entsprachen gegen Ende der 1960er Jahre durchaus den Entwicklungen in den erfolgreicheren lateinamerikanischen Ländern und ließen die Philippinen zunächst als das vielversprechendste ostasiatische Entwicklungsland erscheinen: Die Produktion der verarbeitenden Industrie wuchs in den 1950er Jahren um jährlich 12%, das Prokopfeinkommen wuchs um 3,6% pro Jahr - deutlich mehr als in Thailand (2,8%), Indonesien (1,9%), Malaysia (1,3%) und Singapur (1,0%) (vgl. Romero/Villegas 1986, S. 110); das demokratische System mit einer freien Presse, ohne politische Gefangene und zwei Parteien, die sich recht regelmäßig an der Macht ablösten und über lokale Organisationen bis in die Dörfer hinein verfügten, schien zu den stabilsten außerhalb der Industrieländer zu gehören (vgl. Overholt 1986, S. 1138).

Angesichts der verbreiteten Privilegien- und Beuteorientierung gegenüber dem Staat - Privilegien im Sinne von Protektion und Subventionen, "Beute" im Hinblick auf das Verständnis von Staatsämtern als Basis für private Bereicherung - verwundert es nicht, daß die ISI- Strategie nicht im Sinne der Wirkung von Erziehungszöllen zum Aufbau einer konkurrenzfähigen und -orientierten industriellen Basis führte und daß darüber hinaus an der ISI-Strategie viel länger festgehalten wurde als in anderen ostasiatischen Ländern. Die lange Kolonialzeit und die fehlende Integrationskraft einer eigenen *nationalen* kulturellen Tradition hat in vieler Hinsicht den Aufbau einer demokratischen politischen Kultur noch mehr verzögert als in vielen lateinamerikanischen Gesellschaften:

> "The ruling elite has no interest in building a vibrant, transcending national discourse that would articulate the Philippines as a nation with a purpose and that would give rise to the idea of Philippines first. To them the country is merely a place to exploit and consequently it is mass culture that powerfully emanates from Manila. The town is the centre of elite dominated politics that do not refer to a common weal, and whereas it also is the centre of competing brands of middle class discourses (...), it is above all the centre of consumerism and its empty, fleeting symbols" (Mulder 1991, S. 62).

Während dagegen das konfuzianisch geprägte Bewußtsein anderer ostasiatischer Eliten, nur als Teil einer erfolgreichen Gesellschaft auch individuell erfolgreich sein zu können (vgl. dazu etwa Machetzki 1992), gerade diese nationale Artikulation in den Mittelpunkt stellt, hat sich in Lateinamerika im Verlaufe dieses Jahrhunderts zumindest eine dem oligarchischen Elitismus entgegengesetzte politische Kultur entwickelt, die - zum großen Teil, aber nicht nur durch den europäischen Sozialismus geprägt - , es als eine Verpflichtung des Staates ansieht, für "Entwicklung" und die Wohlfahrt des Volkes *zu sorgen.* Diese Position "paßte" offensichtlich ebenfalls in den Rahmen einer staatsfixierten Kultur, sie konnte jedoch dort, wo sie politisch fest verankert war, aber gleichzeitig kompromißbereit war, in einem anti-oligarchischen Sinne - meist die Stoßrichtungen gegen die Oligarchie im Inneren und auf dem Weltmarkt (Transnationale Konzerne) verbindend - die Basis bilden für einen Prozeß vertiefender importsubstituierender Industrialisierung. Auf diese Entwicklung ist sowohl in der theoretischen Einleitung als auch in der Costa-Rica-Analyse hingewiesen worden. In den Philippinen hat sich eine starke politische Opposition dieser Art nicht entwickelt - eine Antwort auf die ersten Krisenerscheinungen der importsubstituierenden Industrialisierung in den 1960er Jahren mußte aus den Kreisen der Oligarchie selbst stammen; dieser Zusammenhang erscheint mir zentral, um das "Phänomen Marcos" verstehen zu können.

In den 1960er Jahren zeigen sich die typischen Krisenphänomene nach Abschluß der sog. "leichten" Phase der importsubstituierenden Industrialisierung. Die Zahlungsbilanz gerät zunehmend unter Druck, da mit voranschreitender Industrialisierung im Konsumgüterbereich der Importbedarf (Rohstoffe, Halbfertigwaren, Kapitalgüter) steigt, die landwirtschaftliche Exportproduktion jedoch damit nicht schritthält - da der überbewertete Peso das Interesse an der Exportproduktion (ausgeglichen sicher nur z.T. durch Präferenzpreise auf dem US-Zuckermarkt) reduziert und der typische "urban bias" der staatlichen Investitionspolitik den Ausbau der ländlichen Infrastruktur vernachlässigt; die Binnennachfrage wächst langsamer, da der eigentliche Importsubstitutionseffekt der ersten Phase erschöpft ist und für eine Vertiefung die Ressourcen (Technologie, Kapital) fehlen. Das Durchschnittswachstum der verarbeitenden Industrie lag zwischen 1960 und 1971 nur noch bei 5,8%, des Bruttoinlandsprodukts insgesamt bei 4,6%. 1962 kam es zur ersten Zahlungsbilanzkrise, die mit Hilfe des IWF, einer Abwertung des Peso um 50%, eines Abbaus quantitativer Importbeschränkungen und der raschen Ausbeutung neu-erschlossener Erzlagerstätten (Kupfer, Nickel, Chrom) sowie wachsender Holzexporte zunächst überwunden wurde - hohe Zölle schützten jedoch weiterhin die binnenmarktorientierte Industrieproduktion. Angesichts der im Kern nicht veränderten Entwicklungsstrategie verwundert es nicht, daß sich die Zahlungsbilanzsituation bereits Ende der 1960er Jahre erneut zuspitzte (vgl. dazu kurz Romero/Villegas 1986, S. 112f.; Montes 1988, S. 1f.; Bunge 1984, S. 115).

Wiederum der Situation in einer Reihe von lateinamerikanischen Ländern vergleichbar ist die Tatsache, daß es nicht gelang, den Agrarsektor und die ländlichen Regionen in effektiver Weise in den urban-industriellen Entwicklungsprozeß einzubinden: Zum einen gelang es den einander an der Regierung ablösenden Fraktionen der Oligarchie - vertreten durch die beiden Parteien der "Nationalisten" und der "Liberalen" - immer wieder, eine effektive Landreform und damit eine integrative Dynamisierung des ländlichen Raumes (Steigerung der Massenkaufkraft der Landbevölkerung, Steigerung der Agrarproduktion für den Binnenmarkt, Entstehen eines dynamischen ländlichen Kleingewerbes) zu verhindern (vgl. als Hintergrund Hanisch 1983, S. 29-124), zum anderen verstanden sie es auch, die Steuerbelastung niedrig zu halten und damit die Finanzierung staatlicher Investitionsprojekte der externen Kreditaufnahme zu überlassen. Eine Studie über die Entwicklung der internen Steuerbasis der Philippinen verdeutlicht, daß der Anteil des internen Steueraufkommens (also ohne Staatseinnahmen aus Zöllen und anderen Einnahmen aus dem Außenhandel) am Bruttoinlandsprodukt bis zur Errichtung der Marcos-Diktatur nur sehr langsam stieg (der sog.*total domestic extraction effort (TDEE)* stieg von 9,1% (1950-53) auf 11,9% (1966-1972)) und auch in der Zeit danach deutlich unter den entsprechenden Werten für die anderen ASEAN-Länder und dem weltweiten Durchschnitt blieb (Durchschnittswerte für die Jahre 1971-83: Philippinen: 12,7%; Thailand 15,1%, Indonesien 19,7%, Malaysia 24,1%, Singapur 25,2%; weltweiter Durchschnitt: 25,7%) (vgl. Sta.Romana 1989, S. 193f., S. 201).

Ferdinand Marcos, selbst Landbesitzer, wurde 1965 zum Präsidenten gewählt. Im Gegensatz zu seinen Vorgängern hatte er offenbar verstanden, daß eine Vertiefung des industriellen Entwicklungsprozesses nur unter zwei Voraussetzungen möglich war: die Übernahme einer klaren Führungsrolle durch den Staat und die Erweiterung der außenwirtschaftlichen Basis der nationalen Entwicklung durch die Förderung neuer Exportsektoren. Angesichts einer fehlenden links-populistischen Alternative und einer starken nationalen Kultur stärkte die Wirtschaftskrise zum einen die soziale Mobilisierung vor allem in der Hauptstadt, zum anderen eine Gruppe, die die Umwandlung in einen Bundesstaat der USA forderte. Die Bedeutung links-etatistischer Kräfte als Bündnispartner erkannte Marcos offenbar, wenn er linke Intellektuelle und Politiker (Adrian Cristobal, Blas Ople) damit beauftragte, zu analysieren, wie andere asiatische Regime erfolgreich durch Kriegsrecht und Ausnahmezustand Reformen durchgesetzt hatten (vgl. Overholt 1986, S. 1139).

Nach einer aufwendigen Wahlkampagne, deren Kosten mit zur Wirtschaftskrise von 1969/70 beitrugen, wurde Marcos 1969 als erster philippinischer Präsident für eine zweite Amtszeit wiedergewählt. Eine 1971 einberufene Verfassungsgebende Versammlung sollte die Grundlage für eine Reform des Staates schaffen. Die Wirtschaftskrise führte jedoch zu einer Stärkung von Oppositionsbewegungen (Forderungen nach effektiver Landreform, Nationalisierung ausländischer

Unternehmen usw.) und zeitweise zu einer Anti-Marcos-Mehrheit in dieser
Versammlung; die Guerrilla-Tätigkeit nahm wieder zu, ebenso die Zahl der
Bombenanschläge in Manila. Marcos ergriff in dieser Situation mit der Erklärung des Kriegsrechts (im September 1972) die Initiative, um, wie er es sah,
durch eine Revolution von Oben die Grundlagen für eine "Neue Gesellschaft" zu
schaffen.

Die ersten Jahre des Kriegsrechts-Regimes hinterließen tatsächlich den Eindruck, als sei es hier einer typischen Entwicklungsdiktatur (mit leichten Nuancen
etwa im Sinne von O'Donnells "bürokratisch-autoritärem Staat", vgl. O'Donnell
1973, 1978) gelungen, die Herrschaft der oligarchischen Familienclans durch die
einer entwicklungsorientierten Staatsklasse zu überwinden. Die bestehenden
politischen Institutionen und Parteien wurden aufgelöst und durch pseudodemo-
kratische Institutionen (*Barangay*- (Gemeinde-) Versammlungen; Plebiszite)
ersetzt; Mitglieder der Oligarchie wurden durch Hinweise auf die eigenen Ver-
fehlungen (Steuerhinterziehungen, Morde durch private Leibgarden usw.) unter
Druck gesetzt und entmachtet; durch die sog. "Marcos-Kumpane" entstand
andererseits eine neue Fraktion der Oligarchie. Aber auch wesentliche Teile der
Oligarchie arrangierten sich mit Marcos, da dieser ihre eigentlichen Wirtschafts-
interessen kaum bedrohte; andererseits verschoben sich die Machtverhältnisse
auch wegen der Stärkung der wirtschaftlichen Position des Staates. Die Neuorientierung der Entwicklungsstrategie unter Marcos läßt sich in sechs Punkten
zusammenfassen:

1) eine zumindest dem Anspruch nach weitreichende, aber auf den Grundnahrungsmittelsektor beschränkte *Agrarreform:* Das entsprechende Gesetz
(Presidential Decree no.27 vom 21.10.1972) trägt den Titel "Decreeing the
emancipation of tenant from the bondage of the soil: transfering to them the
ownership of the land they till and provinding the instruments and mechanism
therefor", wobei die von den emanzipierten Bauern zu bezahlenden Entschädi-
gungen über die Zwangsmitgliedschaft in wiederum staatlich gestützten Kooperation abgesichert werden sollten; umfangreiche institutionelle Veränderungen,
u.a. die Stärkung der *Land Bank* sollten einen umfassenden ländlichen Modernisierungsprozeß garantieren (vgl. Dalisay 1974, Appendices A und D).

2) die *Modernisierung der traditionellen Agrarexportproduktion*: Marcos schuf
staatliche Vermarktungsmonopole für Kokosnußprodukte und Zucker, die *Philippine Coconut Authority* und die *National Sugar Trading Corporation* und reor-
ganisierte die koordinierenden Institutionen dieser Sektoren, wodurch zum einen
die Macht der traditionellen Oligarchie begrenzt, zum anderen ein höherer
Beitrag dieser Exportzweige zur Finanzierung des Staates garantiert und ein

weiterer Expansions- und Modernisierungsprozeß in Gang gesetzt werden sollten. Gleichzeitig versuchte das Marcos-Regime durch die Förderung nationaler Produzenten und die Stärkung der seit den 1930er Jahren bestehenden National Development Corporation (NDC) die Position des philippinischen Staates gegenüber den Transnationalen Unternehmen in der Produktion von Bananen, Ananas und Palmöl zu stärken (vgl. vor allem: Hawes 1987, S. 55-124).

3) eine massive *Förderung industrieller Exportproduktion* vor allem im Bereich der Lohnveredlung: Nach dem Vorbild anderer ostasiatischer Staaten wurden unmittelbar nach der Kriegsrechtserklärung die üblichen Anreize zur Förderung dieses Industriesektors (vor allem in den Bereichen Textil und Bekleidung und elektronische Komponenten) geschaffen: Steuer- und Zollkonzessionen, günstigere Bedingungen für Auslandsinvestitionen in der Exportproduktion, Kontrolle der Arbeiter und der Gewerkschaften.

4) ein umfangreiches *staatliches Investitionsprogramm zum Ausbau der Infrastruktur*: In der ersten Hälfte der 70er Jahre begannen umfangreiche Arbeiten zum Ausbau des Straßennetzes und der wichtigsten Häfen; begonnen wurde der Neubau des Flughafens von Manila sowie die Planung eines Schnellbahnsystems im Großraum Manila; auf die Ölkrise von 1973 wurde mit einem umfangreichen Energieprogramm reagiert, das nicht nur zur Ausbeutung der - allerdings bis heute unbedeutenden - nationalen Ölquellen, sondern vor allem zu einem raschen Ausbau der Nutzung hydroelektrischer und geothermischer Energie sowie zur - sehr teuren - Verstromung der eigenen Kohle von extrem schlechter Qualität führte (vgl. Bunge 1984, S. 156-166).

5) ein umfangreiches Programm zum Ausbau *industrieller Großprojekte vor allem im schwerindustriellen Bereich*: Zunächst konzentrierte sich das staatliche Engagement auf die Nationalisierung zweier zentraler Grundstoffindustrien; ausländische Ölkonzerne mußte ihre Anteile an Raffinerien und Vertriebsnetzen an die neugegründete *Philippine National Oil Company* abtreten, die bisher privaten Stahlwerke wurden in die - vom Militär kontrollierte - *National Steel Corporation* überführt. Daneben wurden einige marode Großunternehmen durch Finanzspritzen staatlicher Banken saniert. Als sich in der zweiten Hälfte der 70er Jahre der wirtschaftliche Aufschwung verlangsamte, wurde ein grandioses Programm von *elf großen Industrieprojekten* im Bereich der Grundstoffproduktion entwickelt, von denen im Endeffekt nur wenig realisiert wurde (vgl. Hawes 1987, S. 137f.; Bunge 1984, S. 158).

6) die Verbesserung der staatlichen Finanzbasis durch eine verbesserte *Steuergesetzgebung*: Die staatliche Kontrolle im traditionellen Agrarexportbereich sicherte den Zugriff auf einen Teil des hier erzeugten Mehrprodukte (s.o.); die Besteuerungssätze wurden erhöht.

Angesichts des Umfangs der in Angriff genommenen Projekte, des Vertrauens, das das energische und umfassende Vorgehen der *Martial Law*-Regierung in einer an autoritäre Regime gewöhnten Zeit schuf, sowie der Unterstützung dieser Regierung durch große Teile des Bevölkerung war die Auslösung eines kräftigen Wachstumsschubes fast unausweichlich: So wuchs das Bruttoinlandsprodukt im Schnitt der Jahre 1972-79 um 6,5%, die Industrieproduktion um 6,9%, die Produktion von Land-, Forst- und Fischwirtschaft um 4,7% - eigentlich spektakulär (und vergleichbar den über einige Jahre hinweg erzielten Wachstumsraten in Korea, Taiwan, Malaysia und Thailand) war allerdings nur das Wachstum der Bauindustrie mit einem Achtjahresdurchschnitt von 16,4%. Zwar gelang es - zu einem beträchtlichen Teil auf der Grundlage ausländischer Investitionen - einen industriellen Exportsektor zu entwickeln; der Anteil der Exporte verarbeiteter Produkte stieg von 6,9% (76 Mio.US$) im Jahre 1972 auf 34,5% (1.996 Mio.$) 1980; diese Entwicklung überstand auch die Krise der Achtzigerjahre: 1990 betrug Anteil der Industrieexporte an den Gesamtexporten 69,7% (5,7 Mrd.$) (Yearbook 1990, S. 8f.). So dynamisch diese Entwicklung auch verlief, so blieb sie doch deutlich hinter derjenigen Thailands und Malaysias zurück (Industrieexporte von 17 Mrd. bzw. 15 Mrd.US$); auch läßt sich keine langsame Verkoppelung von binnenmarkt- und exportorientierten Industriebranchen feststellen. Die nationalistische Politik in einigen Branchen ließ offenbar auch das transnationale Kapital mit weniger Enthusiasmus in die Philippinen strömen, als man hätte annehmen können. So erhöhte sich zwar der Bestand an Direktinvestitionen aus den OECD-Ländern von 870 Mio.US$ im Jahre 1972 auf 1,82 Mrd.$ 1978, also um 109%, doch betrug der Zuwachs in Malaysia 188%, in Singapur 251%, in Korea 317% und in Taiwan 362% (eigene Berechnungen nach: OECD, Development Cooperation, verschiedene Jgg.).

Sieht man einmal von der vergleichsweise erfolgreichen Entwicklung der Lohnveredlungsindustrien ab (die immerhin zu einer gewissen Entlastung des Arbeitsmarktes beitrug: der Index der Beschäftigung in der verarbeitenden Industrie stieg von 100 (1972) auf 149,5 (1979) im Vergleich zur Gesamtwirtschaft, in der die Zahl der Arbeitsplätze lediglich um 38% stieg; vgl. UNIDO 1985, S. 55), so entsprechen die wirtschaftlichen Ergebnisse der Marcos-Diktatur doch weitgehend den lateinamerikanischen Versuchen der Vertiefung der Importsubstitution - wahrscheinlich, vor allem aufgrund des personalistischen Charakters der Marcos-Ära, mit noch etwas katastophaleren Folgen. Hervorzuheben sind vor allem folgende Zusammenhänge:

1) Es erscheint typisch für die oben charakterisierte ökonomische Kultur der Philippinen (und offenbar auch Lateinamerikas) zu sein, daß die interne Sparrate nicht ausreicht, um die notwendigen (bzw. politisch beschlossenen) Investitionen zu finanzieren: die Lücke zwischen Spar- und Investitionsrate schwankte in den

Jahren 1975 bis 1983 zwischen 3,3 und 7,6% (vgl. Montes 1988, S. 58). Dies ist u.a. ein Ergebnis der Tatsache, daß es Marcos tatsächlich nicht gelang, die interne Steuerquote signifikant zu erhöhen. Sie stieg zwar von 1972 auf 1973 von 12,7% auf den Rekordwert von 16,2% des Bruttosozialproduktes, um dann jedoch erneut zu sinken und 1984 wieder bei 12,9% anzukommen (vgl. Sta.Romana 1989, S. 193f.). Ein beträchtlicher Teil der Investitionen wurde also aus dem Ausland finanziert - durch Direktinvestitionen und vor allem durch in den 70er Jahren bekanntlich recht leicht zu erhaltenden Kredite. Es muß nicht verwundern, daß die Verschuldung der Philippinen "lateinamerikanisches Niveau" erreichte (mit einer Schuldendienstquote von 26,6% der Exporterlöse im Jahre 1980; vgl. oben die Basisdaten).

2) Wie in Lateinamerika blieb die Rentabilität vieler Investitionen extrem gering. Die staatlichen Investitionen folgten zu einem beträchtlichen Teil abstrakten Vorstellungen über die Schaffung einer Basis für die Vertiefung der Industriestruktur und war vor allem offen für die verschiedensten Formen von Korruption und Vetternwirtschaft (s.u.); der größte Teil der verarbeitenden Industrie konnte weiterhin auf eine hohe Protektion zählen: so stieg die effektive Protektion bei Konsumgütern zwischen 1965 und 1974 sogar noch an (von 70 auf 77%), signifikant fiel er nur bei Baumaterialien (von 55 auf 16%), was angesichts der großen Infrastrukturprojekte der Regierung verständlich ist. Zwar sank die Gesamtrate der effektiven Protektion der verarbeitenden Industrie von 44% im Jahr 1974 auf 27% 1979, doch dürfte auch hieran der Konsumgütersektor noch wenig beteiligt sein (vgl. UNIDO 1985, S. 57; World Bank 1987, S. 50).

Das Ergebnis ist eine extreme Ineffizienz der Investitionen: Während im Durchschnitt der ostasiatischen Länder eine Investition von 2 $ zu einem Anstieg der nationalen Produktion um 1 $ führt, in Indonesien dafür trotz Ineffizienz und Korruption noch 4 $ und in Indien 6 $ ausreichen, betrug das Verhältnis in den Philippinen Anfang der 80er Jahre 1:9 (!) (vgl. Overholt 1986, S. 1146).

3) Ein beträchtlicher Teil des Scheiterns der wirtschaftspolitischen Strategie geht darüber hinaus auf das Konto der institutionalisierten Korruption. Zwar hatte Marcos die Erklärung des Kriegsrecht und den Aufbau seiner "Neuen Gesellschaft" u.a. mit dem Kampf gegen die Korruption begründet und auch einige tausend Beamte wegen "Korruption und Mißwirtschaft" entlassen, doch führte sein Versuch, ähnliche Konglomerate wie in Japan und Südkorea unter der Führung von durchaus hochqualifizierten Freunden entstehen zu lassen geradewegs in eine neue Form viel weitreichender Vetternwirtschaft. Zwar gelang es tatsächlich, die alte Oligarchie erheblich zu schwächen, und die wirtschaftlichen Erfolge der ersten Jahre ließen das *martial law regime* als eine erfolgreiche Entwicklungsdiktatur erscheinen, doch zeigte sich sehr schnell, daß

sich der Charakter der philippinischen Elite in so kurzer Zeit nicht grundlegend
geändert hatte: Als sich das Wirtschaftswachstum gegen Ende der 1970er Jahre
abschwächte, versuchte Marcos die Firmen seiner Kumpane (*chronies*) durch
immer neue Finanzspritzen und Projekte am Leben zu erhalten (vgl. dazu Overholt 1986, S. 1143-1149; Hawes 1987, Kap.2 und 3, sowie Kap.5, S. 136-158; Hanisch 1989, S. 65-70).

Den Höhepunkt dieser Vetternwirtschaft bildeten die bereits genannten "elf
großen Industrieprojekte", die von ihrer branchenmäßigen Orientierung durchaus an entsprechende Projekte in Lateinamerika erinnern, aber wohl noch mehr
als jene der persönlichen Bereicherung einer Clique dienten. Dieser Hintergrund
- wie ihn das folgende Zitat des US-Bankers William Overholt charakterisiert -
verhinderte wohl auch schon in den Ansätzen, daß sich eine ähnliche erfolgreiche
Integration von Grundstoffindustrien und exportorientierter Komponentenpro-
duktion wie in Malaysia entwickeln konnte:

> "The eleven projects were justified by the rhetoric of nationalism and depen-
> dency theory: the Marcos regime would relieve the oppressed Filipino
> people of their excessive dependence on imperialist Western corporations.
> Much of the liberal academic and media elite believed these arguments. The
> business community understood the real reasons: these huge projects, utterly
> unsuited for the nation's skills and comparative advantages, permitted equal-
> ly huge foreign borrowing, and much of the foreign borrowing could be
> siphoned off to Swiss bank accounts. Marcos had substituted a ruthless elite
> for a merely inefficient one." (Overholt 1986, S. 1143).

Wenn man bedenkt, daß in der Zeit von 1972 bis 1978 der Bestand an ausländischen Direktinvestitionen deutlich stieg (vgl. o.), so spricht einiges für die Interpretation, daß in den Philippinen wie in Lateinamerika eine *Triple Alliance*
zwischen nationalem und internationalem Privatkapital sowie dem Staat die
Politik beherrschte - mit einer wahrscheinlich noch stärkeren Funktionalisierung
des Staates für private Interessen als das im allgemeinen in Lateinamerika der
Fall war. Als dann der wirtschaftliche Zusammenbruch Anfang der 1980er Jahre
da war und sich trotz Strukturanpassungsprogrammen von Weltbank und IWF
nicht verhindern ließ, begann sich das ausländische Kapital zurückzuziehen (vgl.
zu diesem Aspekt Broad 1988, S. 228-231).

Die Entwicklung der räumliche Struktur der Philippinen ist in den vergangenen
Jahrzehnten in einer Vielzahl von Aspekten durch fortschreitenden Konzentration auf die metropolitane Region von Manila (MetroManila) gekennzeichnet
(vgl. Bronger 1987, S. 141ff.). Nun hatten allerdings die Überlegungen zum
thailändischen Entwicklungsprozeß deutlich gemacht, daß eine solche Entwick-

lung nicht notwendigerweise ein Fehlen entwicklungsfördernder agroindustrieller Verknüpfungen bedeuten muß. Andererseits verweist gerade die Tatsache, daß die traditionelle ländliche Oligarchie der Philippinen eben keinen effektiven Beitrag zum Prozeß nationaler Kapitalbildung geleistet hat (s.o.), darauf hin, daß auch im Hinblick auf das Stadt-Land-Verhältnis die Entwicklung in den Philippinen eher der lateinamerikanischen Entwicklung entspricht.

Die lange Phase der ISI-Strategie zeigte auch in dieser Hinsicht ähnliche Auswirkungen wie in Lateinamerika: Die wirtschaftspolitischen Rahmenbedingungen förderten kaum das Wachstum der ländlichen Produktion; die staatlichen Infrastrukturausgaben konzentrierten sich auf die Region von Manila. So stagnierte die Pro-Kopf-Produktion von pflanzlichen Produkten insgesamt (also einschl. der Exportproduktion) während der 1960er Jahre (1960: 384,3 kg/Einw.; 1965: 384,0 kg/E) und erreichte 1973 einen Tiefpunkt von 382,9 kg./E; bei der Nahrungsmittelproduktion waren die Ergebnisse eher noch ungünstiger (270,1 kg/E im Jahre 1960; 247,3 kg/E im Jahr 1973; vgl. Bronger 1987, S. 82). Die Infrastrukturinvestitionen verdeutlichen die Vernachlässigung der ländlichen Regionen: In die beiden Regionen um Manila, Southern Tagalog und Central Luzon (Klassifikation von 1974), flossen 1959-1961 56,6%, 1971-73 56,1% aller Infrastrukturausgaben des philippinischen Staates, beim Hafenausbau waren es 70,4 bzw. 64,5%, bei öffentl. Gebäuden, Schulen und Krankenhäusern 70,1 bzw. 67,1% (Prantilla u.a. 1985, S. 270). Während 1970 in Metro Manila 94,7% der Haushalte über elektrischen Strom verfügten, waren es im Durchschnitt aller ländlichen Regionen erst 6,7%; auch die wichtigsten Regionalstädte hinkten hinterher: (Metro Cebu mit damals immerhin schon 541.000 Einwohnern war nur zu 41,7% elektrifiziert; Davao mit 392.000 Einw. zu 63,8%; vgl. Bronger 1987, S. 28 u. S. 94f.).

Marcos schien nach der Kriegsrechtserklärung diesen Tendenzen entgegenwirken zu wollen: Die Agrarreform sowie die massiven Programme zur Modernisierung sowohl der traditionellen Agrarexportsektoren (Kokosnußprodukte, Zucker) als auch des Reisanbaus deuteten darauf hin, daß ähnlich wie in Lateinamerika erkannt worden war, daß die Krise der ersten Phase der importsubstituierenden Industrialisierung gleichzeitig eine Krise des Agrarsektors war (vgl. dazu etwa auch Dalisay 1974). Die Agrarreform versandete angesichts des Widerstands der Landbesitzer sowie mangelnder Unterstützung von seiten des Regimes jedoch sehr bald (vgl. Hanisch 1983, S. 61-73); die Agrarmodernisierung brachte zwar zwischenzeitlich einige Erfolge (Anstieg der Pro-Kopf-Produktion zwischen 1973 und 1980, in der gleichen Zeit rascher Anstieg der Agrarexporterlöse von 441 Mio. US$ (1972) auf 2,032 Mrd. US$ (1980)), doch die Entwicklung während der 1980er Jahre verdeutlicht, daß hier nicht die Grundlage für eine dauerhafte Agrarentwicklung gelegt wurde. Von 1980 bis 1983 sank die pflanzliche Pro-Kopf-Produktion wieder rasch ab: von 619,7 kg/E auf 521,3 kg/E; die Exporterlöse erreichten trotz Ausweitung der Exporte nicht-traditioneller Produkte bis 1990 (1,393 Mrd. US$) den Rekordwert von 1980 bei weitem nicht mehr (vgl. zur Pro-Kopf-Prod.: Bronger 1987, S. 82; zu den Exporterlösen: Yearbook 1990, S. 6f.).

Wiederum ähnlich wie in vielen lateinamerikanischen Ländern war, wie schon betont, der vergebliche Versuch einer Revitalisierung des Agrarsektors verbunden mit einer Konzentration der Investitionen in großen Industrieprojekten, was schließlich den *urban bias* noch erheblich verstärkte; wurde bereits im Durchschnitt der Jahre 1977 und 1978 etwa 67,5% aller Investitionen von Kapital- und Personengesellschaften in der Hauptstadtregion getätigt, so waren es 1979-1983 86,1% (in der verarbeitenden Industrie sogar 89,3%) (vgl. Bronger 1987, S. 237f.). Bereits zwischen 1972 und 1978 war es zu einer weiteren Konzentration der Industriebeschäftigung in der Hauptstadtregion gekommen (von 60,5% auf 73,5% der Belegschaft von Betrieben mit mehr als 10 Beschäftigten); lediglich in den angrenzenden Regionen Central Luzon (von 5,3 auf 5,9%) und Southern Tagalog (von 4,1 auf 6,1%) stieg der Anteil an der nationalen Industriebeschäftigung, während er auf der Inselgruppe der Visayas (Regionen VI-VIII) von 11,4 auf 5,7%, in Mindanao und den Sulu-Inseln (Regionen IX-XII) von 14,8 auf 6,9% sank (ebda., S. 232).

Diese Entwicklung - die natürlich den Tendenzen in vielen Entwicklungsländern entspricht - ist vor allem insofern besonders bedenklich, da grundsätzlich die Voraussetzungen für eine relativ dezentrale Entwicklung in den Philippinen nicht so ungünstig waren: Die Tatsache, daß das Land aus einigen großen und einer Vielzahl kleiner Inseln besteht, die nicht über ein einheitliches Straßen- und Infrastrukturnetz miteinander verbunden sind, ihre eigenen Häfen (und damit einen direkten Zugang zum Welthandel) und historisch durchaus bedeutsame Städte (vor allem Cebu und Davao) besitzen, schafft nicht wie in Thailand, wo Bangkok an der Mündung des dominierenden Flußsystems von vornherein eine zentrale Stellung besaß, die natürlichen Voraussetzungen für ein so hohes Maß an Dominanz der Hauptstadtregion.

Es kann wohl als sicher angenommen werden, daß die enge Beziehung zwischen ländlicher Oligarchie und politischer Macht diesen Konzentrationsprozeß und damit die wirtschaftliche Marginalisierung vieler ländlicher Regionen sehr stark beeinflußt hat (auch wenn natürlich kulturelle Konflikte und Bauernbewegungen, die zu Bürgerkriegen und Unruhen geführt haben, in das Ursachengeflecht verwoben sind). In seiner Analyse der Veränderung der Einkommenssituation verschiedener Gruppen der Landbevölkerung in den 1960er und 70er Jahren stellt Rolf Hanisch fest:

"Die mittel- und großbetrieblichen Zuckerpflanzer erlebten eine im ganzen günstigere Entwicklung der Preisverhältnisse als die (überwiegend) kleinbetrieblich wirtschaftenden Reisbauern. Die Landarbeiter erscheinen jedoch als die großen Verlierer dieser Entwicklung, was die Kaufkraft bzw. die Kostenbelastung ihres Lohnes betrifft." (Hanisch 1983, S. 81).

Diese Ergebnisse stimmen überein mit Untersuchungen zur Entwicklung der Einkommensverteilung in den Philippinen, in denen etwa ein Rückgang des Einkommensanteils der ärmsten 20% der Bevölkerung von 4,9% im Jahre 1956 auf 2,8% (1981) und ein Anstiegs des Anteils des reichsten Fünftels von 54,8% auf 59,4% festgestellt wird (Callanta 1988, S. 20). Diese Entwicklung läßt erwarten, daß die Kaufkraft unter der armen Landbevölkerung in den letzten Jahrzehnten kaum gestiegen ist, während die stark konzentrierten hohen Einkommen wahrscheinlich zu einem hohen Anteil in der Hauptstadt bzw. sogar im Ausland ausgegeben bzw. angelegt wird. Eine relativ geringe Dynamik der für eine wachsende Integration peripherer Regionen so wichtigen Mittelstände - die ja meist zunächst als Handels- und Versorgungszentren entstehen - dürfte u.a. eine Konsequenz dieser Entwicklung sein.

Welche Perspektiven ergeben sich nun nach dem Sturz von Marcos? Corazón ("Cory") Aquino, die - wenn auch bei nie vollständig geklärten Ergebnissen der Wahlen vom Februar 1986 (vgl. etwa Hanisch 1989, S. 73f.) - gewählte Nachfolgerin von Marcos und Witwe des ermordeten Hauptwidersachers der Marcos-Diktatur, Ninoy Aquino, wurde zunächst von vielen als Hoffnungsträgerin für den Aufbruch in eine neue Zeit für die Philippinen angesehen. Sie selbst hat einen oligarchischen Hintergrund: Sie ist eine geborene Cojuangco und stammt damit aus einer der dominanten Familien der Oligarchie; ihr Vetter Eduardo Cojuangco beherrschte gemeinsam mit der Familie des Verteidigungsministers Enrile unter Marcos die Organisationen des Kokosnußsektors (vgl. Hanisch 1989, S. 69). Dies läßt zumindest Zweifel aufkommen, daß ihr Sieg über Marcos ein Sieg von "people's power" (so sie selbst) und damit Ausgangspunkt einer grundlegenden gesellschaftlichen Umstrukturierung sei. Die recht günstige wirtschaftliche Entwicklung in den Jahren 1987 bis 1989 verweist, wie die Schwierigkeiten der folgenden Jahre zeigten, eher auf eine zyklische Erholung von der schweren Rezession der Jahre 1984 und 1985 (zweifellos gefördert durch den politischen Wandel) als auf den Beginn eines langfristigen wirtschaftlichen Aufschwungs (vgl. dazu etwa Yap 1991).

Die Identifikation von einzelnen Entwicklungstendenzen, die evtl. die Erwartung einer grundsätzlichen Umstrukturierung der sozio-politischen Machtkonstellation in den Philippinen einschließlich entsprechender kultureller Verschiebungen begründen könnten, setzt eine sehr viel bessere Kenntnis der philippinischen Gesellschaft und sehr viel gründlichere Analysen der Entwicklung seit 1986 voraus, als sie in diesem Rahmen gegeben und möglich sind. Sicherlich läßt sich - zweifellos beeinflußt durch die Strukturanpassungsvorgaben von Weltbank und IWF - bereits während der letzten Marcos-Jahre eine gewisse Umorientierung der wirtschaftspolitischen Strategie in Richtung auf einer Verstärkung der agro-industriellen *linkages* feststellen:

> "Within the manufacturing sector itself, the agro-based (food, beverage and tobacco manufactures) and labor-intensive industries (i.e. footwear, textile, apparel, made-up goods, wood and cork, furniture and fixtures) accounted for over 60 per cent of total employment generated by the sector over the same period (1971-1978, W.H.). Thus any short or mid-term solutions to ease the unemployment problem and raise the level of domestic demand must look to the agricultural and labor-intensive industries to provide the necessary boost. Official plans for the 1984-87 period had already been revised to adopt a strategy of laying emphasis on the agricultural sector growth along with industrial development" (Tecson 1986, p.2, based on the Updated Philippine Development Plan, 1984-1987; vgl. auch Asian Business, Febr. 1987).

Ein weiterer Aspekt, der auf eine gewisse Verschiebung der ökonomischen und politischen Machtverhältnisse hinweist, ist die günstige Entwicklung auf Cebu (vgl.u.a. Far Eastern Economic Review 5.9., 28.11.1991; Neue Zürcher Zeitung, 12.6.1992), die stark kontrastiert mit den Berichten über wachsende Unsicherheit in Manila (etwa: NZZ, 28.11.1992). Verwiesen wird in den genannten Berichten auf eine neue Gruppe von *business*-orientierten politischen Führern in einer Reihe von Provinzen, u.a. Cebu, die sich stark von der traditionellen Oligarchie abhebten - auch wenn sie wiederum in typisch philippinischer Weise eng mit Osmena, dem aus einer oligarchischen Familien stammenden Gouverneur von Cebu, zusammenarbeiten. Es wird auch auf die starke Bedeutung von philippinisch-chinesischen Geschäftsleuten einerseits, japanischen Investitionen (vor allem in der Freien Exportzone von Mactan bei Cebu) hingewiesen, während sich offenbar viele philippinische Chinesen aus Manila bereits wieder ins Ausland abgesetzt hätten - und damit offenbar die Hoffnung auf ein verbessertes politisch-ethnisches Klima gegenüber der Marcos-Ära, in der die Propaganda gegen die philipinischen Chinesen immer wieder angeheizt worden war, aufgegeben haben.

Denkt man an die wirtschaftliche Bedeutung der Chinesen in den anderen süd-ostasiatischen Ländern, so kann man ihre Rolle in den Philippinen vielleicht als Indikator dafür sehen, inwieweit eine Überwindung klientelistischer Herrschafts-strukturen, die auf Arrangements von Parteien und sozialen sowie ökonomischen Interessengruppen mit einigen wenigen reichen und mächtigen Familien beruhen, gelingt oder scheitert.

3.4 Kenia: Erfolgreiche Ansätze agroindustrieller Entwicklung ohne international konkurrenzfähige Industrie

Der Blick auf die südostasiatischen Länder hat auf die große Bedeutung historisch gewachsener soziopolitischer Strukturen verwiesen - vor allem, was die Kontraste zwischen Thailand und Malaysia einerseits, den Philippinen andererseits betrifft. Während Malaysia und Thailand ähnlich wie Korea und Taiwan auf einen langen, wenn auch in unterschiedlicher Form gebrochenen, historischen Prozeß der lokalen Staatsbildung zurückblicken können, ähnelt die Entwicklung der soziopolitischen Strukturen auf den Philippinen derjenigen Lateinamerikas: Vorkoloniale politische Strukturen wurden weitgehend zerstört, das nachkoloniale System entstand - in beiden Fällen beeinflußt durch die USA - auf der Grundlage einer sehr stark vom iberischen Kolonialismus geprägten Sozialstruktur. In den meisten Ländern des tropischen Afrika dagegen finden wir wiederum eine klar andere Konstellation; auch hier wurden vorkoloniale, sehr verschieden stark ausgeprägte Ansätze der Staatsbildung zerstört, jedoch nicht vor fünf Jahrhunderten, sondern vor etwa einem Jahrhundert. Die Kolonialzeit wiederum war weitgehend geprägt durch eine fast ausschließlich weiße Kontrolle von Politik und Wirtschaft, wobei die lokale Bevölkerung primär unter dem Gesichtspunkt von Arbeitskraftlieferanten betrachtet wurde.

Die Entkolonialisierung bedeutete somit in viel extremerem Maße einen Neuanfang im Prozeß der Konstitution gesellschaftlicher und soziopolitischer Strukturen, als dies sowohl in den genannten südostasiatischen Ländern als auch in den iberisch kolonialisierten Ländern der Fall war. Auch wenn die afrikanischen Länder auf den durch den Kolonialismus geschaffenen wirtschaftlichen Strukturen aufbauen konnten bzw. mußten, waren die Prozesse des Entstehens einer "modernen" Elite zum Zeitpunkt der politischen Unabhängigkeit noch in einer sehr rudimentären Phase; die Weißen, die die politischen und ökonomischen Machtstrukturen der Kolonialzeit aufgebaut und praktisch zu 100% ausgefüllt hatten, verschwanden zumindest als Träger politischer Macht innerhalb kürzester Zeit. Führt man sich anhand der Beispiele Malaysias und Thailands noch einmal vor Augen, wie umfassend die Voraussetzungen für Konzipierung und Erfolg einer eigenständigen, innovativen Industriepolitik sind, denkt man an die zentrale Bedeutung des gesamten standortabhängigen *environments* für industrielle Konkurrenzfähigkeit (vgl. etwa: Kamppeter 1993), dann wird schon *a priori* deutlich, wie schwierig es für die afrikanischen Länder südlich der Sahara sein mußte, den Schritt zu einer konkurrenzfähigen industriellen Entwicklung zu schaffen.

Für die sozioökonomische Entwicklung während der ersten Jahrzehnte staatlicher Unabhängigkeit waren offenbar zunächst einmal die Formen der Weltmarktintegration und des Ersetzens europäisch dominierter Wirtschaftsstrukturen durch lokale Strukturen sowie deren Wechselbeziehungen mit dem entstehenden politischen System zentral. Kenia wurde - zumindest bis Ende der 1980er Jahre - im Vergleich zu anderen afrikanischen Ländern als "Erfolgsfall" angesehen, was ja nicht zuletzt darin zum Ausdruck kommt, daß das Land in den 1980er Jahren selbst noch ein respektables Wirtschaftswachstum (4,2% im jährlichen Durchschnitt) erzielen konnte, sowie - im Vergleich zum durchschnittlichen Pro-Kopf-Einkommen - recht günstige Sozialindikatoren (Lebenserwartung, Alphabetisierungsrate aufwies (vgl.o., Tab. Basisdaten). Als wichtig - und als allererste Bestätigung unserer Ausgangsthese von der fundamentalen Bedeutung einer breit fundierten agroindustriellen Entwicklung - muß auch die Tatsache angesehen werden, daß das kenianische Wirtschaftswachstum auf einem relativ gleichgewichtigen Wachstum im industriellen wie im *landwirtschaftlichen* Bereich beruhte: So wuchs die kenianische Landwirtschaft zwischen 1965 und 1973 um jährlich 6,2% (im Vergleich dazu Afrika südl. Sahara: 2,6%) und zwischen 1973 und 1984 immer noch um 3,5% (gegenüber 1,4% im schwarzafrikanischen Durchschnitt) (vgl. Bates 1989, S. 1).

Die Entwicklung von Exportkulturen spielte natürlich auch für die koloniale Landwirtschaft in Kenia eine gewisse Rolle; zu nennen sind Baumwolle, Sesam, Erdnüsse, Bananen, Sisal, Zucker und - vor allem in den 1930er Jahren - Gerbsäure (gewonnen aus den Rinden von Akazien) (vgl. u.a. die historischen Daten zur Entwicklung der Vermarktung in den einzelnen Distrikten des Hochlandes in Kitching 1980). Der Anbau von Tee und Kaffee für den Export wurde zwar schon in den 1920er Jahren gefördert, gewann jedoch aufgrund der Weltwirtschaftkrise erst nach dem Zweiten Weltkrieg an größerer wirtschaftlicher Bedeutung - noch 1946 und 1950 lag die vermarktete Menge beider Produkte unter 10.000 t (vgl. Hebinck 1990, S. 71). Allerdings ist es wohl für die spätere landwirtschaftliche Entwicklung nicht ganz unwichtig, daß die frühe Expansion der Marktproduktion (und zwar von Afrikanern wie von europäischen Siedlern) und damit auch die Erhöhung der landwirtschaftlichen Produktivität zu einem beträchtlichen Teil auch Grundnahrungsmittel umfaßte (vor allem Mais, Weizen, Bohnen, Gemüse vgl. Kitching, a.a.O.), für die aufgrund des Bedarfs der Siedler selbst sowie der - im Zusammenhang mit der zentralen wirtschaftlichen Rolle für ganz Britisch-Ostafrika - rasch wachsenden städtischen Bevölkerung Nairobis eine zahlungsfähige interne Nachfrage bestand. Zur Sicherstellung der Versorgung britischer Soldaten im 2.Weltkrieg (vor allem im Nahen Osten) wurde eine weitere Expansion der Grundnahrungsmittelproduktion gefördert. Auch in der Zeit nach dem 2.Weltkrieg hielt das recht kontinuierliche Wachstum der ver-

markteten landwirtschaftlichen Produktion an - und zwar sowohl im Grundnah-
rungsmittel- als auch im Exportbereich. So betrugen die über die offiziellen
staatlichen Kanäle vermarktete Mengen im Jahr 1988 gegenüber 1946 bei Weizen das 3fache, bei Mais das 6,9fache, bei Kaffee das 13,8fache, bei Tee das
29,8fache, bei Milch das 14,5fache (bei einer etwa auf das 4fache gewachsenen
Bevölkerung) (berechnet nach Hebinck 1990, S. 71).

Differenziertere Analysen zur kenianischen Entwicklung stimmen darin überein,
daß diese recht erfolgreiche Agrarentwicklung zwar auch darauf beruhte, daß
sich aufgrund der Preisstrukturen die Marktproduktion für die landwirtschaftliche Bevölkerung lohnte, daß dies aber nicht lediglich als Ergebnis einer richtigen Preispolitik (*get prices right*) gesehen werden kann, sondern als Resultat der
institutionellen Entwicklung, auf die weiter unten genauer eingegangen wird.

In den 1970er Jahren betonten kritische Analysen der kenianischen Entwicklung,
daß das rasche Arrangement Jomo Kenyattas mit dem ausländischen Kapital
(vor allem, um mit Hilfe ausländischer Investitionen ein rasches industrielles
Wachstum zu erreichen) zum Entstehen einer kleinen afrikanischen Elite geführt
habe, die sich auf Kosten der immer mehr verarmenden Masse der Bevölkerung
bereicherte und das Land notwendigerweise in eine Krise führen mußte:

> "Within this sea of growing poverty, a small elite was emerging in both the
> manufacturing and the agricultural sectors: the concentration of land ow-
> nership was on the increase and a small percentage of people accounted for
> a large percentage of the incomes earned ... Thus, domestic capital form-
> ation through saving failed to occur not because the ordinary income earner
> had no propensity to save ... but because those with large incomes tended
> also to be the wasteful spenders. This non-productive expenditure could
> also be attributed to the state." (Anyang'Nyong'o 1988, S. 37; dies folgt
> weitgehend den Interpretationen von Brett 1973 und Leys 1974).

Diese Interpretation ähnelte sehr der radikalen Kritik an der Importsubstitutionspolitik in Lateinamerika. Sie knüpft an der Idee der "Triple alliance" zwischen internationalem Kapital, lokalem Staat und lokaler Bourgeoisie an, über-
sieht jedoch zweierlei, nämlich zum einen die Tatsache, daß das Verhältnis
zwischen internationalem Kapital und lokalen Akteuren kein völlig einseitiges
Dominanzverhältnis darstellt, zum anderen, daß Strukturen von Herrschaft und
sozialer Ungleichheit weder 100%ige Unterwerfung bedeuten noch starr und
unbeweglich sind. Jüngere Arbeiten dagegen gehen häufiger von der Tatsache
aus, daß sich Kenia trotz aller Probleme und Krisen günstiger entwickelt habe als
fast alle anderen afrikanischen Länder; institutionelle Strukturen und soziopoli-

tische Kräfteverhältnisse treten in den Vordergrund, die Kenia in bezug auf
Afrika in einer durchaus vergleichbaren Sonderrolle sehen wie Costa Rica im
lateinamerikanischen Kontext. Angesichts des recht unterschiedlichen historischen Hintergrunds bleiben natürlich dennoch markante Unterschiede bestehen,
die vor allem den Demokratisierungsprozeß betreffen.

Trotz der zweifellos bestehenden großen sozialen Ungleichheit in Kenia ist
zweierlei nicht zu übersehen: der relativ hohe Anteil an sozialen Investitionen
und das Entstehen einer durchaus bedeutenden Mittelschicht in Form markt-
orientierter Kleinbauern und kleinen und mittleren gewerblichen Produzenten
und Händlern. So lagen etwa die öffentlichen Ausgaben für das Erziehungswesen
mit 4,1% (1960) bzw. 6,8% (1989) des Bruttosozialproduktes jeweils deutlich
über dem Durchschnitt aller Entwicklungsländer (2,2 bzw. 3,6%) (HDR 1992,
S. 157). Ähnliches gilt für die Ausgaben für das Gesundheitssystem: einem Anteil
von 1,5% (1960) bzw. 2,0% (1987) am BSP im Falle Kenias stehen Werte von
1,0% und 1,4% für den Durchschnitt aller Entwicklungsländer gegenüber (HDR
1992, S. 151). Die Regierungspolitik konzentrierte sich keineswegs darauf, die
Investitionen transnationaler Konzerne im Plantagensektor zu garantieren, sondern förderte im Gegenteil aktiv die kleinbäuerliche Exportproduktion, u.a. über
Vermarktungskooperativen (z.T. mit Zwangsmitgliedschaft für Kleinbauern; vgl.
allgemein zur Entwicklung der Kooperativen: Zeleza 1990). So stammten 1988
jeweils 64% der Kaffee- und Zuckerproduktion, 100% der Baumwolle, 48% des
Pyrethrums und 81% der Milchproduktion aus Kooperativen, also von Kleinbauern (vgl. Hebinck 1990, S. 88); bei Tee spricht Hebinck für die 1980er Jahre von
einem durchschnittlichen Anteil der kleinbäuerlichen Produktion von 40%
(ebenda, S. 108). Auch urbane Kleinunternehmen (hauptsächlich des sog. informellen Sektors, vgl. Livingstone 1991) schufen in wachsendem Maße Beschäftigungsmöglichkeiten mit einem Einkommensniveau, das im Durchschnitt die im
formellen Sektor gezahlten Löhne übertraf. So stieg die Beschäftigung in den
Kleinunternehmen von 1986 bis 1990 um jährlich 11,7% auf 443.000 (23,3% der
Gesamtbeschäftigung außerhalb der bäuerlichen Familienbetriebe), während die
Zahl der Lohnarbeiter lediglich um 3,7% im Jahr zunahm (World Bank 1992,
S. 14). Die durchschnittlichen Monatseinnahmen von Kleinunternehmern im
urbanen informellen Sektor lagen 1985 mit knapp über 1.100 Ksh deutlich über
denen der Lohnarbeiter (567 bzw. 657 Ksh. in Nairobi bzw. Mombasa) (vgl.
Livingstone 1991, S. 661). Diese Entwicklung einer - sicherlich im internationalen Vergleich noch relativ armen - Mittelschicht dürfte doch eine nicht zu
unterschätzende Rolle bei der Ausweitung der Binnennachfrage für industrielle
Produkte gespielt haben, die wiederum entscheidend dazu beigetragen hat, daß
bis in die 1980er Jahre hinein bemerkenswerte industrielle Wachstumsraten
erzielt werden konnten (vgl. u.).

Diese Hinweise mögen genügen, um deutlich zu machen, daß in Kenia - ähnlich wie in Costa Rica - zwar die typischen strukturellen Probleme des ISI-Modells aufgetreten sind (dazu mehr weiter unten), daß aber offensichtlich politische Kräfteverhältnisse entstanden waren, die eine vollständige Funktionalisierung des Staatsapparates für die Interessen einer kleinen Elite nicht zuließen, sondern für eine gewisse sozial- und strukturpolitische Orientierung bei der Allokation staatlicher Mittel sorgten. Die folgenden Überlegungen gehen auf die Analyse einiger Autoren zurück, die die Entwicklung der zugrundeliegenden soziopolitischen Strukturen bis in die Kolonialzeit zurückverfolgen (vgl. Kitching 1980; Bates 1989; Hebinck 1990).

Ganz wesentlich für die Herausbildung der politischen Strukturen Kenias war - wie wohl für die meisten nachkolonialen Gesellschaften - die Prägung politischer Institutionen und das Entstehen spezifischer Kräftekonstellationen in den letzten zwei bis drei Jahrzehnten der Kolonialzeit sowie im Kampf um die politische Unabhängigkeit. Zum einen ermöglichte die britische Kolonialpolitik zumindest seit der Weltwirtschaftskrise der 1930er Jahre das Entstehen einer kleinen afrikanischen Unternehmerschicht (im Bereich der Lebensmittelverarbeitung, vor allem Mühlen), aber auch die teilweise Integration afrikanischer Kleinbauern in die Exportproduktion, nachdem zunächst den Afrikanern der Anbau von verschiedenen Exportprodukten (u.a. Tee und Kaffee) untersagt worden war. Der Verfall der Exportpreise in den 30er Jahren führte rasch dazu, daß die Siedler die Produktion (angesichts ihres Lebensstandards) als nicht mehr rentabel betrachteten, während sie den Afrikanern weiterhin eine Verbesserung ihres Lebensstandards ermöglichte; im Interesse der Erhaltung der produktiven Basis des Landes hob somit die Kolonialverwaltung die alten Restriktionen nach und nach auf und begann die afrikanische Produktion von *cash crops* zu fördern (vgl. Hebinck 1990, S. 50-57). Im Jahre 1954 bedeutete der Swynnerton-Plan dann die endgültige Festschreibung dieser Politik von seiten der Briten (vgl. ebda., S. 58f.).

Gleichzeitig begann sich eine afrikanische politische und wirtschaftliche Führungsschicht herauszubilden: Zum einen begannen die Briten Ende der 1920er Jahre, Afrikaner in zunehmendem Maße an der Verwaltung zu beteiligen - zunächst durch die Einrichtung sog. *Local Native Councils*, in denen meist führende Vertreter der einzelnen Ethnien die Aufgaben von Steuereintreibern und der Organisation von öffentlichen Arbeiten übernahmen und die somit zu einer Vermittlungsinstanz zwischen traditionellen und modernen politischen Strukturen wurden (vgl. Hebinck 1990, S. 51-53; Kitching 1980, S. 188-199). In den 1950er Jahren wurden sukzessiv wachsende Zahlen von Afrikanern in die gesetzgebende Versammlung Kenias gewählt (1954: 8; 1958: 14); 1960 wurde ihnen eine Mehrheit der 65 Sitze der Gesetzgebenden Versammlung sowie auch der Ministerposten im Exekutivrat zugestanden (vgl. Bates 1989, S. 46f.). Gleichzeitig wuchs die

Zahl von kleinen Unternehmen in der Hand von Afrikanern (vor allem: Maismühlen, Transport- und Handelsunternehmen), meist traditionellen politischen
Führern, die über den Besuch von Missionsschulen "modernisiert" worden waren
und durch Arbeit in der Administration bzw. in weißen Unternehmen ein gewisses Startkapital erworben hatten. Die Bedeutung dieses sog. *straddling* (wörtlich:
die Beine spreizen, hier wohl besser: auf zwei Beinen stehen) für den Akkumulationsprozeß, aber auch für den Reproduktionsprozeß breiter Bevölkerungsschichten darf sicherlich nicht unterschätzt werden. Cowen (1986, S. 364) charakterisiert "straddling" folgendermaßen:

> "In the case of capital, revenue out of wage and salaried employment pro-
> vided the means of setting accumulation in motion; in the case of labour,
> revenue from family and land holdings supplemented wages from wage
> employment to satisfy 'the conveniences of life'."

Es leuchtet ein, daß dieser Kombination zweier Revenuequellen eine wichtige
Bedeutung für den Akkumulationsprozeß zukommen kann; andererseits verweist
es jedoch auch auf die Gefahren einer so starken Verschränkung zwischen Oligarchie und Staat, wie wir sie in den Philippinen vorgefunden haben (und wie sie
wohl typisch für viele Entwicklungsländer ist). Es besteht jedoch offensichtlich
auch ein klarer Unterschied zur typischen Struktur iberisch kolonisierter Gesellschaften: die oligarchischen Cliquen sind nicht *vor* dem (nachkolonialen) Staat
entstanden, sondern in enger Verschränkung mit ihm. Je nach dem sich entwik-
kelnden Verhältnis zwischen Staat und Gesellschaft können so offenbar Klepto-
kratien zaïrischen Musters (vgl. etwa: Körner 1988) oder aber Gesellschaften mit
einem vergleichsweise breit fundierten Entwicklungsprozeß wie Kenia entstehen.

Die schon seit den 1930er Jahren entstandene relativ (d.h. im Vergleich zu anderen afrikanischen Ländern) breite afrikanische Elite in Kenia (vgl. dazu vor allem
Kitching 1980, S. 240-279) machte es sicherlich aufgrund der wechselseitigen
Konkurrenz und Kontrolle verschiedener Fraktionen bereits erheblich schwerer,
einen "kleptokratischen" Weg einzuschlagen. Zumindest zwei Faktoren haben
nun wesentlich dazu beigetragen, daß dieser Elite zumindest im Hochland
bereits eine recht selbstbewußte kleinbäuerliche Gesellschaft gegenüberstand:
die Mau-Mau-Bewegung einerseits, die Ausformung politischer Institutionen
(vor allem die konkrete Entwicklung des Wahlrechts) andererseits.

Die Ursprünge der Mau-Mau-Bewegung liegen in einem sich wandelnden Verhältnis zwischen Kikuyus und den Siedlern der *White Highlands* in der zweiten
Hälfte der 1930er Jahre. Während in der frühen Periode der weißen Besiedlung
des Hochlands ein Teil der Kikuyus als sog. *squatter* (Wanderarbeiter, die gleichzeitig ein Stück Land zur eigenen Bearbeitung erhielten) ihre wirtschaftliche

Situation verbessern konnten, führte nun die starke Einschränkung des "Squatting" bei gleichzeitig wachsendem Bevölkerungsdruck in den Reservaten zu zunehmender Unzufriedenheit mit dem Kolonialregime. Dabei richteten sich die Gewaltanschläge der "Mau-Mau", die ihren Höhepunkt zwischen 1952 und 1955 erreichten, sowohl gegen das Kolonialregime als auch gegen die mit diesem zusammenarbeitende und langsam wachsende schwarze Mittelschicht. Dies bedeutete, daß diese afrikanische Führungsschicht - zu einem beträchtlichen Teil bereits wirtschaftlich abgesicherte Landbesitzer - zwar die militärische Repression den Briten überlassen konnte, den hohen Grad an Mobilisierung der bäuerlichen Bevölkerung jedoch auch bei ihrer Politik ins Kalkül ziehen mußte. Auch wenn der radikale Flügel der 1960 (anknüpfend an die im Zusammenhang mit der Mau-Mau-Bewegung verbotenen *Kenya African Union*, KAU) gegründeten KANU (*Kenya African National Union*), der in der Landfrage Ziele der Mau-Mau in die politischen Institutionen trug, im Verlaufe der 1960er Jahre an Bedeutung verlor, war die Vertretung kleinbäuerlicher Interessen (zumindest der kenianischen Kernregionen) doch im inzwischen entstandenen Institutionensystem fest verankert (vgl. zu diesem Komplex Bates 1989, Kap. 1 und 2).

Eine weitere nicht zu unterschätzende Rolle spielte die Entwicklung von Wahlrecht und Parteiensystem; wie schon gesagt, hatten die Briten seit 1954 in zunehmenden Maße Afrikanern erlaubt, um politische Ämter zu konkurrieren. Um jedoch Konflikte mit den Siedlern zu verhindern, mußten die Kandidaten den Wahlkampf auf ihre eigenen Wahlbezirke beschränken. Bis 1960 war die Gründung afrikanischer politischer Organisationen auf nationaler Ebene verboten. Dies stärkte zunächst die Bindung der Politiker an die Interessen der lokalen Wähler (einschl. allerdings auch ihre Einbettung in traditionelle, durch die Kolonialpolitik eher akzentuierte ethnische Strukturen) und verhinderte die Bildung einer abgehobenen politischen Elite. Die politischen Strukturen nach der Unabhängigkeit behielten diese lokale Bindung der Abgeordneten bei, vor allem nach der Herausbildung eines faktischen Einparteiensystems: Im Rahmen dieses Systems blieb zumindest eine effektive Konkurrenz um die Parlamentssitze weitgehend erhalten (1979: über 700 Kandidaten bewarben sich um 150 umkämpfte Sitze, wobei die Kandidatenaufstellung im allgemeinen von der KANU nicht kontrolliert wurde; vgl. Hofmeier 1988, S. 161). Da die Wähler jedoch nicht zwischen unterschiedlichen Parteien oder auch nur Fraktionen mit klar unterschiedenen Politikkonzepten wählen konnten - zur Wiedereinführung des Mehrparteiensystems vgl.u. -, konzentrierte sich das politische Spiel auf dieser Ebene sehr stark auf das Spannungsverhältnis zwischen Selbstprivilegierungsinteressen der Kandidaten und den Interessen seiner lokalen Wähler, zu einem großen Teil also von Kleinbauern und anderen ländlichen Bevölkerungsgruppen.

Die Maximen der kenianischen Politik in Bezug auf Agrarsektor und Agroindustrien erinnern ein wenig an die malaysische Politik gegenüber der weitgehend
ländlichen malaischen Bevölkerung und dem chinesischen Kapital: Man förderte
dezidiert die kleinbäuerliche Produktion, ohne internationales Kapital und
Großproduzenten zu verprellen - was die Kontinuität der wirtschaftlichen Entwicklung sicher stark infragegestellt hätte; im Falle Kenias schuf die Skepsis der
weißen Siedler (u.a. nach der Erfahrung der Mau-Mau) gegenüber der weiteren
Entwicklung im unabhängigen Kenia und die daraus bei vielen resultierende
Bereitschaft, ihr Land zu verkaufen, einen gewissen Spielraum für eine solche
Politik. Durch die Vergabe von Landtiteln an Kleinbauern in den früheren Reservaten sowie durch die Aufteilung eines Fünftels des europäischen Landbesitzes im Rahmen von kleinbäuerlichen *settlement schemes* wurde eine breite kleinbäuerliche Basis geschaffen, während diejenigen großen Betriebseinheiten, die
aus ökonomischen Gründen intakt bleiben sollten, entweder als Ganzes an
Afrikaner verkauft wurden oder in der Hand ausländischer Unternehmen verblieben (vgl. Hebinck 1990, S. 100-103). Verschiedene Kreditprogramme unterstützten sowohl Kleinbauern als auch afrikanische Unternehmen beim Aufkauf
von Land. Der Besitz ausländischer Unternehmen wurde durch den *Foreign
Investment Protection Act* (1964) geschützt, soweit das Unternehmen das *Certifi-
cate of Approved Enterprise* erhielt, d.h. als nützlich für die weitere wirtschaftliche
Entwicklung Kenias eingestuft wurde (vgl. Anyang'Nyong'o 1988, S. 21). Ausländer durften jedoch keinen zusätzlichen Landbesitz erwerben, was die Unternehmen in den lukrativeren Exportsektoren (etwa beim Kaffee) zur Steigerung der
Flächenproduktivität anhielt (vgl. Dinham/Hines 1985, S. 96).

Während Landbesitz unter kenianischen Staatsbürgern relativ frei gehandelt
werden konnte und gleichzeitig Bauern und Agrarunternehmer in ihren Anbau-
entscheidungen weitgehend frei waren (mit gewissen Einschränkungen zur Sicherung von Kontinuität: etwa Verbot des Entfernens von Kaffeesträuchern), ist die
Vermarktung bis heute recht strikt unter staatlicher Kontrolle verblieben. Auf
die Vielzahl der einzelnen Politikinstrumente in den Bereichen Landbesitz und
-verteilung, Agrarforschung, landwirtschaftliche Modernisierung und Förderung
der Beschaffung von Inputs, Infrastrukturausbau, Preiskontrolle und Vermarktung kann hier nicht im einzelnen eingegangen werden (vgl. etwa die Zusam-
menstellung bei Hebinck 1990, S. 80f.).

Interessant in unserem Zusammenhang sind jedoch Robert Bates' Hinweise auf
die Rationalität staatlicher Interventionen, um bestimmte, marktwirtschaftlich
bedingte Hindernisse ländlicher Entwicklung zu überwinden: Er verweist auf die
Probleme der Beschaffung von Kapital (und der Sicherheit für Kredite) im
Rahmen kleinbäuerlicher Siedlungsprogramme (Antwort: Sicherheit durch
Kontrolle über die Vermarktung), Informationskosten und Qualitätskontrolle

(Antwort: Kontrolle über Setzlinge sowie die Qualität der Teeblätter durch die *Kenya Tea Development Authority*) und die Frage der Skalenvorteile vor allem in der Wechselbeziehung zwischen landwirtschaftlichen Produzenten und Verarbeitungsanlagen mit den daraus entstehen Abhängigkeiten bzw. möglichen Ungleichgewichten (vgl. Bates 1989, S. 73-82).

Da das staatliche Vermarktungsmonopol auch den Handel zwischen verschiedenen Geschäftsbereichen der Agrobusinessfirmen (Plantagen, agroindustrielle Verarbeitung, internationale Vermarktung) umfaßt, gelingt es darüber hinaus, einerseits Manipulationen (etwa zur Vermeidung von Steuern) im Bereich des Intra-Firm-Handels zu erschweren (vgl. Dinham/Hines 1985, S. 96, 98f.), andererseits die Versuche der Agrobusinessfirmen, Kleinbauern direkt an sich zu binden, zu vereiteln (vgl. Hebinck 1990, S. 101, vor allem Anm.4). Bates betont die relative Stärke der landwirtschaftlichen Produzenten gegenüber industriellen Verarbeitungsunternehmen angesichts des in spezialisierten Produktionsanlagen fixierten Kapitals der Agrarindustrien im Vergleich zur größeren Flexibilität des Agrarsektor zur Umstellung der Produktion bei Preisverschiebungen (vgl. Bates 1989, S. 88f). Auf die nicht unproblematische, aber doch unter dem Gesichtspunkt wirtschaftlicher Macht eher ausgleichend wirkende Abhängigkeit des industriellen Sektors von der Sicherung der Rohstoffzufuhr wurde auch im costaricanischen Zusammenhang verwiesen (vgl. Altenburg/Weller 1991).

Eine Reihe von Studien (etwa: Betz 1989; Etherington 1973; Sharpley 1986; differenziert: Hebinck 1990) belegen den relativ hohen Grad an Effizienz dieser Vermarktungsbehörden hinsichtlich der Förderung eines starken kleinbäuerlichen Sektors einerseits, der Steigerung der Produktion andererseits, so daß die Abschwächung des Wachstums der Exportlandwirtschaft seit den 1970er Jahren sicher eher auf die Weltmarktentwicklung (starke Preisschwankungen, Überangebot bei einer Reihe von Produkten) denn auf die häufig gescholtene Ineffizienz staatlicher Regulierung zurückzuführen sein dürfte. Sharpley (1986, S. 60-64) betont, daß die parastaatlichen Vermarktungsorganisationen im Bereich der Exportprodukte insgesamt erfolgreicher operierten als bei binnenmarktorientierten Produkten, wofür sie allerdings zu einem erheblichen Teil bestimmte politische Vorgaben, die keine ausreichenden Handelsspannen für die Vermarktung erlaubten, verantwortlich macht - auch diese Problematik erinnert an die costaricanische Preispolitik im Grundnahrungsmittelsektor.

Die kenianische Agrarpolitik hat offensichtlich die Spannung zwischen Weltmarktintegration und einer realistischen Anpassung der nationalen Produktionsstruktur einerseits und der Förderung einer breiten kleinbäuerlichen Basis andererseits einigermaßen erfolgreich bewältigt. Obwohl die Politik der importsubstituierenden Industrialisierung sicherlich weniger als in vielen anderen Ländern vom *urban bias* geprägt war, hat diese Tatsache offenbar dennoch nicht die krisenhafte Zuspitzung der sozioökonomischen Entwicklungsprobleme in den vergangenen Jahren verhindern können, zumal es nicht gelang, den industriellen Sektor über die einfache Phase der Importsubstitution hinauszuentwickeln. Auf die Ursachen dieses Scheiterns trotz recht hoffnungsvoller Ansätze agroindustrieller Entwicklung wird im folgenden einzugehen sein.

Bei der Erlangung der Unabhängigkeit gab es in Kenia erst recht rudimentäre Ansätze eines *industriellen Sektors*, die sich weitgehend auf die Investitionen einiger Konzerne im Bereich der Weiterverarbeitung einheimischer, meist agrarischer Rohstoffe für den Export und für den Konsum der weißen Siedler (einschl. einer entstehenden, aber noch extrem dünnen afrikanischen Oberschicht) beschränkte: zu nennen sind etwa die *East African Tobacco Company* (eine Filiale der BAT), die *East African Breweries*, zwei Firmen im Bereich der Teeverarbeitung, die *East African Tanning Extract Company* (Gerbstoff), die *East African Meat Company*, die *Magadi Soda Company* sowie die *East African Portland Cement* sowie Werkstätten zur Instandhaltung der Eisenbahn (Mombasa-Kisumu, fertiggestellt im Jahre 1902) einschließlich einer Metallgießerei (vgl. Anyang'Nyong'o 1988, S. 13ff.; Hermann 1988, S. 167-172) . Daneben gab es eine Vielzahl kleinerer Handwerksbetriebe. Erst mit der Kriegswirtschaft während des 2.Weltkriegs wurden Ansätze einer verarbeitenden Industrie gefördert, die dann während der 1950er Jahre langsam in einen Prozeß importsubstituierender Industrialisierung einmündeten (vgl. Hermann, ebda., S. 168f.).

Auch wenn die kenianische Regierung nach der Unabhängigkeit die Bedeutung der landwirtschaftlichen Basis nicht aus dem Auge verloren hat, so war natürlich auch ihr Ziel die Transformation des Landes in einen modernen Industriestaat. Auf die Industriepolitik kann hier nicht im Detail eingegangen werden; sie entspricht in ihren Grundzügen den typischen Charakteristika des Importsubstitutionsmodells mit einer - allerdings nur leichten - Überbewertung der Währung, einer gezielten, aber kräftigen Protektion sowie Anreizen für binnenmarktorientierte Investitionen transnationaler Konzerne (vgl. zusammenfassend: Anyang'Nyong'o 1988; Sharpley/Lewis 1988).

Zunächst einmal waren die Voraussetzungen für einen erfolgreichen Importsubstitutionsprozeß durchaus recht gut, wobei auf einige Sonderfaktoren hinzuweisen ist, die zu einer im Vergleich zu anderen afrikanischen Ländern relativ hohen Nachfrage nach modernen Industrieprodukten geführt haben, sowie andererseits auf die enge Verknüpfung mit dem ja eindeutig dominierenden landwirtschaftlichen Sektor, sowohl im Hinblick auf die Entwicklung der Binnennachfrage als auch auf dessen Rolle als Rohstofflieferant für industrielle Unternehmen.

Hermann (1988, S. 124f.) nennt fünf derartiger Sonderfaktoren:

- Kaufkraft der europäischen Siedler (vor allem in der Frühphase der ISI, spielt aber immer noch eine gewisse Rolle);
- Kenia als ostafrikanisches Subzentrum (u.a. regionale Konzernzentralen, Produktionsstandort für Exporte, Medienzentrum); auch nach dem Zusammenbruch *East African Community* (EAC) zwischen Kenia, Tansania und Uganda blieb diese Rolle, wenn auch jetzt unter etwas veränderten wirtschaftlichen und politischen Vorzeichen für Kenia wichtig;
- Nairobi als Sitz internationaler Organisationen (UNEP, Habitat) und ausländischer Verbindungsbüros;
- die lange Zeit wachsende Rolle des Tourismus;
- die Rolle Nairobis als internationalem Konferenz- und Kongreßplatz.

Die relativ rasche Ausweitung der Kaufkraft auch der kleinbäuerlichen Bevölkerung schuf beträchtliche *consumption linkages* zwischen landwirtschaftlichem und industriellem Sektor: Tatsächlich kam es bis in die 1980er Jahre hinein zu einem relativ gleichgewichtigen Wachstum von landwirtschaftlicher Marktproduktion (und damit auch der Nachfrage nach Industrieprodukten) und industriellem Warenangebot. Von 1960-62 (=100) stieg die landwirtschaftliche Produktion bis 1985/86 auf den Indexwert 461, die Industrieproduktion auf 623 (Berthélemy/ Morrisson 1989, S. 14f.); das in Afrika verbreitete Phänomen einer Stagnation der landwirtschaftlichen Marktproduktion infolge eines mangelnden Angebotes an Industriewaren, trat in Kenia also nicht auf.

Auch von der stofflichen Seite her entwickelte sich die Industrie in recht enger Beziehung zur Landwirtschaft; schätzungsweise 60-65% der Industrieproduktion können als "agroindustriell" in dem Sinne bezeichnet werden, daß landwirtschaftliche Produkte verarbeitet (Nahrungsmittel, Getränke, Tabak, Baumwollverarbeitung, Holz, Leder) oder agrarische Inputs (landwirtschaftliche Geräte, Agrarchemikalien usw.) hergestellt werden (eigene Schätzung auf der Grundlage von UNIDO 1988, S. 17). Selbst im Bereich der "Transportausrüstungen" dürfte angesichts der großen Bedeutung von Lastwagen und Fahrzeugen mit Vierradantrieb (vgl. UNIDO 1988a, S. 76) die Verknüpfung mit der Landwirtschaft (zumindest mit dem Plantagensektor und dem Bereich der Kommerzialisierung) eine erhebliche Rolle spielen.

Die Binnennachfrage war entscheidend für die industrielle Entwicklung Kenias: Für die Jahre 1964 bis 1984 wurde berechnet, daß 68,72% des industriellen Wachstums auf die wachsende Binnennachfrage und 26,27% auf Importsubstitution (nur 5,01% auf Exportwachstum) zurückgeführt werden konnte (vgl. Sharpley/Lewis 1988, S. 18; ähnliche Daten präsentiert eine UNIDO-Studie (1988, S. 27) für die eingeschränktere Zeitspanne zwischen 1976 und 1984). Trotz der

vergleichsweise günstigen Ausgangsposition Kenias für eine binnenmarktorientierte industrielle Entwicklung gelang es seit den 1960er Jahren dennoch
nicht, den Beitrag der verarbeitenden Industrie zum Bruttoinlandsprodukt signifikant zu steigern; er lag bereits 1965 bei 11% (Weltentwicklungsbericht 1987, S.
230) und schwankte in den 1980er Jahren zwischen 13,2% und 11,4%, mit sinkender Tendenz zwischen 1980 und 1986 (World Bank 1988, S. 69). Veränderungen in der Branchenstruktur, wie sie etwa im Vergleich der Mengenindexe
zwischen 1978 (= 100) und 1991 deutlich werden (etwa: Nahrungsmittelindustrie:
174,8; Bekleidung: 323,9; Erdölprodukte: 510,7; Transportausrüstungen: 662,0;
Central Bureau of Statistics 1992, S. 134), verweisen eher auf die typische "Modernisierung" der ISI-Branchenstruktur (Ausbau der Erdölraffinerie, Expansion der Automobilmontage) als auf eine echte Vertiefung des Industrialisierungsprozesses. Die Tatsache, daß es nicht gelang, die Automobilmontage mit
einer signifikanten Entwicklung der Zulieferbetriebe zu verbinden - 1986
wurden nur etwa 20% der Komponenten in Kenia produziert (vgl. UNIDO
1988a, S. 76) -, verweisen auf die Probleme, eine integrierte Industriestruktur
aufzubauen (vgl. dazu auch: Coughlin 1988, S. 279f.). Auch im Bereich der agroindustriellen *linkages* gibt es Probleme: So ist zwar die Textil- und Bekleidungsindustrie nach 1977 mit staatlicher Hilfe zunächst sehr rasch gewachsen und
verarbeitet zu einem beträchtlichen Teil lokale Baumwolle (der Import von
Stoffen ist verboten worden), sie ist jedoch aufgrund der hohen Preise des lokalen Rohstoffs (bis zu 60% über den Weltmarktpreisen) international kaum
konkurrenzfähig (UNIDO 1988, S. 34f.). Schließlich ist die Produktionstiefe der
kenianischen Industrie sehr gering: 88,6% des Produktionswertes geht auf das
Konto von Vorprodukten (Central Bureau of Statistics 1992, S. 133).

Die mangelnde Dynamik der kenianischen Industrie ist sicherlich zu einem Teil
auf Probleme der Nachfrage zurückzuführen: In einer früheren Phase betraf dies
den Zusammenbruch des ostafrikanischen Marktes, in den 1980er Jahren vor
allem die schwankenden und zuletzt stark sinkenden Preise der traditionellen
kenianischen Agrarexporte. So sanken die kenianischen Terms of Trade von
122,1 im Jahre 1980 (1982 = 100) auf 71,0 im Jahre 1990 ((World Bank 1992,
S. 155). Zwar stieg der Exportwert der Gartenbauprodukte deutlich an (s.u.),
doch stagnierte der Gesamtexportwert (ohne Ölprodukte): 1980 betrug er
932,8 Mio., 1990 947,4 Mio.$ (World Bank 1992, S. 149). Anfang der 1990er Jahre
geriet die kenianische Landwirtschaft immer tiefer in die Krise - noch verstärkt
durch die extreme Dürre des Jahres 1992 -; Schätzungen nehmen einen Rückgang des BIP im Primärsektor (Land-, Forst- und Fischwirtschaft) um 0,7% im
Jahre 1991, und 1,0% 1992 an (EIU, 4/1992, S. 5). Angesichts der großen Bedeutung der Erlöse der Exportlandwirtschaft für die interne Nachfrage nach industriellen Konsumgütern hat dies zweifellos auf die industrielle Entwicklung des

Landes zurückgewirkt. Eine signifikante Expansion der industriellen Exporte konnte von einer stark geschützten Importsubstitutionsindustrie sowieso nicht erwartet werden.

Gleichzeitig bedeutete diese Stagnation der Devisenerlöse aus dem Außenhandel, die durch die positive Entwicklung im Dienstleistungsbereich (Anstieg des Überschusses ohne Faktorleistungen von 184,5 Mio.$ (1980) auf 534,9 Mio.$ (1990) vor allem aufgrund des wachsenden Tourismus; World Bank 1992, S. 156) nur teilweise aufgefangen werden konnte, ein weiteres Problem für den Fortgang importsubstituierender Industrialisierung, nämlich eine wachsende Devisenknappheit für die strukturell nötigen Importe von Kapitalgütern und Vorprodukten. Konsequenterweise verschärfte sich im Laufe der 1980er Jahre auch in Kenia - etwas später als in den lateinamerikanischen Ökonomien - die Verschuldungskrise: Der Gesamtbetrag der öffentlichen Auslandsschulden stieg von 2,35 Mrd.US$ im Jahre 1982 auf 4,81 Mrd.$ 1990 und damit (bezogen auf das BSP in Dollars zu laufenden Preisen) von 33,3 auf 53,7% des BIP (eigene Berechnung nach Weltentwicklungsberichten und World Bank 1992, S. 159). Die Schuldendienstquote erreichte 1987 einen Höchstwert von 42,6% der Exporte von Waren und (Nicht-Faktor-) Dienstleistungen (World Bank 1988, Country Data, p.2).

Diese Daten verweisen darauf, daß die 1980 und 1983 mit der Weltbank abgeschlossenen Strukturanpassungsabkommen nicht zu einer Verbesserung der Verschuldungssituation geführt haben. Bisher sind als Resultat von Exportanreizen und Importerleichterungen eigentlich lediglich eine gewisse Diversifizierung der Exportstruktur von Agrarprodukten sowie eine Verbesserung der Produktivität im privaten Sektor feststellbar:

So stiegen die Erlöse aus dem Export verarbeiter Produkte (einschl. Chemikalien, aber ohne Lebensmittel und Mineralölprodukte) von einem Tiefstand von 103,3 Mio.$ im Jahre 1982 zwar bis 1989 wieder auf 154,9 Mio.$ an, blieben damit deutlich unter dem Wert von 1980 (169,4 Mio.$) und schienen sich 1990 schon wieder abzuschwächen (vgl. World Bank 1992, S. 149). Von quantitativer Bedeutung sind lediglich die Exporte von Produkten der Erdölraffinerie (1991: 15,8% der Gesamtexporte, vgl. EIU 1992, S. 31), wobei hier natürlich die nationale Wertschöpfung minimal bleibt. Von einem sich verbreiternden Spektrum *industrieller* Exporte als Resultat von Strukturanpassungsprozessen wie etwa in Costa Rica kann in bezug auf Kenia noch keine Rede sein. Lediglich bei Gartenbauprodukten (Ananas, Gemüse, nicht-traditionelle tropische Früchte, Gemüse- und Zierpflanzen) ist ein dauerhaftes Exportwachstum feststellbar (1980: 30 Mio., 1982: 21,4 Mio., 1990: 138,5 Mio.$; vgl. ebda.). Darüber hinaus sorgt ein gewisses Wachstum bei einigen traditionellen Exporterzeugnissen (Sisal, Pyrethrum, Sodaasche; vgl. Central Bank of Kenya 1991, S. 49) für eine gewisse Diversifizierung der Exportstruktur.

Immerhin hatte die kenianische Industrie zwischen 1973 und 1983 noch eine - im Vergleich zu anderen afrikanischen Ländern - einigermaßen günstige Produktivitätsentwicklung aufzuweisen: So stieg die Gesamtfaktorproduktivität (*Total Factor Productivity*) in dieser Zeit um 1,09% jährlich, nachdem sie in den zehn Jahren zuvor um 3,58% jährlich gesunken war; in Tansania, Sambia und Simbabwe sank dagegen gerade in der zweiten Dekade die Faktorproduktivität erheblich (vgl. Shaaeldin 1989, S. 28). In der zweiten Hälfte der 1980er Jahre beschleunigte sich das Wachstum der TFP auf 1,9% (World Bank 1992, S. 18), was ausschließlich auf einen raschen Anstieg der Produktivität im privaten Sektor zurückgeht (jährlichen Anstieg der TFP zwischen 1986-90 hier: 5,4%, dagegen Rückgang im parastaatlichen Sektor um 1,7% jährlich; ebda., S. 83). Auch dies macht deutlich, daß Kenia im Vergleich zu anderen afrikanischen Ländern doch einen recht bemerkenswerten industriellen Entwicklungsprozeß aufzuweisen hat, der aufgrund der *consumption linkages* der Exportlandwirtschaft, aber auch der dominanten Rolle derjenigen Industrien, die von der Produktion her mit der Landwirtschaft verknüpft sind, durchaus Ansätze einer erfolgreichen agroindustriellen Entwicklung zeigt. Die Schwierigkeiten, im (agro)industriellen Bereich auch auf Exportmärkten zu konkurrieren, zeigen allerdings, daß offenbar gewisse Voraussetzungen fehlen, um über diese Phase hinauszugelangen.

Zweifellos gelang es, die recht prekäre wirtschaftliche Situation der Jahre 1982/ 83 wieder einigermaßen zu stabilisieren und in der zweiten Hälfte der 1980er Jahre recht ansehnliche Wachstumsraten zu erreichen, doch hat in dieser Zeit noch kein Prozeß einer weiterreichenden sozioökonomischen Strukturveränderung stattgefunden. Die neue Wirtschaftskrise Anfang der 1990er Jahre erscheint wie eine logische Konsequenz dieses Tatbestandes, auch wenn der Sturz der Weltmarktpreise von Kaffee und Tee sowie die Dürre des Jahres 1992 zu einer zusätzlichen Verschärfung der Situation geführt haben.

Wie in anderen Ländern ist inzwischen eine heftige Kontroverse um die richtige Strategie zu einer erneuten Dynamisierung der wirtschaftlichen Entwicklung in Gang gekommen. Während die Weltbank im wesentlichen die Strukturen der binnenorientierten, staatsgeleiteten Entwicklung seit der Unabhängigkeit für diese Probleme verantwortlich macht und entsprechend für eine durch wirtschaftliche Liberalisierung und Privatisierung parastaatlicher Unternehmen geprägte Strukturanpassung plädiert (vgl. etwa World Bank 1988, 1992), betonen Autoren wie Barbara Grosh und Peter Coughlin (vgl. Grosh 1990, verschiedene Beiträge in Coughlin/Ikiara 1988), daß der Fehler weder in der starken wirtschaftliche Rolle des Staates noch in der binnenmarkt-orientierten Industrialisierung liege, sondern im Mangel an klarer wirtschaftlicher Prioritätensetzung von seiten des Staates zur Förderung interner industrieller Verflechtungen und einer technologischen Stärkung (vor allem: Coughlin 1988).

Aber auch hier stellt sich die Frage nach den Faktoren, die eben genau für diesen Mangel verantwortlich sind. Gewisse strukturelle Probleme, die zum Teil in unserer theoretischen Einleitung betont wurden, z.t. aber vor allem bei der Betrachtung der südostasiatischen Länder deutlich geworden sind und die primär Schwächen der internen Entwicklung darstellen, werden m.E. sowohl bei der Weltbank als auch bei ihren Kritikern zu wenig in Rechnung gestellt. Dabei geht es vor allem um drei Dimensionen, nämlich die Entwicklung der räumlichen Strukturen, die Frage der sozialen Ungleichheit und ihrer Auswirkungen auf das industrielle Entwicklungspotential sowie schließlich die Bedeutung der politischen Strukturen.

Die Blockierung nationaler Akkumulationsprozesse durch *räumliche Polarisierungsprozesse* hat in unserer bisherigen Diskussion agroindustrieller Entwicklung eine zentrale Rolle gespielt. Ähnlich wie in Costa Rica kann man in Kenia in zweifacher Hinsicht einen räumlichen Konzentrationsprozeß feststellen: Zum einen findet man eine starke Konzentration von Bevölkerung und zumindest kommerzieller Landwirtschaft in den Hochlandregionen zwischen Nairobi und dem Victoria-See sowie in einem schmalen Küstenstreifen nördlich und südlich von Mombasa, zum anderen konzentriert sich die Industrie fast ausschließlich auf die unmittelbaren Regionen dieser beiden Städte. Die restlichen 80-85% des Territoriums sind eher marginal in den wirtschaftlichen Entwicklungsprozeß einbezogen, was zweifellos nicht nur an ökonomisch bedingten Konzentrationstendenzen, sondern auch an ethnischen und klimatischen Faktoren hängt, aber nichtsdestoweniger die bekannten Probleme hoher Agglomerationskosten in den Hauptstadtregionen und einer mangelnden Nutzung des wirtschaftlichen Potentials der peripheren Regionen mit sich bringt. Zumindest in den dichter besiedelten Provinzen der Luo und Luyia, die lange Zeit vernachlässigt wurden, dürfte noch brachliegendes Potential zu erschließen sein (vgl. Berg-Schlosser/Siegler 1988, S. 64).

In den 1980er Jahren, u.a. als Reaktion auf die Probleme des Industrialisierungsprozesses, sind Konzepte zur regionalen Dezentralisierung der Industrien und zu einer bewußten Förderung ländlicher Industrialisierung entwickelt worden, so vor allem das *Rural Trade and Production Centre Programme* (RTPC) (vgl. Gaile 1992; Herrmann 1988; UNIDO 1988, S. 43f.). 1986 wurde von der kenianischen Regierung eine umfangreiche Projektliste im agroindustriellen Bereich vorgelegt;

u.a. wurden die Förderung von Erdnußverarbeitung, Tierfutterherstellung, Produktion von Bananenpürees, die Nutzung von Baumwollabfällen zur Papierherstellung, die Produktion von Wellpappe auf der Basis von Reisstroh u.ä. vorgeschlagen (vgl. Nachrichten für Außenhandel, 2.5.1986). Bisher gibt es jedoch kaum Hinweise darauf, daß diese Dezentralisierungsansätze effektiv zu einer Überwindung von Entwicklungsengpässen geführt hätten. Im Hinblick auf eine stärkere landwirtschaftliche Inwertsetzung der peripheren (im allgemeinen ariden und semi-ariden) Regionen zeichnen sich aber bisher noch weniger Erfolge ab, wobei allerdings zu vermuten ist, daß das dort tatsächlich vorhandene agrarwirtschaftliche Potential recht begrenzt ist (vgl. etwa Adams 1990; Finkel/ Darkoh 1991).

Spielt die räumliche Konzentration eventuell eine gewisse Rolle für die Erklärung einer mangelnden Dynamik der Expansion des Binnenmarktes durch das Brachliegen von Ressourcen, so müssen andererseits die offenbar fehlenden Fähigkeiten, den Industrialisierungsprozeß zu vertiefen, selbst - wenn auch vielleicht nur in bescheidenen Anfängen wie in Costa Rica - Technologien zu entwickeln und aktiv Märkte zu erschließen, auf andere Zusammenhänge zurückzuführen sein. An dieser Stelle kann hierüber nur spekuliert werden: Trotz der breiten Förderung von Kleinbauern im Hochland, der recht effektiven Abfederung der Beschäftigungsprobleme durch den informellen Sektor (vgl. Livingstone 1991) sowie der relativ hohen Ausgaben im Bildungsbereich, ist die kenianische Entwicklung auch in den zentralen (und stark marktintegrierten) Regionen des Landes deutlich *dualistisch geprägt*, gekennzeichnet durch ausgeprägte sozioökonomische und technisch-organisatorische Kontraste zwischen Kleinbauern- und Plantagenproduktion in der Landwirtschaft, zwischen Tochterunternehmen transnationaler Konzerne und informellem Sektor in der gewerblichen Produktion. Bürokratie und parastaatlicher Sektor haben hier wohl die Rolle einer politisch recht effektiven Vermittlungsinstanz gespielt, doch nur sehr bedingt eine effektive Schule für ein breites einheimisches Unternehmertum dargestellt (vgl. etwa: World Bank 1992, S. 87ff.).

Der Schritt von einem sehr eng in lokale Zusammenhänge integrierten Kleinunternehmen des informellen Sektors hin zu einem modernen mittelständischen Unternehmen, das auch für Exportmärkte produziert, mag in Einzelfällen gelingen, ist im allgemeinen jedoch recht groß. Inwieweit die Tatsache, daß Transnationale Unternehmen auf dem höheren Managementniveau noch viele Ausländer beschäftigen, auf einen Mangel an entsprechend ausgebildetem Personal oder auch weiter bestehenden Vorurteilen gegenüber Afrikanern beruht (vgl. Coughlin 1988, S. 293), muß hier offenbleiben; angesichts der sehr hohen Kosten für die Beschäftigung von *expatriates* erscheint es doch eher unwahrscheinlich, daß hier lediglich rassistische Vorurteile eine Rolle spielen. Ähnliches gilt in abgewandelter Form für die bereits angesprochenen Schwierigkeiten, Konzerne in größerem Umfang dazu zu bekommen, ausländische Inputs durch lokale Zulieferungen zu ersetzen.

Die *politische Entwicklung* Kenias ist bisher seit der Unabhängigkeit durch ein erhebliches Maß an Stabilität gekennzeichnet: Kritische Perioden wie die Situation nach dem Tode Jomo Kenyattas (1978) und der Putschversuch im Jahre 1982 konnten ohne allzu große sozioökonomische Schäden überwunden werden. Inwieweit daß auch für die gegenwärtige Krise gilt, ist noch offen: Die Unruhen des Jahres 1991 führten schließlich nach internationalem Druck zur Wiedereinführung eines Mehrparteiensystems und zu Neuwahlen im Dezember 1992; im Zusammenhang mit der Aufkündigung der Vereinbarungen der kenianischen Regierung mit dem IWF im April 1993 mehren sich jedoch die Berichte darüber, daß die gegenwärtig herrschende politische Elite eher bereit ist, eine weitere Verschlechterung der außenwirtschaftlichen Situation durch die Suspendierung von Krediten in Kauf zu nehmen, als eigene Privilegien in Frage stellen zu lassen.

Wesentliches Element der politischen Stabilität war bisher die Absicherung der für die Strategie der importsubstituierenden Industrialisierung typischen *triple alliance* aus Staat, internationalen Unternehmen und lokaler Bourgeoisie durch eine breite kleinbäuerliche Basis (insofern durchaus der costaricanischen Situation nicht unähnlich) sowie die Abfederung der sozialen Gegensätze durch einen recht dynamischen informellen Sektor. Die Interessen von Bürokratie und parastaatlichem Sektor sind offenbar bis heute fest in diesen Zusammenhang eingebunden, so daß einer unabhängigen staatlichen Wirtschaftspolitik, die wie in Malaysia und Thailand (und wie es Coughlin für Kenia fordert) gezielt die Rahmenbedingungen für industrielle Investitionen setzt und durch staatliche Infrastrukturinvestitionen fördert, die Basis fehlt.

Von der Frage, ob der kenianische Staat und die politische Elite nach dreißig Jahren relativer Stabilität einen Transformationsprozeß, der die Grundlagen für eine stärkere Trennung zwischen Staat und wirtschaftlichen Interessen einerseits, sowie für einen politischen Pluralismus andererseits schafft, ohne disruptive Konflikte vollziehen können, wird die weitere Entwicklung der kenianischen Gesellschaft in entscheidendem Maße abhängen. Diese dreißig Jahre mögen ausgereicht haben, um einer bestimmten Konstellation von Staat, Wirtschaft und Gesellschaft - eben der oben skizzierten, stark auf die ISI orientierten - eine gewisse Stabilität zu verleihen, ob sie aber ausreichen, um die nötige "Suprastabilität" zu erreichen, die wohl notwendig ist, um tiefgreifende Transformationsprozesse (einschließlich institutionellen Wandels) ohne die Gefahr des Auseinanderbrechens einer auch nach dreißig Jahren noch sehr jungen Gesellschaft zu ermöglichen, muß angesichts der gegenwärtigen Krise fraglich erscheinen.

3.5 Côte d'Ivoire: Strukturelle Blockierung nach raschem agroindustriellem Wachstum

Die einführenden Bemerkungen zur Problematik der soziopolitischen Entwicklung in Kenia - mit der Heraushebung der im Vergleich zu Lateinamerika und Südostasien extrem kurzen Phase der Herausbildung moderner Staatlichkeit - gelten weitestgehend natürlich auch für die Elfenbeinküste (bzw. Côte d'Ivoire, da das Land seit einiger Zeit den französischen Staatsnamen auch in internationalen Zusammenhängen unübersetzt verwendet). Die vergleichenden Statistiken (vgl. oben, Tab. 9.1) wiesen allerdings daraufhin, daß die Elfenbeinküste sich bereits während der gesamten 1980er Jahre in einer schweren Krise befand; ein durchschnittliches Wachstum des Bruttoinlandsproduktes um 0,5% pro Jahr bedeutete (bei einem durchschnittlichen jährlichen Bevölkerungswachstum von etwa 4%; vgl. Statistisches Bundesamt 1991, S. 25) einen erheblichen Rückgang des Prokopfeinkommens (1981: 1200 US$; 1990: 750 US$; Weltentwicklungsberichte 1983 und 1992, jew. Kennzahlen der Weltentwicklung, Tab.1).

Während Kenia sein wirtschaftliches Wachstum dank eines trotz wachsender Schuldenlast weiterhin dynamischen Binnenmarktes über die 1980er Jahre hinwegretten konnte, gelang der Elfenbeinküste in keinem Sektor auch nur der Ansatz eines erfolgreichen Neubeginns. Auf der Suche nach möglichen Ursachen dieser unterschiedlichen Entwicklung in den vergangenen Jahren - nach einem wirtschaftlich ähnlich erfolgreichen Start in die Unabhängigkeit - stößt man primär auf die erheblich größere Exportabhängigkeit der ivorischen Wirtschaft: der Anteil der Exporte am Bruttoinlandsprodukt war 1990 in der Elfenbeinküste mit 34,2% deutlich mehr als doppelt so groß wie in Kenia (13,7%) (vgl. Tab. 9.1).

Zunächst einmal schien die bäuerlich strukturierte Kaffee- und Kakaoproduktion in den Jahren nach der Unabhängigkeit der Garant für ein rasantes Wirtschaftswachstum zu sein, das um 1980 die Frage nahelegte, ob das Land bereits den Sprung zu einem Schwellenland geschafft hätte (vgl. Wiese 1988, Kap.3), wobei gleichzeitig die politische Dominanz der breiten Pflanzerschicht die Garantie für eine ungefährdete politische Stabilität zu geben schien. Wieso gelang es unter diesen Voraussetzungen - und einem recht hohen Niveau an Linkages zwischen industriellem und landwirtschaftlichem Sektor - trotz der verschiedenen Strukturanpassungsprogramme der 1980er Jahre bis heute nicht, eine neue Phase wirtschaftlichen Aufschwungs in Gang zu bringen? In ihrer jüngsten Eigenevaluierung der Strukturanpassungsprogramme betont die Weltbank im Zusammenhang mit den wirtschaftlich zunächst erfolgreicheren Ländern Ghana, Kenia und Tanzania:

"The explanation for weaker policy change and greater fragility appears to lie in long-term conditions: a weaker human resource base, inadequate and sometimes declining economic infrastructure, less diversified economic structures, and poorly functioning institutions." (World Bank 1992a, S. 25).

Diese Erklärung, die zumindest durch die Kenia-Analyse weitgehend bestätigt wurde, verlangt auch im Falle von Côte d'Ivoire, den Blick primär auf die langfristigen Bedingungen zu richten. Gleichzeitig muß jedoch die Frage gestellt werden, ob nicht gerade eine Strukturanpassungspolitik, die unabhängig von den etwa im Vergleich zu Lateinamerika und Südost-/Ostasien unterschiedlichen historischen Bedingungen denselben wirtschaftspolitischen Mustern folgte, ihren Beitrag zu einem mehr als einem Jahrzehnt wirtschaftlicher Kontraktion in der Elfenbeinküste geleistet hat.

Das Kernstück der ivorischen Ökonomie bildet zweifellos bis heute die stark bäuerlich strukturierte *économie de plantation* in der Kaffee- und Kakaoproduktion, was Karin Fiege mit "Pflanzungswirtschaft" (im Unterschied zur großbetriebliche Strukturen implizierenden "Plantagenwirtschaft") übersetzt. Die Versuche der französischen Kolonialmacht, eine Plantagenwirtschaft im Besitz französischer Siedler aufzubauen, brachten nur geringe Erfolge mit sich, da es nicht gelang, die Versorgung der Plantagen mit Arbeitskräften sicherzustellen - trotz einer stärkeren Integration der verschiedenen französischen Kolonien in Westafrika, die später (und letztlich bis heute) zur Grundlage eines kontinuierlichen Migrationsstromes aus der Sahelzone in die ivorischen Plantagen und zunehmend auch in die sich rasch herausbildende Metropole Abidjan bildete. Der wachsende Widerstand einheimischer Pflanzer gegen die Bevorzugung französischer Siedler durch die Politik der Kolonialverwaltung (vgl.u.), führte ab Ende der 1940er Jahre schließlich zu einer politischen Umorientierung und in ihrem Gefolge dann zu einer raschen Expansion der einheimischen Pflanzungsökonomie.

Die Produktion von Kaffee und Kakao für den Export war zunächst im Südosten, der Region um Abidjan, konzentriert und dehnte sich dann langsam nach Nordwesten ("Zentraler Westen") aus. Seit Mitte der 60er Jahren versucht der ivorische Staat verstärkt auch den Südwesten (bisher ein dünn besiedeltes, kaum marktintegriertes Regenwaldgebiet) für die Exportproduktion zu erschließen. Der zu Beginn der 1970er Jahre durchgeführte (bisher einzige) nationale Agrarzensus ermittelte 443.295 Betriebe, die Kaffee und Kakao für den Weltmarkt produzierten. Schätzungen gehen davon aus, daß es Ende der 1980er Jahre etwa 600-800.000 waren (vgl. Fiege 1991, S. 68); die weitaus größte Zahl der Betriebe liegt in der Größenordnung zwischen 2 und 10 ha. Pro Betrieb arbeiten je nach

Region zwischen fünf und acht Personen, weitgehend allerdings nur als temporä-
re Arbeitskräfte, wobei 1968 78,5%, 1974 81,8% der Lohnarbeiter in der ivorischen Landwirtschaft Ausländer waren - vor allem aus Obervolta (Burkina Faso)
und Mali (vgl. Harding u.a. 1981, S. 260; auch: Fiege 1991, S. 71).

Zweifellos brachte diese Entwicklung einer bäuerlichen Exportproduktion in
den Zeiten expandierender Exporterlöse eine breite Nachfrageentwicklung in
den entsprechenden Regionen mit sich, andererseits aber auch starke interregio-
nale Diskrepanzen, die sich während der Krise der 1980er Jahre weiter verstärkten. Während in den Regenwaldregionen des Südens zwischen 48% (Betriebe
unter 5 ha in der westlichen Waldregion) und 74% (Betriebe über 10 ha in der
östl. Waldregion) der Agrarfläche für *cash crops* verwendet werden, sind es in
der Savannenregion nur zwischen 19 und 23%. Während von den (ländlichen)
Haushalten in der Waldregion im Jahre 1979 im Durchschnitt 24.875 Francs
(CFA/ in Preisen von 1985) für Nicht-Nahrungsmittel ausgegeben wurden,
waren es in der Savannenregion lediglich 15.281 FCFA; bis 1985 stiegen diese
Ausgaben in der Waldregion um 28% (einschl. Nahrungsmittel um 54%), in der
Savannenregion nur um 11% (einschl. Nahrungsmittel um 36%) (vgl. Schneider
1992, S. 147-152). Von den ärmsten 10% der ivorischen Bevölkerung lebten
56,8% in der Savannenregion (bei 18,9% der Gesamtbevölkerung), aber nur
4,0% in den Städten (41,2% der ivorischen Bevölkerung) und 39,4% in der
ländlichen Waldregion (39,9% der Bevölkerung) (vgl. Glewwe/de Tray 1988,
S. 14).

Die bereits vor der Unabhängigkeit etablierte (Kakao vor allem in den 20er und
30er Jahren, Kaffee nach dem 2.Weltkrieg; vgl. Fiege 1991, S. 47), aber danach
weiterhin kräftig wachsende Agrarexportproduktion wurde ergänzt durch eine
energische Strategie importsubstituierender Industrialisierung. Wie schon betont,
konnte diese anfangs auf einer dynamischen Binnennachfrage sowie einem
weitgehend freien Zugang zu den Märkten anderer frankophoner Länder West-
afrikas aufbauen; unterstützt schließlich vom Entstehen eines stabilen politischen
Systems bildeten sich so zunächst optimale Voraussetzungen für ein rasches
Wirtschaftswachstum in den 1960er und 70er Jahren.

Die *Exporterlöse* der Elfenbeinküste stiegen in den fünfzehn Jahren seit der
Unabhängigkeit von 40,2 Mrd. FCFA (162,85 Mio.US$) auf 254,6 Mrd.FCFA
(1,135 Mrd.US$) (vgl. den Tuinder 1978, S. 338f.; umgerechnet nach Wechselkurs-
angaben des UN Statistical Yearbook), wobei die Exporte von Kaffee und
Kakao (einschl. verarbeiteter Produkte) 1960 27,5 Mrd. FCFA (68,4% der
Gesamtexporte), 1975 127 Mrd. FCFA (49,9%) ausmachten. Gleichzeitig hatte
eine gewisse Diversifizierung der Exporte stattgefunden und zwar sowohl im

landwirtschaftlichen Bereich (Bananen, Ananas, Holz, Palmöl als Produkte mit wachsender Bedeutung, teilweise auch in verarbeiteter Form) als auch durch gewisse industrielle Exporterfolge (Textilien, Produkte der Ölraffinerie).

Bereits die Entwicklung der Exportlandwirtschaft weist allerdings auf ein Problem hin, das langfristig auch zu einem Engpaß einer von der Binnennachfrage abhängigen industriellen Entwicklung werden mußte: Das rasche Wachstum der Produktionsmengen und Exporterlöse bei Kaffee und Kakao ist fast ausschließlich auf eine Expansion der Anbauflächen zurückzuführen, während die Hektarproduktivität zwischen 1960 und 1986 bei Kakao nur leicht stieg, bei Kaffee sogar zurückging. Im Durchschnitt der Jahre 1960/61 bis 1964/65 wurden 364,4 kg/ha Kakao und 373,2 kg/ha Kaffee geerntet; im Fünfjahreszeitraum 1981/82 bis 1985/86 waren es 476 kg/ha Kakao und lediglich 207,2 kg/ha Kaffee (bzw. 239,3 kg/ha, wenn man das Erntejahr 1983/84 herausläßt, das wohl aufgrund der Dürre durch einen weitgehenden Ernteausfall gekennzeichnet war) (eigene Berechnungen nach Fiege 1991, S. 74f.). Bei Kakao ist zwar ein deutlicher Rückstand zu den führenden nicht-afrikanischen Kakaoproduzenten feststellbar (Brasilien: zwischen 600 und 700 kg/ha, in Malaysia um die 800 kg/ha), doch liegt Côte d'Ivoire im Vergleich der afrikanischen Produzenten immerhin deutlich an der Spitze; während in Malaysia zu 100%, in Brasilien zu etwa 52% hybride Sorten angebaut werden, sind es in der Elfenbeinküste nur 17,2% (vgl. Hanisch 1991, S. 123). Katastrophal erscheint dagegen der Produktivitätsrückstand beim Kaffee, wenn man bedenkt, daß der costaricanische Kaffeesektor in der Lage war, seine Hektarerträge von 4,74 *Tonnen* im Jahre 1973 auf 7,01 t zu steigern (vgl. Altenburg u.a. 1990, S. 142). Es mangelt offenbar sowohl an eigener agrarwissenschaftlicher Forschung - wie sie etwa im costaricanischen Kaffeesektor eine erhebliche Bedeutung erreicht hat - als auch an der Umsetzung importierter Innovationen, worauf die geringe Bedeutung hybrider Sorten im Kakaoanbau hinweist (vgl. dazu auch Jakobeit 1988, S. 96-97). Dies läßt Probleme sowohl im Einsatz von Technologie als auch in den wirtschaftspolitischen Instrumentarien zur Förderung der Produktivitätsentwicklung erkennen.

Diese Probleme behinderten den Prozeß einer dynamischen binnenmarktorientierten Industrialisierung *zunächst* nicht. Zwei Elemente förderten eine Expansion der zahlungsfähigen Nachfrage nach Industrieprodukten: Zum einen das rasche Wachstum der Einkommen der bäuerlichen Exportproduzenten (vgl. etwa Stryker 1974, S. 51f.), zum anderen die erfolgreiche Marktintegration bisheriger Subsistenzbauern, die nun immer mehr Grundnahrungsmittel für die schnell anschwellende urbane Bevölkerung produzierten (jährliche Zuwachsrate der Nahrungsmittelproduktion 1960-70: 5,2%; 1970-82: 6,0%; vgl. Wiese 1988, S. 54). So bildete eher die Expansion der Binnennachfrage als die Substitution von Importen im klassischen Sinne die Grundlage des industriellen Wachstums.

Der Anteil der verarbeitenden Industrie am Bruttoinlandsprodukt stieg von
extrem niedrigen 4,0% im Jahre 1960 auf 10.5% zehn Jahre später - um dann
allerdings bereits zu stagnieren (verarbeitende Industrie und Handwerk zusammen: 1970: 13,2%, 1975: 13,1%, 1980: 11,7%, 1985: 10,9%; vgl. UNIDO 1986,
S. 4). Bereits in den 1970er Jahren wies die Verlagerung im Schwerpunkt des
sekundären Sektors von der verarbeitenden Industrie auf die Bereiche Elektrizi-
tät/Gas/Wasser sowie die Bauindustrie (Anteil dieser Bereiche an der Wertschöpfung des sekundären Sektors 1970: 37,5%; 1980: 50%) daraufhin, daß die
verarbeitende Industrie nicht auf dem Wege war, zum Träger der wirtschaftlichen Dynamik des Landes zu werden. Die Tatsache, daß erst im Jahre 1991 ein
"Industrie- und Handelsministerium" geschaffen wurde und die Industriepolitik
zuvor in den Aufgabenbereich des Ministeriums für Bergbau und Energie
gehörte (vgl. Jakobeit 1992, S. 91), deutet an, daß einer Industriepolitik (jenseits
der Förderung von Direktinvestitionen und Staatsunternehmen) keine so große
Priorität beigemessen wurde.

Auch blieb der Beschäftigungseffekt des sog. modernen Sektors sehr gering: Die
Beschäftigung im formellen sekundären Sektor erreicht 1985 zwar 24,4% (verarbeitende Industrie: 14,6%) der im "modernen" Sektor Beschäftigten des Landes,
doch lediglich 3,5% (verarbeitende Industrie: 2,1%) der Gesamtzahl der Beschäftigten. Unter Einbezug des informellen Sektors wird ein Anteil von 8,7% an
der Gesamtbeschäftigung erreicht (eigene Berechnungen nach UNIDO 1986,
S. 54; Schneider 1992, S. 141, Tab.IV-7). Der "moderne" Sektor in den UNIDO-
Statistiken umfaßt formelle Beschäftigungsverhältnisse im sekundären und
tertiären Sektor sowie die sehr geringe landwirtschaftschaftliche Beschäftigung
außerhalb der bäuerlichen Wirtschaft, während letztere in den Zahlen der
"Gesamtbeschäftigung" einbezogen ist.

Auch die Tatsache, daß Agroindustrien eine vorrangige Rolle im industriellen
Entwicklungsprozeß der Elfenbeinküste spielten, konnte offenbar an der mangelnden Dynamik nichts ändern. Allein der Anteil der Agrarprodukte verarbeitenden Industrien (Nahrungsmittel, Getränke, Tabak, Textilien (basierende vor
allem auf Baumwolle), Lederprodukte, Holzprodukte, Möbel) an der gesamten
manufakturellen Wertschöpfung lag zwischen 1975 und 1983 ständig zwischen
59,5 und 68,9% - mit deutlich steigender Tendenz seit Beginn der Krise von 1981
(eigene Berechnung nach UNIDO 1986, S. 7). Berücksichtigte man noch die
industrielle Produktion, die als Input für Landwirtschaft und Agroindustrien
dient (Agrochemikalien, Verpackungsmaterialien, Maschinen und Geräte,
Transportmaterial), wie wir dies für Costa Rica getan haben, läge der Anteil der
Agroindustrien im weiteren Sinne noch deutlich höher - leider fehlen in den mir
vorliegenden Materialien Angaben, die auch nur Schätzungen dieses Wertes
sinnvoll erscheinen lassen.

Ein etwas genauerer Blick auf die einzelnen agroindustriellen Branchen verrät zum einen eine sehr breite Entwicklung der Agroindustrien, die nicht nur die technisch der landwirtschaftlichen Produktion notwendigerweise nachgelagerten Verarbeitungsstufen umfaßt (Kaffee- und Kakaoaufbereitung, Zucker-, Öl- und Reismühlen), sondern durchaus auch weitergehende industrielle Verarbeitungsprozesse (u.a. Pulverkaffee, Schokolade, Ananaskonserven, Zigarrettenherstellung, Baumwollstoffe). Neben diesen Bereichen - in denen sowohl für den Binnenmarkt als auch für den Export produziert wird - sind die für die Strategie importsubstituierender Industrialisierung typischen binnenmarktorientierten Unternehmen entstanden (Margarine, Milch- und Fleischverarbeitung, Getränkeherstellung, Großbäckereien usw.), die letztlich mehr die traditionelle handwerkliche bzw. häusliche Produktion als die Importe substituieren (vgl. UNIDO 1986, S. 73ff.; Chevillard 1988, S. 33f.; Mytelka 1984). Andererseits ist zu berücksichtigen, daß selbst im Bereich der Agroindustrien, die in Lateinamerika und Südostasien weitestgehend eine Domäne des nationalen privaten Kapitals sind, staatliche und ausländische Investitionen dominieren. Anfang der 1980er Jahre erreichte das ivorische private Kapital lediglich im Bereich der Getreideverarbeitung und Kaffeeaufbereitung (die in den ivorischen Statistiken als *travail des grains et farine* zusammengefaßt sind) mit 43,89% einen bedeutenden Anteil (bei 49,76% ausländischem und 6,35% staatlichem Kapital); während in den Branchen Konserven und Getränkeherstellung das ausländische Kapital eindeutig dominiert, ist die Herstellung von Lebensmittelölen und -fetten (vor allem Palmöl) mit 86,13% des Kapitals weitgehend in den Händen des ivorischen Staates (vgl. Hopkoo 1987, S. 214). Zwar ist der Anteil der Ivorer im industriellen Management von 52,2% im Jahre 1975 auf 73,8% im Jahre 1985 gestiegen (Schneider 1992, S. 141), doch reflektiert dieser immer noch im internationalen Vergleich sehr hohe Anteil von Ausländern die große Bedeutung der ausländischer Firmen bei der Entwicklung der ivorischen Industrie.

Auch wenn ausländisches Kapital eine beträchtliche Rolle bei der Finanzierung des ivorischen Industrialisierungsprozesses spielte - neben den Direktinvestitionen auch in Form von Staatsanleihen, deren Umfang bereits Ende der 1970er Jahre von der Weltbank als bedenklich eingeschätzt wurde (vgl. den Tuinder 1978, S. 63) -, so ist in diesem Zusammenhang darüber hinaus auf die indirekte Subventionierung der Industrie und des Dienstleistungssektors durch die Landwirtschaft hinzuweisen. Eine zentrale Rolle spielte dabei die Stabilisierungskasse (*Caisse de Stabilisation et de Soutien des Prix des Productions Agricoles, CSSPPA*), deren Geschichte bis in die 1950er Jahre zurückreicht. Mitte der 1950er Jahre waren als Reaktion auf die nach Ende des Korea-Krieges gesunke-

nen Rohstoffpreise zunächst zwei getrennte Stabilisierungskassen für Kaffee und
Kakao eingerichtet worden, die zunächst 1962 zusammengelegt wurden, um bei
fallenden Kaffeepreisen die Einnahmen aus den Kakaoexporten zur Finanzierung der Operationen nutzen zu können. Seit Mitte der 1960er Jahre wurden
auch andere Produkte mit einbezogen (vgl. Jakobeit 1988, S. 81f.), die allerdings
in diesem Zusammenhang keine größere Bedeutung erlangten (Baumwolle,
Zucker, Reis, bis 1984 auch Palmöl; vgl. IMF 1988, S. 3f.). Zweifellos diente die
Operation der Stabilisierungskasse der Verstetigung der Einkünfte der bäuerlichen Landwirtschaft, aber auch der Nutzung von Überschüssen zur Finanzierung
staatlicher Investitionen (sowie des unproduktiven staatlichen Konsums) : So
wurden zwischen 1975 und 1985 bei der Stabilisierungsoperationen ausnahmslos
Überschüsse erzielt, die zwischen 1,3% und 15,5% des Bruttoinlandsproduktes
des Landes ausmachten (vgl. IMF 1988, S. 3).

Die Beurteilung ist kompliziert: Die Weltbank konstatierte, daß die Einkünfte
der Kaffee- und Kakaoproduzenten trotz der Abschöpfung von etwa 30-40% der
Exporteinkünfte durch den Staat (Stabilisierungskasse, direkte Steuern) bis 1975
kontinuierlich höher waren als die der Produzenten anderer Agrarerzeugnisse
(den Tuinder 1978, S. 81). Der Einkommenstransfer läßt sich somit als ein Me-
chanismus zur Umlenkung verhältnismäßig hoher Erlöse von einer potentiellen
konsumptiven Nutzung durch die Bauern in produktive Investitionen interpretieren, verbunden mit einem gewissen Versicherungseffekt gegen Einkommens-
schwankungen zugunsten der Produzenten jedoch auch als ein Abzug von
Investitionskapital aus der Agrarexportproduktion selbst, der zu der oben konsta-
tierten Veralterung der Pflanzungen beigetragen hat und evtl. in nicht effizient
geführten Staatsbetrieben investiert worden ist. Darauf wird weiter unten einzugehen sein.

Schließlich bleibt der dritte der oben genannten Faktoren, die dem "ivorischen
Wirtschaftswunder" zugrundelagen, zu diskutieren: die Rolle der *politischen
Stabilität*. Zweifellos besteht eine enge Wechselbeziehung zwischen politischer
Stabilität und einer längeren Phase eines relativ breit gestreuten wirtschaftlichen
Wachstums, wie es die ersten zwei Jahrzehnte der Entwicklung der Elfenbeinkü-
ste nach der Unabhängigkeit kennzeichnete. Andererseits ist diese politische
Stabilität angesichts der enormen sozialen Transformationen, die diese Epoche
kennzeichneten, nicht selbstverständlich, und noch viel weniger selbstverständlich
ist es, daß diese Stabilität - mit gewissen Abstrichen - auch inzwischen mehr als
ein Jahrzehnt wirtschaftlicher Krise überdauert hat. Angesichts der autokra-
tisch-autoritären Regierungsweise des ivorischen Präsidenten Félix Houphouë-
Boigny ist es nicht verwunderlich, daß seine Biographie immer wieder zur
Begründung dieser Stabilität angeführt wird (vgl. u.a. Jakobeit 1993, S. 196f.,

Maddox Toungara 1990, Siriex 1986, Veit 1988, Zartman/Delgado 1984, S. 3f.). Tatsächlich gelang es ihm wie kaum sonst jemandem - vergleichbar lediglich den Regimen auf der arabischen Halbinsel - ein modernisierungsorientiertes autoritäres System auf traditionelle Formen der Legitimität zu gründen.

Félix Houphouët wurde um 1905 als Sohn einer Baule-Häuptlingsfamilie (die ihrerseits zu den Akan gehören, der mit etwa 40% der Bevölkerung größten Ethnie des Landes) geboren. Er studierte Medizin in Dakar, wurde Kaffeepflanzer und organisierte Proteste der Kakaopflanzer gegen zu niedrige Produzentenpreise. Die in seinem Lebenslauf verkörperte Verbindung von Tradition und Moderne charakterisierte seine gesamte politische Karriere und prägte in vielerlei Hinsicht auch die politische Entwicklung der Elfenbeinküste. Jeanne Maddox-Toungara charakterisiert das traditionelle Verständnis von Herrschaft unter den Akan in einer Weise, die hilft, viele Eigenarten des politischen Systems des Landes und Rolle (bzw. der Selbst-Insezenierung) Houphouët-Boignys zu verstehen:

> "The chief is the incarnation of supernatural forces that affect the well-being of the people, and acts as intermediary between the ancestors and the present geeneration. Presiding over the legislative council, the chief executes laws in the interest of the community ... Peace is essential for productivity. Upon his installation, the chief pledges to consult the elders (...), and to obey their advice. They must personally visit and make daily reports to him. Each owes allegiance directly to the chief, and this sense of loyalty is the only common bond among them." (Maddox-Toungara 1990, S. 26).

Houphouët übernahm sehr früh eine führende Rolle im 1944 gegründeten *Syndicat agricole africain (SAA)*, in dem zum ersten Mal die afrikanischen Pflanzer ihre Interessen gegenüber der Kolonialregierung in organisierter Form vertraten; im November 1945 wurde er als Repräsentant der Elfenbeinküste in die französische Verfassungsgebende Versammlung gewählt. Unter seiner Führung gründeten die schwarzafrikanischen Abgeordneten 1946 das *Rassemblement Démocratique Africain (RDA)* sowie als dessen ivorischen Zweig die *Parti Démocratique de la Côte d'Ivoire (PDCI)*, wobei er das Ziel verfolgte, eine lockere Allianz zwischen der gebildeten Elite in Abidjan und den reichen Pflanzern zu schaffen. Durch geschickte Kooperation mit der französischen Regierung (zwei Jahre lang war er selbst französischer Gesundheitsminister), konnte er wirtschaftliche Vorteile für die ivorische Bevölkerung erreichen und wurde so schließlich zum weitgehend unumstrittenen Führer des Landes nach der Unabhängigkeit - nachdem die PDCI 1957 die ersten Wahlen nach Erlangen der politischen Autonomie nahezu konkurrenzlos gewonnen hatte.

Die PDCI erklärte alle Bürger der Elfenbeinküste zu Mitgliedern der Partei
(Veit 1988, S. 88), die formal von unten nach oben - mit Basiseinheiten in jedem
Dorf - organisiert war, aber effektiv von einer kleinen Elite von einigen hundert
Personen geführt wurde. Mit einer Mischung aus Repression und traditionellem
Paternalismus, geprägt vor allem durch die besondere Hervorhebung des *Dialogs*
als Form politischer Auseinandersetzung und durch den Versuch der Reintegration gemaßregelter Opponenten, gelang es Houphouët-Boigny, seine Rolle als
unantastbarer Herrscher praktisch bis heute (vgl. unten) abzusichern. Der
"Dialog" ist seit 1969 eine institutionalisierte Form des politischen "Palavers", in
dem sich auf Einladung des Präsidenten jeweils einige tausend Menschen aus
verschiedenen gesellschaftlichen Bereichen zu Diskussionen über aktuelle Probleme zurückziehen. Tatsächlich haben diese Dialoge oft zu neuen politischen
Orientierungen und Regierungsumbildungen geführt (Zartman/Delgado 1984,
S. 4; Maddox Toungara 1990, S. 35).

Diese Form einer zwar autoritären, aber doch weithin als legitim akzeptierten
Herrschaft, in der Konflikte eher durch Kooptation als durch offene Konfronta-
tion gelöst wurden, macht es nicht leicht, die wesentlichen politische Konflikt-
linien zu identifizieren. Die zentrale Achse, auf der politische Herrschaft in der
Elfenbeinküste basierte, bildete offensichtlich das Bündnis zwischen Pflanzern
und Staatsklasse. Dabei wuchs seit der Unabhängigkeit die relative Bedeutung
der Staatsklasse kontinuierlich an, da sie sich durch die Appropriation von Überschüssen aus dem Agrarexportsektor eine rasch wachsende ökonomische Basis
schuf und effektiv zur dominierenden politischen Elite wurde (vgl. Jakobeit 1983,
S. 261f.; Bakary 1984; Crook 1990). Dabei vergaß die Staatsklasse allerdings nicht,
daß die Pflanzungswirtschaft ihre eigentliche ökonomische (und weitgehend auch
politische) Basis bildete, was u.a. in dem Versuch zum Ausdruck kam, die Produzentenpreise für Kakao und Kaffee trotz sinkender Weltmarkpreise und zunehmender ökonomischer Probleme der Stabilisierungskasse in den 1980er
Jahren stabil zu halten. Potentielle ethnische und regionale Konflikte wurden
durch das Bemühen eingedämmt, alle Ethnien (und damit auch alle Regionen) in
die politische Elite einzubeziehen (vgl. Bakary 1984, S. 34-38). Darüber hinaus
wurde mit der Förderung des Baumwoll- und Zuckerrohranbaus einiges für die
Einbeziehung der nördlichen Savannenregionen in die Exportlandwirtschaft
getan (vgl. dazu Wiese 1988, S. 83-94), auch wenn diese Entwicklung nur von
mäßigem Erfolg gekrönt waren.

Das Entstehen von Oppositionsbewegungen unter Landarbeitern und städtischer
Arbeiterklasse wurde u.a. dadurch erschwert, daß ein erheblicher Teil von ihnen
aus den umliegenden afrikanischen Ländern stammen (Landarbeiter: zwischen

70 und 80%; den Tuinder 1978, S. 130; Industriearbeiter im modernen Sektor zwischen 40 und 45% (für 1975-1985), vgl. Schneider 1992, S. 141); schließlich hat natürlich der wirtschaftliche Aufschwung bei einer insgesamt relativ günstigen Einkommensverteilung (vgl. den Tuinder 1978, S. 135) den Prozeß politischer Integration erleichtert. Grundsätzlich ähnelt die Herrschaftsstruktur der Elfenbeinküste durchaus der typischen "Triple alliance" des Importsubstitionsmodells, wobei allerdings die Rolle der internen Industriebourgeoisie hier eher durch die großen Pflanzer, also eine Art Agrarbourgeoisie eingenommen wird.

In den ersten Jahren der Unabhängigkeit ergab sich ein erhebliches Protestpotential durch die Orientierung der Wirtschaftspolitik Houphouët-Boignys auf Weltmarktintegration und die enge Zusammenarbeit mit transnationalen Konzernen: Die Unruhen von 1963 hingen offenbar mit den Protesten der linksorientierten intellektuellen Jugend gegen diese Politik zusammen, wobei die Protestgruppen im Verlauf dieser Auseinandersetzungen weitgehend ausgeschaltet wurden (vgl. Fraternité Matin, Abidjan, 4.1.1993).

Seit der zweiten Hälfte der 1980er Jahre kommt es immer wieder zu Unruhen, die die wachsende Unzufriedenheit mit der langen Wirtschaftskrise einerseits, das Gerangel innerhalb der Elite um die endlich zu klärende Nachfolge des Staatspräsidenten andererseits reflektieren. Sie wurden zunächst mit der typischen Doppelstrategie von Repression und Integrationsversuchen beantwortet. Weitergehende Zugeständnisse in Richtung einer Demokratisierung des politischen Systems waren jedoch vor allem angesichts der internationalen "Stimmung" nicht zu umgehen. Es ist sicherlich nicht zufällig, daß der politische Umbruch der letzten Jahre wiederum vor allem aus Kreisen der Universität und der Lehrer ausging. Zum einen haben in diesem Bereich die wichtigsten der wenigen noch bestehenden unabhängigen Organisationen (Lehrer- und Hochschullehrergewerkschaften) überlebt, zum anderen ist es natürlich nicht ungewöhnlich, daß Forderung nach politischer Demokratisierung gerade aus diesen Kreisen der Elite kommen, zumal die Arbeiter des modernen Sektors über im afrikanischen Vergleich relativ hohe Löhne und einen gewissen Schutz gegen die Auswirkungen der Strukturanpassungspolitik eher an das herrrschende Regime gebunden waren und eine relevante Schicht unabhängiger Privatunternehmer (neben den Pflanzern) nicht existierte. Zweifellos spielen die Tatsachen, daß die Sparpolitik erhebliche Einschränkungen im Hochschul- und Bildungsbereich mit sich bringt und daß andererseits aufgrund der Einschränkungen im öffentlichen Sektor für viele der übliche Aufstieg in die Staatsklasse verbaut zu sein scheint, eine nicht unerhebliche Rolle für die politische Mobilisierung gerade in diesen Gesellschaftsschichten.

Die Entwicklung eines Mehrparteiensystems begann mit den Wahlen des Jahres 1990 und schuf Anfang 1993 mit dem Entstehen von Parteienbündnissen die Möglichkeit einer echten Herausforderung der herrschenden PDCI; darüber hinaus war auch eine weitgehende Öffnung im Bereich der Massenkommunikation festzustellen. Im Rahmen dieser Entwicklung lassen sich allerdings noch kaum soziale Träger eines alternativen sozioökonomischen Entwicklungsmodells erkennen - primär scheint es zur Zeit um alternative Möglichkeiten des Einstiegs in die Staatsklasse zu gehen.

Ob die Demokratisierung auch zu einer Aktivierung des regionalen/ethnischen Konfliktpotentials führt, bleibt abzuwarten - es würde wahrscheinlich das endgültige Ende des "Modells Elfenbeinküste" bedeuten. Ein selbstbewußteres Auftreten islamischer Organisationen, die ja vor allem im Norden verankert sind, könnte Ausdruck dieser Tendenz sein, auch wenn der neugegründete "Nationale islamische Rat" gemäßigte Töne anschlägt (vgl. etwa *Notre Temps/Abidjan*, 20.1.1993).

Nach zwei Jahrzehnten kräftigen Wachstums in allen Wirtschaftsbereichen, kam der Einbruch in der Elfenbeinküste recht abrupt zu Beginn der 1980er Jahre: Die zweistelligen Wachstumsraten des BSP in den Jahren 1976 bis 1978 verwandelten sich bereits 1979 und 1980 aufgrund des Endes des Kaffee- und Kakaobooms in weitgehende Stagnation, der dann schließlich 1981 in eine langanhaltende Rezession einmündete. Nur 1985 und 1986 konnte - wiederum vor allem als Resultat einer zwischenzeitlichen Verbesserung der Rohstoffexportpreise - noch einmal ein reales Wirtschaftswachstum verbucht werden; seit 1981 sind eine Reihe von Strukturanpassungsprogramme durchgeführt worden, ohne daß sich bis heute auch nur Ansätze von Erfolgen erkennen lassen.

Die ursprünglichen Ursachen der Krise sind relativ klar und unterscheiden sich nicht sehr stark von den Entwicklungen in anderen Ländern. Die Kritik an der im Verlaufe der importsubstituierenden Industrialisierung entstandenen abhängigen Industriestruktur (technologische Abhängigkeit, Abhängigkeit vom Import von Vorprodukten, Einbindung in Unternehmensstrategien transnationaler Konzerne usw.) hatte in den 1970er Jahren fast weltweit zu Versuchen geführt, dies durch ein massives staatliches Engagement in sog. Schlüsselsektoren zu korrigieren. Die infolge einer günstigen Weltmarktpreisentwicklung in den Jahren 1977 und 1978 rasch steigenden Exporteinnahmen wurden - ergänzt durch eine zusätzliche Kreditaufnahme im Ausland - als Grundlage für einen kräftigen Investitionsschub genutzt: Die öffentlichen Investitionen schnellten von 131 Mrd.FCFA im Jahre 1975 auf 340, 415 und 343 Mrd.FCFA in den Jahren

1977 bis 1979 empor, wobei jeweils etwa 50% durch Auslandsanleihen finanziert wurden. Die Folgen waren in zweierlei Hinsicht katastrophal: Zum einen war nicht einkalkuliert worden, daß die Weltmarktpreise für Kaffee und Kakao wieder ebenso schnell sinken würden, wie sie gestiegen sind, was bei dem weiteren Investitionsbedarf der angefangenen Projekte eine wachsende Kreditaufnahme mit sich brachte, die 1980 90,7% der gesamten öffentlichen Investitionen ausmachte (vgl. Schneider 1992, S. 134). Angesichts des gleichzeitig rasch steigenden Zinsniveaus auf dem Weltmarkt, war der Weg in die Zahlungsunfähigkeit vorgezeichnet. Zum anderen aber erwiesen sich die Projekte ebenso wie die entsprechenden staatlichen Investitionen in Costa Rica, deutlich anders jedoch als in Malaysia und Thailand, als wirtschaftlich kaum erfolgreich. Daneben ist typisch für die ivorische Wirtschaftsentwicklung, daß zwischen 1976 und 1980 zwar die öffentlichen Investitionen deutlich höher als geplant lagen (137,4% des Planansatzes), die privaten jedoch hinter der Planung zurückblieben (lediglich 70% des im Plan antizipierten Wertes; vgl. Schneider 1992, S. 135).

Beispiele für die problematischen öffentlichen Investitionen sind die umfangreichen Ausgaben zur Entwicklung der Zuckerproduktion im Norden, in die 37% aller öffentlichen Agrarinvestitionen flossen, und die, u.a. angesichts der weltweiten Überproduktion, auch 1986 noch in großen Schwierigkeiten steckte (vgl. Chevillard 1988, S. 33), und Großprojekte im Infrastrukturbereich (zwei Wasserkraftwerke, Straßen, Telekommunikation), die überdimensioniert waren und nicht die erwarteten ergänzenden privaten Investitionen stimulierten (Schneider 1992, S. 28f.).

Die Belastung durch die wenig erfolgreiche staatliche Investitionspolitik allein kann allerdings nicht erklären, warum die Strukturanpassungspolitik auch nach mehr als zehn Jahren kaum greifbare Erfolge zeigt. Die Maßnahmen der Strukturanpassungsprogramme entsprachen dem üblichen Maßnahmepaket: Reduktion des Defizits des Öffentlichen Sektors durch Austeritätspolitik, organisatorische Rationalisierungsmaßnahmen sowie (in der späteren Phase) Privatisierung bzw. Schließung öffentlicher Unternehmen; Begrenzung der Inflation durch eine restriktive Kreditpolitik; Begrenzung der Belastung durch den Schuldendienst auf 25% der Exporterlöse (Reduktion der externen Kreditaufnahme, Umschuldungen); Abbau der Importrestriktionen und Förderung von Exporten im industriellen Bereich wie auch der traditionellen Agrarexporte. Lediglich eine der üblichen Maßnahmen, nämlich die Abwertung der nationalen Währung konnte aufgrund der Integration der Elfenbeinküste in die Franc-Zone und die Westafrikanische Währungsunion (Union Monétaire Ouest Africaine) nicht - zumindest nicht unilateral - angewendet werden. Die relativ große Bedeutung der Abwertung im Rahmen der Strukturanpassungspolitik ist am Beispiel der bisher behandelten

Länder deutlich geworden. Dennoch spricht einiges dafür, daß es weder primär der praktisch unumgängliche Verzicht auf diese Maßnahme noch die häufig nicht sehr konsequente Durchführung des sonstigen Programms waren, auf die die lange Stagnationsperiode zurückzuführen ist, sondern daß es eher Probleme der Anfang der 1970er Jahre bestehenden sozioökonomischen Strukturen des Landes und deren Wechselbeziehung mit sich verändernden Strukturen des Weltmarkts sind, die es letztlich fraglich erscheinen lassen, ob die Strukturanpassungsprogramme selbst in irgendeiner Weise den ivorischen Bedingungen "angepaßt" waren.

Auf die Abhängigkeit der ivorischen Ökonomie von den Exporterlösen landwirtschaftlicher Rohstoffe einerseits, dem Import ausländischen Kapitals und Know-how andererseits ist bereits hingewiesen worden. Trotz Strukturanpassungsmaßnahmen lagen die Exporterlöse im Jahre 1988 kaum über den Werten von 1981 (2,77 Mrd.US. $ gegenüber 2,54 Mrd., was in konstanten Dollars eher einen Rückgang bedeutet; vgl.bfai, Wirtschaftsdaten aktuell, April 1993; Stat.Bundesamt 1988, S. 54); trotz quantitativer Expansion der Kaffee- und Kakaoexporte sanken die Erlöse infolge zurückgehender Rohstoffpreise - bei Holz- und Holzprodukten kommt auch ein Mengenrückgang hinzu, da die Ressourcen zur Neige gehen. Die Abhängigkeit der internen Wirtschaftsdynamik von den Einnahmen aus Kaffee- und Kakaoexporten wird dadurch verdeutlicht, daß die beiden einzigen Jahre seit 1981 mit positiven wirtschaftlichen Wachstumsraten die Jahre 1985 und 1986 waren, was zweifellos sehr eng mit dem kurzen Zwischenboom der Kaffee- und Kakaoweltmarktpreise zusammenhing (Exporterlöse aus Kaffee, Kakao und verarbeiteten Produkten daraus: 1983: 986,2; 1984: 1.517,3; 1985: 1.515,4; 1986: 1.846,2; 1988: 1.198,3 Mio. US$; Stat. Bundesamt 1991, S. 61f.).

Vergleicht man die Probleme der Elfenbeinküste mit denen Kenias einerseits und mit denen Costa Ricas andererseits, dann wird deutlich, daß es offenbar weder geglückt ist, wie im Falle Kenias, eine gewisse Dynamik der Binnennachfrage zu erhalten, noch wie in Costa Rica, in bedeutenderem Umfang alternative Exportsektoren zu entwickeln, um die zurückgehenden Exporterlöse der traditionellen Produkte aufzufangen.

Darauf, daß die ivorische Wirtschaft in erheblich stärkerem Maße exportabhängig ist als die kenianische, ist bereits hingewiesen worden (Exportquoten: 34,2% vs. 13,7%; vgl.o. Tab. 8.1) - das bedeutet natürlich auch, daß die Binnennachfrage in erheblich stärkerem Maße von der Krise der Exportwirtschaft getroffen wurde. Ein weiterer Aspekt ist nicht zu vernachlässigen: Während der in den 1980er Jahren rasch wachsende Tourismus in Kenia zu einer Expansion der Binnennachfrage beitrug, bedeutete die sehr hohe Zahl der in der Elfenbeinküste lebenden Ausländer (nahezu ein Drittel der Bevölkerung, vgl. EIU 1993, S. 6) und deren Überweisungen in die Heimatländer ebenfalls einen nicht zu unterschätzenden Entzug von Kaufkraft aus dem ivorischen Binnenmarkt.

Denkt man an zwei dynamische nicht-traditionelle Sektoren Costa Ricas, nämlich nicht-traditionelle tropische Früchte (und dem teilweise damit verbundenen Wachstum der Agroindustrien) und die Lohnveredlungsproduktion, so befand sich die Elfenbeinküste zunächst in keiner schlechten Ausgangsproduktion: Bereits in den 1970er Jahren hatte sich Produktion Ananaskonserven und -fruchtsaft zu einer der wichtigeren agroindustriellen Produktionszweige entwikkelt (vgl. Hopkoo 1987, S. 216); auch der Export frischer Ananas und Bananen spielte Anfang der 1980er Jahre durchaus eine gewisse Rolle (1985: ca. 3% der Exporterlösen, davon Ananas allein: 1,9%; vgl. BCEAO 1993, S. 31). Bis 1989 schrumpften dann jedoch die Exporterlöse aus frischer Ananas auf weniger als die Hälfte, die der Fruchtkonserven bis zur Bedeutungslosigkeit (ebda.). Deutete sich noch 1986 eine agroindustrielle Umstrukturierung an (Wachstumsraten zwischen 14 und 21% in den Bereichen Pflanzenfette, andere Nahrungsmittelindustrien Holzverarbeitung, Naturkautschukverarbeitung; Rückgang um 13-19% bei Textil und Bekleidung, Leder und Chemie; Chevillard 1988, S. 32), so ist davon schon 1990 nicht sehr viel übriggeblieben. Im Vergleich zum Basisjahr (Okt. 1984 - Sept. 1985) fiel die gesamte Industrieproduktion 1990 auf den Index 96; lediglich im Bereich der Kautschukherstellung ist eine deutliche Dynamik erkennbar (Index 168); Pflanzenfette (128) und Lebensmittelkonserven stehen noch relativ günstig da (118), Getränke erreichen dagegen lediglich 85%, andere Nahrungsmittelprodukte 83% der Produktion des Basisjahres (vgl. BCEAO 1993, S. 17). Die einzigen agroindustriellen Exporte, die zwischen 1985 und 1989 deutlich expandierten, waren Fischkonserven (von 18,6 Mrd. FCFA auf 24,8 Mrd.), Latex (von 13,7 Mrd. FCFA auf 18,5 Mrd.) und Schnittholz (von 32,8 Mrd. FCFA auf 41,0 Mrd.) - alle drei Produkte zusammen erreichten jedoch auch 1989 lediglich 9,4% des insgesamt sehr niedrigen Exportwertes (vgl. BCEAO 1993, S. 31).

Auch Ansätze von Lohnveredlungsproduktion (im Bekleidungssektor) waren bereits in den 1970er Jahren entstanden (vgl. u.a. Mytelka 1984, S. 163-167), die Kombination mit einer massiven Förderung des Baumwollanbaus sowie einer integrierten Textil- und Bekleidungsproduktion für den lokalen und regionalen Markt erschien durchaus erfolgversprechend zu sein - einschließlich der regionalpolitischen Implikationen für die Entwicklung der Savannenregion. Doch trotz der relativ günstigen Voraussetzungen gelang es auch hier nicht, einen neuen dynamischen Exportsektor zu entwickeln: Die Exporte von Rohbaumwolle stiegen zwar von 53.748 t im Jahre 1985 auf 89.228 vier Jahre später, doch die Exporterlöse stiegen kaum (lediglich von 33,4 Mrd.FCFA auf 35,7 Mrd.; vgl. BCEAO 1993, S. 31). Die Exporte von Baumwollgarn und -stoffen stiegen von 1985 bis 1987 an, gingen dann aber wieder zurück und lagen im Wert 1989 mit 12,4 Mrd. FCFA unter dem Wert von 1985 (14,3 Mrd.; vgl. ebda.). Der Produktionsindex der Textil- und Bekleidungsindustrie lag 1990 bei 97 (bei Okt. 1984 - Sep. 1985 = 100; vgl. a.a.O., S. 17).

Offensichtlich gelang es bis in die 90er Jahre hinein nicht, einen dynamischen Sektor nicht-traditioneller Exporte zu entwickeln, der die Einnahmeausfälle auf dem Preisverfall bei Kaffee und Kakao kompensieren konnte. Zwei Faktoren dürften dabei eine Rolle spielen, die eng miteinander zusammenhängen: nämlich zum einen zurückgehende Investitionen, zum anderen eine mangelnde Konkurrenzfähigkeit der Elfenbeinküste als Produktionsstandort, die wohl primär mit der mangelnden Ausbildung der Arbeitskräfte und zu unzulänglichen politisch-administrativen Rahmenbedingungen zusammenhängen dürfte.

So gingen die Bruttoinvestitionen von 457,5 Mrd.FCFA (1985; 14,6% des BIP) auf 265,3 Mrd.FCFA (1990; 9,8% des BIP) zurück (vgl. EIU 1993, S. 13). Zwar gelang es, die öffentliche Kreditaufnahme und damit zusammenhängend auch die Geldmenge zwischen 1987 und 1992 deutlich zu reduzieren, die Geldwertstabilität und (zumindest mit Hilfe öffentlicher Entwicklungshilfe) die Währungsreserven einigermaßen stabil zu halten, doch gelang es offensichtlich nicht, die drastisch zurückgehenden öffentlichen Investitionen durch private ivorische oder ausländische Direktinvestitionen zu ersetzen. Die anfänglichen Versuche, die Verschuldungskrise durch eine massive Expansion der traditionellen Agrarexportsektoren (vgl. u.a. Schneider 1992, S. 38) in den Griff zu bekommen, erwies sich offenbar als ein fataler Irrtum. Der Erfolg einer entsprechenden Politik in den meisten Kakaoexportländern führte zu einem Überangebot auf dem Weltmarkt und ab 1985 zu einem rapiden Preisverfall (vgl. Hanisch 1991, S. 77, S. 79-81). Die Stabilisierungskasse hielt jedoch die Produzentenpreise bis 1988 stabil - u.a. um die Produktion und die Modernisierung der Plantagen weiter zu stimulieren, aber sicherlich auch, um die kleinbäuerlichen Exportproduzenten als wichtige politische Basis des Regimes nicht zu verlieren. Damit aber verwandelte sie sich innerhalb weniger Jahre von einer Grundlage staatlicher Investition in eine Quelle zusätzlichen öffentlichen Defizits. Andere Finanzierungsquellen (etwa Steuern) erwiesen sich wegen heftiger Proteste - angesichts sowieso sinkender Realeinkommen - als schwierig zu realisieren; so blieb externe Hilfe als weitgehend einzige Quelle zur Finanzierung äußerst dringlicher Investitionen im Infrastrukturbereich übrig.

Die prekäre wirtschaftliche Situation erlaubte es auch nicht, zum angestrebten Abbau der Schuldenlast zu kommen; statt der genannten Zielgröße von 25% der Erlöse aus Waren- und Dienstleistungsexporten erreichte die Schuldendienstquote 1986 48,5% und schwankt seit 1988 ohne eine klar erkennbare Tendenz um 40% (EIU 1993, S. 28). Die dadurch verstärkte Devisenknappheit erschwerte es dem industriellen Sektor, die strukturell notwendigen - d.h. nicht durch lokale Produkte zu ersetzenden - Güter (Kapitalgüter, Halbfertigwaren) zu importieren. Darüber hinaus ist der hohe Schuldendienst natürlich eine Belastung, die dringend notwendige Investitionen, um den Standort Elfenbeinküste konkurrenzfähiger zu machen, verhindert. In jüngster Zeit ist nun die Privatisierung staatlicher Unternehmensanteile als eine neue Finanzierungsquelle für dringende Investitionen erschlossen worden. Nachdem in der ersten Phase der Strukturanpassungspolitik kaum privatisiert worden war (einige staatliche Betriebe wurden geschlossen, andere - offenbar mit einigem Erfolg - rationalisiert: vgl. Schneider 1992, S. 38), hat sich der 1990 ernannte Ministerpräsident Alassane Ouattara nun der Privatisierung energisch angenommen, wobei auch Infrastrukturbereiche wie Energieversorgung und Telekommunikation nicht ausgenommen werden sollen. In vielen Fällen handelt es sich allerdings darum, den Anteil des Staates an Joint Ventures mit Transnationalen Konzernen zu reduzieren, wobei Aktien vorzugsweise an Ivorer verkauft werden sollen. Das Argument, der Staat könne es sich nicht leisten, finanzielle Ressourcen in Unternehmen zu stecken, die auch mit privatem Kapital betrieben werden können, während gleichzeitig die grundlegendste Infrastruktur in ländlichen Regionen fehlt, spielt offenbar eine ebenso große Rolle wie das der Effizienssteigerung (vgl. *Fraternité Matin*, Abidjan, 19.4.1993).

Strukturanpassung durch Liberalisierung und Privatisierung kann allerdings nur dann erfolgreich sein, wenn die Voraussetzungen gegeben sind, die entstehenden wirtschaftlichen Spielräume zu nutzen, d.h. wenn das standortabhängige *environment* stimmt, also konkurrenzfähig produziert werden kann. Die Rohstoffexporterlöse und deren Verteilung sowie eine gewisse Entwicklung der physischen Infrastruktur hatten offensichtlich die entsprechenden Voraussetzungen für einen recht dynamischen Importsubstitutionsprozeß geschaffen - allerdings kaum für das Entstehen eines einheimischen Unternehmertums, wie wir gesehen haben. Zwar gelang im Bereich der Techniker und des unteren und mittleren Managements ein gewisser "Ivorisierungsprozeß" (zum öffentlichen Sektor: vgl. Schneider 1992, S. 48-50; zum Management im privaten Sektor ebda., S. 138), doch fehlen weiterhin zentrale Voraussetzungen, um die Elfenbeinküste zu einem interessanten Standort für weltmarktorientierte Produktion zu machen, die vor allem verschiedene Aspekte der sog. *Humanressourcen* betreffen. Von allen untersuchten Ländern hat die Elfenbeinküste den bei weitem höchste Anteil von

Analphabeten (vgl. Tab. 8.1: Alphabetisierungsgrad von 49% gegenüber 65% in
Kenia, 91 bzw.92% in Thailand und Costa Rica); in praktisch allen Indikatoren,
die Bildung und Gesundheit betreffen, rangiert die Elfenbeinküsten unter den
sechs Vergleichsländern an letzter Stelle: So sind die Ivorer (älter als 25) im
Durchschnitt lediglich 1,9 Jahre zur Schule gegangen (Kenia: 2,3; Thailand: 3,8;
Malaysia: 5,3; Costa Rica: 5,7 Jahre); 1988/89 gingen 20% der entsprechenden
Altersgruppe auf die Sekundarschule (Kenia: 23%; Thailand: 28%; Malaysia:
59%; Costa Rica: 41%); nur 11% der ländlichen Bevölkerung hatte Zugang zur
öffentlichen Gesundheitsversorgung (Costa Rica: 63%); 20% verfügten über
Systeme von Abwasser- und Abfallentsorgung (Thailand: 86%; Malaysia: 75%;
Costa Rica: 93%); nur 50% der Einjährigen waren (1988/89) geimpft (Kenia:
71%; Thailand: 91%; Costa Rica: 93%) (Quelle: HDR 1992). Immerhin ist in
den Jahren von 1981 bis 1987 die Zahl der Beschäftigten im Erziehungs- und
Wissenschaftsbereich überproportional gestiegen (um 32%, im öffentlichen
Sektor insgesamt un 23%; vgl. Schneider 1992, S. 139), und die Studentenzahlen
sind zumindest im selben Maße wie die Bevölkerung gestiegen (1983-1987, jährl.
um 4,1 bzw. 4,2%), nachdem sie allerdings in den 1970er Jahren jährliche Wachstumsraten zwischen 17 und 36% auswiesen (vgl. ebda., S. 156).

Angesichts dieser Daten muß es nicht verwundern, daß die lokalen technologischen Kapazitäten minimal sind und damit nicht nur die Abhängigkeit von importierter Technologie total ist, sondern auch kaum die Fähigkeit besteht, durch
lokale Innovationen neue Weltmarktchancen zu erschließen, wie es etwa in
begrenztem Umfange auch die costaricanische Wirtschaft vermag. Auf das vergleichsweise niedrige Produktivitätsniveau in den wichtigsten Bereichen der
Exportlandwirtschaft war bereits oben hingewiesen worden. Das niedrige Ausbildungsniveau im informellen Sektor macht - ähnlich wie in Kenia - deutlich,
daß hier kaum die Grundlage für ein modernes privates Unternehmertum entsteht. Während - aus einem Sample von 1.600 Haushalten (*Côte d'Ivoire Living
Standards Survey*) - die (nicht-landwirtschaftlichen) Lohnarbeiter durchschnittlich 6,43 Jahre zur Schule gegangen waren und immerhin 0,87 Jahre technische
Ausbildung erhalten hatten (genauer: 66,6% keine, die anderen etwa 2,5 Jahre
im Schnitt), lag die Schulzeit der im informellen Sektor Beschäftigten bei durchschnittlich 1,59 Jahren und lediglich 3,8% der Befragten hatten eine technische
Ausbildung erhalten (vgl. Vijverberg 1988, S. 47).

Das allgemein geringe Ausbildungsniveau und der Mangel an einheimischen
Führungskräften in der ivorischen Wirtschaft lassen es erwarten, daß es auch im
Staatsapparat an Kompetenz fehlt, eine gezielte Förderungspolitik zur Entwicklung einer modernen, lokal kontrollierten Industrie und von neuen, nicht-traditionellen Exportzweigen zu entwerfen und durchzusetzen - wozu mehr als einige

wenige, im Ausland ausgebildete hochqualifizierte Fachleute nötig sind. Das grobe System der Festsetzung der Produzentenpreise von Kaffee und Kakao im Vergleich zum ausgefeilten System des costaricanischen *Instituto del Café* verdeutlicht dieses Defizit: So blieben die Kakaoaufkaufspreise zwischen 1985 und 1988 trotz stark sinkender Weltmarktpreise auf dem gleichen Niveau von 400 FCFA, um dann plötzlich halbiert zu werden (vgl. EIU 1993, S. 15), während in Costa Rica jedes Jahr umfassende Studien zur Bestimmung der realen Produktionskosten durchgeführt werden (vgl. oben).

Daß eine massive Selbstbereicherung der obersten Schicht der Staatsklasse ein weiteres Hindernis bei der effektiven Wirtschaftsförderung darstellte, liegt nahe, wenn Houphouët-Boigny betont, er hätte die Kathedrale von Yamassoukro - die größte Basilika der Welt neben dem vatikanischen St.Petersdom - aus seinem Privatbesitz bezahlt, doch weist die Literatur lediglich auf die dominante Position der Staatsklasse in der ivorischen Gesellschaft hin (vgl. etwa Jakobeit 1983), nicht jedoch auf einen Grad an Selbstbereicherung, die parallel zu Zaïre die Bezeichnung des Regimes als "Kleptokratie" rechtfertigen würde (vgl. allerdings Marden 1990 im Anschluß an Kennedy 1988).

Zusätzlich zu diesen Schwächen der Elfenbeinküste als Standort für eine dynamische Industrieproduktion kommt die Tatsache, daß selbst die Entwicklung der Lohnveredlungsindustrien durch das auch während der Wirtschaftskrise relativ hohe industrielle Lohnniveau nicht gerade gefördert wurde; der Mindestlohn blieb in der Industrie seit 1982 unverändert (191,40 FCFA/Stunde, etwa 1,15 DM/Stunde; vgl. EIU 1993, S. 13), was angesichts einer recht niedrigen Inflationsrate (der Konsumentenpreisindex für afrikanische Haushalte stieg von 1982 bis 1992 um 49,2%; eigene Berechnung nach Schneider 1992, S. 143 und BCEAO 1993, S. 22) einen im Vergleich zu anderen Ländern vergleichsweise geringen Realeinkommensverlust bedeutete. Wesentlich für die Lohnkosten im internationalen Vergleich ist jedoch die fortgesetzte Überbewertung der Währung aufgrund der Bindung an den französischen Franc. Das Ergebnis dieser Situation war ein Versuch der Unternehmen, ihre Ertragssituation durch eine Steigerung der Produktivität und (angesichts der Nachfragekontraktion) eine erhebliche Reduktion des Personals zu stabilisieren: Die Zahl der Beschäftigten im formellen Industriesektor sank allein bis 1985 auf 64,4% des Wertes von 1980 (Schneider 1992, S. 127).

In jedem Falle hat die Krise des vergangenen Jahrzehnts deutlich gemacht, daß die Elfenbeinküste als Standort für TNKs lediglich aufgrund der von den Agrarexporterlösen alimentierten internen Kaufkraft interessant war. Angesichts der im Vergleich zu Südostasien, aber sicherlich auch zu vielen lateinamerikanischen

Ländern relativ ungünstigen Standortbedingungen kam das Land als Stützpunkt
für industrielle Exporte praktisch nicht in Frage; ein einheimisches privates
Unternehmertum, das eventuelle Nischen hätte aufspüren können, ist kaum
vorhanden.

Auch für das Verständnis der Entwicklungsprozesse in der Elfenbeinküste ist das
Konzept der "Triple alliance" durchaus nützlich: Für die Problematik der Importsubstitution in Lateinamerika ist es entscheidend, zu verstehen, daß staatliche
Intervention für das protegierte Wachstum von privaten nationalen und transnationalen Unternehmen gleichzeitig instrumentalisiert wurde. In der Elfenbeinküste dagegen ist (wie wohl in vielen afrikanischen Ländern) das private Industrie-
kapital ein sehr schwacher Partner, der Staat aufgrund seiner Appropriation der
Überschüsse aus den Rohstoffexporten dagegen vergleichsweise stark. Während
Liberalisierungsprozesse in Lateinamerika auf eine zwar an Protektion gewöhn-
te, aber doch im industriellen Management erfahrene Bourgeoisie treffen, stößt
die Entstaatlichung in Afrika auf ein Vakuum, zumal die meisten afrikanischen
Länder auch als Standorte für Transnationale Konzerne immer mehr an Interesse verlieren.

Die zumindest partiell erfolgreiche agroindustrielle Entwicklung hat durch eine
Integration beträchtlicher Teile des ivorischen Territoriums und einer relativ
breiten Streuung monetärer Einkommen gewisse Voraussetzungen für erfolgreiche Entwicklung geschaffen. Diese sind aber allein nicht hinreichend, um eine
einigermaßen selbsttragende Entwicklung zu ermöglichen. Die mangelhafte
Entwicklung des Bildungssystems ist sicherlich ein entscheidender Faktor, der
sowohl die Produktivitätsentwicklung auf dem Land als auch - was den Mangel
an hochqualifizierten Technikern, Managern und Politikern betrifft - einen
strategisch sinnvollen langfristigen Einsatz von Überschüssen ermöglicht hat. In
diesem Sinne waren dreißig Jahre paternalistischer Herrschaft von Houphouët-
Boigny und seiner PDCI fatal - so wichtig auch die politische Stabilität und Berechenbarkeit des Systems für die im afrikanischen Vergleich günstige Entwicklung
bis Anfang der 1980er Jahre war: Eine lebendige Zivilgesellschaft, in der alternative Visionen (und Investitionsprojekte) von innen heraus hätten entstehen
können, wurde im Keim erstickt - wahrscheinlich wären sonst Projekte wie die
Verlagerung der Hauptstadt nach Yamassoukro, den Geburtsort des Präsidenten, und der Bau der Kathedrale (wer auch immer ihn tatsächlich finanziert hat)
in einer Zeit extremer Kapitalknappheit nicht durchsetzbar gewesen. Eine Politik
der Entlastung Abidjan war zwar zweifellos wichtig und richtig, doch wäre eine
eher funktional und weniger repräsentativ orientierte Förderung regionaler
Zentren sicherlich ökonomisch und sozial sinnvoller gewesen.

Die Elfenbeinküste ist in sehr ähnlicher Weise wie Costa Rica mit den kreditfinanzierten Projekten während der Exportboomphase in der zweiten Hälfte der 1970er Jahre in die Verschuldungsfalle hineingeraten, hat aber offensichtlich sehr viel ungünstigere Voraussetzungen, sich aus ihr wieder zu befreien. Da die Probleme durchaus ähnlich wie in Kenia auf der Ebene langfristiger gesellschaftlicher Konstitutionsprozesse liegen, ist es schwierig, auf einzelne entwicklungspolitische Schwerpunktsetzungen zu verweisen. Sicherlich ist der Prozeß politischer Öffnung mit dem raschen Entstehen unabhängiger Interessenvertretungen, Medien usw. ein wichtiger Prozeß in der Vertiefung zivilgesellschaftlicher Entwicklung; man muß allerdings hoffen, daß der gesellschaftliche Grundkonsens ausreichend gefestigt ist, um die notwendige politische Artikulation und Austragung von Interessenkonflikten ohne disruptive Prozesse zu ermöglichen - dies gilt vor allem auch für eine offenere politische Austragung regionaler und damit auch ethnischer Konflikte. Es ist zu erwarten, daß dieser Grundkonsens in den kommenden Jahren eher noch wachsenden Belastungen ausgesetzt sein wird, da die sinkende Beschäftigung im modernen Sektor eine sinkende Fähigkeit der urbanen Bevölkerungsgruppen mit sich bringt, ihre ländliche Verwandtschaft zu unterstützen, und damit die Unzufriedenheit in den ländlichen Regionen eher wachsen wird (vgl. Alemayehu 1992, S. 33f.).

Zweifellos hat Samir Amin recht, wenn er betont, daß keine soziale Struktur entstanden ist, die fähig gewesen wäre, den automatischen Übergang in eine Phase autozentrierten und selbstregulierten Wachstum zu ermöglichen (vgl. Amin 1973, S. 66). Allerdings stellt sich auch die Frage, welche alternative Strategie das Entstehen einer solchen sozialen Struktur innerhalb von 20-30 Jahren ermöglicht hätte - nach den Erfahrungen etwa Kubas, Nicaraguas, Tansanias und Vietnams (oder gar Äthiopiens) in den 1980er Jahren ist man da sicherlich erheblich skeptischer. Trotz der genannten Probleme der ivorischen Entwicklung sind die Voraussetzungen für einen Übergang in eine *autozentrierte* agroindustrielle Entwicklung und einen langsam darüber hinausreichenden industriellen Entwicklungsprozeß wohl immer noch günstiger als in den meisten anderen afrikanischen Ländern; hinzuweisen ist etwa auf die vorhandene Infrastruktur, die weitgehende sozioökonomische Integration der Gesellschaft und die - im afrikanischen Vergleich - schließlich doch nicht völlig vernachlässigungswerten Erfahrungen in den Bereichen von Management, Außenhandel, Umgang mit transnationalen Konzernen usw.

X Agroindustrien, autozentrierte agroindustrielle Entwicklung und gesellschaftliche Entwicklungsprozesse

Die Analyse der neueren Entwicklung Costa Ricas hatte zum einen das dynamische Potential einer konsequenten Strategie autozentrierter agroindustrieller Entwicklung aufgezeigt (Erschließung peripherer Regionen, Technologieentwicklung, Entwicklung nicht-traditoneller Exportsektoren) und sich gleichzeitig bemüht, die politischen und sozioökonomischen Voraussetzungen der vollen Durchsetzung einer solchen Entwicklungsstrategie herauszuarbeiten. Abschließend soll versucht werden, diese Ergebnisse auf dem Hintergrund des vorgelegten Ländervergleichs zu diskutieren und so in einen größeren Zusammenhang zu stellen, der uns zurückführt zur eingangs gestellten Diagnose einer Krise der Entwicklungsstrategien und -theorien.

Fast in allen Ländern - auch in der Dritten Welt - begann der Industrialisierungsprozeß mit *Agroindustrien*. Die meisten landwirtschaftlichen Produkte benötigen die eine oder andere Form der Transformation, um als Lebensmittel genießbar oder in anderer Form für den menschlichen Gebrauch nützlich zu sein - ob als Getränke, Textilien oder Möbel. Mit einer gewissen Bevölkerungsdichte und der - etwa über die Rohstoffexportproduktion stimulierten - Ausweitung der Geldwirtschaft vor allem natürlich in den wachsenden Städten sind von der Nachfrageseite her die Voraussetzungen für die Industrialisierung der Nahrungsmittelverarbeitung gegeben. Die meist relativ einfache Technologie sowie die vergleichsweise geringen Anforderungen an die Qualifikation der Arbeitskräfte erleichtern die industrielle Transformation dieser Tätigkeiten. Dazu kommen bei vielen Agrarexportprozessen erste Transformationsprozesse, die sowohl zur Qualitätserhaltung als auch zur Ertragssteigerung, aber auch zur Reduktion des Transportgewichts möglichst unmittelbar nach der Ernte an Ort und Stelle erfolgen müssen. Schließlich benötigt die landwirtschaftliche Produktion Inputs, um ihre Produktivität zu steigern, die zumindest teilweise von Anfang an in den Entwicklungsländern hergestellt werden (etwa: einfache Geräte, Transportkarren, Karosserien).

Von daher ist es nicht erstaunlich, daß vor allem die Frühphase der industriellen Entwicklung von Agroindustrien dominiert wird, die im allgemeinen auch ein hohes Niveau an *linkages* aufweisen. In allen untersuchten Ländern war dies so, was allerdings auch im Sinne des hier untersuchten entwicklungsstrategischen Ansatzes noch kein Grund zum Frohlocken ist, denn die Existenz dieser Verknüpfungen sagt weder etwas über die Einkommens- und Besitzverteilung in den ländlichen Regionen aus noch über die Entwicklung technischer und unternehmerischer Fähigkeiten, die Voraussetzung für eine dynamische Weiterentwicklung des industriellen Sektors wären. Die Schwierigkeiten sowohl in den Philippinen (vor allem in bezug auf den erstgenannten Aspekt) als auch in den untersuchten afrikanischen Ländern machen dies deutlich.

Nach dem zweiten Weltkrieg wurde allerdings der Prozeß einer auf den agroindustriellen Ansätzen aufbauenden "autozentrierten" Entwicklung durch die Idee des raschen Aufholens des Entwicklungsvorsprungs der Industrieländer durch eine Strategie importsubstituierender Industrialisierung unter massivem Import von Technologie und Kapital überlagert; durch vielfältige Formen von Transfers erschien es möglich, den Modernisierungsprozeß weitgehend vom lokalen Entwicklungsstand abzukoppeln. Die dadurch in den meisten Ländern zunächst eingeleitete Periode raschen Wirtschaftswachstums schien diesen Erwartungen zunächst recht zu geben - bis schließlich spätestens in der zweiten Hälfte der 1970er klar wurde, daß die verfolgte Strategie in eine Sackgasse geführt hatte, die nur die ost- und südostasiatischen Länder durch eine sehr rasche Umorientierung von der binnenmarkt- auf eine stärker exportorientierte (und damit vor allem Produktivitätssteigerungen in den Mittelpunkt stellende) Industrialisierung vermieden hatten. Die Beispiele Thailands und Malaysias bestätigten die in der theoretischen Einleitung erwähnten Fälle Taiwans und Südkoreas.

Auf diesem Hintergrund haben wir die Frage gestellt, ob nicht in allen Ländern, in denen die gesellschaftliche und industrie-strukturelle Desintegration durch die abhängige Importsubstitution zu einem zentralen Entwicklungshemmnis geworden ist, eine Politik der Re-Integration, eine Wiederankoppelung der Industrialisierung, der gesellschaftlichen Modernisierung an die ländliche und agroindustrielle Entwicklung eine zentrale Voraussetzung für "Entwicklung" darstellt. Das Schicksal vieler, im Verlaufe der 1970er Jahre forcierter agroindustrieller Projekte (in Costa Rica wie in den Philippinen und in der Elfenbeinküste) macht deutlich, daß es dabei um mehr gehen muß als um eine bloße vertikale Integration von "Agroindustrien"; die erfolgreichen Beispiele Malaysias und Thailands deuten an, daß es sich um eine "autozentrierte", um eine in entscheidenden Punkten selbstgesteuerte industrielle Entwicklung handeln muß, die mit der landwirtschaftlichen Basis rückgekoppelt ist. Je weiter der industrielle Entwicklungsprozeß voranschreitet, desto mehr verlieren offenbar die unmittelbaren Produktionslinkages zwischen Landwirtschaft und Industrie an Bedeutung - nicht jedoch die Verknüpfungen in den Bereichen der Nachfrage nach Konsum- und Investitionsgütern, der Entwicklungsfinanzierung, der Freisetzung von Arbeitskräften für den urbanen Bereich (einschl. ihrer soziokulturellen und (schul-)bildungsmäßigen Vorbereitung).

Der Ländervergleich weist daraufhin, daß die anfängliche Importsubstitutionspolitik (oder besser weiter gefaßt: Strategie einer binnenmarktorientierten Industrialisierung, da ein beträchtlicher Teil der Binnennachfrage nicht auf Importsubstitution, sondern auf der Expansion der Binnenmärkte beruhte) in den verschiedenen Regionen sehr unterschiedliche Voraussetzungen für den weiteren Industrialisierungsprozeß geschaffen hat. Ausgehend von Peter Evans' Konzept der *Triple alliance* wurde deutlich, wie zentral spezifische soziopolitische Konstellationen zwischen Staat, lokalem und internationalem Kapital für den Fortgang des Industrialisierungsprozesses in den unterschiedlichen Regionen war. Die Situation in Malaysia und Thailand ähnelte derjenigen in den ostasiatischen Ländern, auf die bereits im theoretischen Teil verwiesen worden war (vgl. o., Kap. I.2.4), d.h. die Allianz wurde eindeutig von einem klar an der Förderung nationaler Entwicklung orientierten Staat dominiert, während in den Philippinen ähnlich wie in Lateinamerika lokale Eliten (häufig unterstützt von TNKs) meist in den Lage waren, staatliche Politik für die Absicherung ihrer Privilegien zu funktionalisieren - auch dort, wo dies offensichtlich den gesamtgesellschaftlichen Entwicklungsprozeß blockierte. Während in Lateinamerika zumindest ein lokales industrielles Unternehmertum vorhanden ist, das in den 80er Jahren zögernd und mit vielerlei Hinhaltetaktiken, begonnen hat, sich umzuorientieren, ist die Situation in Afrika dagegen durch die extreme Schwäche lokaler Unternehmergruppen charakterisiert, wodurch offenbar in vielen Ländern wie in der Elfenbeinküste das Fundament für eine industrielle Restrukturierung fehlt.

Die Fallstudien verweisen darauf, daß es auch in bezug auf die Zusammenhänge zwischen landwirtschaftlicher und industrieller Entwicklung fatal ist, von einem schematischen Ansatz auszugehen. Mit den folgenden Thesen soll versucht werden, die Bedeutung "autozentrierter agroindustrieller Entwicklung" in einer Perspektive darzustellen, die die unterschiedlichen soziokulturellen und politisch-ökonomischen Zusammenhänge, in denen sich Entwicklungsprozesse in unterschiedlichen Regionen und nationalen Gesellschaften vollziehen, aufnimmt:

1) Die Länderfallstudien haben deutlich gemacht, daß in allen untersuchten Ländern ländliche Entwicklungsprozesse, die relativ breite Streuung der Exporterlöse und verschiedene Formen von Verknüpfungen zwischen ländlicher und urbaner Gesellschaft (Beitrag zum gesellschaftlichen Investitionsfond, Nachfrage nach Konsumgütern, regionale Dezentralisierung, Bildungsniveau von Land-Stadt-Migranten usw.) wesentliche Rahmenbedingungen für den gesamten gesellschaftlichen Entwicklungsprozeß bildeten. Angesichts der Auswahlkriterien für die in den Fallstudien berücksichtigten Länder überrascht es nicht, daß diese Rahmenbedingungen zumindest über einen gewissen Zeitraum hinweg deren Entwicklungsprozesse positiv beeinflußt haben. Der Beitrag der landwirtschaftli-

chen Exportproduktion hat sich allerdings in seiner konkreten Form - zu einem beträchtlichen Teil historisch bedingt - sehr unterschiedlich entwickelt (Produkte und Strukturen der Agrarexportsektoren; Verhältnis zur Agrarproduktion für den Binnenmarkt, Ungleichheiten zwischen unterschiedlichen ländlichen Regionen usw.), wobei letztlich die Fähigkeit der betreffenden Gesellschaft, konkurrenzfähige nichtlandwirtschaftliche Sektoren ohne Marginalisierung der ländlichen Gesellschaft zu entwickeln, für den längerfristigen Entwicklungserfolg entscheidend ist.

2) Eine extrem ungleiche räumliche Entwicklung, die meist die hypertrophe Dominanz einer einzelnen Metropolregion impliziert, bringt zweifellos erhebliche sozioökonomische Kosten mit sich, die ab einem bestimmten Punkt auch wachstumsblockierend wirken und damit eine Gegensteuerung im Sinne eines erneuten Schubes agroindustrieller Entwicklung verlangen. Angesichts der mit der Metropolitanisierung verbundenen Konzentration von Kaufkraft, den Fühlungsvorteilen zwischen einzelnen privatwirtschaftlichen Unternehmen sowie zwischen Unternehmen und Staat sowie anderen Agglomerationsvorteilen kann jedoch eine Konzentration wie in der Region um Bangkok zunächst dazu beitragen, daß zumindest hier international konkurrenzfähige Standortbedingungen entstehen. Wenn diese Entwicklung bewußt als Übergangsphase angesehen wird und die politischen und soziokulturellen Voraussetzungen gegeben sind, rechtzeitig eine massive Politik zur Umkehrung dieser Konzentrationstendenzen einzuleiten und durchzusetzen, muß eine zwischenzeitliche räumliche Konzentration nicht unbedingt schädlich sein. Voraussetzung ist immer, daß Metropolitanisierung keine Abkoppelung von der ländlichen Entwicklung und damit auch keine Marginalisierung der ländlichen Region bedeutet.

3) Wesentlich zum Verständnis des Konzeptes der "autozentrierten agroindustriellen Entwicklung" ist die Bedeutung von "Autozentriertheit": Ein hohes Niveau agroindustrieller linkages impliziert bereits einen wesentlichen Aspekt von Autozentriertheit, nämlich die Integration zwischen ländlich-agraren und urban-industriellen Regionen; eine solche Integration verstärkt die Bedeutung interner wirtschaftlicher und soziopolitischer Wechselbeziehungen im Rahmen gesellschaftlicher Transformationsprozesse und reduziert das Risiko disruptiver Entwicklungen. Dies darf nicht im Sinne der Befürwortung einer autarkieorientierten Abkoppelungsstrategie mißverstanden werden; es geht um die positiven Implikationen einer *produktiven* Integration und nicht um eine politisch forcierte Integration um jeden Preis, wie es zwischenzeitlich einige der staatlichen Projekte im Bereich der agroindustriellen Entwicklung kennzeichnete.

Die Exportquote an sich ist kein Indikator für eine so verstandene Autozentriertheit - auch nicht, wenn sie zur Größe der jeweiligen Volkswirtschaft in Beziehung gesetzt wird. Zweifellos wird ein Modell der Anpassung an die ge-

genwärtigen Strukturen der internationalen Arbeitsteilung mit dem Ziel einer
möglichst raschen Steigerung der Exporterlöse, wie es sowohl in Costa Rica als
auch in der Elfenbeinküste (wenn auch mit etwas anderen Akzenten) von seiten
der Bretton Woods-Institutionen gefordert wurde, kaum zu einer verstärkten
Autozentriertheit der lokalen Ökonomie führen. Andererseits - und das zeigen
die Beispiele Thailand und Malaysia - kann eine gezielte Exportförderungspolitik, die die Implikationen der Exportproduktion für die Entwicklung lokaler
sozioökonomischer Strukturen (etwa: Druck zur Erhöhung der Konkurrenzfähigkeit lokaler Unternehmen, Absorption und Qualifikation von Arbeitskräften)
bewußt in die nationale Entwicklungsstrategie einbezieht, durchaus zur Stärkung
nationaler Eigenständigkeit beitragen, zumal eine günstige außenwirtschaftliche
Situation ja auch Spielräume für nationale Eigenständigkeit schafft (etwa: Devisen zum Import von Kapitalgütern für Unternehmen wie für öffentliche Projekte).

4) Insbesondere der Ländervergleich hat deutlich gemacht, daß das eingangs
im Anschluß an Senghaas weitgehend ökonomisch umrissene Konzept von "Autozentriertheit" weiter zu fassen ist, nämlich als *Fähigkeit zu eigenständiger, d.h.
am Potential und an den Zielen der lokalen Gesellschaft orientierter Problemlösung.* Die Fähigkeit zu *eigenständiger* Problemlösung impliziert unter den Bedingungen des heute bestehenden Niveaus globaler Vergesellschaftung (vgl. etwa:
Hein 1993) notwendigerweise, die Bedingtheit lokaler Veränderungen von der
Integration der Gesellschaft in internationale und globale Zusammenhänge zu
berücksichtigen - aber eben unter primärer Orientierung an internen Entwicklungsziele. Diese Überlegungen verweisen zentral auf die Formen, in denen sich
Problemlösungsprozesse in den jeweiligen nationalen Gesellschaften vollziehen,
sowie die Frage, inwieweit in der Wechselbeziehung zwischen den sozialen
Kräfteverhältnissen und politischen Institutionen Strategien eine Chance haben
sich durchzusetzen, die sich nicht an der kurzfristigen Maximierung von Einkommen (oder auch politischer Macht) einzelner Gruppen orientieren, sondern
*an der Schaffung von Voraussetzung für ein langfristiges Fortschreiten eines Ent-
wicklungsprozesses, der eine kontinuierliche Verbesserung gesellschaftlicher Bedürfnisbefriedigung ermöglicht* (vgl.o. S. 37). Dies setzt voraus, daß die Politik nicht
von herrschenden Gruppen dominiert wird, die sehr eng mit externen Interessen
verflochten sind und zum Rest der nationalen Gesellschaft im wesentlichen in
einem parasitären Verhältnis stehen. Eine erstarkende Zivilgesellschaft wird
primär versuchen, die Macht solcher Gruppen zu beschneiden; die ostasiatische
Entwicklung zeigte allerdings, daß auch autoritäre Regime in der Lage sind, das
Interesse an einer langfristigen Entwicklung der Gesamtgesellschaft zu repräsentieren (vgl. auch jeweils verschiedene Beiträge in Deyo 1987 und Draguhn 1993).

Angesichts der großen Bedeutung dieses soziopolitischen Aspektes von Auto-zentriertheit greift eine rein ökonomische Operationalisierung dieses Konzeptes, wie sie Menzel und Senghaas mit ihrer "strukturellen Indikatoren zur Beurteilung von Schwellenländern" vorschlagen (vgl. Menzel/Senghaas 1986, S. 172-198), zu kurz. Diese Indikatoren sind zur synchronischen Analyse sozioökonomischer Strukturen zweifellos äußerst hilfreich; bei dem sehr unterschiedlichem soziopolitischen Hintergrund einzelner Gesellschaften werden allerdings gesellschaftliche Probleme auch unterschiedlich gelöst, was bei augenblicklich ähnlichen "strukturellen Indikatoren" durchaus zu stark voneinander differierenden zukünftigen Entwicklungspfaden führen kann. Unsere stärkere Konzentration auf eine qualitative Analyse der Entwicklungsprozesse der einzelnen Länder in historischer Perspektive versucht, dieser Tatsache gerecht zu werden.

5) In der Einleitung sind wir davon ausgegangen (vgl. S. 49f.), daß zwischen einer derartigen Entwicklung politischer Strukturen einerseits und einer breiten Fundierung urban-industrieller Entwicklung auf einer produktiven und relativ egalitär strukturierten Landwirtschaft andererseits eine enge Beziehung besteht. Tatsächlich scheint jedoch diese Fähigkeit zu eigenständiger Problemlösung nicht ganz so unmittelbar von der Verknüpfung zwischen landwirtschaftlich-ländlicher Basis und weitergehender urban-industrieller Entwicklung abzuhängen, als zu Beginn des Forschungsprojektes angenommen worden war. Die vergleichenden Studien verweisen auf folgende Aspekte:

- Kulturelle Faktoren sind von erheblicher Bedeutung für die Entwicklung politischer Interessenkonstellationen und von Wertesystemen, die den urban-industriellen Transformationsprozeß begleiten. Das Begriffspaar Leistungs-/ Produktivitäts- vs. Rentenorientierung soll hier genügen, um den prinzipiellen Unterschied im Verhalten der Eliten zwischen Thailand und Malaysia einerseits, den Philippinen und Lateinamerika andererseits zu charakterisieren - wobei Costa Rica aufgrund der starken Zivilgesellschaft ein eher untypisches lateinamerikanisches Beispiel darstellt. In diesem Zusammenhang scheint der sehr unterschiedliche historische Hintergrund der Staatsbildungsprozesse in den untersuchten Regionen mehr Interesse zu verdienen, als ihm bisher zuteil geworden ist: Der langfristigen lokalen Tradition von Staatlichkeit in Ost- und Südostasien steht der fast totale Bruch mit lokalen politischen Strukturen und dem noch - in historischer Perspektive - sehr jungen Neuansatz postkolonialer Staaten in Afrika gegenüber. In Lateinamerika ist dieser Neuansatz knapp zwei Jahrhunderte alt und geprägt durch die ständige Übernahme europäischer politischer Ideen und Modelle ohne eine vergleichbare Transformation der sozioökonomischen Basis, die trotz Industrialisierung sehr stark von der Rentenmentalität oligarchischer Agrarexporteure geprägt blieb.

- Als eine ganz wesentliche Voraussetzung für einen Prozeß nachhaltiger sozio-ökonomischer Entwicklung hat sich die Entfaltung zivilgesellschaftlicher Strukturen erwiesen, die erst eine offene Austragung von Interessenkonflikten ermöglicht. Erst mit einem vielfältigen Geflecht von Interessengruppen, Verbänden, Bürgerinitiativen, sozialen Bewegungen und einer Öffentlichkeit, die diesen Gruppen und Organisationen Gehör und Einfluß verschafft, wird Raum für die Diskussion alternativer Entwürfe und die kreative Verbindung von diversen Lösungsstrategien auf unterschiedliche Aspekte gesellschaftlicher Herausforderungen geschaffen und damit eine wesentliche Voraussetzung für "Autozentriertheit" im hier verstandenen Sinne. Gleichzeitig sind natürlich ein funktionierendes Institutionensystem und ein gewisser gesellschaftlicher Grundkonsens nötig, um diese kreative Integration tatsächlich zu erreichen, und nicht in paralysierende Konflikte zu geraten - wie dies etwa in Argentinien für einige Jahrzehnte der Fall war.

Unsere Länderfallstudien weisen in diesem Zusammenhang auf unterschiedliche Aspekte hin: Während der Mangel zivilgesellschaftlicher Entwicklung in den afrikanischen Ländern bis heute die Herausbildung sozialer Träger für neue Entwicklungsansätze erheblich erschwert hat - was ganz besonders am Beispiel der Elfenbeinküste deutlich geworden ist -, haben die entsprechenden sozialen Proteste und Organisationsprozesse in Costa Rica eindeutig zu einer Abfederung der Strukturanpassung und zu einer Stärkung der autozentrierten Komponente geführt; andererseits haben auch die bisher herrschenden Eliten bessere Möglichkeiten als bei einem autoritär durchgesetzten Strategiewandel, ihre bisherigen Privilegien zu verteidigen. Der kulturelle Hintergrund, der den Entwicklungsprozeß in Südostasien gefördert hat (Entwicklungsorientierung der Eliten; soziale Kohäsion), kann auch die Entfaltung zivilgesellschaftlicher Formen nicht ersetzen (u.a. zur Institutionalisierung politischer Formen der Konfliktlösung und der Aufnahme kreativer Impulse in immer komplexer werdenden Gesellschaften).

- Schließlich weist die Entwicklung in Südostasien, teilweise aber auch in Costa Rica darauf hin, daß mit fortschreitendem Entwicklungprozeß zunehmend Probleme der industriellen Konkurrenzfähigkeit in Sektoren, die sich immer mehr vom agroindustriellen Bereich lösen, in den Vordergrund treten. Die weitere sozioökonomische Entwicklung Malaysias kann offenbar nicht allein durch eine Intensivierung ländlicher Entwicklung und agroindustrieller Linkages vorangetrieben werden, sondern setzt bereits den Erhalt und die Verbesserung der Konkurrenzfähigkeit in fortgeschritteneren industriellen Branchen wie der Unterhaltungselektronik und der Computerindustrie voraus.

6) Trotz der nicht zu bestreitenden Bedeutung anderer Faktoren für die Erklärung der Erfolge südostasiatischer Gesellschaften darf die Rückbindung an die Landwirtschaft nicht unterschätzt werden: Weiterhin haben landwirtschaftliche

und agroindustrielle Exporte in Thailand und Malaysia eine erhebliche wirtschaftliche Bedeutung; nach wie vor lebt ein sehr großer Teil der aktiven Bevölkerung von der Landwirtschaft. Darüber hinaus weisen zentrale Probleme beider Länder daraufhin, daß die ländlichen Regionen trotz aller urban-industriellen Dynamik nicht vernachlässigt werden dürfen. Während es in Thailand die erheblichen Agglomerationsprobleme sind, die aus der übermäßigen Konzentration der wirtschaftlichen Wachstumsprozesse in den vergangenen zwei Jahrzehnten auf die metropolitane Region von Bangkok resultieren und in jüngster Vergangenheit wieder eine stärkere Hinwendung der Politik auf die ländlichen Regionen nötig gemacht haben (u.a. über die recht erfolgreiche Förderung ländlicher Industrien), sind es in Malaysia ethnische Probleme, die zu einer massiven Förderung der überwiegend von Malayen bewohnten ländlichen Regionen geführt haben . Grundsätzlich kann man festhalten, daß agroindustrielle Entwicklung auch bei voranschreitender Industrialisierung zentral bleibt und zwar sowohl zur Generierung von Resourcen (Devisen, Nahrungsmittel, Rohstoffe, durch Schulbildung wenigstens einigermaßen auf industrielle Arbeit vorbereitete Arbeitskräfte) für urban-industrielle Entwicklung als auch zur Verhinderung der Hypertrophie der Metropolen.

7) Welche Bedeutung kann unser Konzept für die Überwindung der Krise in den untersuchten afrikanischen Ländern haben ? Es führt kein Weg vorbei an der Feststellung, daß gewisse Aspekte nachholender Entwicklung unabdingbar sind. Kenia und die Elfenbeinküste können im Vergleich zu anderen afrikanischen Ländern auf zwei sehr wichtigen Aktivposten aufbauen: auf relativ gut entwickelte zentrale ländliche Regionen mit einer vergleichsweise breiten Verteilung der Einkünfte aus der traditionellen Agrarexportwirtschaft sowie auf ein beträchtliches Niveau an politischer Stabilität. Ihre wirtschaftlichen und politischen Krisen verweisen jedoch auf die Bedeutung der *Autozentriertheit* agroindustrieller Entwicklung im Sinne der Fähigkeit zu eigenständiger Problemlösung. Der industrielle Teil der in beiden Ländern existierenden Agroindustrien ist weitestgehend entweder durch transnationale Konzerne oder durch den Staat mit Hilfe ausländischer Techniker und Experten entwickelt worden; trotz gewisser Erfolge bei der "Afrikanisierung" von Führungs- und Technikerpositionen, ist - durch die Daten zur Entwicklung von Alphabetisierung und weiterführenden Bildungseinrichtungen dokumentiert - kaum zu bezweifeln, daß erhebliche Verbesserungen im Bildungssystem (und zwar auf allen Ebenen) eine wesentliche Voraussetzung für agroindustrielle Integration und für die Behauptung nichttraditioneller Exportzweige auf dem Weltmarkt darstellen.

Komplizierter stellt sich die Problematik im Hinblick auf die Prozesse der Konstitution gesellschaftlicher und soziopolitischer Strukturen dar. Die älteren modernisierungstheoretischen Analysen sind im allgemeinen viel zu schematisch von den Merkmalen westlicher Demokratien als Vergleichsmaßstäbe ausgegangen (vgl. die zusammenfassende kritische Analyse von Töpper 1990); die Entwicklung in Ost- und Südostasien hat gezeigt, daß traditionelle nicht-westliche Staatsbildungsprozesse durchaus wesentliche Voraussetzungen für das Entstehen effektiver moderner Staatsapparate schaffen können, effektiverer als etwa die gängige formale Imitation westlicher politischer Strukturen in Lateinamerika. Die Entwicklung einer effektiven Bürokratie, einer kreativen und selbstbewußten politischen Klasse sowie einer differenzierten Zivilgesellschaft kann sich offenbar in recht unterschiedlicher Form vollziehen - und ist offenbar effektiver, wenn sie auf langfristige lokale Traditionen aufbaut. Dieser Prozeß braucht aber offenbar Zeit, er kann nicht so einfach durch den Transfer "politischer Technologie" beschleunigt werden - er kann allerdings durch die Herausbildung einer an systematischer Selbstbereicherung und Absicherung der eigenen Macht orientierten Elite erheblich verzögert werden. Zum Verständnis der Zusammenhänge zwischen gesellschaftlichen und staatlichen Konstitutionsprozessen und wirtschaftlicher Entwicklung ist unsere Wissensbasis bisher noch recht schmal - auch wenn der Rückgriff auf historische Analysen der europäischen Entwicklung durchaus nützlich sein dürfte.

Arbeiten etwa wie die klassische Studie von Barrington Moore (1969) über die "Sozialen Ursprünge von Demokratie und Diktatur", die eine weit zurückgreifende historisch-komparative Analyse der Rolle ländlicher Klassenstrukturen für die Entwicklung politischer Systeme liefert, können hier als beispielhaft gelten, auch wenn sie natürlich ebenso wie quantitative Analysen vor Fehlschlüssen nicht gefeit sind. So sah Moore in den drei Sequenzen gesellschaftlicher Modernisierung "bürgerliche Revolution/ Demokratie" ,"konservative Revolution von oben/Faschismus" und "Bauernrevolution/Kommunismus" den Ausdruck sukzessiver historischer Phasen (S. 413f.) und in der langen relativen Stagnation Indiens eben die Konsequenz einer ausgebliebenen Bauernrevolution (S. 431), während die aktuelle Entwicklung zumindest in Südostasien nahelegt, daß der Weg einer "konservativen Revolution von oben" weiterhin möglich ist (und, auch wenn das natürlich noch nicht letztendlich entschieden ist, eventuell auch ohne die Entwicklung faschistischer Regime erfolgreich sein kann).

Wenn in diesen Schlußfolgerungen Anklänge an Modernisierungstheorien deutlich werden, dann sollte noch einmal betont werden, daß dies auf dem Hintergrund einer grundsätzlicher Akzeptanz zentraler dependenztheoretischer Einsichten erfolgt: Die Rahmenbedingungen für jeden lokalen und nationalen Entwicklungsprozeß in der heutigen Dritten Welt sind durch die nicht rückgängig zu machende Integration in globale Zusammenhänge bestimmt und sind in jedem Fall durch das spezifische Verhältnis zwischen lokalen Strukturen und Potentialen einerseits, der *jeweiligen* - sich ständig modifizierenden - Struktur der Weltgesellschaft bestimmt; dennoch muß jede lokale Gesellschaft gewisse Kompetenzen und wahrscheinlich auch gewisse institutionelle Strukturen entwickeln, um im sich weiter intensivierenden Globalisierungsprozeß bestehen zu können. Gewisse Entwicklungen müssen also wohl oder übel nachgeholt werden - auch wenn dies in einer Weise geschehen sollte, die sich nicht wie häufig bei einer reinen Aufholstrategie an den Rahmenbedingungen von gestern, sondern an den zu erwartenden Rahmenbedingungen von morgen orientiert - d.h., um nur einen Aspekt anzudeuten, etwa die Herausforderungen ökologisch dauerhafter Entwicklung mitreflektiert.

8) Im Hinblick auf die afrikanischen Länder dürfte zumindest ein weitgehender Konsens darüber bestehen, daß die Transformation der ländlichen Gesellschaft absolute Priorität besitzt. Dies gilt sowohl für die Erhöhung der landwirtschaftlichen Produktivität im engeren Sinne sowie den Ausbau der physischen und der sozialen Infrastruktur auf dem Lande als auch für die Entwicklung einer zivilgesellschaftlichen Basis für politische Reformen. Wie dieser Transformationsprozeß im einzelnen zu fördern sein wird, ist nicht Thema dieser Arbeit - anzumerken sei nur noch einmal, daß der essentielle Prozeß der Herausbildung lokaler institutioneller und politisch-kultureller Traditionen nicht durch Versuche gefördert werden kann, immer wieder neue Konzepte von außen zu übertragen.

Anders stellt sich natürlich die Frage in Gesellschaften, deren industriell-urbane Strukturen bereits eine beträchtliche Ausdehnung und soziopolitische Dominanz erreicht haben (was nichts über deren Qualität bzw. "Modernität" sagt) - wie wir gesehen haben, konzentriert sich die lateinamerikanische Strategiediskussion trotz des Bewußtseins großer Probleme im Bereich der ländlichen Entwicklung immer wieder auf den *industriellen* Transformationsprozeß. Eine (nachholende) Strategie autozentrierter agroindustrieller Entwicklung in unserem Sinne ist weit davon entfernt, eine De-Industrialisierung anzustreben, um den industriellen Sektor auf einer transformierten landwirtschaftlichen Basis neu aufzubauen - wie wir es in der Costa-Rica-Studie gezeigt haben, geht es um eine Re-Orientierung bestehender industrieller Strukturen. Allerdings darf die Gefahr nicht übersehen werden, daß die Fixierung auf Konkurrenzfähigkeit in den modernsten Industriesektoren trotz anders lautender Bekenntnisse zu einer einfachen Fortsetzung der Politik des "Urban bias" führen kann. Auch eine effizientere Industriepolitik wird die im Vergleich zu Südost- und Ostasien (mit Ausnahme natürlich der Philippinen) extrem inegalitären und heterogenen Agrarstrukturen nicht vergessen lassen, da letztere, wie wir gesehen haben, in vielfältiger Weise immer wieder in den gesellschaftlichen Entwicklungsprozeß hineinwirken (politische Strukturen, Migrationsdruck, armutsbedingte Belastung natürlicher Ressourcen usw.).

Auf die Notwendigkeit, auch erfolgreiche industrielle Entwicklung immer wieder
an die Förderung ländlicher Entwicklung zurückzukoppeln, wurde in bezug auf
Malaysia und Thailand verwiesen. Erst in Industriegesellschaften, in denen nur
noch 2-3% der Bevölkerung von der Landwirtschaft lebt und die ländlichen
Strukturen sich von den urbanen vielleicht primär durch die Siedlungsdichte
unterscheiden, stellt sich die Problematik anders. Bei und sind es zunehmend
ökologische Probleme der verschiedensten Art, die uns deutlich machen, daß die
urban-industrielle Entwicklung auch hier nicht von der ländlichen Entwicklung
abzukoppeln ist.

Das Ende der Großtheorien?

Die letzten Überlegungen weisen schon daraufhin, daß unsere Studie trotz der
starken Betonung lokaler und regionaler Spezifika keineswegs so einfach als
Beispiel für die Abkehr von der "großen Theorie" interpretiert werden kann, wie
sie verschiedentlich in der einen oder anderen Form gefordert worden ist (vgl.
etwa Boeckh 1992; Menzel 1992). Die hier vorgelegten Fallstudien und der ihnen
zugrundegelegte Interpretationsrahmen verweisen m.E. vor allem darauf, daß in
der selbstkritischen Diskussion der Entwicklungstheorie die Tendenz bestand,
nicht ausreichend zwischen "großer Theorie" einerseits und mangelnder Differenzierung, mangelndem Bezug zum Konkreten andererseits zu unterscheiden.
Die globalen Entwicklungsprobleme, mit denen wir heute konfrontiert sind - und
die nicht nur Entwicklungsprobleme der (ehemaligen?) Dritten Welt sind -
verlangen mehr denn je nach *umfassenden Theorieansätzen*. Ganz zentrale
Probleme, die dringend auch weiterer theoretischer Bearbeitung bedürfen, betreffen vor allem die Wechselbeziehung zwischen der notwendigen sozioökonomischen und politischen Konsolidierung (Integration, Stabilisierung) von Ent-
wicklungsgesellschaften einerseits und die dieser Konsolidierung in vielerlei
Aspekten entgegenwirkenden Globalisierungstendenzen andererseits (vgl. dazu
verschiedene Beiträge in Nord-Süd aktuell, Nr.1/1993) sowie schließlich die
Implikationen der unausweichlichen Notwendigkeit, gesellschaftliche Transformationsprozesse im Norden und im Süden unter dem Gesichtspunkt der
dauerhaften Versöhnung von Umwelt und Entwicklung miteinander in Einklang
zu bringen.

Das Konzept der *autozentrierten agroindustriellen Entwicklung* postuliert bestimmte Voraussetzungen für einen internen Konsolidierungsprozeß unter Berücksichtigung eines hohen Grades an globaler Integration durch die Problemati-
sierung der autozentrierten Charakters eines solchen Prozesses. Der interkonti-
nentale Vergleich hat dabei den Aspekt der historisch bedingten Verschiedenheit
dieser internen Konsolidierungsprozesse und deren problematischer Interaktion
mit der wachsenden Dominanz von globalen Vergesellschaftungsprozessen deutlich gemacht.

Dies ist übrigens ein Aspekt, der grundsätzlich bereits von der dependenzanalyti-
schen Kritik an der Modernisierungstheorie betont wurde, allerdings meist in der
gängigen plakativen Zuspitzung der Theoriediskussion untergegangen ist. Hier
tut sich ein weites Feld für eine zukünftige komplementäre Entwicklung von
entwicklungstheoretischen "Großtheorien" und einzelnen Fallstudien auf, wobei
letztere sich nicht primär darauf konzentrieren sollten, die Großtheorien zu
exemplifizieren oder zu falsifizieren, sondern eben die konkreten Wechselbeziehungen zwischen globalen Prozessen und allgemeinen Entwicklungstendenzen
einerseits, lokalen und regionalen Spezifika andererseits zu untersuchen und
soweit möglich, theoretisch zu erfassen, um Grundlagen für strategisches Handeln entwickeln zu können. In unsere entwicklungspolitischen Überlegungen zu
Costa Rica sind eingegangen:

- theoretische Überlegungen zum Zusammenhang zwischen ländlicher und
  industrieller Entwicklung
- Bestandsaufnahme zum historischen Hintergrund und zur aktuellen Situation
  Costa Ricas,
- Überlegungen zu Auswirkungen aktueller globaler Strukturen auf die konkrete
  Entwicklung der Beziehungen Landwirtschaft-Industrie in Costa Rica

Die Aufarbeitung der aktuellen Erfahrungen Costa Ricas in Vergleich zu anderen Ländern erlaubte wiederum weitergehende Aussagen zum theoretischen
Ausgangspunkt - dies scheint mir ein methodisches Vorgehen zu sein, daß uns
eine vorsichtige Wiederannäherung an die Beschäftigung mit den für ein adäqua-
tes Verständnis der Gegenwart in ihrer "neuen Unübersichtlichkeit" so wichtigen
"Großtheorien" ermöglichen mag.

Bibliographie

Achio, Mayra/Escalante, Ana C.: *Azúcar y Política en Costa Rica*, San José 1985

Adams, W.M.: "How Beautiful is Small? Scale, Control and Success in Kenyan Irrigation", in: *World Development*, Bd. 18/1990, Nr. 10, S. 1309-1323

Adelman, Irma: "Beyond Export-Led Growth", in: *World Development*, Bd. 12, 1984, Nr. 9, S. 937-949

Aguilar, Irene/Solís, Manuel: *La élite ganadera en Costa Rica*, San José 1988

Alemayehu, Dereje: "Vom Mirakel zum Debakel: Der Weg einer extrovertierten Wachstumsökonomie in die Krise", in: ders. (Hrsg.), *Die Côte d'Ivoire im Zeichen der Strukturanpassung*, Arbeitspapiere zu Wirtschaft, Gesellschaft und Politik in Entwicklungsländern, Nr. 11 (FU Berlin), Berlin 1992, S. 1-38

Altenburg, Tilman: *Möglichkeiten und Grenzen wirtschaftlich eigenständiger Regionalentwicklung in Peripherräumen Costa Ricas*, Diss., Hamburg 1991

Altenburg, Tilman: *Wirtschaftlich eigenständige Regionalentwicklung. Fallstudien aus Peripherieregionen Costa Ricas*, Hamburg 1992

Altenburg, Tilman/Hein, Wolfgang/Weller, Jürgen: *El desafío económico de Costa Rica. Desarrollo agroindustrial autocentrado como alternativa*, San José/Costa Rica 1990

Altenburg, Tilman/Weller, Jürgen: "Kontraktproduktion - Ein Instrument zur Verbesserung der wirtschaftlichen Lage von Kleinbauern", in: *Nord-Süd aktuell*, Nr. 3/1991, S. 387-397

Alternativas de Desarrollo/Oikos Asesores: *Análisis de las exportaciones agropecuarias no tradicionales*, vervielf., San José, o.J.

Altvater, Elmar: *Sachzwang Weltmarkt. Verschuldungskrise, blockierte Industrialisierung, ökologische Gefährdung - der Fall Brasilien*, Hamburg 1987

Amin, Samir: *Neo-Colonialism in West Africa*, Harmondsworth 1973

Anand, Sudhir: *Inequality and Poverty in Malaysia. Measurement and Decomposition*, A World Bank Research Publication, Washington, D.C. 1983

Anuario del Cooperativismo en Costa Rica 1988-1989, hrsg. vom Instituto de Investigaciones Sociales (verantw. Marielos Rojas Viquez), Universidad de Costa Rica, San José 1990

Anyang'Nyong'o, P.: "The Possibilities and Historical Limitations of Import-Substitution Industrialization in Kenya", in: Coughlin/Ikiara 1988, S. 6-50

Araya Pochet, Carlos: *Historia económica de Costa Rica 1821-1971*, San José

Arroyo, Gonzalo: "Agro-Industrial Models for Developing Countries", in: Michaud, Lucien (Hrsg.): *Multinational Corporations and Regional Development*, Rom 1983, S. 169-188

Arroyo, Gonzalo/Gomes de Almeida, Silvio/van der Weid, Jean Marc: "Transnational Corporations and Agriculture in Latin America", in: Latin American Research Unit (Hrsg.), *The Agrarian Situation in Latin America*, Toronto 1981, S. 23-60

Arroyo, Gonzalo/Rama, Ruth/Rello, Fernando: *Agricultura y alimentos en América Latina. El poder de las transnacionales*, México 1985: UNAM, Instituto de Cooperación Iberoamericana

Asche, Helmut: *Industrialisierte Dritte Welt? Ein Vergleich von Gesellschaftsstrukturen in Taiwan, Hongkong und Südkorea*, Hamburg 1984

Bairoch, Paul: *Révolution industrielle et sous-développement*, 4. Aufl., Paris, Den Haag 1974 (1. Aufl. 1963)

---, "Agriculture and the Industrial Revolution 1700-1914", in: Cipolla, Carlo M. (Hrsg.): *The Fontana Economic History of Europe, Vol. 3, The Industrial Revolution*, Glasgow 1973, S. 452-506

Bakary, Tessilimi: "Elite Transformation and Political Succession", in: Zartman/Delgado 1984, S. 21-55

Baklanoff, Eric N./Brannon, Jeffery T.: "Forward and Backward Linkages in a Plantation Economy: Immigrant Entrepreneurship and Industrial Development in Yucatan, Mexico", in: *Journal of Developing Areas*, Bd. 19, 1985, Heft 1, S. 83-94

Banco Central de Costa Rica: *Balanza de pagos de Costa Rica 1986*, San José o.J.

Banco Central de Costa Rica: Cuentas Nacionales 1986-89, unveröffentl. Manuskript, San José 1991

Banco Central de Costa Rica, Sección de Economía Industrial: *Estadísticas del sector industrial manufacturero 1980-1989*, San José 1991a

Bank of Thailand: *Annual Economic Report 1990*, Bangkok 1991

Bates, Robert H.: *Beyond the Miracle of the Market. The political economy of agrarian development in Kenya*, Cambridge 1989

BCCR: *Estadísticas 1950-1985*, San José 1986

---, *Balanza de pagos de Costa Rica 1986*, San José, o.J.

---, *Cifras de producción agropecuaria 1976-1985*, San José 1986

---, *Cifras sobre producción industrial 1977-1986*, San José 1988

---, *Cifras sobre producción agropecuaria 1977-1986*, San José 1988a

BCEAO (Banque Central des Etats de l'Afrique de l'Ouest): *Statistiques économiques et monétaires*, Janvier 1993, Dakar

Behrens, Karl Christian: *Allgemeine Standortbestimmungslehre*, Opladen 1971

Belassa, Bela: "Export Incentives and Export Performance in Developing Countries: A Comparative Analysis", in: *Weltwirtschaftliches Archiv*, Bd. 114/1978, H. 1, S. 24-61

Berg-Schlosser, Dirk/Siegler Rainer: *Politische Stabilität und Entwicklung. Eine vergleichende Analyse der Bestimmungsfaktoren und Interaktionsmuster in Kenia, Tansania und Uganda*, Köln (Forschungsberichte des BMZ, Bd. 88) 1988

Bermúdez Méndez N./Pochet Coronado, Rosa M.: *La agroindustria de la caña de azúcar en Costa Rica*, Buenos Aires 1986

Berthélemy, J.C./Morrisson, C.: *Agricultural Development in Africa and the Supply of Manufactured Goods*, Paris (OECD, Development Centre Studies) 1989

Betz, Joachim: "Tee in Kenia", in: *Afrika-Spektrum*, Nr. 2/1989, S. 141-154

Betz, Joachim: *Agrarische Rohstoffe und Entwicklung. Teewirtschaft und Teepolitik in Sri Lanka, Indien und Kenia*, Hamburg 1993

BFAI (Bundesstelle für Außenhandelsinformation): *Wirtschaftsdaten aktuell. Côte d'Ivoire*, April 1993

Bierschenk, Thomas/Elwert, Georg/Kohnert, Dirk: "The Long-Term Effects of Development Aid: Empirical Studies in Rural West Africa", in: *Economics*, 47. Jg./1993, S. 83-111

Bitar, Sergio/Bradford, Colin I.: "Strategic Options for Latin America in the 1990s", in: Bradford, Colin I. (Hrsg.): *Strategic Options for Latin America in the 1990s*, Paris (OECD/IDB) 1992, S. 9-19

Boeckh, Andreas: "Entwicklungstheorien: eine Rückschau", in: Nohlen, Dieter/ Nuscheler, Franz (Hrsg.): *Handbuch der Dritten Welt*, Bd. 1, 3. Aufl., Bonn 1992, S. 110-130

Borges, Uta u.a.: *Proalcool. Analyse und Evaluierung des brasilianischen Biotreibstoffprogramms*, Saarbrücken 1984.

Brett, Edward: *Colonialism and Underdevelopment in East Africa*, London 1972

Briceño, Edgar/Leiva, Jorge: *Perfil preliminear del sector exportador no tradicional costarricense*, Manuskript, San José 1988

Broad, Robin: *Unequal Alliance: The World Bank, the International Monetary Fund, and the Philippines*, Berkeley and Los Angeles 1988

Bronger, Dirk: *Die Philippinen. Raumstrukturen, Entwicklungsprobleme, Regionale Entwicklungsplanung*, Mitteilungen des Instituts für Asienkunde, Nr. 159, Hamburg 1987

Bunge, Frederica M.: *Philippines, a country study* (US Area handbook series), 3. Aufl., Washington. D.C. 1984

Brugger, Ernst A.: *Regionale Strukturpolitik in Entwicklungsländern*, Diessenhofen 1982

CADESCA (Comité de Acción de Apoyo al Desarrollo Económico y Social de Centroamérica)/CCE (Comisión de las Comunidades Europeas): *Política macroeconómica y sus efectos en la agricultura y la seguridad alimentaria*, Panama 1990

Callanta, Ruth S.: *Poverty. The Philippine Scenario,* Manila 1988

Calvo Coïn, Otto/Gainza Echeverría, Javier: "Economía política y cooperativsmo agrícola: Encooper R.L., análisis de un caso según la teoría general de sistemas", in: *Revista de Ciencias Sociales*, Nr. 43/1989, S. 53-71

Cámara de Industrias de Costa Rica. Unidad de Estudios Económicos: *Perfil de la industria alimentaria*, 2. Aufl., San José 1987

Cámara Nacional de Agricultura y Agroindustria (CNAA): *Indicadores Económicos y Estadísticas del Sector Agropecuario*, San José 1990

Campos-Rademacher, G.: "Development of the agricultural machinery industry", in: Moens/Siepman 1984, S. 34-39

Cardoso, Ciro/Pérez Brignoli, Hector: *Centroamérica y la economía occidental (1520-1930)*, San José 1977

Cardoso, Fernando Henrique: "Brasilien: Die Widersprüche der assoziierten Entwicklung", in: Sonntag, Heinz Rudolf (Hrsg.): *Lateinamerika: Faschismus oder Revolution*, Berlin 1974, S. 32-62

CATSA, Asamblea General de Accionistas: *Informe*, 2.12.1990

Cazanga, José D.: *Las cooperativas de caficultores en Costa Rica*, San José 1987

CENAP u.a.: *No hay paz sin alimentos: los pequeños productores por el derecho a producir*, San José 1988

CENPRO (Centro de Promoción de Exportaciones e Inversiones) und Centro de Comercio Internacional UNCTAD/GATT: *Análisis del potencial de exportaciones no tradicionales de Costa Rica*, San José 1986

Central Bank of Kenya: *Quarterly Economic Review*, July-Sept. 1991

Central Bureau of Statistics (Ministry of Planning and National Development/ Kenya): *Economic Survey 1992*, Nairobi Mai 1992

Centro Científico Tropical: *Costa Rica. Perfil Ambiental*, San José 1982

CEPAL: *Notas para el estudio económico de América Latina y el Caribe, 1987. Costa Rica*(LC/MEX/L.90), México 1988

CEPAL: *Transformación productiva con equidad. La tarea prioritaria del desarrollo de América Latina y el Caribe en los años noventa*, Santiago de Chile 1990

CEPAL (Comisión Ecómica para América Latina y el Caribe): *Anuario Estadística para América Latina y el Caribe. Edicion 1990*, Santiago de Chile 1991

---, *El desarrollo sustentable: Transformación productiva, equidad y medio ambiente*, Santiago de Chile 1991

Céspedes, Víctor Hugo/di Mare, Alberto/Jiménez, Ronulfo: *Costa Rica: Recuperación sin reactivación*, Academía de Centroamérica, San José 1985

Chang, Sai: *Von der traditionellen Gesellschaft zum Take-off- die Wirtschaftsentwicklung Taiwans*, Saarbrücken 1984

Charoensin-o-Larn, Chairat: *Understanding Postwar "Reformism" in Thailand: A Reinterpretation of Rural Development*, Dissertation University of Hawaii, Ann Arbor 1985

Chevillard, Nicole: "L'entreprise ivoirienne à la loupe", in: *Afrique industrie*, 5.3.1988

Churnside, Roger: *Formación de la fuerza laboral costarricense*, San José 1985

Colburn, Forrest D./Saballos Patiño, Iván: "El impulso a las ventas externas no tradicionales de Costa Rica", in: *Comercio Exterior*, Bd. 38, Nr. 11, Nov. 1988, S. 1027-1032

Coopeagri El General, R.L., Asamblea General de Delegados No. 51, *Informe Gerencia*, San Isidro de El General 1991

Coughlin, Peter: "Toward a New Industrialization Strategy in Kenya", in: Coughlin/Ikiara 1988, S. 275-303

Coughlin, Peter/Ikiara, Gerrishon K. (Hrsg.): *Industrialization in Kenya. In Search of a Strategy*, Nairobi 1988

Cowen, M.: "Change in state power, international conditions and peasant producers: the case of Kenya", in: *Journal of Development Studies*, Bd. 22/1986, Nr. 2, S. 355-385

Crook, Richard: "Politics, the Cocoa Crisis, and Administration in Côte d'Ivoire", in: *The Journal of Modern African Studies*, 28. Jg., Nr. 4/1990, S. 649-669

Dahm, Bernhard: *Economy and Politics in the Philippines under Corazon Aquino*, Mitteilungen des Instituts für Asienkunde Nr. 197, Hamburg 1991

Dalisay, Amando M.: *Agricultural and Rural Development in the Philippines (Post-war Period)*, Manila 1974

Deyo, Frederic C. (Hrsg.): *The Political Economy of the New Asian Industrialism*, Ithaca 1987

Dinham, Barbara/Hines, Colin: *Agribusiness in Africa. A study of the impact of big business on Africa's food and agricultural production*, 3. Aufl. 1985

Dirección General de Estadísticas y Censos (DGEC): *Cartografía censal 1973*, San José, o.J.

---, *Censo agropecuario 1973*, San José 1974

---, *Compendio comercio exterior de Costa Rica 1978-1981*, San José 1983

---, *Cartografía censal 1984*, San José, o.J.

---, *Censo agropecuario 1984*, San José 1987

---, *Censo de población 1984*, San José 1987

Donner, Wolf: *Thailand. Räumliche Strukturen und Entwicklung*, Wissenschaftliche Länderkunden Bd. 3l, Darmstadt l989

---, *The Five Faces of Thailand. An Economic Geography*, London 1978

Draguhn, Werner (Hrsg.): *Asiens Schwellenländer: Dritte Weltwirtschaftsregion? Wirtschaftsentwicklung und Politik der "Vier kleinen Tiger" sowie Thailands, Malaysias und Indonesiens*, Mitteilungen des Instituts für Asienkunde Nr. 195, Hamburg 1991

---, (Hrsg.): *Neue Industriekulturen im pazifischen Asien. Eigenständigkeiten und Vergleichbarkeit mit dem Westen*, Hamburg 1993

EIU (The Economist Intelligence Unit) *Kenya. Country Report*, No. 4/1992

EIU (The Economist Intelligence Unit): *Kenya. Country Profile 1992-93*, London 1992

EIU (The Economist Intelligence Unit): *Côte d'Ivoire, Mali. Country Profile 1993-94*, London 1993

Ellis, Frank: *Los Transnacionales del Banano en Centroamérica*, San José 1985

Elsenhans, Hartmut: "Grundlagen der Entwicklung der kapitalistischen Weltwirtschaft", in: Senghaas, Dieter (Hrsg.): *Kapitalistische Weltökonomie*, Frankfurt/M. 1979, S. 103-148

---, "Die Überwindung der Unterentwicklung durch Massenproduktion für den Massenbedarf - Weiterentwicklung eines Ansatzes", in: Nohlen, Dieter/ Nuscheler, Franz (Hrsg.): *Handbuch der Dritten Welt*, 2. Aufl., Bd. 1, Hamburg 1982, S. 152-182

---, "Staatsklasse, Umverteilung und die Überwindung von Unterentwicklung", in: *Peripherie*, Nr. 22/23, 1986, S. 149-165

Eßer, Klaus: "Lateinamerika in der Krise. Neostrukturalismus als wirtschaftspolitische Reaktion", in: *Vierteljahresberichte*, Nr. 107, März 1987, S. 5-20

---, *Entwicklung einer Wettbewerbsstrategie: Herausforderung der Länder Lateinamerikas in den 90er Jahren*, Berlin (DIE) 1991

Etherington, Dan M.: *Smallholder Tea Production in Kenya. An Economic Study*, Nairobi-Kampala-Dar Es Salam 1973

Evans, Peter: *Dependent Development. The Alliance of Multinational, State, and Local Capital in Brazil*, Princeton 1979

Evans, Peter: "Class, State, and Depende in East Asia: Lessons for Latin Americanists", in: Deyo, Frederic C.: *The Political Economy of the New Asian Industrialism*, Ithaca, N.Y., 1987, S. 203-226

Evers, Tilman: *Bürgerliche Herrschaft in der Dritten Welt*, Frankfurt 1977

Fajnzylber, Fernando: *Unavoidable Industrial Restructuring in Latin America*, Durham 1990

FAO/SEPSA: *El sector agropecuario*.I. Diagnóstico, San José 1986

Faure, Colette: *Agro-Industrie et système cooperatif au Costa Rica: Le cas de l'entreprise Victoria*, Thèse de doctorat du 3ème cycle en urbanisme et aménagement, Toulouse 1981

Feder, Ernest: "McNamaras kleine Grüne Revolution. Der Weltbank-Plan zur Selbstzerstörung der Kleinbauern in der Dritten Welt", in: ders., *Erdbeer-Imperialismus. Studien zur Agrarstruktur Lateinamerikas*, Frankfurt/M. 1980, S. 333-359

Fiege, Karin: *Bäuerliche Exportproduktion in der Côte d'Ivoire. Fallstudie zu wirtschaftlichen und sozialen Auswirkungen der Kaffee- und Kakaoproduktion*, Arbeiten aus dem Institut für Afrika-Kunde Bd. 78, Hamburg 1991

Finkel, Moshe/Darkoh, Michael B.K.: "Sustaining the Arid and Semi-Arid (ASAL) Environment in Kenya through Improved Pastoralism and Agriculture", in: *Journal of Eastern African Research & Development*, Bd. 21/1991, S. 1-20

Fong Chang Onn: *The Malaysian Economic Challange in the 1990s: Transformation for Growth*, Singapore 1989

Fraternité Matin, Abidjan, verschiedene Ausgaben

Friedmann, John/Weaver, Clyde: *Territory and function*, London 1979

Fröbel, Folker/Heinrich, Jürgen/Kreye, Otto: *Die neue internationale Arbeitsteilung. Strukturelle Arbeitslosigkeit in den Industrieländern und die Industrialisierung der Entwicklungsländer*, Reinbek bei Hamburg 1977

Fürst, Edgar: *Préstamos y políticas de ajuste estructural frente a la crisis del endeudamiento: El caso particular de Costa Rica (1982-1987)*, Beitrag zum 46. Internationalen Amerikanistenkongreß, Amsterdam 1988

---, "Außenhandelsliberalisierung und Exportförderung in Costa Rica (1985-1990)", in: *Nord-Süd aktuell*, Nr. 4/1991, S. 547-566

---, *Krise, Schuldenmanagement und Stabilisierung in Mexiko und Costa Rica (1982-1988). Bilanzierender Rückblick auf zwei kontrastive Anpassungserfahrungen*, Hamburg (Institut für Iberoamerika-Kunde, Arbeitsunterlagen und Diskussionsbeiträge) 1992

Furtado, Celso: *Economic Development of Latin America*, London 1970

Gaile, Gary L.: "Improving Rural-Urban Linkages through Small Town Market-Based Development", in: *Third World Planning Review*, Bd. 14, Nr. 2/1992, S. 131-148

Gallardo, María Eugenia/López, José Roberto: *Centroamérica. La crisis en cifras*, San José 1986

Garnier, Leonardo: "Crisis, desarrollo y democracia en Costa Rica", in: Torres Rivas u.a.: *Costa Rica. Crisis y desafíos*, San José 1987

Glewwe, Paul/de Tray, Dennis: *The Poor during Adjustment. A Case Study of Côte d'Ivoire*, LSMS (Living Standards Measurement Study) Working Paper No. 47, Development Research Department, The World Bank, Washington, D.C. 1988

Glover, David J.: "Contract Farming and Smallholder Outgrower Schemes in Less-Developed Countries", in: *World Development*, Bd. 15 (1987), Nr. 4

Gobierno de Costa Rica: *Carta de intenciones* (27.2.1991), in: *La Nación* (San José/ Costa Rica, 6.3.1991)

---, *Propuesta de acciones para un PAE III*, in: *La Nación* (San José/Costa Rica, 30.8.1991)

Grosh, Barbara: "Parastatal-Led Development: The Financial Sector in Kenya, 1971-1987", in: *African Development Review*, Vol. 2, No. 2, Dec 1990

Grynspan, Rebeca/Rodríguez, Ennio: *Actividades industriales estrategicas: Evaluación y recomendaciones*, San José 1983 (IICE, Doc. de Trabajo, Nr. 58)

Gudmundson, Lowell: *Hacendados, políticos y precaristas: La ganadería y el latifundismo guanacasteco 1800-1950*, San José 1983

Güendell, Ludwig: ¿*Del Estado social ampliado al Estado social restringuido?*, unveröffentl. Manuskript, San José 1990

Haggblade, Steve/Hazell, Peter/Brown, James: *Farm/ Non-Farm Linkages in Rural Sub-Saharan Africa: Empirical Evidence and Policy Implications*, Washington, D.C. 1987: Agriculture and Rural Development Department, World Bank, unpublished Discussion Paper 1987

---, "Farm-Nonfarm Linkages in Rural Sub-Saharan Africa", in: *World Development*, Bd. 17(1989), Nr. 8, S. 1173-1201

Hall, Carolyn: *El café y el desarrollo histórico-geográfico de Costa Rica*, San José 1982

---, *Costa Rica: una interpretación geográfica con perspectiva histórica*, San José 1983

Hanisch, Rolf: *Philippinen*, München 1989

Hanisch, Rolf: *Der Staat, ländliche Armutsgruppen und legale Bauernbewegung in den Philippinen*, Baden-Baden 1983

Hanisch, Rolf: "Die politische Ökonomie des Kakaoweltmarktes", in: Hanisch, Rolf/Jakobeit, Cord (Hrsg.): *Der Kakaoweltmarkt. Weltmarktintegrierte Entwicklung und nationale Steuerungspoltik der Produzentenländer, Band I: Weltmarkt, Malaysia, Brasilien* , Hamburg 1991, S. 1-175

Harborth, Hans-Jürgen: *Dauerhafte Entwicklung statt globaler Selbstzerstörung. Eine Einführung in das Konzept des "Sustainable Development"*, Berlin 1991

Harding, Leonhard/Schubert, Joachim/Traeder, Heide: *Entwicklungsstrategien in Afrika: Elfenbeinküste, Malawi, Sambia, Tansania* (Arbeiten aus dem Institut für Afrika-Kunde, Nr. 32), Hamburg 1981

Haude, Detlev: "Von Agrikultur zur Agroindustrie", in: *Peripherie*, Nr. 28, 1987

Havrylshyn, Oli/Alikhani, Iradj: "Is There Cause for Export Optimism ? An Inquiry into the Existence of a Second Generation of Successful Exporters", in: *Weltwirtschaftliches Archiv*, Bd. 118, 1982, S. 651-663

Hawes, Gary: *The Philippine State and the Marcos Regime. The Politics of Export*, Ithaca and London 1987

Hebinck, Paulus Gerardus Maria: *The Agrarian Structure in Kenya: State, Farmers and Commodity Relations*, Nijmegen Studies in Development and Cultural Change, Vol. 5, Saarbrücken - Fort Lauderdale 1990

Hecklau, Hans: *Ostafrika (Kenya, Tanzania, Uganda)*, Wissenschaftliche Länderkunden Bd. 33, Darmstadt 1989

Heimpel, Christian: *Agrarreform und wirtschaftliche Entwicklung in Taiwan*, Berlin 1967

Hein, Wolfgang: "The political economy of oil exporting, or: exchange- and use-value aspects of dependence from exporting oil", in: den Boer, C.W.M./Hagedoorn, L.F./Stroom, J.H. (Eds.): *International Commodity Trade Latin America - EEC*, Amsterdam 1981, pp. 317-349

---, "Fachübersicht: Zur Theorie der Unterentwicklung und ihrer Überwindung", in: *Peripherie*, Nr. 5/6, 1981, S. 64-91

---, "Globale Vergesellschaftung im kapitalistischen Weltsystem und die Grenzen eigenständiger nationaler Entwicklung, in: *Peripherie*, Nr. 10/11, 1982, S. 6-23

---, *Weltmarktabhängigkeit und Entwicklung in einem Ölland: Das Beispiel Venezuela (1958-1978)*, Stuttgart 1983

---, "Staatsklasse, Umverteilung und Überwindung der Unterentwicklung", in: *Peripherie*, Nr. 18/19, 1985, S. 172-185

---, *Ökologische Probleme in Costa Rica und Nicaragua: Sozio-ökonomische Ursachen, gegenwärtige Aktivitäten und Perspektiven für die Zukunft*, unveröffentl. Manuskript, Berlin (W) 1987

---, Ökologische Probleme in Costa Rica und Nicaragua. Studie im Auftrag für Brot für die Welt, Berlin 1987

---, "Sozialdemokratie oder Desarrollismo?", in: *Zeitschrift für Lateinamerika. Wien*, Nr. 37/1989, S. 25-52

---, "Umwelt und Entwicklungstheorie - ökologische Grenzen der Entwicklung in der Dritten Welt?", in: *Nord-Süd aktuell*, Jg. 4, Nr. 1,1990, S. 37-52

---, "Die Neue Weltordnung und das Ende des Nationalstaats", in: *Nord-Süd aktuell*, Nr. 1/1993, S. 50-59

---, "Sustainability - A New Concept for Development?", in: *African Development Perspectives Yearbook*, Nr. 3/1993, i.E.

Hein, Wolfgang/Simonis, Georg: "Entwicklungspolitik, Staatsfunktionen und Klassenauseinandersetzungen im peripheren Kapitalismus", in: Schmidt, Alfred (Hrsg.): *Strategien gegen Unterentwicklung. Zwischen Weltmarkt und Eigenständigkeit*, Frankfurt 1976, S. 216-249

Herrero, Fernando/Garnier, Leonardo: *El desarrollo de la industria en Costa Rica*, Heredia 1981

Herrero Acosta, Fernando/Rodríguez Céspedes, Ennio: *La construcción del futuro a partir de la crisis*. Alternativas de Desarrollo, San José 1987

Herrero A., Fernando/Morales, Pedro A./Gonzales, C. und Glodys: *Impacto de las políticas de ajuste en la pobreza rural: Costa Rica en la decada de los ochenta*, San José 1991

Herrmann, Peter: *Der Beitrag der Industrie zur ländlichen Entwicklung in Kenia*, Sozialwissenschaftliche Studien zu internationalen Problemen/Social Science Studies on International Problems Bd. 135, Saarbrücken - Fort Lauderdale 1988

Hillcoat, Guillermo/Quenan, Carlos: "Reestructuración internacional y reespecialización productiva en El Caribe", in: *Ciencias Económicas*, Nr. 1/2, 1989, S. 43-64

Hillen, Peter (Hrsg.): *Im Schatten des Wachstums. Arbeits- und Lebensbedingungen in der Côte d'Ivoire*, Saarbrücken - Fort Lauderdale 1990

Hinkelammert, Franz J.: *Democracia y Totalitarismo*, San José 1987

Hirsch, Philip: "The State in the Village: Interpreting Rural Development in Thailand", *Development and Change*, Vol. 20 (1989), 35-56

Hirsch, Seev: "Scope for Manufactured Export Expansion in Developing Countries", in: Giersch, Herbert (Hrsg.): *Reshaping the World Economic Order*, Tübingen 1977, S. 64-85

Hirschman, Albert: *The Strategy of Economic Development*, New Haven 1958

---, "A Generalized Linkage Approach to Development, with Special Reference to Staples", in: *Essays on Economic Development and Cultural Change*, in Honor of Bert F. Hoselitz, Bd. 25, Suppl., Chicago 1977

---, "A Dissenter's Confession: The 'Strategy of Economic Development' revisited, in: Meier, Gerald/Sears, Dudley, *Pioneers in Development*, New York 1984

Ho, Samuel P.S.: *Economic Development of Taiwan 1860-1970*. New Haven 1978

Hobkoo, Ahmad: "Les industries agro-alimentaires ivoiriennes: évolution et prospective", in: *Economies et sociétés*, Bd. 21, Nr. 7/1987, S. 209-225

Hoffman, Kurt: "Technological Change in Telecommunications. Implications for Industrial Policy in Developing Countries", in: UNIDO, *New Technologies and Global Industrialization. Prospects for Developing Countries*, Wien 1989, S. 29-72

Hofmeier, Rolf: "Kenya", in: Hofmeier, Rolf/Schönborn, Mathias (Hrsg.), *Politisches Lexikon - Afrika*, S. 152-167

Holland, Stuart: *Capital versus the Regions*, London 1976

Human Development Report (HDR), UNDP, New York, jährlich

Hurtienne, Thomas: "Fordismus, Entwicklungstheorie und Dritte Welt", in: *Peripherie*, Nr. 22/23, 1986, S. 60-110

IICE/UCR, *Documento de trabajo No. 90*, San José 1985

Ikemoto, Yukio: "Income Distribution in Malaysia: 1957-80", The Developing Economies, XXIII-4 (December 1985)

IMF (International Monetary Fund), *The Fiscal Role of Price Stabilization Funds: The Case of Côte d'Ivoire* (IMF Working Paper, WP/88/26, prepared by Christian Schiller), Washington 1988

Jakobeit, Cord: "Elfenbeinküste: Zitadelle der Stabilität oder Kartenhaus? - Die Kopplung von Erfolgen und Grenzen des Entwicklungswegs sowie mögliche Perspektiven", in: *Afrika Spektrum*, Nr. 3/1983, S. 257-265

---, *Nationale Strategien und Hindernisse agro-exportorientierter Ent-wicklung. Kakao- und Kaffeepolitik in der Côte d'Ivoire und in Kamerun*, Hamburger Beiträge zur Afrika-Kunde Nr. 34, Hamburg 1988

---, "Côte d'Ivoire", in: *Afrika-Jahrbuch 1991*, Opladen 1992, S. 90-95

---, "Elfenbeinküste", in: Nohlen, Dieter/Nuscheler, Franz (Hrsg.): *Handbuch der Dritten Welt*, 3. Aufl., Bonn 1993, S. 192-211

Jansen, Karel: "Financial Development and the Intersectoral Transfer of Resources: The Case of Thailand", *Development and Change*, Vol. 20 (1989), 5-34

de Janvry, Alain/Sadoulet, Elisabeth: "Investment Strategies to Combat Rural Poverty: A Proposal for Latin America", in: *World Development*, Bd. 17, 1989, Nr. 8, S. 1203-1221

Jesudason, James V.: *Ethnicity and the Economy. The State, Chinese Business, and Multinationals in Malaysia*, Singapore 1989

Jiménez, Ronulfo/Céspedes, Víctor H.: "Costa Rica: Cambio estructural y situación social durante la crisis y la recuperación", in: González Vega, Claudio/Camacho Mejía, Edna (Hrsg.): *Políticas Económicas en Costa Rica*, Bd. II, San José 1990, S. 133-182

Jiménez Ugalde, Julio: *Evolución de la industria en Costa Rica durante el primer semestre de 1987 y perspectivas para el año 1987*, San José 1987 (Instituto de Investigaciones en Ciencias Económicas, Documentos de Trabajo, no. 107)

Johnston, Bruce F./Clark, William C.: *Redesigning Rural Development. A Strategic Perspective*, Baltimore 1982

Jomo, K. S.: *Growth and Structural Change in the Malaysian Economy*, Basingstoke/London 1990

Jomo, K. Sundaram: "Malaysia's New Agricultural Policy", in: *The South East Asian Economic Review*, Vol. 6, No. 3, Dec.1985, S. 125-147

Jomo, K. S./Khong How Ling/Shamsulbahriah Ku Ahmad (eds.): *Crisis and Response in the Malaysian Economy*, Kuala Lumpur 1987

Jung, Horst: *Struktur und Entwicklung des industriellen Sektors in Costa Rica und seine Bedeutung für die Landesentwicklung*, Hamburg 1986

Kamm, Dirk: *Thailand auf dem Weg zum Industriestaat? Probleme und Perspektiven des Strukturwandels der thailändischen Wirtschaft in den achziger Jahren*, Mitteilungen des Instituts für Asienkunde, Bd. 206, Hamburg 1992

Kamppeter, Werner: "World Market Competition and the Sovereignty of National Economies", in: *Nord-Süd aktuell*, Nr. 1/1993

Kennedy, Paul: *African Capitalism: The Struggle for Ascendancy*, Cambridge 1988

*Kenya. Country Profile 1992-93*The Economist Intelligence Unit, London 1992

Kitching, Gavin: *Class and Economic Change in Kenya. The Making of an African Petite Bourgeoisie 1905-1970*, New Haven and London 1980

Körner, Peter: *Zaïre. Verschuldungskrise und IWF-Intervention in einer afrikanischen Kleptokratie*, Hamburg 1988

Kößler, Reinhart: "Entwicklungs-Optionen zwischen Weltmarktzusammenhang und Selbstbestimmung. Aspekte eines multifokalen Entwicklungsbegriffs", in: *Peripherie*, Nr. 29/1988, S. 6-23

--- *Postkoloniale Staaten. Versuch eines Bezugsrahmens*, Hamburg 1993 (i.E.)

Kouadio-Koffi, Didier: *La création d'entreprises privées par les nationaux en Côte d'Ivoire depuis 1960*, Abidjan 1983

Krongkaew, Medhi: "Agricultural Development, Rural Poverty, and Income Distribution in Thailand", *The Developing Economies*, XXIII-4 (December 1985)

Krueger, Ann: "The Political Economy of the Rent-Seeking Society", in: *American Economic Review*, Bd. 64/1974, S. 291-303

Kunnoot, S./Chowdhury, A.: *Exportoriented Industrialisation and Industrial Deepening in Thailand: An Input-Output Perspective*, Occasional Papers in Economic Development No. 20, 1989, Faculty of Economic Studies, University of New England, Australia

Lajo Lazo, Manuel: *La Reforma Agroalimentaria. Antecedentes, Estategia y Contenido*, Lima 1986

Laothamatas, Anek: "The Politics of Structural Adjustment in Thailand: A Political Explanation of Economic Success", in: Andrew J. MacIntyre and Kanishka Jayasuriya (ed.): *The Dynamics of Economic Policy Reform in South-east Asia and the South-west Pacific*, pp. 32-49, Singapore 1992

Lechner, Norbert: *La crisis del Estado en América Latina*, Caracas 1977

Leigh, Michael: "Politics, Bureaucracy, and Business in Malaysia: Realigning the Eternal Triangle", in: Andrew J. MacIntyre and Kanishka Jayasuriya (ed): *The Dynamics of Economic Policy Reform in South-east Asia and the South-west Pacific*, pp. 115-123, Singapore 1992

Lewis, John P./Kapur, Devesh: "An Updating Country Study: Thailand's Needs and Prospects in the 1990s", *World Development*, Vol. 18, No. 10, pp. 1363-1378, 1990

Leys, Colin: *Underdevelopment in Kenya: The Political Economy of Neo-Colonialism*, Berkeley, Los Angeles 1974

Lim, David: "The Dynamics of Economic Policy-making: A Study of Malaysian Trade Policies and Performance", in: Andrew J. MacIntyre and Kanishka Jayasuriya (ed): *The Dynamics of Economic Policy Reform in South-east Asia and the South-west Pacific*, pp. 94-114, Singapore 1992

Lipietz, Alain: *Mirages et miracles. Problèmes de l'industrialisation dans le tiers monde*, Paris 1986

Lipton, Michael: *Why Poor People Stay Poor. A study of urban bias in world development*, London 1977

List, Friedrich: *Das nationale System der politischen Ökonomie*, Berlin 1982 (1. Ausg., Stuttgart 1841)

Liu, Ching-Chuan: *Strukturwandlungen im Agrarexport Taiwans*, Diss., Göttingen 1972

Livingstone, Ian: "A Reassessment of Kenya's Rural and Urban Informal Sector", in: *World Development*, Bd. 19, Nr. 6/1991, S. 651-670

Lizano F., Eduardo: *Desde el Banco Central* (Banco Central de Costa Rica, Serie "Comentarios sobre Asuntos Económicos", no. 60, San José 1986)

---, *El programa de ajuste estructural*, Exposición en el VII Congreso Nacional de Industriales, celebrado el 28 de julio 1988, vervielf.

Lloyd, Peter E./Dicken, Peter: *Location in Space. A theoretical approach to economic geography*, 2. Aufl., London 1977

London, Bruce: *Metropolis and Nation in Thailand: The Political Economy of Uneven Development*, Boulder, Colorado 1980

López, José Roberto: *La economía del banano en Centroamérica*, San José 1986

Machetzki, Rüdiger: "Modernisierungsprozesse in Ostasien: Von der Bedeutung des Kulturellen für das Wirtschaften", unveröffentl. Manuskript, Institut für Asienkunde, Hamburg 1992

Maddox Toungara, Jeanne: "The Apotheosis of Côte d'Ivoire's Nana Houphouët-Boigny", in: *The Journal of Modern African Studies*, Bd. 28, Nr. 1/1990, S. 23-54

Malaysia. Ministry of Finance, *Economic Report 1990/91,* Kuala Lumpur 1990

Marden, Peter: *The Ivory Coast: Economic Miracle of Blocked Development ? Implications for the Geography of Development,* Monash Publications in Geography, Nr. 38, Melbourne 1990

Mármora, Leopoldo: "Osteuropa und Lateinamerika im Vergleich", in: *Nord-Süd aktuell,* Nr. 4/1991, S. 518-529

Mármora, Leopoldo/Messner, Dirk: "Regionenbildung in der Dritten Welt: Entwicklungssackgasse oder Sprungbrett zum Weltmarkt?", in: *Nord-Süd aktuell,* Nr. 4/1990, S. 511-526

Mellor, John: *The Economics of Agricultural Development*, New York 1966

---, *The New Economics of Growth. A Strategy for India and the Developing World,* Ithaca, N.Y. 1976

Menzel, Ulrich: "Autozentrierte Entwicklung in historischer Perspektive. Dogmengeschichliche und typologische Aspekte eines aktuellen Konzepts", in: Khan, Khushi M. (Hrsg.): *Self-Reliance als nationale und kollektive Entwicklungsstrategie,* München 1980, S. 33-65

---, *In der Nachfolge Europas. Autozentrierte Entwicklung in den ostasiatischen Schwellenländern Südkorea und Taiwan,* München 1985

---, *Auswege aus der Abhängigkeit. Die entwicklungspolitische Aktualität Europas,* Frankfurt/M. 1988

---, *Geschichte der Entwicklungstheorie. Einführung und systematische Bibliographie,* Hamburg 1992

---, *Das Ende der Dritten Welt und das Scheitern der großen Theorie,* Frankfurt/M. 1992

Menzel, Ulrich/Senghaas, Dieter: *Europas Entwicklung und die Dritte Welt. Eine Bestandsaufnahme,* Frankfurt/M. 1986

Meyer-Stamer, Jörg: "Mit Mikroelektronik zum 'Best Practice'? Radikaler technologischer Wandel, neue Produktionskonzepte und Perspektiven der Industrialisierung in der Dritten Welt", in: *Peripherie,* Nr. 38/1990, S. 30-50

MIDEPLAN, Sistema de Indicadores Sociales, *Evolución Social en Costa Rica 1980-1985,* documento preliminar, San José 1986

---, Sistema de Indicadores Sociales, *Costa Rica: Diferencias geográficas en el nivel de desarrollo social 1984,* San José 1987

---, *Evolución Económica y Social de Costa Rica en 1987,* San José 1988

---, *El deterioro de la Condición Social de los Costarricenses. Diagnóstico y Lineamiento Globales de Política Social en el Marco del Plan Nacional de Desarrollo 1982/86 "Volvamos a la Tierra"*, San José 1983

---, *Costa Rica: El ajuste estructural en marcha*, San José 1988

MIDEPLAN (Ministerio de Planificación Nacional y Política Económica), *Panorama Económico de Costa Rica: I Semestre de 1990*, San José 1990

MIDEPLAN, *Costa Rica: Indicadores económicos de corto plazo*, San José 1990a

MIDEPLAN, *Plan Nacional de Desarrollo 1990-1994 "Desarrollo sostenido con justicia social"*, 3 Bde., San José 1991

MIDEPLAN, *Costa Rica: Panorama Económico 1990*, San José 1991

Ministerio de Hazienda, *El depósito libre comercial de Golfito. Breve reseña histórica y aspectos generales*, o.O.,o.J.

Mitchell, B.R.: *International historical statistics. Vol I., The Americas and Australasia*, London 1983

Möller, Alois: "Polarisierte Landesentwicklung, regionale Arbeitsmärkte und Binnenwanderung in Costa Rica", in: Nuhn, Helmut/Oßenbrügge, Jürgen (Hrsg.): *Polarisierte Siedlungsentwicklung*, Hamburg 1987, S. 21-71

Moens, A./Siepman, A.H.J. (Hrsg.): *Development of the agricultural machinery industry in developing countries*, Wageningen 1984

Mols, Manfred: "Entwicklungsdenken und Entwicklungspraxis in Lateinamerika, Südostasien und Indien. Gemeinsamkeiten und Unterschiede", in: ders./Birle 1991, S.237-283

Mols, Manfred/Birle, Peter (Hrsg.): *Entwicklungsdiskussion und Entwicklungspraxis in Lateinamerika, Südostasien und Indien*, Politikwissenschaftliche Perspektiven Bd. 1, Münster - Hamburg 1991

Montes, Manuel: *Country Study: The Philippines* (World Institute for Development Economics Research, UN University, Stabilization and Adjustment Policies and Programmes), Helsinki 1988

Moore Jr, Barrington: *Social Origins of Dictatorship and Democracy. Lord and Peasant in the Making of the Modern World*, Harmondsworth, England 1969

Mora Corrales, Hernán: *La organización cooperativa en Costa Rica*, San José 1985

Morales, Miguel: "Interrelaciones entre la Urbanización y el Crecimiento Regional en Areas Periféricas de Costa Rica", in: ders./Sandner, Gerhard (Hrsg.): *Regiones Periféricas y Ciudades Intermedias en Costa Rica*, San José 1982, S. 25-103

Morris, Cynthia T./Adelman, Irma: "Nineteenth-Century Development Experience and Lessons for Today", in: *World Development*, Bd. 17/1989, Nr. 9, S. 1417-1432

---, *Comparative Patterns of Economic Development, 1850-1914*, Baltimore 1988

Movarec, Mario: "Exportación de manufacturas latinoamericanas a los centros. Importancia y significado", in: *Revista de la CEPAL*, August 1982, S. 51-83

Mulder, Niels: "Elite World View: Inquiry into the Insuffiency of Culture", in: Dahm 1991, S. 56-67

Mytelka, Lynn K.: "Foreign Business and Economic Development", in: Zartman/Delgado 1984, S. 149-173

North, Douglas C.: "Institutions and Economic Growth: An Historical Introduction", in: *World Development*, Nr. 9, 1989, S. 1319-1332

Notre Temps (Abidjan) vom 20.1.1993

Nuhn, Helmut: "Räumliche Dezentralisierung im Dienstleistungsbereich und ihre Bedeutung für die Entwicklung des zentralörtlichen Systems in Costa Rica 1970-1985", in: ders./Oßenbrügge, Jürgen (Hrsg.): *Polarisierte Siedlungsentwicklung und Dezentralisierungspolitik in Zentralamerika*, Teil 1, Hamburg 1987, S. 73-134

Nuhn, Helmut/Oßenbrügge, Jürgen (Hrsg.): *Polarisierte Siedlungsentwicklung und Dezentralisierungspolitik in Zentralamerika. Teil 1: Regionalstruktur und Effekte von Planungsmaßnahmen in Costa Rica, Panama und Belize*, Hamburg 1987

Nuscheler, Franz (Hrsg.): *Dritte Welt-Forschung. Entwicklungstheorie und Entwicklungspolitik* (PVS, Sonderheft 16/1985), Opladen 1985

OECD, *Development Co-operation*, Paris, jährl.

Oficina del Café, *Informe anual de labores 1984*, San José 1985

OFIPLAN (Oficina de Planificación Nacional y Política Económica), *Evolución socioeconómica de Costa Rica 1950-1980*, San José 1982

Ongkili, James P.: *Nation-building in Malaysia 1946-1974*, Singapore 1985

Overholt, William H.: "The Rise and Fall of Ferdinand Marcos", in: *Asian Survey*, Bd. XXVI, No. 11/1986, S. 1137-1163

Pavez Hermosilla, Guillermo: *Industrias de maquila, zonas procesadoras de exportación y empresas multinacionales en Costa Rica y El Salvador*, Genf 1987 (Projecto conjunto de la Oficina Internacional de Trabajo y del Centro de las Naciones Unidas sobre las Empresas Multinacionales, Doc. de trabajo, no. 48)

Peripherie, Zeitschrift für Politik und Ökonomie in der Dritten Welt, Heft 33/34, 1988, Schwerpunkt *Umkämpfte Solidarität*

Phongpaichit, Pasuk: "Technocrats, Businessmen, and Generals: Democracy and conomic Policy-making in Thailand", in: Andrew J. MacIntyre and Kanishka Jayasuriya: *The Dynamics of Economic Policy Reform in South-east Asia and the South-west Pacific*, pp. 10-31, Singapore 1992

PIMA (Program Integral de Mercadeo Agropecuario, *Volumen, precios y orígen de la oferta de hortalizas y frutas en el CENADA*, Boletín anual No. 2, San José 1984

Politisches Lexikon Asien, Australien, Pazifik, 2., neubearbeitete Auflage, Hrsg. Werner Draguhn, Rolf Hofmeier und Mathias Schönborn, München 1989

Prantilla, Ed.B. u.a.: "The Philippines Dilemma in Rural Development: Search for Solution", in: Misra, R.P. (Hrsg.): *Rural Development. Capitalist and Socialist Paths. Volume Three: Indonesia and the Philippines*, New Delhi 1985, S. 263ff.

PREALC (Programa Regional del Empleo para América Latina y El Caribe), *Modernización del mercado de trabajo y crisis en el istmo Centroamericano*, Santiago de Chile 1985

Presidencia de la República, Oficina de Información, Unidad de Estudios Especiales, Seguimento de proyectos de gobierno: Fomento y desarrollo agroindustrial, San Jsoé 1981

Pretzell, Klaus-A.: "'Die Thailänder', Eine sozio-kulturelle Kurzanalyse", *SÜD-OSTASIEN aktuell*, Mai 1989

---, "Protest in Thailand", *Südostasien aktuell*, Mai 1992

Privatización y democratización de CATSA: Medio Millón de Cooperativistas Dueños del Mayor Complejo Agrícola Industrial del País, in: La República (San José/Costa Rica), 7.5.1990

Quiroz M. Teresa u.a.: *Nuevas estrategias de desarrollo en Costa Rica: La agroindustria y el campesinado*, Universidad de Costa Rica, Instituto de Investigaciones Sociales, vance de Investigación Nr. 52, San José 1984

von Rabenau, Kurt: *Struktur, Entwicklung und Ursachen der südkoreanischen Einkommensverteilung von 1963-1979*, Saarbrücken 1982

Ramos, Alejandro: *Hacia una estrategia de reconversión del sector metalmecánico costarricense*, San José (Agencia de Reconversión Industrial), o.J.

---, *Desarticulación tecnológica en la industria costarricense. Un estudio sobre el subdesarrollo del sector de bienes de capital*, San José 1987 (Instituto de Investigaciones Económicas, Documentos de Trabajo)

Rauch, Theo/Redder, Axel: "Autozentrierte Entwicklung in ressourcenarmen ländlichen Regionen durch kleinräumige Wirtschaftskreisläufe", in: *Die Erde* 118 (1987a), S. 109-126

---, "Möglichkeiten und Grenzen der Umsetzung des Konzepts kleinräumiger Wirtschaftskreisläufe im ländlichen Zambia", in: *Die Erde* 118 (1987b), S. 127-141

Republic of China, Council for Economic Planning and Development, *Taiwan Statistical Data Book 1989*, Taipeh

Republic of Korea, National Bureau of Statistics, *Monthly Statistics of Korea*, 1989/12, Seoul

Richards, Paul: *Indigenous Agricultural Revolution: Ecology and Food Production in West Africa*, London 1985

Richter, Peter et.al.: *Direktinvestitionen im Industriesektor Costa Ricas. Politiken und Instrumente*, Berlin 1982

Rivera Urrutia, Eugenio: *El Fondo Monetario Internacional y Costa Rica 1978-1982*, San José 1982

Rodríguez, Ennio: *Costa Rica at a Crossraods. Evaluation of Possible Development Strategies*, Brighton, Sussex 1983a (Phil. Diss., University of Sussex)

---, "Un nuevo proyecto socialdemócrata", in: Rivas, Torres et.al., *Costa Rica. Crisis y desafíos*, San José 1987

Rodríguez, Octavio: *La Teoría del Subdesarrollo de la CEPAL*, 2. Aufl., México 1981

Romero Jr., José/Villegas, Bernardo M.: "Economic Development", in: *The Philippines and the Crossroads: Some Visions for the Nation*, Center for Research and Communication, Manila 1986, S. 67-133

Romero P., Jorge Enrique: "Esquema rural-igualitario: un enfoque sobre la historia de Costa Rica", in: *Estudios Sociales Centroamericanos*, No. 32, 1982, S. 133-147

Rottenberg, Simon (Hrsg.): *Costa Rica and Uruguay* (A World Bank Comparative Study. The Political Economy of Poverty, Equity and Growth), New York 1993

Rovira Mas, Jorge: *Costa Rica en los años 80*, San José 1987

Rüland, Jürgen: "Wirtschaftswachstum und politischer Wandel in Thailand", in: Draguhn 1991, S. 116-147

Sajhau, Jean-Paul/von Muralt, Jürgen: *Plantations and Plantation Workers*, ILO, Genf 1987

Salazar Xirinachs, José Manuel: *Políticas económicas y agrarias y sus impactos sobre la agroindustria*, vervielf., San José 1988

Sauma F., Pablo/Juan Diego Trejos S.: *Evolución reciente de la distribución del ingreso en Costa Rica. 1977-1986*, Universidad de Costa Rica, Instituto de Investigaciones en Ciencia Económicas, Doc. de Trabajo, Nr. 132, San José 1990

Schmid, Claudia: *Das Konzept des Rentier-Staates*, Münster 1991

Schmidt, Einhart: *Raumplanung in Malaysia. Imperialistische und nationale Einflüsse auf räumliche Planung in einem Land der Dritten Welt*, Sozialwissenschaftliche Studien Nr. 5, Bochum 1979

Schmidt, Sönke: *Malaysia Incorporated*. Beitrag und Funktion staatseigener Unternehmen im ländlichen Entwicklungsprozeß, Heidelberger Dritte Welt Studien 27, Heidelberg 1990

Schneider, Hartmut: *Adjustment and Equity in Côte d'Ivoire* (OECD; Reihe: Adjustment and Equity in Developing Countries), Paris 1992

Senftleben, Wolfgang: "Malaysia", in: Hanisch/Jakobeit 1991, S. 176-267

SEPSA: *Comportamiento de las principales actividades productivas del sector agropecuario durante 1986*, San José 1987

SEPSEIC (Secretaría Ejecutiva de Planificación del Sector de Economía, Industria y Comercio), *Costa Rica: Información Básica del Sector Industrial. Período 1976-1985*, 2. Aufl., San José 1988

Senghaas, Dieter: *Weltwirtschaftsordnung und Entwicklungspolitik*, Frankfurt 1977

---, *Von Europa lernen*, Frankfurt 1982

Shaaeldin, Elfatih: "Sources of Industrial Growth in Kenya, Tanzania, Zambia und Zimbabwe: Some Estimates", in: *African Development Review*, Bd. 1, Nr. 1/ 1989, S. 21-39

Sharpley, Jennifer: *Economic Policies and Agricultural Performance. The Case of Kenya*, OECD Development Centre Papers, Paris 1986

Sharpley, Jennifer/Lewis, Jr./Stephen, R.: *Kenya's Industrialization, 1964-84*, Brighton (IDS Discussion Paper 242) 1988

Singer, Hans: "Policy implications of the Lima target", in: *Industry and Development*, Nr. 3/1979, S. 17-32

Siriex, Paul-Henri: *Houphouët-Boigny ou la sagesse africaine*, Paris/Abidjan 1986

Snodgrass, Donald R.: *Inequality and Economic Development in Malaysia*, Kuala Lumpur 1980

Sojo, Ana: *Staatskapitalismus und innerbürgerliche Auseinandersetzung in Costa Rica (1970-1978)*, Diss., Berlin (W) 1982

---, *Estado Empresario y Lucha Política en Costa Rica*, San José 1984

---, "La democracia política y la democracia social: una visión desde Costa Rica", in: *Revista de Ciencias Sociales* Nr. 31, San José 1986

Solís, Manuel/Esquivel, Francisco: *Las perspectivas del reformismo en Costa Rica*, San José 1980

de Soto, Hernando: *Marktwirtschaft von unten. Die unsichtbare Revolution in Entwicklungsländern*, dt., Zürich 1992

Spindler, Reinhard: "Korea-Süd (Republik Korea)", in: Nohlen, D./Nuscheler, F., (Hrsg.): *Handbuch der Dritten Welt*. Bd. 4. 1, Hamburg 1978, S. 361-381

Sta. Romana, Elpidio R.: "The Philippine State's Hegemony and Fiscal Base, 1950-1985", in: *The Developing Economies*, Bd. XXVII, N. 2/1989, S. 185-205

Statistisches Bundesamt: *Länderbericht Côte d'Ivoire 1988* (Statistik des Auslandes), Wiesbaden 1988

---, *Länderbericht Côte d'Ivoire 1991* (Statistik des Auslandes), Wiesbaden 1991

---, *Länderbericht Thailand 1990* (Statistik des Auslandes), Wiesbaden 1990

Sternstein, Larry: *Thailand. The Environment of Modernisation*, Sydney 1976

Stöhr, Walter B./Fraser Taylor, D.R.: *Development from Above or Below ? The Dialectics of Regional Planning in Developing Countries*, Chichester 1981

Stone, Samuel: *La dinastía de los Conquistadores. La crisis del poder en la Costa Rica contemporánea*, San José 1975

Stryker, J. Dirck: "Exports and Growth in the Ivory Coast: Timber, Cocoa, and Coffee", in: Pearson, Scott R./Cownie, John (Hrsg.): *Commodity exports and African economic development*, Lexington, Mass. 1974

Sunkel, Osvaldo: "Transnationale kapitalistische Integration und nationale Desintegration: Der Fall Lateinamerika", in: Senghaas, Dieter (Hrsg.): *Imperialismus und strukturelle Gewalt*, Frankfurt/M. 1972, S. 258-315

Sunny, Grace: "Kenya's Industrial Exports: Market Conditions and Domestic Policies", in: *Eastern Africa Economic Review*, Vol. 6, No. 1, 1990

Tecson, Gwendolyn R.: "Export Markets for Philippine Diversified Agriculture and Labor-Intensive Industries", in: *The Philippine Review of Economics and Business*, Bd. XXIII, Nr. 1/2, 1986, S. 1-56

Töpper, Barbara: "Die Frage der Demokratie in der Entwicklungstheorie", in: *Peripherie*, Nr. 39/40, 1990, S. 127-160

---, "Die Automobilindustrie, ein Paradigma für peripheren Post-Fordismus?", in: *Peripherie*, Nr. 51/52, 1993, i.E.

Traub, Peter: *Market-Oriented Crop Diversifcation and Regional Development in Northeast Thailand*, Sozialwissenschaftliche Studien zu internationalen Problemen/Social Science Studies on International Problems, Bd. 141, Saarbrücken, Fort Lauderdale 1989

den Tuinder, Bastiaan A.: *Ivory Coast. The Challenge of Success*, A World Bank Country Economic Report, Baltimore 1978

Turton, Andrew: *Production, Power and Participation in Rural Thailand. Experience of Poor Farmer's Groups*, United Nations Research Institute for Social Development, Report No. 86.11, Geneva 1987

Ulate Quiros, Anabelle: *Exportaciones: Obsesión del Ajuste Estructural*, Manuskript, San José 1991

United Nations. Department of Economic and Social Affairs: *Multinational Corporations in World Development*, New York 1973

United Nations. Economic Commission for Asia and the Far East: *Foreign Trade Stafistics of Asia and the Far East*, Vol VI Series B No. 2, New York 1970

UNIDO: *The Agricultural Machinery Industry: An Appraisal of the Current Global Situation. Production and Market Outlook*, (Sectoral Studies Series, No. 5), Wien 1983

---, *The Philippines*, Industrial Development Review Series, UNIDO/IS.527, 10 April 1985

---, *Thailand*, Industrial Development Review Series, UNIDO/IS.548, 7 August 1985

---, *Côte d'Ivoire* (Industrial Development Review Series), Wien 1986

---, *Kenya. Sustaining industrial growth through restructuring and integration*, (Industrial Development Series), o.O. 1988

---, *Regenerating African Manufacturing Industry: Country Briefs* (Studies on the rehabilitation of African industry No. 2), o.O. 1988a

---, *Industry and Development. Global Report 1989/90*, Wien 1989

Vargas, Thelmo: "Eficiencia del sector público en Costa Rica", in: Claudio González Vega und Edna Camacho Mejía (Hg.), *Políticas Económicas en Costa Rica*, Bd. I, San José 1990, S. 227-279

Vega Carballo, José Luis: *Poder Político y democracia en Costa Rica*, San José 1982

---, *Hacia una interpretación del desarrollo costarricense: ensayo sociológico*, 4ta edición, San José 1983

Vega M., Mylena: *Hacia la cooperativización de empresas de CODESA: Estudio de dos experiencias cooperativas: Cooperativa Victoria y CoopeMontecillos*, Universidad de Costa Rica, Instituto de Investigaciones en Ciencias Económicas, Doc. de Trabajo, Nr. 89, San José 1985

---, *Perspectiva del Estado empresario costarricense: El caso de CODESA*, Universidad de Costa Rica, Instituto de Investigaciones en Ciencias Económicas, Doc. de Trabajo Nr. 84, San José 1985a

Veit, Winfried: "Elfenbeinküste", in: Hofmeier, Rolf/Schönborn, Matthias (Hrsg.): *Politisches Lexikon Afrika*, 4. Aufl., München 1988, S. 85-93

Vennewald, Werner: *Chinesen in Malaysia: Politische Kultur und Strategisches Handeln. Eine politisch-historische Analyse der Malaysian Chinese Association*, Mitteilungen des Instituts für Asienkunde Nr. 190, Hamburg 1990

Vijverberg, Wim: *Nonagricultural Family Enterprises in Côte d'Ivoire. A descriptive Analysis* (World Bank, Living Standards Measurement Study, Working Paper Nr. 46), Washington, D.C. 1988

Volio Guardia, Claudio/Zurcher, Ricardo Echandi/Pinto, Germán Serrano: *Estado Empresario. La participación del Estado costarricense en la economía y el proceso de privatización*, San José, o.J.

Weller, Jürgen: "Genossenschaften in Costa Rica: Integration oder Veränderung?", in: Ernst, Manfred/Schmidt, Sönke (Hrsg.): *Demokratie in Costa Rica - ein zentralamerikanischer Anachronismus?*, Berlin (W) 1986, S. 165-180

---, "Costa Rica paßt sich an. Ökonomische und politische Strukturveränderungen in der Regierungszeit Monge (1982-1986)", in: *istmo. Studien zu Zentralamerika*, no. 11, Münster 1986

---, "Politische Konflikte um die Wirtschafts- und Entwicklungstrategie der achtziger Jahre: Die Auseinandersetzungen um die Zukunft der Granos Básicos in den ersten Jahren der Administration Arias, in: Ellenberg, Ludwig/Bergemann, Anneliese (Hrsg.): *Entwicklungsprobleme Costa Ricas*, Berlin 1990, S. 195-213

---, "Neue Forschungen zum informellen Sektor", in *Peripherie*, Nr. 46/ 1992, S. 94-96

Weltentwicklungsbericht/World Development Report (WDR) hg. von der Weltbank/World Bank, jährlich

Weltkommission für Umwelt und Entwicklung: *Unsere gemeinsame Zukunft. Der Brundtland-Bericht*, dt. Greven 1987

Wiese, Bernd: *Elfenbeinküste. Erfolge und Probleme eines Entwicklungslandes in den westafrikanischen Tropen*, Wissenschaftliche Länderkunden Bd. 29, Darmstadt 1988

Wontroba, Gerd/Menzel, Ulrich: *Stagnation und Unterentwicklung in Korea*, Meisenheim/Glan 1978

World Bank: *Thailand, Industrial Development Strategy in Thailand*, A World Bank Country Study, June 1980

---, *Philippines: a Framework for Economic Recovery*, (A World Bank Country Study) Washington, D.C. 1987

---, *Kenya. Recent Economic Developments and Selected Policy Issues*, September 26, 1988, Country Operation Division, Eastern Africa Department, Africa Region Report No. 7411-KE

---, *Sub-Saharan Africa. From Crisis to Sustainable Growth. A Long-Term Perspective Study*, Washington, D.C. 1989

---, *Kenya. Re-investing in Stabilization and Growth through Public Sector Adjustment*, Washington, D.C. (World Bank Country Study) 1992

---, (Country Economics Department): *The Third Report on Adjustment Lending: Private and Public Resources for Growth*, Washington 1992a

Yap, Josef T.: *A Perspective on Philippine Economic Performance and Development Strategies* (Economic Research Institute, Economic Planning Agency, Government of Japan, Tokio 1991

Yearbook 1990: Selected Philippine Economic Indicators, Manila

Yokoyama, Hisashi/Itoga, Shigeru: "A Test of the Dual-Industrial Growth Hypothesis: The Case of the Philippines and Thailand", *The Developing Economies*, XXVII-4 (December 1989)

Zartman, William I./ Delgado, Christopher (Hrsg.): *The Political Economy of Ivory Coast*, A SAIS Study on Africa. New York 1984

Zartman, William I./ Delgado, Christopher: "Introduction: Stability, Growth, and Challenge", in: Zartman/Delgado 1984, S. 1-20

Zeleza, Tiyambe: "The Development of the Cooperative Movement in Kenya since Independence", in: *Journal of Eastern African Research & Development*, Bd. 20/1990, S. 68-94

Liste der Interviews

(1) Wissenschaftliche und technologische Institutionen

a) in Costa Rica

German Masís, Centro de Investigación en Tecnología Alimentaria (CITA/UCR), San José, 24.3.1987
Juan Diego Trejos, Instituto de Investigaciones en Ciencias Económicas (IICE/UCR), San José, 19.5.1987
Carlos Hernandez, Instituto de Fomento Agroindustrial (IFAIN), San José 25.5.1987
Flora Jiménez, Centro de Información Tecnológica (CIT/ITCR), Cartago, 29.5.1987
Luis Koss (ITCR), Cartago, 29.5.1987
José Francisco Pacheco, ITCR, Cartago, 29.5.1987
Edgar Briceño, Secretaría Ejecutiva de Planificación en Comercio Exterior San José, (SEPCE), 12.6.1987
Alejandro Ramos, IICE/UCR, San José, 25.6.1987
Carlos Vargas Alfaro/ Ronald Vega, Centro de Análisis de la Producción Lechera en San Carlos (CAPLE), Ciudad Quesada, 22.7.1987
José Luis Diaz, UNA en San Isidro de P.Z., 11.1.1988
Jesús Gómez, Instituto Costarricense de Investigación y Enseñanza en Nutrición y Salud (INCIENSA), Tres Rios, 17.3.1988
Ana Lidia Retana, Ministerio de Ciencia y Tecnología, San José, 27.4.1988

b) in anderen Ländern

Kimberly Ann Elliott, Institute for International Economics, Washington, D.C., 18.8.1987
Frank Frazier, American Society of Agricultural Consultants, Washington, D.C., 18.8.1987
Warwick Armstrong, Centre for Developing Area Studies, McGill University, Montreal, Canada, 27.8.1987
Jacques Chonchol, Institut des Hautes Etudes d'Amérique Latine, Paris, 16.12.1987

Jean-Marie Charpentier/ Alain Guyot, Institut de Recherches sur les Fruit et Agrumes (IRFA), Paris, 16.12.1987

Jean-Pierre Bertrand, Institut Nacional de la Recherche Agronomique (INRA), Paris, 18.12.1987

(2) Agroindustrielle Unternehmen

Ricardo Castro, Coopeagri, San Isidro de P.Z., 28.4.1987
Alfredo Bárcenas, Compañía Bananera de Costa Rica, Coto 47, 29.4.1987
José Rodríguez/ Victor Ureña, Cariblanco S.A., 15.6.1987 y 23.6.1987
José Luis Kutscherauer, El Angel S.A., Cinchona, 23.6.1987
Oscar Eduardo Rojas Sequeira, Coopesancarlos, Ciudad Quesada, 24.6.1987
Dos Pinos, Ciudad Quesada, 24.6.1987
Bob y Linda Darfuss, Pasadena S.A., La Virgen, 25.6.1987
Guillermo Cruz, Vero Group, La Virgen, 25.6.1987
Venus Cornelsen, PROPOKODUSA, Santa Rita, 26.6.1987
Marcos Víquez, CORPA S.A., Santa Rita, 26.6.1987
Norman Arroyo, Ornamentales del Norte S.A., Ciudad Quesada, 21.7.1987
Peter Probst, Agrícola Pocosol, La Tigra, 21.7.1987
Maria Cecilia Chacón, Corporación de Inversiones CQ, Ciudad Quesada, 22.7.1987
Hector Paniagua, Hacienda Cuatro Marias, Cinco Esquinas de Pital, 23.7.1987
Cecilio Barrantes, PROPISA, La Legua de Pital, 23.7.1987 y 15.4.1988
Olga Aguilar de Alvarado, Alvaragui, Pital, 23.7.1987 y 16.4.1988
Josè Antonio Madriz, CAFESA, San José, 28.7.1987
Isaias Alfaro Mata, Corporación de Desarrollo Forestal, Ciudad Quesada, 4.8.1987
La Mantenedora S.A., Ciudad Quesada, 4.8.1987
Francisco Marín, Ingenio Santa Fé, Ciudad Quesada, 5.8.1987
Mariano Arrieta, Procesadora San Carlos, Altamira, 5.8.1987
Marvin Dautery, Frutas y Sabores, Muelle de San Carlos, 5.8.1987
Earl Vaughan, American Plant Corp., La Virgen, 7.8.1987
Danny Gibson, Jugos y Pulpas, San Gerardo, 7.8.1987
Miguel y Julio Herrera, Naranjo, 2.9.1987
Franklin Ramírez, PRATSA, La Perla de Los Angeles de La Fortuna, 3.9.1987
Efraín Chacón, Coopellanoverde, Los Angeles de La Fortuna, 3.9.1987
Alfredo Villavicencio, Compañía Bananera de Costa Rica, Coto 47, 21.9.1987
Gilberto Céspedes, NUMAR, San José, 7.10.1987
Olivio Chaves, Coopeagropal, Laurel, 23.10.1987
Alvaro Madrigal, Compañía Bananera de Costa Rica, San José, 30.11.1987

Eduardo Alfaro, Republic Tobacco Company, San José, 9.12.1987
Eduardo Esquivel, Cooperagri, San Isidro de P.Z., 15.12.1987
Antonio Quesada, La Meseta, Torta Sur, Embutidos Chirripó, San Isidro de P.Z., 15.12.1987
Juan Alvarez, Coopeagri, San Isidro de P.Z., 15.12.1987
Eduardo Obando, Cooperagri, San Isidro de P.Z., 16.12.1987
Victor Espinoza, Coopeagri, San Isidro de P.Z., 17.12.1987
Eduardo Gamboa, AGROGAM, San Isidro de P.Z., 17.12.1987
Xinia Fernández, Concentrados El General, San Isidro de P.Z., 18.12.1987
Juan Ramón, Productos Reina del Sur, San Isidro de P.Z., 18.12.1987
Walter Odio, San Isidro de P.Z., 12.1.1988
Rafael Angel Varela, Coopemadereros, Villa Ligia de San Isidro de P.Z., 13.1.1988
Adilio Morales, Granja Porvenir, Palmares de P.Z., 13.1.1988
Santiago Zúñiga, PRATSA, San José, 24.2.1988
Jorge Guido, Vigui, Santo Domingo de Heredia, 1.3.1988
Hernán Robles, Del Monte, San José, 4.3.1988
Elton Herter, Gerber de Centroamérica, San José, 7.3.1988
Carlos Sánchez, Del Campo, San José, 7.3.1988
Mario Barrenechea, Pórtico S.A., San José, 17.3.1988
Lee Anderson, PINDECO, San José, 18.3.1987
Orlando Jiménez, Coopemontecillos, San José, 22.3.1988
Nathan Yoder, Santa Rita, 15.4.1988
José Luis Jiménez, CORPA S.A., Santa Rita, 15.4.1988
Silvia Fletcher, Empresa Laboral de Frutos del Pacífico, San José, 27.4.1987
Kenneth Rivera, Subproductos de Café, San Rafael de Ojo de Agua, 29.4.1988

(3) Andere Industrieunternehmen (vor allem: metallverarbeitende Industrie)

a) in Costa Rica

Marco Bonilla, TRAVERSA, San José, 15.7.1987
Victor Hugo Bendig, Taller Mecánico Industrial Bendig, San José, 28.7.1987
Fernando Castañeda, XELTRON, San Josè, 29.7.1987
Claudio Carazo, Taller Industriales Carazo, San José, 29.7.1987
Jonny Valerín, POSCAM, San José, 31.7.1987
Guillermo Zamora, Maquinaria Industrial CAZA, Sarchí, 4.8.1987
Enrique Quesada, Taller Quesada Hermanos, Sarchí, 4.8.1987
Danilo Hidalgo, Taller Hidalgo, San Isidro de P.Z., 16.12.1987
Roger Matamoros, Empresa H.H., San Isidro de P.Z., 17.12.1987
Juan Carlos Ulate, ATESA, San José, 1.3.1988
Hernán Jiménez, CIBERTEC, San José, 23.3.1988

b) in Hamburg

Fa. Kaack-Maschinenbau, Hamburg, 20.11.1987
Volker Kroneck, TransElector, Hamburg, 23.11.1987
Sr. Poppe, Naumann-Maschinenbau, Hamburg, 24.11.1987

(4) Unternehmen und Organisationen der Vermarktung

a) in Costa Rica

Carlos Alberto Solís, ENCOOPER, Zarcero, 13.5.1987
Luigi Sansonetti, Saturnia/ Tractores SAME, San José, 22.5.1987
Carlos Manuel Alvarado, ENCOOPER, Barreal de Heredia, 26.5.1987
Bayardo Avalos, OFICOPA, Ciudad Quesada, 4.8.1987
Axel Havemann, CECA, San José, 18.3.1988
Eric P. Kuijpers, D.K. Productos Tropicales, San José, 4.4.1988
Humberto Trueba, El Indio, San José, 5.4.1988
Marco A. Arguedas, Corporación Solar, San José, 7.4.1988
Eduardo Guillén, Inversora Nicoa, San José, 25.4.1988
Enrique Villalobos, Federación de Cooperativas de Caficultores, San José,
    11.11.1988

b) in anderen Ländern

Sharon E. Bomer/ Mary Mardiguian, United Fresh Fruit and Vegetable
    Association, Alexandria, Va., 20.8.1987
Canadian Fruit Wholesaler s Association, Ottawa, 25.8.1987
Dieter Weichert, Internationale Fruchtimportgesellschaft Weichert & Co., Ham-
    burg, 23.11.1987
Francisco Contreras, EDEKA Fruchtkontor, Hamburg, 24.11.1987
Frieder Rotzoll, Deutscher Kaffeeverband, Hamburg, 25.11.1987
Hajo Port, Fa. T.Port, Hamburg, 25.11.1987
Detlef Gelübcke, Fa. Daarnhouwer & Co., Hamburg, 25.1.1988
Günter Arlt, Fa. J.Feigin & Co./ Happy Tree, Seevetal/ Hamburg, 26.1.1988

(5) Kammern und andere Wirtschaftsverbände

Rafael Rodríguez, Cámara Nacional de Agricultura y Agroindustria, San José,
    12.5.1987
Yamileth Campos Astúa, Cámara de Insumos Agropecuarios, 20.5.1987

Enrique Rojas, Cámara de Ganaderos de San Carlos, Ciudad Quesada, 24.6.1987

Roberto Aragón, Consejo Agropecuario Agroindustrial Privado (CAAP), San José, 16.7.1987

Emilio Gutiérrez, Cámara Costarricense de la Industria Alimentaria (CACIA), San José, 21.7.1987 y 29.2.1988

Rafael Angel Rojas, Cámara de Productores de Caña, Ciudad Quesada, 22.7.1987

Edwin Marín Torres, Instituto del Café (ICAFE), 23.7.1987

Arnoldo López, Cámara de Cafetaleros, San José, 24.7.1987

Juan Carlos Ulate, ASOMETAL, San José, 24.7.1987

Dagoberto Vargas, ICAFE, San José 27.7.1987

Gerardina González Marroquín, Cámara Nacional de Productores de Leche, San José, 9.10.1987

Mariano Ruíz, Junta de Defensa de Tabaco, San Isidro de P.Z., 14.12.1987

Jorge Monge, Cámara de Cañeros, San Isidro de P.Z., 15.12.1987

Hector Fallas, Cámara de Comercio de Pérez Zeledón, San Isidro de P.Z., 16.12.1987

Fabián Salas, Federación de Cámaras de Ganaderos, San José, 23.2.1988

Kenneth Pérez, Cámara Nacional de Exportadores, San José, 1.3.1988

Juan Unfried Toruño, Asociación Costarricense de la Industria Plástica (ACIPLAST), San José, 3.3.1988

Xinia Arguedas, Liga Agroindustrial de la Caña (LAICA), San José, 4.3.1988

Jorge Woodbridge, Cámara de Industrias, San José, 22.3.1988

Claudia Wiedemann, Asociación Costarricense de Exportadores de Productos Textiles (ACEPT), San José, 23.3.1988

Giovanni Castillo, Cámara de Industrias, San José, 6.4.1988

Rodrigo Artavia, Cámara Nacional de la Industria de la Madera, San José, 6.4.1988

Alvaro Sandoval, Asociación Bananera Nacional (ASBANA), San José, 7.4.1988

Ronald Vega, Cámara Nacional de Productores de Leche, San José, 16.11.1988

Armando Castellanos, Oficina Nacional del Arroz, San José, 21.11.1988

Antonio Capella, Cámara Nacional de Granos Básicos, Santa Ana, 17.1.1989

(6) Gewerkschaften, Genossenschaften, Bauernorganisationen

Congreso de Cooperativas de la Zona Sur, Palmar Sur, 3./4.4.1987

Juan Diego Rojas, Unión de Productores Independientes de Pérez Zeledón (UPIAV), San Isidro de P.Z., 27.4.1987

Eduardo Pérez Fernandez/Juan Molina/Francisco Quesada Mayorga, Sindicato Democrático de Trabajadores de Golfito, Ciudad Neily, 30.4.1987

Juan Mejías/René Miranda, Federación Sindical Agraria Nacional (FESIAN), San José, 19.5.1987

Freddy Murillo, Unión Nacional de Pequeños y Medianos Productores Agropecuarios (UPANACIONAL), San José, 22.5.1987

Angel Villalobos, Unión Nacional de Pequeños y Medianos Productores Agropecuarios (UPANACIONAL), Ciudad Quesada, 21.7.1987

Norman Alvarez Suarez, Unión Campesina Sancarleña, Pital, 6.8.1987

Dennis Esquivel, Unión Nacional de Cooperativas (UNACOOP), San José, 7.9.1987

Francisco Navarrete, Instituto Nacional de Fomento Cooperativo (INFOCOOP), Ciudad Neily, 21.9.87

Dagoberto Rodríguez, Consejo Nacional de Cooperativas (CONACOOP), Palmar Sur, 25.9.1987

Unión de Productores Agropecuarios Independientes de Pérez Zeledón (UPIAV), Asamblea de Delegados, San Isidro de P.Z., 15.12.1987

Miriam Rodríguez, Asociación de Productores de Piña de San Isidro (APROPISI), San Isidro de P.Z., 17.12.1987 y 10.3.1988

Zoily Flores Montero, Unión de Trabajadores Agro-industriales de Pérez Zeledón (UTRAIPEZ), San Isidro de P.Z., 17.12.1987

Antonio Zuñiga, Unión de Trabajadores Agrícolas de Pérez Zeledón (UTRAPEZ), Volcán de Buenos Aires, 10.3.1988

Jeanette Castro, Asociación Solidarista de los Empleados de PINDECO (ADEPSA), Buenos Aires, 11.3.1988

Don Tito, Unión Campesina Agroindustrial de Pequeños y Medianos Agricultores de San Carlos (UCASA), 15.4.1988

(7) Staatliche Institutionen - Agrarsektor

Rolando Villalobos, Instituto de Desarrollo Agrícola (IDA), Ciudad Quesada, 24.7.1987

Alex May Montero, MAG, San José, 26.5.1987

Vera Salazar, Secretaría Ejecutiva de Planificación Sectorial Agropecuaria y de Recursos Naturales Renovables (SEPSA), San José, 1.6.1987

Carlos Cerdas, SEPSA, San José, 1.6.1987 y 19.6.1987 Miguel Quesada, MAG, San José, 8.6.1987

Omar Miranda, Instituto de Desarrollo Agrario (IDA), Ciudad Quesada, 11.6.1987

Luis Fernando González Chinchilla, MAG, Ciudad Quesada, 12.6.1987

Ullrich Roettger, Sociedad Alemana de Cooperación Técnica (GTZ)/MAG, San José, 12.6.1987 y 1.7.1987

Jorge Alvarado, MAG, Pital, 16.6.1987
Rigoberto Villalobos, IDA, Pital, 17.6.1987
Comité Sectorial Agropecuario - Región Huetar Norte, Reunión en la planta procesadora de yuca, Florencia, 24.6.1987
Juan Carlos Camacho, Fondo de Fideicomiso MAG/BANCOOP, San José, 17.7.1987
Armando Montero Arca, IDA, Pital, 24.7.1987
Edgar Rojas, IDA, Ciudad Quesada, 24.7.1987
Luis Arturo Villegas, Programa Lechero MAG, Barreal de Heredia, 17.8.1987
Julio Santamaria, MAG, Venecia, 18.8.1987
Gerardo Educo Jiménez, Instituto de Desarrollo Agrario (IDA) Coto Sur, Laurel, 22.9.1987
Marcos Bolaños, Instituto de Desarrollo Agrario (IDA), San José, 19.11.1987
Iveth Acuña Boza, Secretaría Ejecutiva de Planificación del Sector Agropecuario (SEPSA), San José, 25.11.1987 Manuel Hernández, Consejo Nacional de Producción (CNP), San Isidro de P.Z., 14.12.1987
Luis Alfredo Montes, MAG, San Isidro de P.Z., 16.12.1987
Bernal Mora, IDA, San Isidro de P.Z., 13.1.1988
Vinicio Bermúdez, Consejo Nacional de Producción (CNP), Buenos Aires, 11.3.1988
Eli Granda Reyes, MAG, Buenos Aires, 11.3.1988

(8) Andere staatliche Institutionen

Rodolfo Martín Borges, Unidad Ejecutora del Sur (UNESUR), San José, 21.4.1987
Ricardo Corrales/Gilberth Fallas, MIDEPLAN, San Isidro de P.Z., 27.4.1987 y 17.12.1987
Hugo Roberto Alvarez Castillo, Municipalidad de Corredores, Ciudad Neily, 30.4.1987
Oscar González, MIDEPLAN, Ciudad Quesada, 3.6.1987
Roger Madrigal/Bismarck Calcaño, Bamco Central de Costa Rica (BCCR), San José, 5.6.1987
Wilberth Rojas Cordero, Municipalidad de San Carlos, Ciudad Quesada, 11.6.1987
Marco Antonio Corrales/Jorge Arturo Arrieta, MIDEPLAN, Ciudad Quesada, 16.6.1987
Frieder Rietzel, Centro de Promoción de Exportaciones e Inversiones (CENPRO), San José, 24.6.1987 Mauricio E. Gómez, Banco Nacional de Costa Rica (BNCR), San José, 2.7.1987

Ramón Luis Chaves, Fondo para el Financiamiento de las Exportaciones (FOPEX)-BCCR, San José, 3.7.1987
Lilia Montero, Fondo de Desarrollo Industrial (FODEIN)-BCCR, San José, 6.7.1987
Sigifredo Guevara, MIDEPLAN, San José, 21.7.1987
Jorge Quesada Badilla y Ricardo Brenes, BNCR, Ciudad Quesada, 24.7.1987
Giovanni Alfaro/Luis Fernando Gutiérrez Solís, MIDEPLAN, San José, 27.7.1987
Manuel Fernández, UNESUR, Palmar Sur, 25.9.1987
Alcides Mora, UNESUR, Palmar Sur, 25.9.1987
Francisco Padilla, MEIC, San José, 1.12.1987
José Luis Piedra, Municipalidad de Pérez Zeledón, San Isidro de P.Z., 17.12.1987
Alex Solís, Diputado, San José, 6.1.1988
Otón Barrantes, BNCR, San Isidro de P.Z., 12.1.1988
Ramiro Barrantes, Dirección Nacional de Desarrollo Comunal, San Isidro de P.Z., 13.1.1988
Carlos Soto, BNCR, Buenos Aires, 11.3.1988
Claudio Morera Avila/Mercedes Carvajal, Municipalidad de Buenos Aires, 11.3.1988

(9) Institutionen der internationalen und bilateralen Zusammenarbeit

a) in Costa Rica

Berthold Leimbach, Consultoría Agroeconómica-Fundación Friedrich Ebert, San José, 19.6.1987
John MacMahon, Oficina Regional para Centroamérica y Panamá (ROCAP)-Agencia de Desarrollo Internacional (AID), San José, 25.6.1987
Fernendo Caldas, Banco interamericano de Desarrollo (BID), San José, 26.6.1987 y 3.7.1987
Jorge Sauma, BID, San José, 3.7.1987
Neil B. Billig/William H. Barbee, AID, San José, 16.7.1987
Luis G. Lepiz/Vincenz A. Schmack, AID, San José, 20.7.1987
Enrique Buchner, Comunidades Européas, San José, 10.9.1987
David Metson, Commonwealth Development Corporation (CDC), San José, 5.10.1987
Mario Reyes, CENPRO, San José, 24.2.1988
François Boucher, Instituto Inmteramericano de Cooperación para la Agricultura (IICA), San José, 5.4.1988

b) en el exterior

Harris Gleckman, Centro de Corporaciones Transnacionales de las Naciones Unidas, New York, 12.8.1987

Howard Steel, Agencia de Desarrollo Internacional (AID), Washington, 18.8.1987

Hans Binswanger, Banco Mundial, Washington, 19.8.1987

Teketel Haile Mariam, Banco Mundial, Washington, 19.8.1987

Frank Meissner, Banco Interamericano de Desarrollo, Washington, 19.8.1987

Joe Sconce, U.S. Trade and Development Program, Washington, 19.8.1987

Peter Hazell, Banco Mundial, Washington, 21.8.1987

Mr.Tandeciarz, Fondo Monetario Internacional, Washington, 21.8.1987

Ian C. MacGillivray, Canadian International Developmant Agency (CIDA), Ottawa, 25.8.1987

Isla Paterson, CIDA, Ottawa, 25.8.1987

Friedrich von Kirchbach, Antonio Paradies, Alberto Ruibal, Fazli A. Husain, Bertil Byskov, Per Gunneröd, R. Kortbech-Olesen, International Trade Center, Ginebra, 9. y 10.12.1987

Lutz Hoffmanm, Kelvin Scott, Mr Fomino, Mr Kirthisingha, Ulrich Hoffmann, Mr Stefunko, Mr Cuddy, UNCTAD, Ginebra, 9.-11.12.1987

Martin Brown, Organización para la Cooperación y el Desarrollo Económico, (OCDE), Paris, 16.12.1987

Vincent Meunier, Réseau Stratégies Alimentaires, Paris, 17.12.1987

(10) Andere Organisationen

Eladio Salas, CENAP, Ciudad Quesada, 5.3.1987

Gilberto Ureña, Comitée Cívico de Golfito, Golfito, 30.4.1987

Max González, Coocique, Ciudad Quesada, 22.7.1987

Arturo Blanco, APIAGOL, Golfito, 23.9.1987

Manuel de Jesús Ureña, San Isidro de P.Z., 16.12.1987 y 12.1.1988

Alicia Soto, Coopealianza, San Isidro de P.Z., 11.1.1988

Nachtrag:

Zitierte Interviews aus dem Jahr 1991

Abarca, Juan Carlos, Präsident der ASOMETAL (Verband der metallverarbeitenden Industrie) am 12.3.1991

Barranechea, Mario, Pórtico, 17.3.1988 und 5.3.1991

Barrantes, Helberth, Cooprosur, 7.3.1991
Bello, Lorenzo, Coopetrabasur, 8.3.1991
Castro, Ricardo, Coopeagri El General, 9.3.1991
Clachar, Melvin, Geschäftsführer von CoopeCATSA und landwirtschaftlicher Direktor von CATSA, 26.2.1991
Corrales, José Rafael, Cámara Nacional de Agricultura y Agroindustria, 25.2.1991
Geiger, Erwin, Experte von U.S.A.I.D. und Berater von FINTRA, 5.3.1991
Jiménez, Hernán, Cibertec, 23.3.1988
Leiton, Avisaí, Controller von CATSA, 26.2.1991
Seravalli, Edgar, Ston Forestal (Cellulose-Herstellung), 7.3.1991
Solís, Belisario, Cámara de Industria, 21.2.1991
Thalman, Bernal, Cibertec, 4.3.1991

Joachim Betz

Agrarische Rohstoffe und Entwicklung

Teewirtschaft und Teepolitik in Sri Lanka, Indien und Kenia

Schriften des Deutschen Übersee-Instituts, Hamburg, Nr. 21
Hamburg 1993, ISBN 3-926953-20-9, XII + 360 S., DM 32,00

Die vorliegende Arbeit untersucht die Teewirtschaft und Teepolitik in drei bedeutsamen Teeausfuhrländern, die sich durch unterschiedliche Mischung von Betriebsformen (kleinbäuerlich/Plantagen; privat/ staatlich) und relativem Gewicht des internen Konsums, vor allem aber durch unterschiedliche Entwicklung von Produktion und Produktivität auszeichnen. Einem dynamischen und expandierenden Produzenten (Kenia) stehen Indien mit mäßiger Steigerung der Produktion, die mehr und mehr vom internen Verbrauch absorbiert wird, und Sri Lanka gegenüber, wo Dynamik und Produktivität des Teesektors schon vor der Nationalisierung der Plantagen empfindliche Einbrüche erlitten.

Die Arbeit versucht, die hinter diesen unterschiedlichen Entwicklungen stehenden politischen Faktoren zu identifizieren und befaßt sich schwergewichtig mit der Steuerpolitik, der Landzuteilung, der mehr oder weniger gelungenen Förderung der Kleinbauern und der Teeverarbeitung im Lande sowie der relativen Effektivität der Teeinstitutionen und dem Einfluß der gesellschaftlichen Kräfte, die auf die Teepolitik Einfluß nehmen.

Zu beziehen durch:
Deutsches Übersee-Institut
Neuer Jungfernstieg 21
20354 Hamburg
Tel.: (040) 35 62 593
Fax : (040) 35 62 547

1553598